中等职业教育国家规划教材配套教材

Qiche Xingshi Yu Anquan Xitong Weixiu Zhuanmenhua

汽车行驶与安全系统维修专门化

（汽车运用与维修专业）

刘振楼 主编
李慧峰 主审

人民交通出版社

内 容 提 要

本书是中等职业教育国家规划教材配套教材,全书共五篇十七章,主要内容包括:汽车电子控制制动防抱死及驱动防滑系统;汽车电子控制悬架系统,汽车安全气囊系统,汽车巡航控制系统,汽车电子控制动力转向系统。

本书作为中等职业学校汽车运用与维修专业教学用书,亦可供汽车驾管人员学习参考。

图书在版编目(CIP)数据

汽车行驶与安全系统维修专门化/刘振楼主编.--北京:人民交通出版社,2003(重印2008.2)

ISBN 978-7-114-04700-8

Ⅰ.汽… Ⅱ.刘… Ⅲ.汽车-电子系统:控制系统-车辆修理-专业学校-教材 Ⅳ.U472.41

中国版本图书馆CIP数据核字(2003)第043654号

中等职业教育国家规划教材配套教材

汽车行驶与安全系统维修专门化

(汽车运用与维修专业)

刘振楼 主编

李慧峰 主审

正文设计:孙立宁 责任校对:宿秀英

人民交通出版社股份有限公司出版

(100011 北京市朝阳区安定门外外馆斜街3号)

销售电话:(010)59757973

人民交通出版社股份有限公司发行部

各地新华书店经销

北京市密东印刷有限公司印刷

开本:787×1092 1/16 印张:19.25 字数:478千

2003年7月 第1版

2015年1月 第8次印刷

印数:22001~24000册 定价:32.00元

ISBN 978-7-114-04700-8

前　言

按照教育部提出的"面向21世纪职业教育课程改革和教材建设规划"的要求,交通职业教育教学指导委员会汽车运用与维修学科委员会(以下简称学科委员会)组织项目课题组,于2001年11月完成了《中等职业学校汽车运用与维修专业教学指导方案》(以下简称专业教学指导方案),2002年4月专业教学指导方案经教育部颁布执行。

根据专业教学指导方案,汽车运用与维修专业课程分为主干课程和专门化课程。7门主干课程教材被列为中等职业教育国家规划教材,并已于2002年7月由人民交通出版社出版发行。7门主干课程是汽车运用与维修专业的基础专业课程,其中《汽车电控发动机构造与维修》和《汽车自动变速器构造与维修》各校可以根据本地区的实际情况选学相关部分或全部内容,其他5门专业课为必修课程。

学科委员会组织全国交通职业学校(院)的教师根据专业教学指导方案的要求,编写了与上述中等职业教育国家规划教材配套使用的10门专门化课程教材和7门实训课程教材,以及《汽车概论》课程教材,这些教材的编写融入了全国各交通职业学校(院)汽车运用与维修专业近20年的教学改革成果,结合了全国各地汽车维修业的生产实际,具有较强的针对性。新教材较好地贯彻了素质教育的思想,力求体现以人为本的现代理念,从交通行业岗位群的知识和技能要求出发,结合对学生创新能力的培养、职业道德方面的要求,提出教学目标并组织教学内容。

《汽车概论》是汽车运用与维修专业的入门教材;10门专门化课程教材是与主干课程教材配套使用的教材,供各校根据本地区经济发展和车辆保有情况选择使用。各校可以在第三学年安排2~3门专门化课程。

7门实训课程教材中的《汽车拆装实训》、《汽车发动机维修实训》、《汽车底盘维修实训》、《汽车电气设备维修实训》是与中等职业教育国家规划教材中相应课程配套使用的实训课程教材。《机电维修技术实训》是汽车维修机电基本操作技术的综合实训课程教材;《汽车驾驶实训》、《汽车维修工考工强化实训》是为学生毕业前考取驾驶证和汽车维修工等级证书而编写的实训课程教材。

《汽车行驶与安全系统维修专门化》是中等职业教育汽车运用与维修专业国家规划教材配套教材之一,内容包括:汽车电子控制制动防抱死及驱动防滑系统;汽车电子控制悬架系统;汽车安全气囊系统;汽车巡航控制系统;汽车电子控制动力转向系统。共五篇17章。

参加本书编写工作的有:河北交通职业技术学院刘振楼(编写第一、四篇)、河北交通职业技术学院刘志忠(编写第二篇)、河北交通职业技术学院骆孟波(编写第三篇)、河北交通职业技术学院陈建国(编写第五篇)。全书由河北交通职业技术学院刘振楼担任主编,北京市交通学校李慧峰担任主审。

限于编者经历及水平,教材内容很难覆盖全国各地的实际情况,希望各教学单位在使用教材过程中,注意总结经验,及时提出修改意见和建议,以便再版修改时改正。

交通职业教育教学指导委员会
汽车运用与维修学科委员会
2002年11月

目 录

第一篇 汽车电子控制制动防抱死及驱动防滑系统

第二篇 汽车电子控制悬架系统

第三篇 汽车安全气囊系统(SRS)

第四篇　汽车巡航控制系统

第五篇　汽车电子控制动力转向系统

第一篇　汽车电子控制制动防抱死及驱动防滑系统

概　　述

汽车防抱死制动系统(Anti – Lock Brake System),简称 ABS。它是汽车上的一种制动安全装置,其作用是在汽车制动时,防止车轮抱死在路面上滑拖,以提高汽车制动过程中的方向稳定性、转向控制能力和缩短制动距离,使汽车制动更为安全有效。

随着汽车行驶速度的提高、道路行车密度的增大,人们对汽车行驶安全性的要求越来越高,ABS 已经成为汽车上的一种重要安全装置。早在 20 世纪 30 年代,ABS 就运用在铁路机车的制动中,其目的是防止列车制动时车轮抱死后在钢轨上滑行造成局部摩擦,致使车轮、钢轨早期损坏和车轮不能平稳旋转而产生噪声和振动。20 世纪 40 年代,为了防止飞机着陆时制动跑偏、甩尾和轮胎剧烈磨损,以及缩短滑行距离,在飞机上开始采用 ABS,并很快成为飞机上的标准装备。20 世纪 50 年代被开发引用到汽车上。进入 20 世纪 70 年代后,随着电子技术的进步,数字电子技术、大规模集成电路的发展和微机的运用,电子控制式 ABS 日趋成熟,成本不断降低,并且体积小、质量轻、控制精度高,其安全效能十分显著,普遍受到人们的欢迎,为其迅速普及创造了条件。20 世纪 80 年代初仅在部分高级轿车上采用,进入 20 世纪 90 年代后,在欧洲、美国、日本和韩国等国家,ABS 的装车率大幅度提高,加之法规的推动作用,ABS 已成为汽车上标准装备或选择装备。我国对 ABS 的研究始于 20 世纪 80 年代初,目前国内一些院校、科研单位和生产厂家,正在加快技术攻关和技术引进步伐。上海汽车制动系统有限公司引进并合资生产的 ABS 产品已于 1997 年 2 月顺利投产,其他也有个别厂家小批量生产。我国生产的奥迪、桑塔纳、捷达轿车已部分装用 ABS。预计不久的将来,我国自己生产的汽车上都会装用 ABS。

随着对汽车性能要求的提高,不仅要求在制动过程中防止车轮抱死,而且要求在驱动过程中(特别是在起步、加速和转弯过程中),防止驱动车轮滑转,使汽车在驱动过程中的方向稳定性、转向控制能力和加速性能也都得到提高,因而有的装用一种驱动防滑转系统(德语为 Antriebs Schlupf Regelung.英语为 Acceleration Slip Regulation),简称 ASR,也有的译为加速防滑控制系统。由于驱动防滑转系统多是通过调节驱动车轮的驱动力(或牵引力)实现控制的,因而有的叫驱动力(或牵引力)控制系统(Traction Control System),简称 TCS,在日本则简称 TRC 或 TRAC。可以说 TRAC 或 ASR 是 ABS 的完善和补充,也可以说是 ABS 的延伸。TRAC 或 ASR 可以独立设立,但多数是与 ABS 组合在一起的,两个系统一体化,常用 ABS/TRAC 或 ABS/ASR 表示,统称防滑控制系统,该系统既具有制动防抱死功能,又具有驱动防滑转功能。

第一章　汽车电子控制制动防抱死系统的结构与工作原理

学习目标

1. 理解制动性能的主要评价指标、附着系数与滑移率的关系及 ABS 的优点；
2. 掌握 ABS 的基本组成、控制方式和分类；
3. 了解 ABS 电脑的控制功能；
4. 掌握轮速传感器、减速度传感器的结构及工作原理；
5. 掌握制动压力调节器的分类及主要部件的结构与工作原理。

第一节　ABS 的基础知识

为了对采用 ABS 的必要性有所了解，现介绍以下与 ABS 有关的基础知识。

一、汽车制动性能的主要评价指标

对汽车的制动性能有多方面的要求，因而有多方面的评价指标，一般常提到以下三个方面。它们是：

1. 制动效能

制动效能主要指制动距离与制动减速度，通常实用中多指制动距离。制动距离是指驾驶员开始踩制动踏板到汽车完全停车所行驶的距离。制动距离越短，越有利于避免交通事故的发生，它是制动性能最基本的评价指标。

2. 制动时汽车的方向稳定性

制动时汽车的方向稳定性，一般是指制动过程中维持汽车直线行驶和按预定弯道行驶的能力。如果汽车制动时发生侧滑、甩尾、严重时出现调头，都会使汽车失去方向稳定性；如果汽车在弯道行驶中制动时，汽车不再按原来弯道行驶，出现冲入其他车道或冲出路面，或者即使是直线行驶，也无法避开障碍物，操纵转向盘也不起作用，则为汽车失去转向控制能力(转向操纵性)。汽车制动过程中，失去方向稳定性和失去转向控制能力，都是造成交通事故的重要原因。

3. 制动效能的恒定性

制动效能的恒定性，主要指抗热衰退性能。抗热衰退性能是指汽车在繁重工作条件下制动时(如下长坡时长时间连续制动)，制动器温度升高后，其制动效能的保持程度。它是设计制动器及选材中必须认真考虑的一个重要问题。

以上三项指标中，前两项指标采用 ABS 装置后，其性能都会有明显的改善和提高，对避免交通事故的发生能起到很好的作用，因此 ABS 是汽车上十分重要的制动安全装置。

二、制动时附着系数与滑移率的关系

1. 附着力

附着力是地面阻止车轮滑动所能提供的切向反作用力的极限值，常用 F_{Φ} 表示。在一般硬实路面上，轮胎与路面间的附着力可近似认为是轮胎与路面间的最大静摩擦力。轮胎与路面间的附着力取决于地面对轮胎的法向反作用力与附着系数，其关系为：

$$F_{\Phi} = F_z \phi \tag{1-1-1}$$

式中：F_{Φ}——轮胎与路面间的附着力(N)；

F_z——地面对轮胎的法向反作用力(N)；

ϕ——地面与轮胎间的附着系数。

由于地面制动力 F_x 要受到附着力的限制，所以最大地面制动力 F_{xmax} 不能超过附着力 F_{Φ}。即：

$$F_x \leqslant F_{\Phi} = F_z \phi \tag{1-1-2}$$

或

$$F_{xmax} = F_z \phi$$

由此可见，汽车制动过程中，地面制动力的大小首先取决于制动器制动力，但又受到地面附着条件的限制，所以为了达到最佳的制动效果，不仅要获得足够的制动器制动力，同时又希望有较大的附着力。

在汽车制动时，除车轮旋转平面的纵向附着力外，还有垂直于车轮旋转平面的横向附着力。汽车在制动过程中，纵向附着力决定汽车纵向运动，影响汽车的制动距离，而横向附着力则决定汽车的横向运动，影响汽车的方向稳定性和转向控制能力。

由(1-1-1)式可知，附着力是由地面对轮胎的法向反作用力与附着系数的乘积决定的。而它们两者又随较多因素变化。

地面对轮胎的法向反作用力随载客或载物重量变化外，还受前后轴荷分布、汽车重心的高度、制动减速度的大小、汽车上坡或下坡等因素改变。

车轮与路面间的附着系数也不是固定值。影响附着系数的因素很多，如车轮滑移率、路面的性质和状况、车速、轮胎的结构和气压、车轮偏转角等，下面重点介绍制动时车轮滑移率对附着系数的影响。

2. 车轮滑移率

汽车正常行驶时，车速 v(即车轮中心的纵向速度)与车轮速度 v_w(即车轮圆周速度)相同，可以认为车轮在路面上作纯(完全)滚动运动。当驾驶员踩下制动踏板时，由于地面制动力的作用，使车轮速度减小，车轮处在既滚动又滑动的状态，实际车速与车轮速度不再相等，人们将车速和车轮速度之间出现的差异称为滑移。随着制动管路中制动液或制动气体压力的增加，车轮已不在转动，汽车车轮在地面上作纯(完全)滑动。

为了表征滑移成分所占比例的大小，常用滑移率 S 表示。

$$S = \frac{v - v_w}{v} \times 100\% = \frac{v - r \cdot \omega}{v} \times 100\% \tag{1-1-3}$$

式中：S——车轮滑移率；

v——车速(车轮中心纵向速度，m/s)；

v_w——车轮速度(车轮瞬时圆周速度 $v_w = r \cdot \omega$，m/s)；

r——车轮半径(m)；

ω——车轮转动角速度(rad/s)。

车轮在路面上纯滚动时,$v = v_w$,车轮滑移率 $S = 0$;车轮抱死时即在地面上纯滑动时,$\omega = 0$,车轮滑移率 $S = 100\%$;车轮在路面上边滚动边滑动时,$\nu > \nu_w$,则车轮滑移率 $0 < S < 100\%$。车轮滑移率越大,说明车轮在运动中滑移成分所占的比例越大。

3. 附着系数和滑移率的关系

车轮滑移率的大小对车轮与地面间的附着系数有很大影响。通过试验,附着系数与滑移率的关系如图 1-1-1 所示。

从图中可以看出:

(1)附着系数随路面性质不同呈大幅度变化。干燥路面附着系数大,潮湿路面附着系数小,冰雪路面附着系数更小。

(2)在各种路面上,附着系数都随滑移率的变化而变化。各曲线的趋势大致相同,只有积雪路滑移率在靠近 100%时会上升。

为了方便说明附着系数与滑移率的关系,现以典型的干燥硬实路面上附着系数与滑移率的关系进行介绍,如图 1-1-2 所示。图中实线为制动时纵向附着系数和车轮滑移率的一般关系。

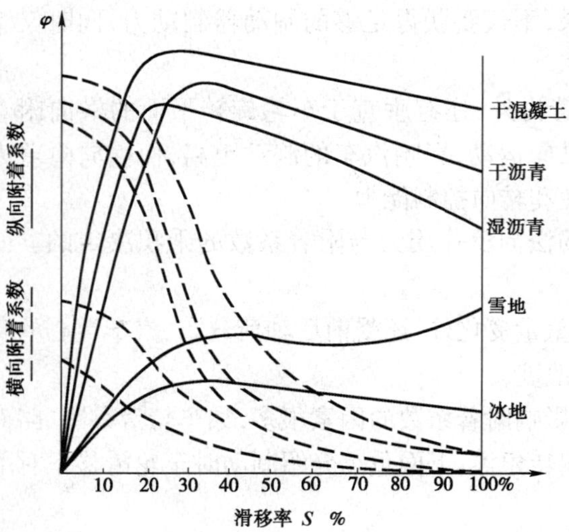

图 1-1-1 附着系数与滑移率的关系
(虚线所示路面种类上下顺序与实线标注相同)

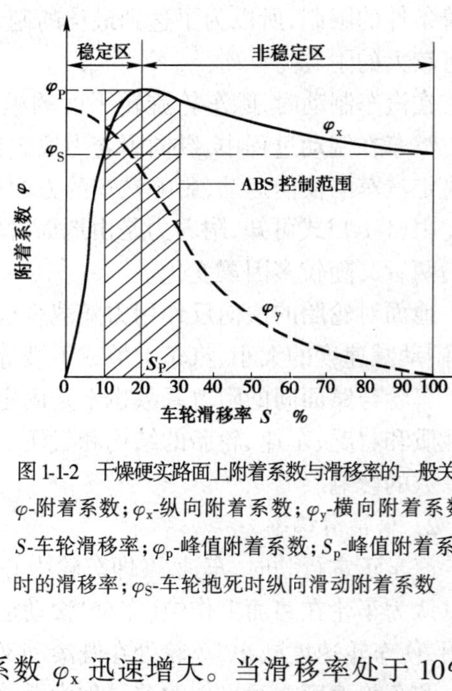

图 1-1-2 干燥硬实路面上附着系数与滑移率的一般关系
φ-附着系数;φ_x-纵向附着系数;φ_y-横向附着系数;S-车轮滑移率;φ_P-峰值附着系数;S_P-峰值附着系数时的滑移率;φ_S-车轮抱死时纵向滑动附着系数

通常,当滑移率 S 由 0% ~ 10%增大时,附着系数 φ_x 迅速增大。当滑移率处于 10% ~ 30%的范围时,附着系数有其最大值(图 1-1-2 中显示滑移率在 20%时,纵向附着系数最大)。该最大值称为峰值附着系数,用 φ_p 表示,此时与其相对应的车轮滑移率称为峰值附着系数滑移率,用 S_p 表示。由图中看出,当滑移率继续增大时,附着系数逐渐减小。当车轮抱死时,即完全滑动时的附着系数,一般称为滑动附着系数,用 φ_s 表示。车轮抱死时的滑动附着系数 φ_s 一般总是小于峰值系数 φ_p,通常在干燥硬实路面上,φ_s 比 φ_p 要小 10% ~ 20%;在潮湿的硬实路面上,φ_s 比 φ_p 要小 20% ~ 30%。

根据前述附着力 F_φ 与附着系数 φ 的关系($F_\varphi = F_z\varphi$),当地面对车轮的法向反作用力 F_z 一定时,则滑移率 S 大约在 20%左右时具有最大附着力,因而也只有此时车轮与路面间才能获得最大地面制动力，具有最佳制动效果。通常，称纵向附着系数最大时的滑移率 S_p 为理想滑移率，也有的叫最优滑移率。如果滑移率超过理想滑移率（即 $S > S_p$）时，附着力和地面制动力反而逐渐减小，使制动效能变差、制动距离增长，因此一般称从理想滑移率到车轮抱死完全滑动段为非稳定区。

图1-1-2不仅给出车轮的纵向附着系数 φ_x，而且也给出车轮的横向（侧向）附着系数 φ_y，如图中虚线所示。横向附着系数是研究汽车行驶稳定性的重要参数之一。横向附着系数越大，汽车制动时的方向稳定性和转向控制能力越强。从图中看出，当滑移率为零时，横向附着系数最大；随着滑移率的增加，横向附着系数越来越小。

4. 汽车制动时车轮抱死的危害

当车轮抱死时，纵向附着系数几乎为零，此时也导致横向附着力几乎为零，其危害是较大的，主要是：

(1)方向稳定性差。由于横向附着力很小，汽车失去抵抗横向外力的能力，后轮很容易产生横向滑移和使汽车发生甩尾、旋转等危害，使汽车失去方向稳定性。

(2)失去转向控制能力。在汽车进行转向行驶时，尽管驾驶员此时在操纵转向盘，但前轮抱死后已不在滚动，且前轮维持汽车转弯运动能力的横向附着力也丧失，汽车将仍按原来惯性行驶方向滑动，可能冲入其他车道或冲出路面，汽车已不能按驾驶员的意图行驶，失去转向控制能力。

三、ABS的优点

由上述分析可知，汽车在制动过程中，车轮抱死时危害较大，只有滑移率在20%左右时，车轮与路面间的纵向附着系数最大，可获得最大地面制动力，能最大程度地缩短制动距离；同时当滑移率在20%左右时，车轮与路面间横向附着系数也较大，使汽车制动时能较好地保持方向稳定性和转向控制能力。为了确保行车安全，获得最佳制动性能，制动时防止车轮抱死，并将车轮滑移率控制在理想滑移率附近的狭小范围内，人们才大力开发、研制和推行防抱死制动系统即ABS。

ABS是在原传统制动系统的基础上，增加了一套防止车轮制动抱死的控制系统。该装置在制动过程中，当车轮趋于抱死，即车轮滑移率进入非稳定区时，会迅速降低制动系统压力，使车轮滑移率恢复到靠近理想滑移率的稳定区内，通过自动、高频率地对制动系压力进行调节（其频率高达每秒十多次），使车轮滑移率保持在理想滑移率附近的狭小范围内，以达到充分利用车轮与路面间纵向峰值附着系数和较高的横向附着系数，实现防止车轮抱死和获得最佳制动性能。

应当指出的是，采用传统的制动系统进行制动时，尽管驾驶员也知道间歇性的踩、放制动踏板防止车轮抱死，但再有经验的驾驶员也无法做到精确地判断和控制，特别是在紧急制动时，都不可能将车轮滑移率控制在理想范围之内，往往会使车轮抱死，尤其是汽车在冰雪、下雨打滑的路面上制动时，很容易产生侧滑、甩尾和失去转向控制能力，此时驾驶员往往产生一种紧张情绪，缺乏安全感。

概括起来ABS的优点是：

(1)制动时保持方向稳定性；

(2)制动时保持转向控制能力；

(3)缩短制动距离（松散的沙土和积雪较深的路面除外，因为在这些路面上车轮制动抱死时，其地面物质如积雪会被铲起并堆在车轮前面，形成一种阻力，使制动距离变短，而在装有ABS的汽车上，由于车轮不会抱死，反而没有这种效果)；

(4)减少轮胎磨损；

(5)减少驾驶员紧张情绪。

第二节　ABS的基本组成、控制方式和分类

一、ABS的基本组成

现代ABS尽管采用的控制方式、方法以及结构形式各不相同，但除原有传统的常规制动装置外，一般ABS都是由传感器、电子控制器和执行器三大部分组成。其中，传感器主要是车轮转速传感器，执行器主要指制动压力调节器，如图1-1-3所示。

1. 车轮转速传感器

车轮转速传感器是ABS中最主要的一个传感器。车轮转速传感器常简称为轮速传感器，其作用是对车轮的运动状态进行监测，获得车轮转速(速度)信号。

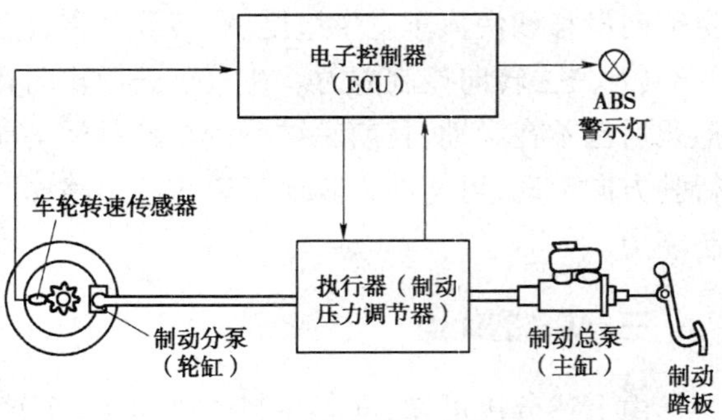

图1-1-3　制动防抱死系统(ABS)的基本组成

2. 电子控制器

ABS的电子控制器(Electronic Control Unit)，常用ECU表示，俗称ABS电脑。它的主要作用是接收轮速传感器等输入信号，计算出轮速、参考车速、车轮减速度(加速度)、滑移率，并进行判断、输出控制指令，控制制动压力调节器等进行工作。另外，ECU还有监测等功能，如有故障时会使ABS停止工作并将ABS警示灯点亮。

3. 制动压力调节器

制动压力调节器是ABS中的主要执行器。其作用是接受ECU的指令，驱动调节器中的调压电磁阀动作(或调压电动机转动等)，调节制动系分泵内的压力，使之增大、保持或减小，实现制动系压力的控制功能。

由于ABS是在原来传统制动系统基础上增加一套控制装置形成的，因此ABS也是建立在传统的常规制动过程的基础上进行工作的。在制动过程中，车轮还没有趋于抱死时，其制动过程与常规制动完全相同，此时ABS不起作用；只有车轮趋于抱死时，ABS才会对趋于抱死车轮的制动压力进行调节。

通常，ABS只有在汽车速度达到一定数值(如5km/h或8km/h)时，才会对制动过程中趋于抱死车轮的制动压力进行调节。当汽车速度降到一定数值时，因为车速很低，车轮制动抱死对汽车制动性能的不利影响很小，为了使汽车尽快制动停车，ABS就会自动终止防抱死制动压力调节，其车轮仍可能被制动抱死。

在制动过程中，如果常规制动系统发生故障，ABS会随之失去控制作用。若只是ABS发生故障、而常规制动系统正常时，汽车制动过程仍像常规制动过程一样照常进行，只是失去防抱死控制作用。现代ABS一般都能对系统的工作情况进行监测，具有失效保护和自诊断功能，一旦发现影响ABS正常工作的故障时，将自动关掉ABS，恢复常规制动，并将ABS警示灯

(或 Anti－Lock 警示灯)点亮,向驾驶员发出警示信号,提醒驾驶员及时进行修理。

二、ABS 的控制方式

ABS 为了在制动时将滑移率控制在理想滑移率附近的狭小范围之内,就要对制动系压力进行反复调节,其控制方式直接决定 ABS 的控制效果。

1．控制方式

目前提出的控制方式很多,主要有逻辑门限值控制、最优控制和滑动模态变结构控制等。ABS 发展至今,大多数产品广泛采用的仍是逻辑门限值控制方式。

所谓逻辑门限值控制,通常是预先选择一些运动参数作为控制参数并设定相应的控制门限值,在制动时,将监测的实际参数与 ECU 内设定的门限值进行比较,按照一定的逻辑,根据比较的结果,适时地对制动系压力进行控制和调节。这种控制方式不涉及具体的数学控制模型,避免了大量的数学计算,所需的控制参数也比较少,尤其是省去了车速传感器,使结构简单,成本降低。另外,这种控制方式的执行器也比较容易实现。该种控制方式的缺点是系统的控制逻辑比较复杂,控制不够平稳,但人们经过大量的实践和实验,只要在控制逻辑中多考虑一些实际情况,控制参数的门限值选得合适,并通过微处理器进行控制,其效果还是相当理想的。

2．逻辑门限值控制方式的控制参数

控制参数的选用是否得当,不仅关系到 ABS 的逻辑和性能,而且关系到 ABS 的结构和成本。

在逻辑门限值控制方式中,普遍选用的控制参数有:车轮减速度(或角减速度)、加速度(或角加速度)和车轮滑移率。

在 ABS 的实际控制中,一般很少单独采用其中某一种参数的门限值进行控制,多是以车轮加、减速度门限和滑移率门限多种参数结合进行控制。因为单独采用其中任何一种参数门限进行控制都存在较大的局限性。例如,仅以车轮加、减速度作为控制门限,当汽车在低附着系数的路面上高速行驶过程中进行紧急制动时,在车轮滑移率离进入非稳定区域还较远时,车轮减速度就达到控制门限值,使反应时间过快,分泵减压提前,实际利用的附着系数低,会严重影响控制效果。如果仅以车轮滑移率作为控制门限时,由于汽车行驶路面情况不同,峰值附着系数不同,其对应的理想滑移率会在一定范围内变化,此时仅以固定的滑移率门限值作为控制门限,就很难适应各种路面,不能保证在各种路面情况下都能获得最佳制动效果。因此,一般多采用车轮加、减速度和滑移率的门限值进行综合控制,它具有较高的自适应控制能力,能保证在各种行驶状态和不同路面情况下,都能较好地实现制动防抱死控制。实用中,通常是将车轮的减速度和加速度作为主要控制门限,而将车轮滑移率作为辅助控制门限。只有在低附着系数路面上且低速行驶情况下制动时,转而以滑移率作为主要控制门限,车轮减、加速度作为辅助控制门限。

逻辑门限值控制方式中参数的测定:

(1)车轮加速度和减速度:可由电子控制器根据轮速传感器输入的信号经过计算确定。

(2)滑移率:要确定车轮的实际滑移率,必须首先确定汽车的实际速度,然而现在汽车上的车速传感器并非是实际车速传感器,实用中多数 ABS 都是由电子控制器根据轮速传感器输入的信号,按照一定的逻辑计算确定出参考车速,然后再根据参考车速和车轮角速度计算出车轮滑移率。由于参考车速并不是实际车速,只是实际车速的一种近似,因此通常将计算出的车轮滑移率称为参考滑移率。

在逻辑门限值控制方式中，车轮减速度、加速度和滑移率等控制参数门限值的确定，都是针对某一车型并在各种车速和各种附着系数路面等条件下，通过反复试验获得的经验数据。

在逻辑门限值控制方式中，一般都具有路面状态自动选择功能，以适应路面附着系数变化的能力。它能够根据车轮减速度、加速度的变化大小，按照一定的逻辑，判定出车轮处于某种附着系数的路面上，如高附着系数路面、低附着系数路面，以及高、低附着系数路面跃变等情况，以便实现不同控制。

3. 逻辑门限值控制方式的控制过程

现以博世 ABS 为例，说明采用逻辑门限值控制方式在高附着系数路面上的控制过程。在高附着系数路面上的控制过程，如图 1-1-4 所示。

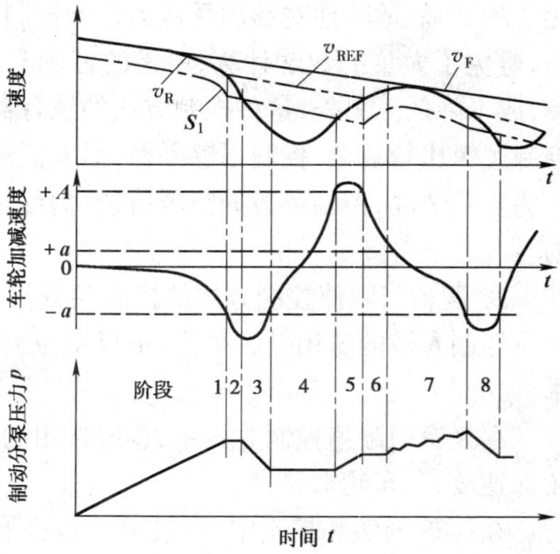

图 1-1-4　在高附着系数路面上的制动防抱死控制过程

v_F-车速；$+a$、$+A$-车轮加速度门限值；v_{REF}-参考车速；$-a$-车轮减速度门限值；v_R-车轮速度；p-制动分泵压力；S_1-滑移率门限值。

由图 1-1-4 可见，在制动的最初阶段，随着制动分泵内制动压力的增大，车轮速度下降，同时车轮减速度也在增大。直至车轮的减速度达到设定的控制门限值 $-a$ 时(第 1 阶段末，取此瞬时车轮速度为初始参考车速，然后按给定的斜率计算或确定参考车速 v_{Ref}，由参考车速计算出任一时刻的车轮滑移率)，由于一般在高附着系数路面上达到减速度门限值时滑移率比较小，为了避免车轮仍处于稳定区域的滑移率范围内就提前进入车轮制动压力减小阶段，此时需要对车轮的参考滑移率与设定的滑移率门限值进行比较。如果车轮的参考滑移率小于门限值 S_1，说明车轮滑移率偏小，则进入制动压力保持阶段(第 2 阶段)，以使车轮充分地进行制动。当车轮参考滑移率大于门限值 S_1，说明车轮已进入不稳定区域，便进入车轮制动压力减小阶段(第 3 阶段)。由于车轮制动力的下降，车辆在惯性的作用下开始加速。当车轮减速度小于控制门限值 $-a$ 时，就进入制动压力保持阶段(第 4 阶段)。此后，由于汽车惯性的作用，车轮仍在回升加速，直至超过设定的第一个加速度控制门限值 $+a$，为了适应可能出现的路面附着系数突然增大的情况，设定了第二个加速度控制门限值 $+A$，如果在设定的压力保持时间内，车轮的加速度未能超过第一个加速度控制门限值 $+a$，则判定路面情况为低附着系数，此时控制过程将按低附着系数路面上的控制过程进行。如果车轮的加速度超过第一个加速度门限值 $+a$，则继续保持制动压力。如果因路面附着系数突然增大而使车轮加速度超过第二个加速度控制门限值 $+A$ 时，应使制动压力再次进入增大阶段(第 5 阶段)，使车轮加速度下降，直至车轮加速度低于控制门限值 $+A$，然后再进入制动压力保持阶段(第 6 阶段)，直至车轮加速度又回落到 $+a$ 以下，表明车轮回复到稳定区域且制动压力稍有不足。为了使车轮在更长的时间内处于稳定区域且靠近理想滑移率 S_p 附近，将对制动压力进行增大和保持的快速转换(第 7 阶段)，使制动压力具有较小的阶梯升高率。直至车轮减速度再次超过控制门限值 $-a$ 时，又开始进入制动压力减小阶段(第 8 阶段)，此时，不再考虑参滑移率是否超过控制门限值 S_1，从而进入下一个控制循环。

三、ABS的分类

过去人们常将ABS分为两大类,即机械式ABS和电子式ABS。目前机械式ABS已趋于淘汰,因此本教材提到的现代ABS,一般都是机电一体化的电子控制式ABS。

现代ABS的种类很多,分类方法各异。现将有关情况介绍如下:

1. 按生产厂家分类(主要有)

(1)博世(BOSCH)ABS,由德国博世公司生产(博世又称为波许)。

(2)戴维斯(TEVES)ABS,由德国戴维斯公司生产。

上述两种是欧、美、日、韩轿车上采用最多的ABS。

(3)德尔科(DELCO)ABS,由美国德尔科公司生产。在美国通用、韩国大宇等轿车上采用。

(4)本迪克斯(BENDIX)ABS,由美国本迪克斯公司生产。在美国克莱斯勒公司生产的汽车上采用最多。

以上4种ABS在小轿车上应用最为广泛,而且每种ABS都在不断发展、更新和换代,因此即使同一厂家生产的轿车,生产年代不同,装用车型不同,ABS的型号也可能不一样。还有一些国家的生产厂家也生产其他型号的ABS,其中有的则是从上述厂家技术引进,并在其基础上进行单独开发或合作开发生产,有相当部分ABS属于上述四种中的某一种的变型。另外,还有德国伟布科(WABCO)公司、英国卢卡斯·格林(Lucas Girling)公司、日本本田——住友(Honda Sumitomo)和美国凯尔塞·海斯(Kelsey Hayes)公司生产的ABS数量也较大,它们当中有相当部分是在载货汽车或大型客车上广泛采用。

中国上海汽车制动系统有限公司生产的ABS,是从戴维斯(TEVES)公司引进并合资生产的。

2. 按控制通道和传感器数目分类

实用中常按控制通道和轮速传感器的数目进行区分。为便于说明,先介绍一下控制通道的概念。

在ABS系统中,我们对能够独立进行制动压力调节的制动管路称为控制通道。如果某个车轮的制动压力占用一个控制通道且可以单独地进行调节,我们称它为独立控制或单轮控制。如果两个车轮的制动压力是同时进行调节的(共同占用电子控制器的一个控制通道),我们称它为同时控制或一同控制。如果同时控制的两个车轮在同一轴上,常叫同轴控制或轴控制。

汽车在左右附着系数不同的路面上行驶时,由于两边车轮与路面间的附着力不一样,在制动时两个车轮制动抱死的时机则不一样,附着系数小的车轮先抱死,附着系数大的车轮后抱死。在两个车轮一同控制时,如果以保证附着系数较小的车轮不发生抱死为原则进行制动压力调节,这两个车轮就是按低选原则一同控制;如果以保证附着系数较大的车轮不发生抱死为原则进行制动压力调节,这两个车轮就是按高选原则一同控制。因此,在一同控制中,有低选原则和高选原则之分。

(1)四通道式:四通道ABS有4个轮速传感器,在通往4个车轮制动分泵的管路中,各设一个制动压力调节分装置(如调压电磁阀),进行独立控制,构成四通道控制形式。

由于四通道ABS是根据各车轮轮速传感器输入的信号,分别对各个车轮进行独立控制的,因此附着系数利用率高,制动时可以最大程度地利用每个车轮的最大附着力。四通道控制方式特别适用汽车左右两侧车轮附着系数相近的路面,不仅可以获得良好的方向稳定性和转向控制能力,而且可以得到最短的制动距离。但是,如果汽车左右轮附着力相差较大,如行驶在附着系数对分的路面或汽车左右两侧载荷相差较大时，制动时两个车轮的地面制动力就相差较大。因此会产生横摆力矩，使车身向制动力较大的一侧跑偏，不能保持汽车按预定方向行驶，会影响汽车的方向稳定性，且成本价格高。

(2)三通道式：一般三通道 ABS 是对两前轮进行独立控制，两后轮按低选原则进行一同控制，因此有的称它为混合控制。

两后轮按选低原则进行一同控制时，可以保证汽车在各种条件下左右两后轮的制动力相等，即使两侧车轮的附着力相差较大，两个车轮的制动力都限制在附着力较小的水平，使两个后轮的制动力始终保持平衡，保证汽车在各种条件下制动时都具有良好的方向稳定性。当然，在两后轮按低选原则进行一同控制时，可能出现附着系数大的一侧后轮的附着力不能充分利用的问题，使汽车的总制动力有所减小。但应该看到，在紧急制动时，由于发生轴荷前移，在汽车的总制动力中，后轮的制动力所占的比重较小，尤其是小轿车，使前轮的附着力比后轮的附着力大得多，通常后轮制动力只占总制动力的 30% 左右。因此，后轮附着力未能充分利用的损失对汽车的总制动力影响不大。

对两前轮进行独立控制，主要考虑到小轿车，特别是前轮驱动的汽车，前轮的制动力在汽车总制动中所占的比例较大(可达 70%左右)，可以充分利用两前轮的附着力。一方面使汽车获得尽可能大的总制动力，利于缩短制动距离，另一方面可使制动中两前轮始终保持较大的横向附着力，使汽车保持良好的转向控制能力。尽管两前轮独立控制可能导致两前轮制动力不平衡，但可以通过驾驶员的转向操纵对由此造成的影响进行修正。因此，三通道 ABS 在小轿车上被普遍采用。

(3)二通道式：二通道 ABS 常叫双通道 ABS。为了减少制动压力调节分装置的数量，降低系统成本，也有采用双通道 ABS。

由于篇幅限制，双通道 ABS 的工作性质不再分析，但总的来说，双通道 ABS 难以在方向稳定性、转向操纵性和制动效能各方面得到兼顾，目前采用的很少。

(4)一通道 ABS：一通道 ABS 常叫单通道 ABS，它在后轮制动器总管中设置一个制动压力调节器，在后桥主减速器上安装一个轮速传感器(也有在两后轮上各安装一个)。

单通道 ABS 一般都是对两后轮按低选原则进行一同控制。单通道 ABS 不能使两后轮的附着力得到充分利用，因而制动距离不一定会明显缩短。另外前轮制动分泵的压力并未进行控制，制动时前轮仍会出现制动抱死，因而转向操纵能力也未得到改善，但由于制动时两后轮并未抱死，能够显著地提高制动时的方向稳定性，在安全上是一大优点，加之具有结构简单、成本低等优点，所以单通道 ABS 目前在一些轻型载货车上仍被应用。

对于 ABS，除上述分类方法外，还有一些分类方法，如按照制动压力调节器的动力来源分为液压式和气压式；按照制动压力调节器调压方式分为流通式和变容式；按照制动压力调节器与制动总泵的结构关系分为整体式和分离式；按照 ABS 与 TRAC(或 TCS)是否一体化分为 ABS 式或 ABS/TRAC 式等，这些内容以后都会介绍到。

第三节 ABS 系统的电子控制模块(电脑)

电子控制模块(电脑)是 ABS 系统的控制中心，它的本质是微型数字计算机，一般是由两个微处理器和其他必要电路组成的不可分解的整体单元。电脑的基本输入信号是四个轮速传感器送来的轮速信号，输出信号是：给液压控制单元(制动压力调节器)的控制信号、输出的自诊断信号和输出给 ABS 故障指示灯的信号,如图 1-1-5 所示。

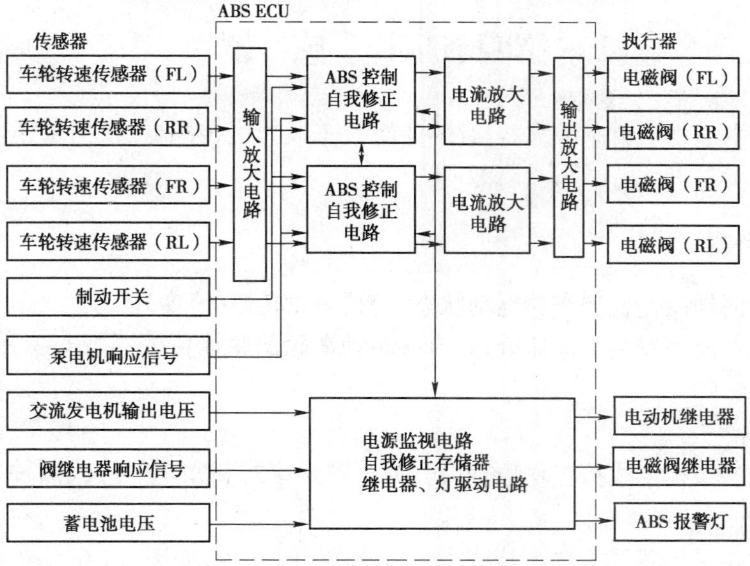

图 1-1-5　ABS 电脑和基本输入、输出信号

1．ABS 系统电脑的防抱死控制功能

电子控制模块(电脑)有连续监测 4 个轮速传感器速度信号的功能。电脑连续地监测来自 4 个轮速传感器传来的脉冲电信号,并将它们处理、转换成和轮速成正比的数值,从这些数值中电脑可区别哪个车轮速度快,哪个车轮速度慢。电脑根据 4 个轮子的速度实施防抱死制动控制。电脑以 4 个轮子的传感器传来的数据作为控制基础,一旦判断出车轮将要抱死,它立刻就进入防抱死控制状态,向制动压力调节器输出幅值为 12V 的脉冲控制电压,以控制分泵(轮缸)上油路的通、断,分泵内油压的变化就调节了车轮上的制动力,使车轮不会因一直有较大的制动力而让车轮完全抱死,分泵(轮缸)上油路通与断的频率一般在 3 ~ 12 次/秒。

2．ABS 系统电脑的故障保护控制功能

ABS 系统电脑具有故障保护控制功能。如果系统出现故障或受到暂时的干扰,电脑会自动关闭 ABS 系统,让普通制动系统继续工作。

首先,电脑能对自身的工作进行监控。由于电脑中有两个微处理器,它们同时接收、处理相同的输入信号,再通过交互式通讯,对两个微处理器的内部信号和产生的外部信号进行比较,看它们是否相同,从而对电脑本身进行校准。这种校准是连续的,如果不能同步,就说明电脑本身有问题,它会自动停止防抱死制动过程,而让普通制动系统照常工作,此时,修理人员必须对 ABS 系统(包括电脑)进行检查,以及时找出故障原因。

ABS 系统电脑不仅能监视自己内部的工作过程,而且还能监视 ABS 系统中其他部件的工作情况。它可按程序向制动压力调节器的电路系统及电磁阀输送脉冲检查信号,在没有任何机械动作的情况下完成功能是否正常的检查。在 ABS 系统工作的过程中,电脑还能监视、判断轮速传感器送来的轮速信号是否正常。

若 ABS 系统出现故障,例如制动液损失、液压压力降低或车轮速度等信号消失,电脑都会自动发出指令,让普通制动系统进入工作,而 ABS 系统停止工作。

要强调的是,当黄色 ABS 系统故障指示灯点亮不灭,就说明电脑已停止了 ABS 系统的工作或检测到了系统的故障，应及时进行检修。

第四节　传　感　器

ABS传感器中主要是轮速传感器，有的还有汽车减速度传感器、横向加速度传感器，另外还有其他信号开关等。

一、轮速传感器

轮速传感器的作用是监测车轮运动状态，获得车轮转速(速度)信号。

轮速传感器一般都安装在车轮处，但有些驱动车轮的轮速传感器则安装在主减速器或变速器中。

1. 基本结构

轮速传感器的结构形式按工作原理可分为电磁感应式和霍尔效应式两种，但目前通常采用电磁感应式。

电磁感应式轮速传感器主要由传感头和齿圈(转子)组成，如图1-1-6所示。

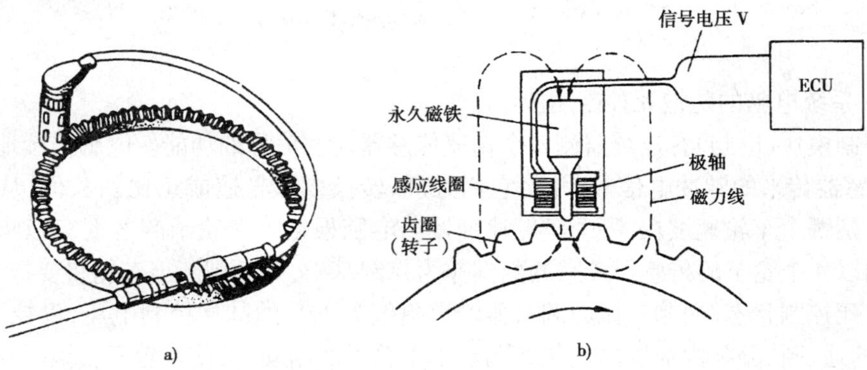

图1-1-6　轮速传感器的外形与基本结构

a)轮速传感器外形；b)轮速传感器的基本结构

传感头是一个静止部件，一般都安装在车轮附近不随车轮转动的部件上，如转向节、半轴套管、悬架构件等。传感头由永久磁铁、感应线圈、极轴等组成。齿圈(有的称转子)多为一带齿的圆环，一般安装在随车轮一同转动的部件上，如轮毂、制动盘、半轴等。传感头与齿圈之间的空气间隙很小，通常只有0.5～1mm。此传感器一定要安装牢固，以保证汽车在制动过程中的振动不会干扰或影响传感器信号，实现正确无误的输出。为了避免灰尘、水、泥对传感器工作的影响，在安装前可在传感器上涂覆防锈油。

一些后轮驱动的汽车，在主减速器中或变速器中安装一个传感器，传感头安装在主减速器或变速器壳体上，齿圈安装在主减速器输入轴上(有的直接应用主减速器齿轮)或变速器输出轴上。该传感器监测的是两个后轮的平均速度，只适用对两后轮进行一同控制的ABS。

2. 基本工作原理

电磁式轮速传感器的工作原理与发动机点火系中电磁脉冲信号发生器工作原理相同。传感器的永久磁铁具有一定强度的磁场，其磁力线经极轴→磁隙→齿圈(转子)→空间→永久磁铁构成回路。当齿圈随车轮一同转动过程中，极轴与齿圈间的空气间隙(或磁阻)交替变化。磁隙小时磁通强，磁隙大时磁通弱。由于磁通周期性的变化，在感应线圈的两端便产生交变电压信号，如图 1-1-7 所示。

交变电压信号的频率与齿圈的齿数和转速成正比。因齿圈的齿数一定，因而轮速传感器输出的交流电压信号频率只与相应的车轮转速成正比。所以，通过轮速传感器输出的频率信号可以确定车轮的转速。另外，在传感头与齿圈的间隙一定时，交变电压的幅值也决定于磁通变化率，在一定范围内，交变电压的幅值也随车轮转速成正比变化。在规定范围内(一般车速在 15 ~ 160km/h)，交变电压的幅值一般在 1 ~ 15V(有的在 0.1 ~ 9V)内变化。当车轮不转时，感应电压幅值为零，因而车速过低，其输出电信号很弱，因无法测出而失去意义，这也是电磁感应式轮速传感器的一个弱点。但由于电磁感应式轮速传感器具有结构简单、坚固耐用，特别适用于汽车行驶中的恶劣环境，所以至今仍被广泛采用。

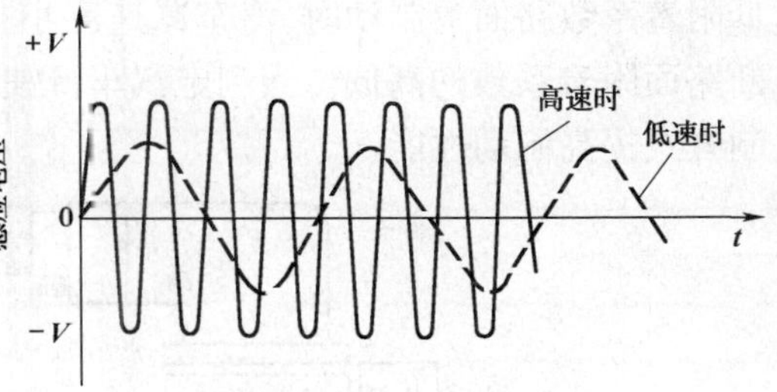

图 1-1-7　轮速传感器的感应电压信号

3. 电磁式轮速传感器的种类与安装

电磁式轮速传感器根据极轴端部的形状，可分为凿式、圆柱式和菱形式三种。图 1-1-8a)为凿式轮速传感器，图 1-1-8b)为菱形和圆柱式轮速传感器，它们内部结构大同小异，其工作原理完全相同。

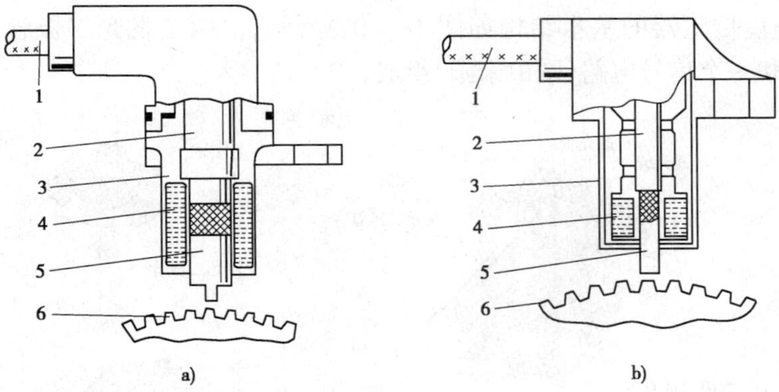

图 1-1-8　轮速传感器的结构

a)凿式轮速传感器；b)圆柱式轮速传感器

1-导线；2-永久磁铁；3-传感器外壳；4-感应线圈；5-吸轴(磁极)；6-齿圈

轮速传感器极轴形状不同，其安装方式也不同。图 1-1-9 为三种轮速传感器的安装情况。由图又可以看出，图 1-1-9a)凿式轮速传感器属于径向安装方式；图 1-1-9b)、c)菱形和圆柱形轮速传感器属于轴向安装方式。

以上介绍的是目前被广泛应用的电磁式轮速传感器。目前正在研制和开发的霍尔式轮速传感器显示出较多的优点，如输出电压信号幅值不受车速的影响，即使车速为零其幅值也不会改变；频率响应高，其控制车速范围可扩大到 8 ~ 260km/h，以至更高的车速，适用车速趋于越来越高的要求等优点，因霍尔传感器需要输入一定的电压，恶劣环境中的工作可靠性等具体问题尚需较好地解决。

二、减速度传感器

目前，在一些四轮驱动的汽车上，还装有汽车减速度传感器，又称 G 传感器。其作用是在汽车制动时，获得汽车减速度信号。因为汽车在高附着系数路面上制动时，汽车减速度大，在低附着系数路面上制动时，汽车减速度小，因而该信号送入 ECU 后，可以对路面进行区别，判断路面附着系数的高低。当判定汽车行驶在雪路、结冰路等易打滑的路面上时，采取相应的控制方式提高制动性能。

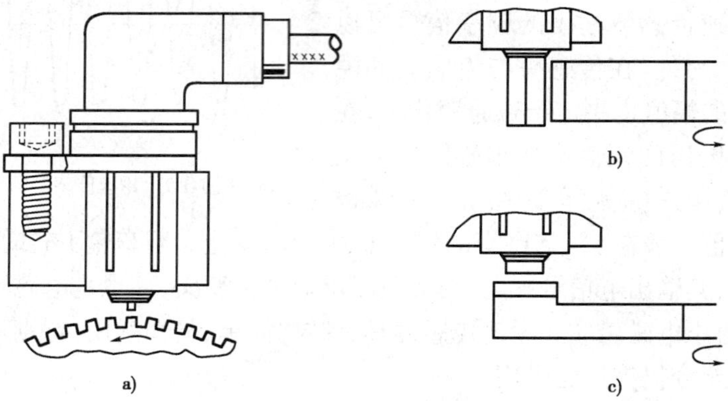

图 1-1-9　不同轮速传感器的极轴形状及其安装方式

a)凿式轮速传感器；b)菱形式轮速传感器；c)圆柱式轮速传感器

减速度传感器有光电式、水银式、差动变压器式和半导体式等。

1．光电式减速度传感器

光电式减速度传感器的基本结构如图 1-1-10a)所示，由两个发光二极管、两个光电三极管、一个透光板和一个信号电路(图中未画)组成。

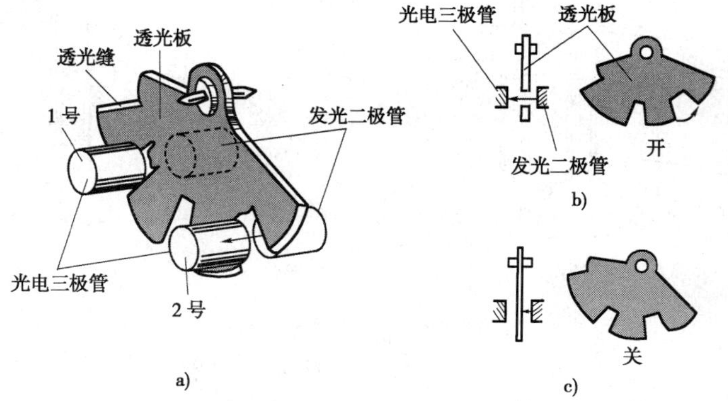

图 1-1-10　光电式减速度传感器

a)整体结构；b)透光时(开)；c)遮光时(关)

汽车匀速行驶时，透光板静止不动。当汽车减速时，透光板则随着减速度的变化沿汽车的纵向摆动，如图 1-1-11 所示。减速度越大，在惯性的作用下，透光板摆动的角度越大，由于透光板的位置不同，允许发光二极管传到光电三极管的光线不同，使光电三极管形成开和关两种状态，如图 1-1-10b)、c)所示。两个发光二极管和两个光电三极管组合作用，可将汽车的减速度区分为四个等级，此信号送入电子控制器就能感知路面的附着系数情况。

2．水银式减速度传感器

水银式减速度传感器的基本结构如图 1-1-12a)所示，由玻璃管和水银组成。

在低附着系数路面上制动时，汽车减速度小，水银在玻璃管内基本不动，开关在玻璃管内处于接通(ON)状态。在高附着系数路面上制动时，汽车减速度大，水银在玻璃管内靠惯性作

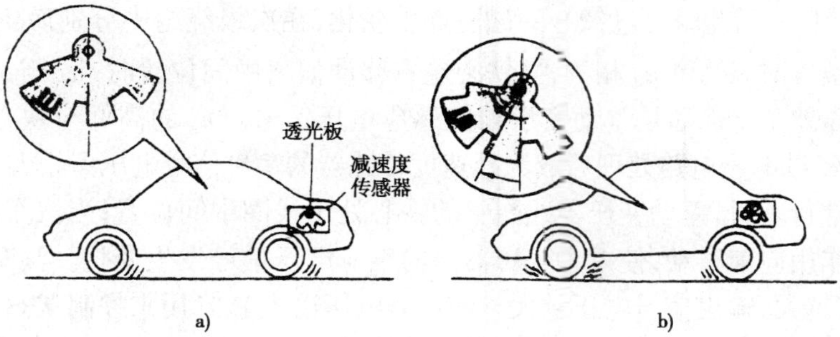

图 1-1-11　汽车减速时透光板的位置状态

a)匀速行驶时;b)减速行驶时

用前移,使玻璃管内的电路开关断开(OFF),如图 1-1-12b) c)所示,此信号送入 ECU 就能感知路面的附着系数情况。

水银式汽车减速度传感器,不仅在前进方向起作用,在后退方向也能送出减速度信号。

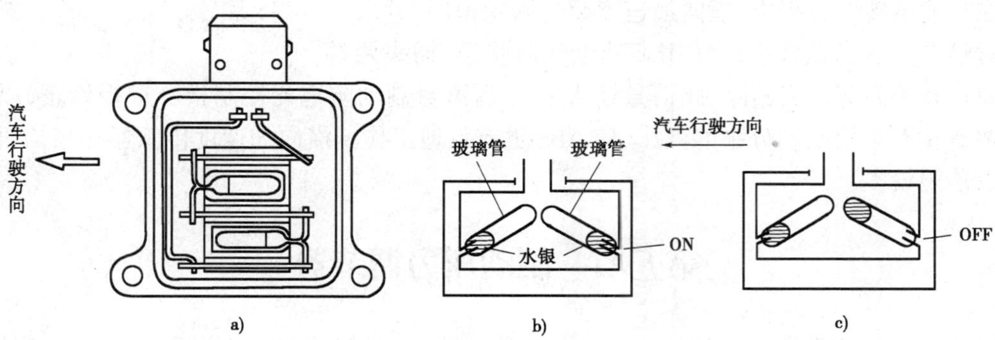

图 1-1-12　水银式减速度传感器

a)整体结构;b)减速度小时;c)减速度大时

3. 差动变压器式减速度传感器

差动变压器式减速度传感器的基本结构如图 1-1-13 所示。从图 1-1-13b)可以看出,差动

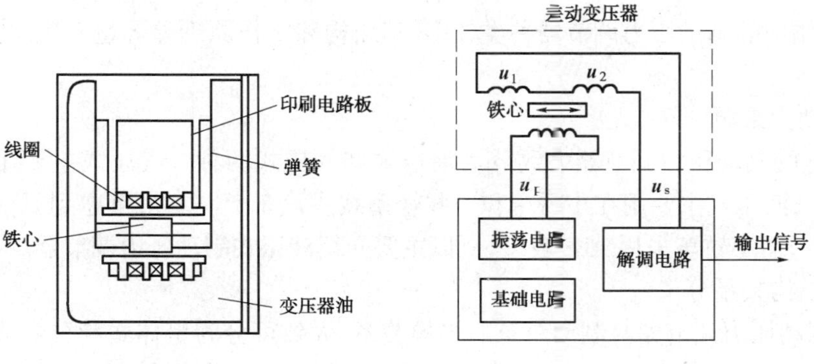

图 1-1-13　差动变压器式减速度传感器

a)基本结构;b)原理电路

变压器式减速度传感器由两部分组成,其上部为差动变压器,下部为电子电路。差动变压器主要由一个初级绕组、两个相串联的次级绕组和铁心组成。直流电经过振荡电路变成交流电压

u_p加到初级绕组上，因此时穿过铁心的磁通发生变化，在次级绕组中分别产生电压 u_1 与 u_2。当铁心在中间位置时，u_1 和 u_2 相等；当铁心左右移动偏离中间位置时，u_1 与 u_2 不再相等，二者出现一个电压差 u_s，u_s 即是差动变压器的感应电压信号。u_s 的高低与铁心的位移距离成正比。u_s 信号经过电子电路处理后成为减速度传感器的输出信号电压。

在汽车正常行驶时，差动变压器线圈中的铁心处于线圈中间位置；当汽车制动减速时，铁心受惯性力的作用向前移动，使差动变压器内的感应电压信号发生变化。汽车制动时减速度越大，铁心位移越大，输出信号电压越大。该信号电压送入 ECU 用来控制 ABS 系统工作。

另外，还有一些 ABS 系统中装有横向加速度传感器，有的结构比较简单，因里面主要由开关触点组成，因而一般称为横向加速度开关，其外形见图 1-1-14 所示。横向加速度开关用来监测汽车横向加速度范围。在此开关中串联有两对开启方向相反的开关触点。当汽车的横向加速度低于限定值时，两触点都处于闭合状态，插头两端子通过开关内部构成回路；当汽车在高速急转弯过程中，横向加速度超过限定值时，开关中的一对触点在自身惯性力的作用下处于开启状态，插头两端子之间在开关内部形成断路，此信号输入 ECU 后可对制动防抱死控制指令进行修正，以便有效地调节左右车轮制动分泵的液压，使 ABS 更有效地工作。横向加速度传感器在高档轿车和跑车上采用较多。

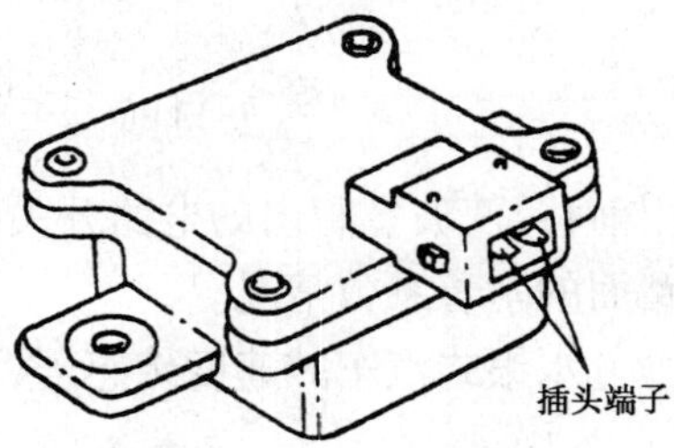

图 1-1-14　横向加速度开关

第五节　制动压力调节器

制动压力调节器是 ABS 系统中最主要的执行器，一般都设在制动总泵(主缸)与车轮制动分泵(轮缸)之间，其主要任务是：根据 ECU 的控制指令，自动调节制动分泵(轮缸)的制动压力。

一、制动压力调节器的分类

目前，实用中的制动压力调节器种类较多，其结构和工作原理差异也较大，常见的分类方法如下：

1. 根据动力来源分

现代 ABS 的制动压力调节器大致分为液压式和气压式两种。气压式主要用在大型客车和载货汽车上；液压式主要用在小轿车和一些轻型载货汽车上。本书考虑到目前国内载货车采用 ABS 较少，而小轿车采用 ABS 较多，所以主要介绍液压式制动压力调节器。

2. 根据结构关系分

主要指制动压力调节器与制动总泵的结构关系，大致可分为整体式和分离式两种。分离式制动压力调节器自成一体，通过制动管路与制动总泵相连。分离式在汽车上布置比较灵活，通常不需要对汽车作较大的改动，成本也相对较低，但分离式制动管路较为复杂，管路接头也相对较多。目前采用分离式制动压力调节器的仍占多数，如博世 ABS2S、ABS2E、ABS2U、ABS/TRAC2U 型、戴维斯 ABSMKIV、MK20 型、德尔科 ABSVI、ABS/TCSVI 型、本迪克斯 ABS4、ABS6 型、本田 4WALB 型等。整体式制动压力调节器与制动总泵(和制动助力器)构成一个整体，结构非常紧凑，管路接头少，但成本高。目前整体式制动压力调节器多在一些将 ABS 作为标准装备的轿车上采用,如戴维斯 ABSMKII 型、博世(波许)ABS3 型、德尔科 ABSVI 型、本迪克斯 ABS9、ABS10 型、伟布克 ABS 等。

3. 根据调压方式分

制动压力调节器大致可分为循环式和变容式两种。

循环式也称流通式或环流式。循环式制动压力调节器的特点是在制动总泵和制动分泵之间串联一个或两个电磁阀,由电磁阀根据 ECU 的指令,通过控制,使制动分泵的制动液回到制动总泵(或储液器),或使制动总泵(或储能器)的制动液流入制动分泵,或者使制动分泵的制动液既不流入也不流出,以实现制动分泵压力的减小、增大或保持。此种压力调节方式在 ABS 系统中采用的较多,如目前占主流的博世 ABS 系统,以及戴维斯系统等,都是采用这种方式。

变容式也叫容积变化式,变容式制动压力调节器的特点是:在原制动管路中并联一套液压装置,该装置中有一个类似活塞的装置。工作时根据 ECU 的指令,该装置首先将制动分泵和总泵隔离,然后通过电磁阀的开闭或电动机的转动等,控制活塞在调压缸中运动,使与制动分泵相连的调压缸工作室容积发生变化。容积增大时,实现制动压力减小;容积减小时,实现制动压力增大;容积不变时,实现压力保持。此种压力调节方式在德尔科 ABS、本田 4WALB 等 ABS 中采用。

二、主要部件的结构与工作原理

制动压力调节器由多个部件组合而成。由于制动压力调节器的种类较多,其结构各不相同,现仅对其中的有关部件介绍如下。

1. 电磁阀

电磁阀是控制液压的具体部件。通过电磁阀的切换,直接或间接地控制制动压力的增大、保持和减小。电磁阀有多种,现介绍其中的两种。

(1)三位三通电磁阀的工作原理

电磁阀是由线圈、固定铁心和衔铁组成,通过改变线圈的电流大小,可以控制衔铁和铁心之间的吸引力,该力与弹簧力的方向相反,从而控制了衔铁的位置,如图 1-1-15 所示。衔铁上有液体通道,衔铁位置决定了液体通道的开闭。根据电流的大小,可将衔铁控制在 3 个位置,改变 3 个阀口之间的通路。

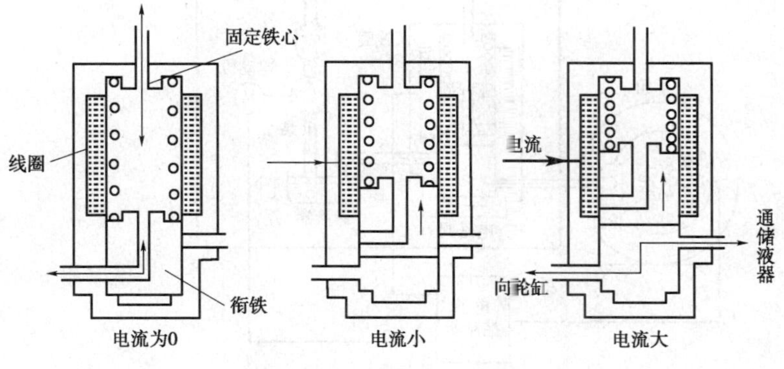

图 1-1-15 电磁阀的工作示意图

(2)博世(BOSCH)公司的循环式制动压力调节器

这种形式是在汽车原有的制动管路中串联进三位三通电磁阀,直接控制轮缸(分泵)内制动压力的增减(每个通道各需要一个三位三通电磁阀)。

常规制动过程:常规制动时电磁阀不通电,在弹簧弹力作用下,柱塞(衔铁)处于下端位置(图 1-1-16),主缸和轮缸是相通的,主缸可随时控制制动压力的增减。此时,液压泵也不需要工作。

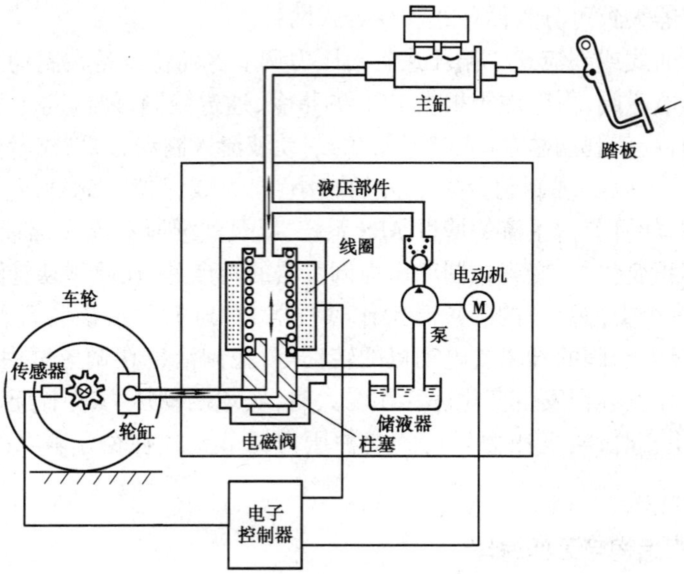

图 1-1-16　ABS 不工作(常规制动过程或增压过程)

减压过程;当电磁阀通入较大电流(5A)时,衔铁被吸至上端位置(图 1-1-17),主缸和轮缸的通路被截断,轮缸和储液器接通,轮缸的制动液流入储液器,制动压力降低。与此同时,电脑驱动电动机,带动液压泵工作,把流回储液器的制动液加压后输送到主缸,为下一个制动周期作准备。

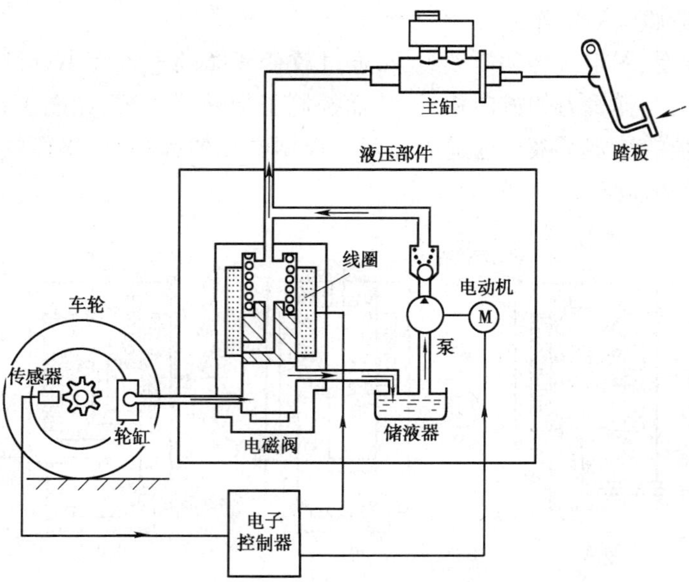

图 1-1-17　ABS 工作(减压过程)

这种液压泵叫做再循环泵。它的作用是把减压过程中轮缸流出的制动液送回高压端,这样可以防止 ABS 工作时制动踏板行程发生较大变化。因此,在 ABS 工作过程中液压泵必须是运转的。

保压过程:给电磁阀通入较小的电流(2A)时,衔铁移至中间位置(图 1-1-18),所有的通路都被截断,所以能保持制动压力。

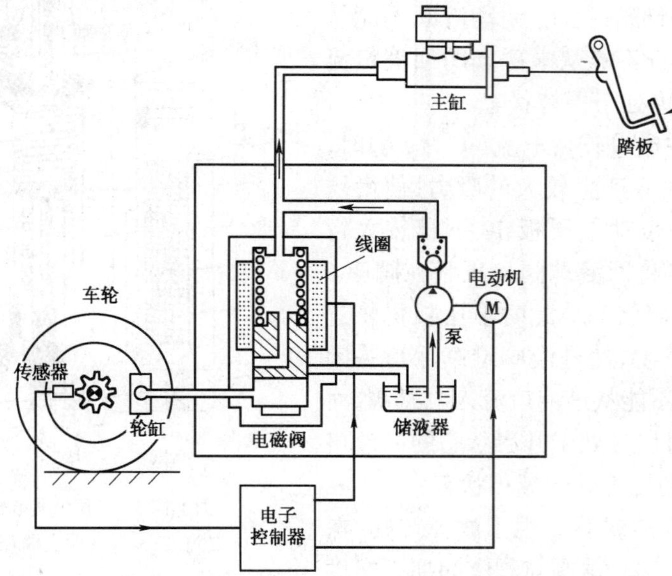

图 1-1-18　ABS 工作(保压过程)

增压过程:电磁阀断电后,衔铁又回到图 1-1-16 所示的下端位置。主缸和轮缸再次相通,主缸端的高压制动液再次进入轮缸,增加了制动压力,增压和减压速度可以直接通过电磁阀的进出油口来控制。

由于该电磁阀工作时,依据电磁线圈电流的大小变化(零电流、较小电流、较大电流),使电磁阀的衔铁分别有上中下三个工作位置,同时该电磁阀具有进液口、出液口、回液口三个通路,所以该电磁阀被称为三位三通电磁阀。三位三通电磁阀常写成 3/3 电磁阀,并用图 1-1-19 表示。

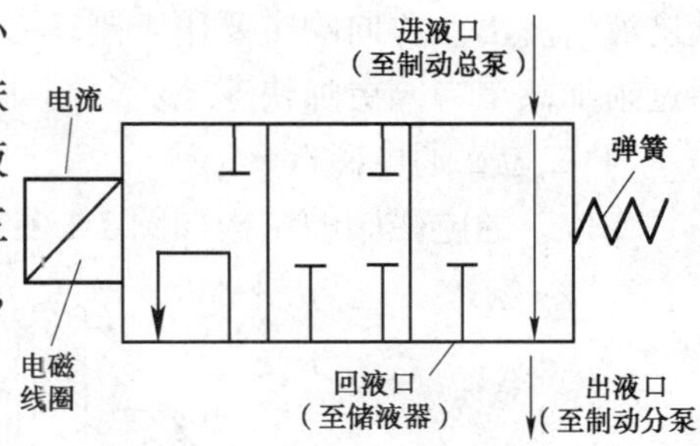

图 1-1-19　三位三通电磁阀的表示符号

(3)三位三通电磁阀的结构

博世(BOSCH)公司生产的三位三通电磁阀结构如图 1-1-20 所示。电磁阀的进液口 15 通过制动管路与制动总泵相连,电磁阀的出液口 8 通过制动管路与制动分泵相连,电磁阀的回液口 1 通过油道与储液器相连。ECU 通过控制电磁线圈 7 中的电流,对电磁阀进行状态控制。其工作过程是:

当电磁线圈未通电时,在主、副弹簧 12、11 预紧力的作用下,上压板 10 将回液球阀 4 紧压在阀座 9 上,使回液阀处于关闭状态。此时,衔铁 6 上移至极限位置,使衔铁 6 的下端面与阀盖 14 的上端面之间保留一定空隙 a(约为 0.25mm)。由于下压板 10 被强度较大的主弹簧 12 向上推,所以进液球阀 5 未被下压板 10 压紧在阀座 9 上,因而进液阀处于开启状态。此时进液口的制动液(来自制动总泵)就可以通过开启状态的进液阀进入电磁阀的阀腔,再从出液口 8 流出至车轮制动分泵,使制动分泵的压力处于增大状态。

当电磁线圈 7 中通过较小电流(如为 2A)时,电磁线圈 7 将对衔铁 6 产生较小的电磁吸力,使衔铁 6 下移至中间位置,衔铁 6 将通过上压板 10 压缩副弹簧 11,副弹簧又推动下压板压缩主弹簧 12,将进液球阀 5 压紧在阀座 9 上,使进液阀处于关闭状态;而上压板 10 在压缩副弹簧11时的下移量不足以使回液球阀4离开阀座9,所以回液阀仍处于关闭状态。此时,由于电磁阀的进液阀和回液阀都被关闭,制动液既不能从进液口流入电磁阀,也不能从电磁阀的回液口流出,使制动分泵的压力处于保持状态。

当电磁线圈7中通过较大电流(如为5A)时,电磁线圈7将对衔铁6产生较大的吸力,使衔铁下移至极限位置,并带动上压板10下移较大行程,使上压板10不再将回液球阀4压紧在阀座9上,使回液阀处于开启状态。此时下压板仍将进液球阀压紧在阀座9上,使进液阀继续保持关闭状态。此时,制动液不能从进液口流入电磁阀,而出液口的制动液却可以经处于开启状态的回液口1流出,使制动分泵的压力处于减小状态。

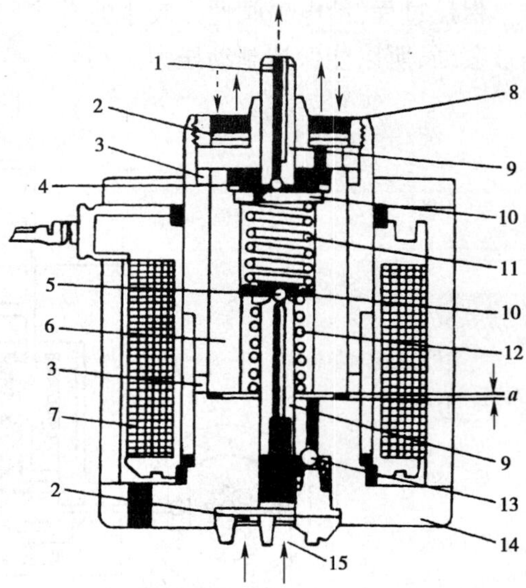

图1-1-20　三位三通电磁阀的结构

1-回液口;2-滤芯;3-非磁性支撑环;4-回液球阀;5-进液球阀;6-衔铁;7-电磁线圈;8-出液口;9-阀座;10-压板(上、下);11-副弹簧;12-主弹簧;13-单向阀;14-阀盖;15-进液口;a-衔铁移动间隙

进液口和出液口的滤芯2用于滤掉污物,保护球阀工作时的密封性。球阀与阀座的加工精度极高,能保证在20MPa的压力下仍能保持良好的密封性。衔铁采用非磁性支撑环3导向,可以减小摩擦阻力。单向阀13与进液阀并行设置,可以保证电磁阀腔内的制动液压力不会高于进液口的制动液压力。当电磁阀腔内的制动液压力高于进液口的制动液压力时,便会推开单向阀从进液口流出。单向阀主要用于制动踏板放松时,使制动分泵中具有一定压力的制动液同时通过附加的单向阀更加快速地流回制动总泵,使制动分泵的压力迅速下降。

(4)二位二通电磁阀

二位二通电磁阀的结构如图1-1-21所示。其工作过程是:

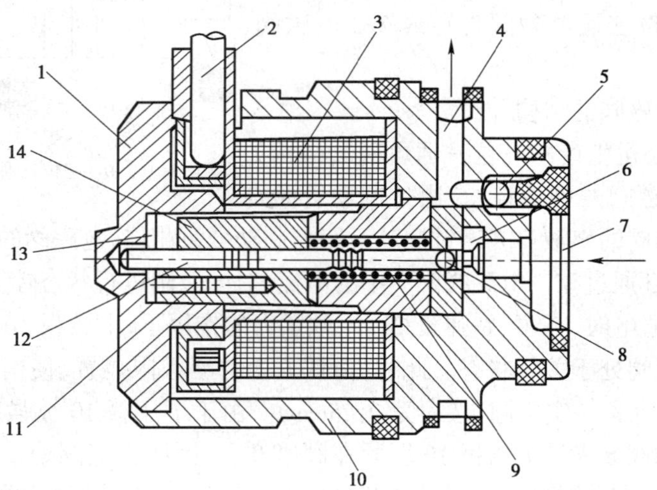

图1-1-21　二位二通电磁阀(常开)的结构

1-阀盖;2-引线;3-电磁线圈;4-出液口;5-单向阀(限压阀);6-阀座;7-进液口;8-球阀;9-复位弹簧;10-阀体;11-限位杆;12-顶杆;13-缓冲垫圈;14-衔铁

当电磁线圈未通电时,在复位弹簧9预紧力的作用下,衔铁14向左被推至限位杆11与缓

冲垫圈 13 相抵的位置。此时与衔铁联系在一起的顶杆 12 没有将球阀 8 压靠在阀座 6 上，电磁阀口处于开启状态，电磁阀进液口 7 的制动液就可以通过电磁阀从出液口 4 流出。

当电磁线圈中有一定电流通过时，电磁线圈对衔铁产生电磁吸力。压缩复位弹簧使衔铁带动顶杆一起右移，顶杆将球阀压在阀座上，电磁阀口处于关闭状态，使电磁阀的进液口和出液口的通道被封闭。

由于该电磁阀依据电磁线圈中的电流变化，即通电和不通电，使电磁阀处于开启和关闭两种工作位置状态，同时又具有两个通路，即进液口和出液口两个通路，因此被称为二位二通电磁阀。又因该电磁阀在电磁线圈未通电时处于开启状态，因此也被称为二位二通常开电磁阀。而在电磁线圈中未通电时，处于关闭状态的二位二通电磁阀，则被称为常闭电磁阀。其结构和工作原理与常开电磁阀基本相同，只是在电磁线圈中未通电时，球阀被压靠在阀座上，电磁阀处于关闭状态，而在电磁线圈中有一定电流通过时，球阀离开阀座，电磁阀处于开启状态；另外，二位二通常闭电磁阀中没有设立限压阀。

二位二通电磁阀常写成 2/2 电磁阀，并用图 1-1-22a）表示。另外，还有二位三通电磁阀、二位四通电磁阀，如图 1-1-22b）、c）所示。

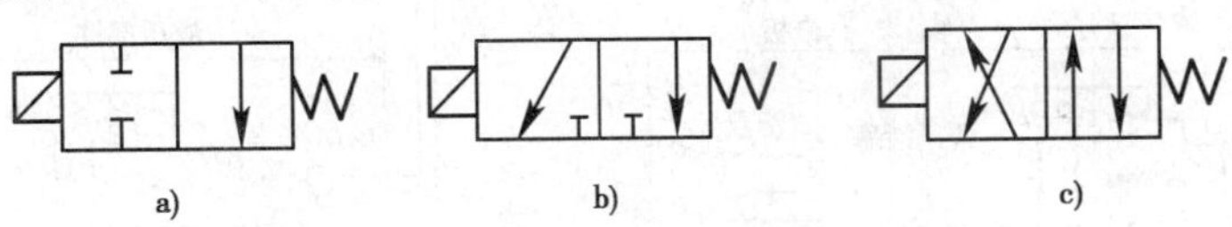

a)　　b)　　c)

图 1-1-22　二位电磁阀的表示符号

a)2/2 电磁阀；b)3/2 电磁阀；c)4/2 电磁阀

（5）戴维斯（Teves）公司的 Mark 型循环式制动压力调节器

Mark 型制动压力调节器的原理，见图 1-1-23。

Mark 型制动压力调节器的每个通道采用了两个二位二通阀，其作用与前述的博世公司的制动压力调节器中的三位三通阀相同。

在两电磁阀都不通电时，两阀均处于右位（图 1-1-23），上阀通，将主缸与轮缸接通；下阀不通，轮缸与回油管路不通。这时，轮缸内的制动液压力随制动踏板压力的增加而上升。

当只是上边的电磁阀通电时，上阀处于左位而不通，将主缸与轮缸断开。在这种状态下，轮缸与主缸和回油油路均不通，轮缸内的制动液压力保持不变。

当两个电磁阀都通电时，两阀均处于左位，下阀通，将轮缸与回油管路接通。这时，回油泵 7 同时工作，轮缸内的制动液压力下降。

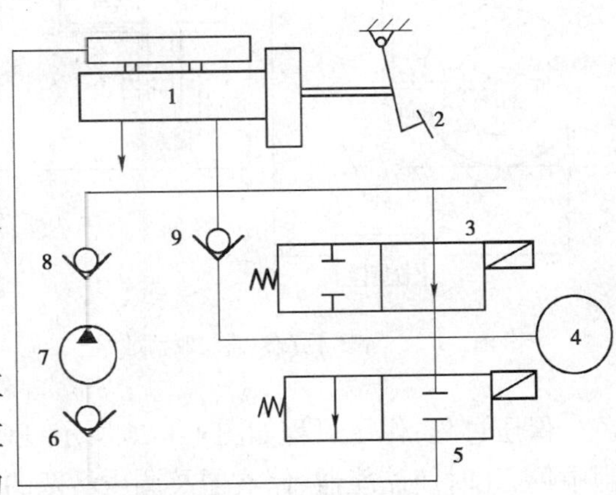

图 1-1-23　Mark 型制动压力调节器原理

1-主缸；2-制动踏板；3-二位二通电磁阀（进液阀）；4-轮缸；5-二位二通电磁阀（出液阀）；6、8、9-单向阀；7-回油泵

汽车制动时，ABS 电脑就是通过控制两电磁阀均不通电（压力上升）、只进液电磁阀通电（压力保持）和两个电磁阀均通电（压力下降），实现自动调节制动压力的大小，使车轮不被抱死。

（6）可变容积式制动压力调节器

可变容积式制动压力调节器是在汽车原有的制动管路上增加一套液压装置，用它控制制动管路容积的增减,从而控制制动压力的变化。其特征是有一个调压活塞,且制动压力油路与ABS控制压力油路是相互隔开的。这种方式随结构的不同,既有有踏板反应的,也有无踏板反应的。下面以调压活塞为主,对可变容积式制动压力调节器的工作过程作一说明。

常规制动过程:如图1-1-24所示,电磁阀线圈中无电流流过,电磁阀中的柱塞将调压活塞的工作腔与回油管路及储液器接通,调压活塞被一较大的弹簧弹力推至最左端,活塞顶端的推杆顶开单向阀,使主缸和轮缸之间的管路接通,这种状态是ABS工作之前或工作中的增压制动工况,主缸直接控制轮缸制动液压力的增减。

减压过程:减压过程如图1-1-25所示,ECU向电磁阀线圈通入一大电流,柱塞被吸至右位,将储能器与调压活塞的工作腔接通,储能器中的制动液推动调压活塞右移,单向阀关闭,主缸和轮缸之间的通路被切断。因调压活塞右移使轮缸侧容积增加了 V_2,使轮缸中的制动液压力减小。制动液压力减少的幅度决定于轮缸侧管路容积的增加量。

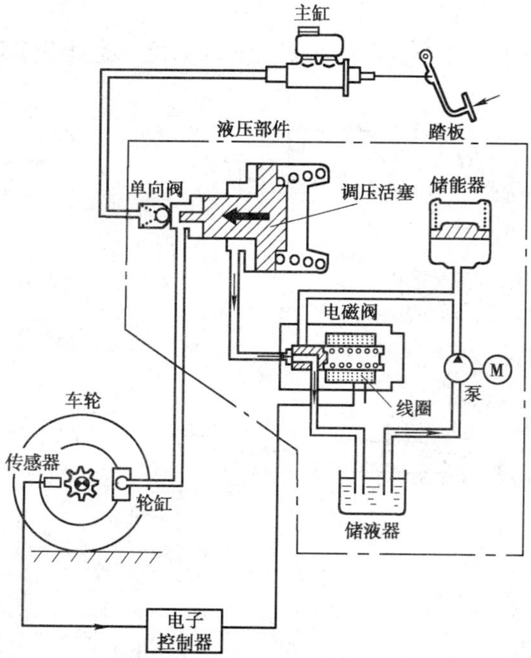

图1-1-24　ABS不工作(常规制动过程)

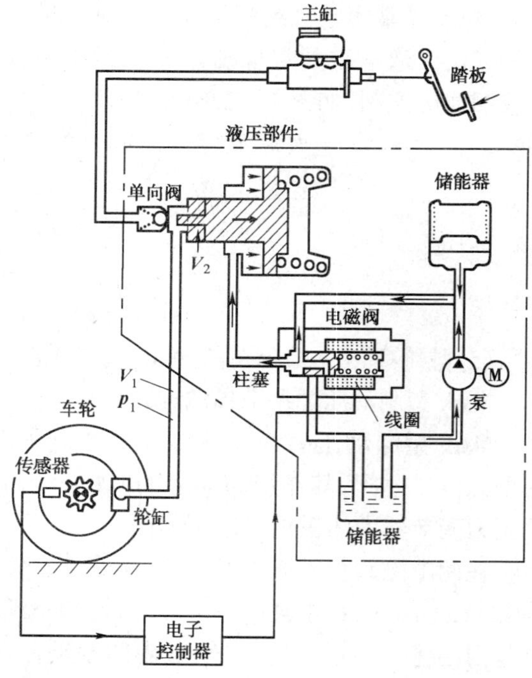

图1-1-25　ABS系统减压过程

保压过程:保压过程如图1-1-26所示,ECU给电磁阀通入较小的电流,电磁阀中的柱塞移到中位,此时使储能器、储液器及调压活塞的工作腔全部关闭隔离,使作用在调压活塞左侧的液体压力得以保持,调压活塞两端承受的作用力相等。因此调压活塞静止不动,轮缸侧的管路容积也不发生变化,且单向阀关闭,使轮缸中的制动液压力保持不变。

增压过程:增压过程如图1-1-27所示,需要增压时,ECU切断电磁阀线圈中的电流,电磁吸力消失,在弹簧弹力的作用下,柱塞回到左端的初始位置,调压活塞工作腔与回油管路接通,调压活塞左侧控制液压解除,弹簧弹力使其左移,轮缸侧容积减小。当调压活塞左移至最左端时,单向阀被打开,轮缸内的制动液压力将随主缸的压力增大而增大。

这种方式的特点是:通过改变柱塞的位置来控制调压活塞的移动,改变轮缸侧管路容积,利用这种变化间接地控制轮缸制动压力的增减。其制动压力的增减速度取决于调压活塞的移动速度。

2. 储液器、蓄能器与电动泵

对于不同形式的制动压力调节器,有的装有储液器,有的装有蓄能器。

(1)储液器与电动泵。储液器主要用来接纳ABS减压过程中从轮缸流回的制动液,同时还对回流制动液的压力波动具有一定的衰减作用。储液器内有一活塞和弹簧(图1-1-28),当制动液从轮缸流入储液器时,具有一定压力的制动液就会压缩弹簧并推动活塞下移储液器容

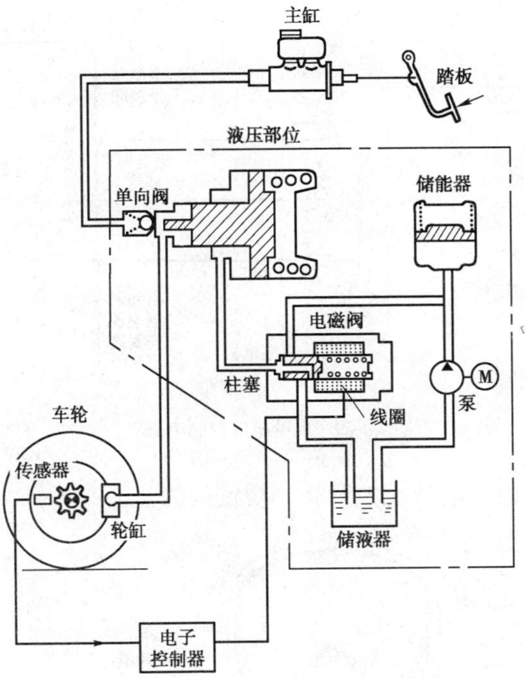

图1-1-26　ABS系统保压过程

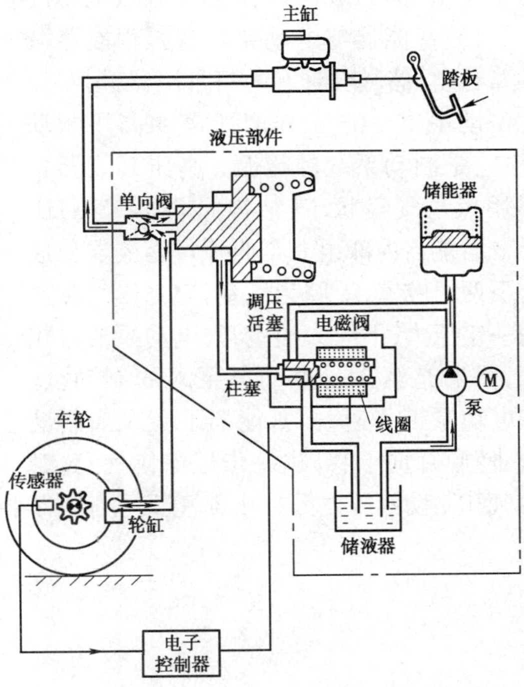

图1-1-27　ABS系统增压过程

积变大,可以暂时储存制动液,然后由电动泵将制动液泵入主缸。电动泵一般由直流电动机与柱塞泵组成。在ABS工作时,根据ECU输出的控制信号,直流电动机带动凸轮转动。凸轮转动时,驱动柱塞在泵内上下运动。柱塞上升时,轮缸内具有一定压力的制动液,通过柱塞泵的进液孔推开进液阀流入泵腔内;柱塞下行时,首先封闭进油阀,继而使泵腔内制动液压力升高,然后推开出液阀将制动液压入主缸。由于该电动泵的主要作用是将制动液泵回主缸,所以有的叫它为回液泵。

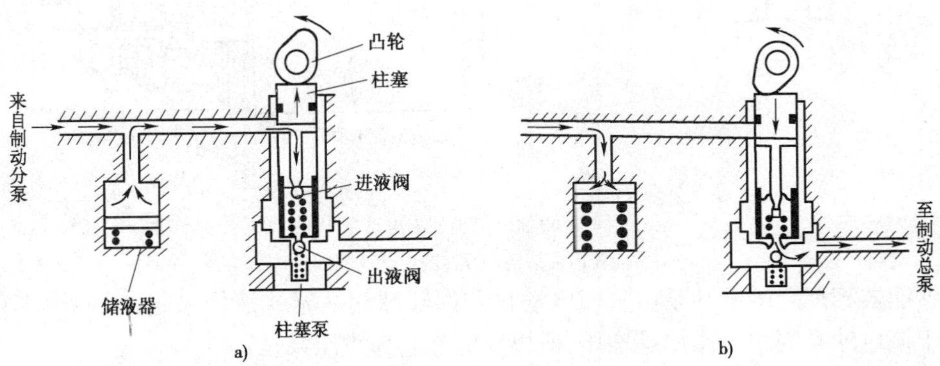

图1-1-28　储液器与电动泵

a)柱塞上行时;b)柱塞下行时

图 1-1-29 为博世(BOSCH)等 ABS 电动回液泵的控制电路。在 ABS 工作时,ECU 输出控制信号,使泵电机继电器电磁线圈通电,继电器触点闭合,接通泵电机电路。泵电机通电运转时,通过凸轮带动柱塞泵工作。图 1-2-29 中泵电机通向 ECU 端子 MT 的电路,为 ECU 的泵电机继电器的监测电路。当继电器未激励触点未闭合时,ECU 从端子 MT 处接收的电压信号为零;当继电器被激励触点闭合时,其正常电压信号值应为蓄电池电压(或发电机电压),若此时电压信号低于 10.5V,ECU 则判定继电器或电动机电路不正常。

(2)蓄能器与电动泵。高压蓄能器一般常称蓄(储)能器,有的叫蓄压器,用于储存制动中或 ABS 工作时所需的高压制动液,它是制动系统的能源。高压蓄能器多采用黑色气囊状,其结构如图 1-1-30a)所示。蓄能器内部由一个膜片将蓄能器分成上下两个腔室,上腔为气室,充满氮气并具有一定压力;下腔为油室,与电动泵油道相通,用来充填来自电动泵泵入的制动液。在电动泵工作时,向蓄能器下腔泵入制动液,使膜片向上移,进一步压缩氮气,此时氮气和制动液压力都会升高,直到蓄能器下腔室内制动液压力升高到规定值为止。

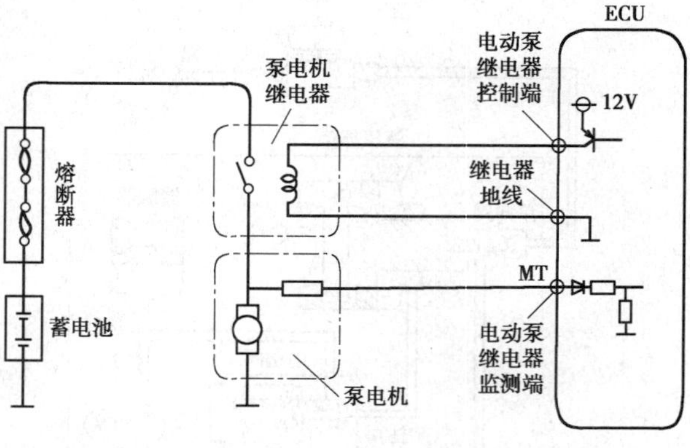

图 1-1-29　泵电机的控制电路

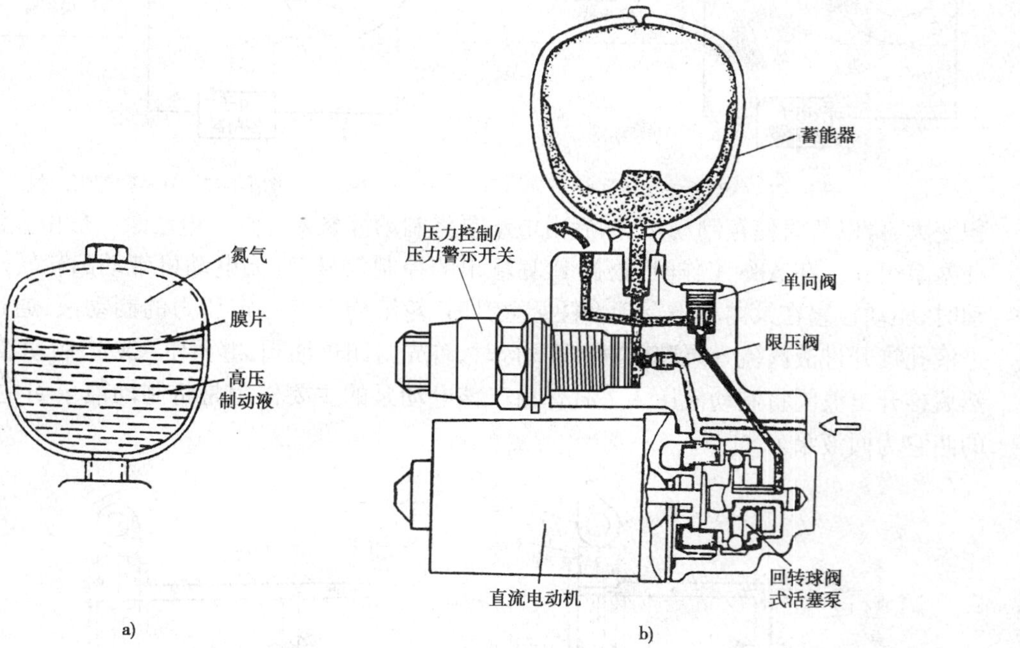

图 1-1-30　蓄能器与电动泵

a)蓄能器内部结构;b)蓄能器与电动泵的结构

与蓄能器相配合的电动泵由直流电动机和回转球阀活塞式液压泵组成,如图 1-1-30b)所示。由于该电动泵的主要作用是增压,所以有的称它为增压泵。

在靠近蓄能器的进液口处有单向阀,使制动液只能进不能出。在靠近出液口附近设有限压阀(或叫安全阀),当蓄能器内压力超过规定值时,限压阀打开,使蓄能器中制动液流回液压泵的进液端,以降低蓄能器中制动液压力。

在蓄能器下端装有压力控制/压力警示开关,其中:压力控制开关的作用是对电动泵进行控制。当蓄能器内制动液压力低于一定值时,压力控制开关闭合(ON),接通液压泵电机电路,使液压泵工作。当蓄能器中制动液压力达到规定值时,压力控制开关断开(OFF),使电动泵停止工作。压力警示开关一般有两个。当蓄能器的制动液压力降低到某一规定值时,一个开关闭合(ON),用来接通红色制动警示灯电路,点亮红色制动警示灯;另一个开关断开(OFF),ECU接收到该信号后,则关闭 ABS 系统并点亮黄褐色 ABS 警示灯。

另外,还有主继电器、电磁阀继电器等,将在具体 ABS 系统中介绍。

小 结

1. ABS 的英文全称是 Anti-Lock Brake System。

2. 车轮在路面上纯滚动时,车轮的滑移率为 0;车轮抱死在地面上纯滑动时,车轮的滑移率为 100%。

3. 通常,当车轮滑移率处于 10% ~ 30% 的范围时,纵向附着系数达最大值。

4. ABS 系统中的传感器主要是车轮转速传感器,执行器主要指制动压力调节器。

5. 通常,ABS 只有在汽车速度达到一定值(如 5km/h 或 8km/h)以上时,才会对制动过程趋于抱死的车轮进行制动压力调节。

6. ABS 中的轮速传感器可分为电磁感应式和霍尔效应式,但目前通常都采用电磁感应式。

7. 根据动力来源的不同,ABS 的制动压力调节器可分为液压式和气压式两种。

8. 根据调压方式的不同,制动压力调节器可分为循环式和变容式两种。

9. 制动压力调节器中的电磁阀可分为三位三通电磁阀、二位二通电磁阀。

10. 在 ABS 工作时,对于三位三通电磁阀,当不通电(0A)时,制动油路为增压状态,通小电流(2A)时为保压状态,通大电流(5A)时为减压状态。

11. 制动压力调节器中的储液器用来接纳 ABS 减压过程中从轮缸流回的制动液,同时还对回流制动液的压力波动具有一定的衰减作用。

12. 制动压力调节器中的电动泵的主要作用是将储液器中的制动液泵回到主缸。

13. ABS 中的蓄能器用于储存制动中或 ABS 工作时所需的高压制动液,它是制动系统的能源。

14. 蓄能器上安装压力控制开关的作用是对蓄能器的电动泵电路进行通断控制。

实训要求

1. 实训内容

(1)ABS 在汽车上的分布、组成情况的认识;

(2)ABS 传感器结构的认识;

(3)制动压力调节器的拆装。

2. 实训的目的和要求

(1)能正确理解 ABS 在不同汽车上各组成或元件的安装情况及相互连接的情况;

(2)清楚 ABS 中的轮速传感器、减速度传感器的结构及有关参数;
(3)掌握制动压力调节器的基本结构及有关参数。

复习思考题

一、判断题

1. 汽车在紧急制动时,若全部车轮抱死滑移,则制动距离却不是最短的。 ( )
2. 汽车上的轮速传感器实际上就是车速传感器。 ( )
3. 若车速较低时进行紧急制动,地面上出现车轮抱死的拖印,则说明汽车的 ABS 有故障。 ( )
4. 汽车在中速以上行驶时,只要踩下制动踏板,ABS 系统都应处于工作状态。 ( )
5. 汽车制动时,若前轮抱死,将丧失转向能力。 ( )
6. 汽车在制动时,若后轮抱死,将产生侧滑甩尾。 ( )
7. 对于三通道的 ABS,一般是两前轮独立控制制动压力,两后轮则按低选原则进行一同控制。 ( )
8. 轮速传感器的传感头与齿圈之间的间隙改变后,将会影响制动性能。 ( )

二、选择题

1. 甲说:在各种路面上,附着系数都随滑移率的变化而变化;乙说:附着系数随汽车载重量的变化而变化。 ( )

A.甲正确; B.乙正确; C.甲乙均正确; D.甲乙均不正确

2. 甲说:轮速传感器产生的是脉冲电压信号;乙说:轮速传感器产生的是模拟电压信号。 ( )

A.甲正确; B.乙正确; C.甲乙均正确; D.甲乙均不正确

3. 甲说:轮速传感器的传感头与齿圈之间的空气间隙偏大后,紧急制动时,会产生在制动的后期制动力下降的不良现象;乙说:不会产生上述现象。 ( )

A.甲正确; B.乙正确; C.甲乙均正确; D.甲乙均不正确

4. 甲说:当 ABS 电脑断电后,汽车的制动将变为普通制动,即在紧急制动时会出现车轮抱死的现象;乙说:不管 ABS 系统发生什么故障,汽车的制动状态最次也只能降为普通制动状态。 ( )

A.甲正确; B.乙正确; C.甲乙均正确; D.甲乙均不正确

三、简答题

1. 驱动防滑转系统的英文缩写是什么?英文全称又是什么?
2. 写出滑移率的表达式,并解释具体含义。
3. 定性地画出不同路面上附着系数与滑移率的关系曲线图,并解释该曲线。
4. ABS 的主要优点是什么?
5. 简述 ABS 使用逻辑门限值控制方式的控制过程。

6. 何为 ABS 制动管路的控制通道。

7. ABS 制动压力调节器中的三位三通电磁阀是怎样工作的？

8. ABS 制动压力调节器中的二位二通电磁阀是怎样工作的？

9. 说明 ABS 制动压力调节器中的泵电机控制电路的工作情况。

10. 说明可变容积式制动压力调节器的工作过程。

第二章　波许(BOSCH)ABS 2S制动防抱死系统的结构、原理与检修

学习目标

1. 掌握波许(BOSCH)ABS 调压器的结构、原理及拆装方法；
2. 读懂波许 ABS 的控制电路图(共 3 个)；
3. 掌握波许 ABS 故障代码的读取与清除方法；
4. 掌握波许 ABS 系统及元件的检查与测试方法；
5. 掌握波许 ABS 系统各部件的拆装方法。

波许(博世)ABS 2S 是一种对 2 个前轮独立控制、对 2 个后轮按低选原则统一控制的 3 个通道制动防抱死系统，是分离式 ABS 中最为典型的代表，目前装备车型也最为广泛，例如：宝马(BMW)5、6、7、8 系列，奥迪、奔驰、波尔舍、斯特灵、雪铁龙、沃尔沃、雪佛兰、马自达及日产部分车型，三菱、铃木、五十铃部分车型，别克、凯迪拉克部分车型，奥兹莫比尔部分车型，福特、克莱斯勒部分车型等，丰田凌志、巡洋舰等所采用的 ABS 也是在波许 ABS 2S 基础上发展起来的。

波许 ABS 2S 主要由车轮转速传感器、ECU、ABS 调压器等组成，其中，车轮转速传感器为电磁感应式，一般有 4 个，分别装在 4 个车轮处，但也有一些轿车上采用 3 个，2 个前轮和主减速器中各安装 1 个。制动过程中，ECU 对各车轮转速传感器信号进行监测，从而对各车轮的运动状态进行判断，一旦判定需要 ABS 介入时，就立即向 ABS 调压器发出控制指令，由 ABS 调压器对有关控制通道的制动压力进行减小、保持或增大调节，从而将制动车轮的滑移率控制在设定范围内。ECU 还对系统的状态进行监测，一旦判定系统存在影响其正常工作的故障，ECU 就会停止制动防抱死系统的工作，并点亮仪表板上的 ABS 报警灯，向驾驶员发出警示信号。后期的波许 ABS 2S 系统增设了故障代码存储功能，在进行故障诊断时，可通过特定的操作或专用仪器读取故障代码，简化故障诊断过程。

在有些车型所装备的波许 ABS 2S 系统中，设置有横向加速度开关或横向加速度传感器，该开关或传感器一般固定在汽车纵轴线中部的车身上，用来感测汽车的横向加速度范围或大小，其信号输入 ECU，由 ECU 根据该信号对车轮滑移率的范围进行修正，进一步提高了在转向等情况下制动时汽车的操纵稳定性。

ECU 在各种型号汽车上的安装部位不尽相同，有些安装在行李舱中的隔离室内，有些安装在仪表板下或座椅下或发动机舱中的隔离室内，还有一些则安装在 ABS 调压器壳体上。

第一节　ABS 调压器

波许 ABS 2S 的 ABS 调压器外形如图 1-2-1 所示。ABS 调压器本身主要由 3 个三位三通电磁阀，1 个电动回液泵和 2 个储液器组成，电路控制系统中的电磁阀继电器和电动回液泵继电器一般插装在 ABS 调压器上，并用罩盖封闭起来。部分车型上(例如宝马轿车)，ABS 二极管

也装在ABS调压器内部或电磁阀继电器内部。ABS调压器的2个进液口分别与双腔制动主缸的2个出液口通过制动管路相连,3个出液口通过制动管路分别与2个前制动轮缸和后制动轮缸相连,与制动主缸形成分离式结构,所以在汽车上的布置比较灵活,因此,在各型汽车上,ABS调压器的安装位置不尽相同。在制动防抱死控制过程中,ECU通过分别控制3个三位三通电磁阀的通电电流,使三位三通电磁阀处于不同的状态,可以对3个控制通道的制动压力分别进行增大、保持和减小三种调节。2个储液器分别用于接收在防抱死制动压力减小阶段由2个前制动轮缸和2个后制动轮缸流出的制动液,使进入其中的制动液保持较低的压力,以缓和制动液从制动轮缸中流出时产生的压力脉动。电动回液泵由直流电动机和柱塞泵构成,电动机受ECU控制,在防抱死制动压力调节过程中,电动回液泵将2个储液器中的制动液泵回制动主缸。

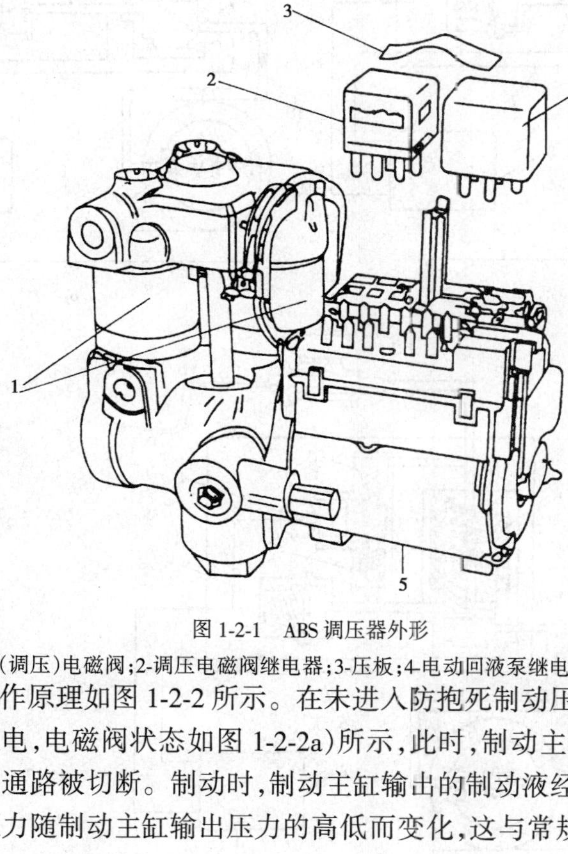

图1-2-1　ABS调压器外形

1-三位三通(调压)电磁阀;2-调压电磁阀继电器;3-压板;4-电动回液泵继电器;5-电动回液泵

ABS调压器的工作原理如图1-2-2所示。在未进入防抱死制动压力调节过程时,各调压电磁阀和电动泵均不通电,电磁阀状态如图1-2-2a)所示,此时,制动主缸与制动轮缸沟通,制动轮缸与储液器之间的通路被切断。制动时,制动主缸输出的制动液经电磁阀进入制动轮缸,使制动轮缸的制动液压力随制动主缸输出压力的高低而变化,这与常规制动系统的制动过程相同。

在防抱死制动过程中,当ECU判定需要减小某一控制通道的制动压力时,就使该控制通道的调压电磁阀线圈中通过5A的电流,电磁阀状态如图1-2-2b)所示,制动主缸与该制动轮缸之间的通路被切断,同时该制动轮缸与储液器之间的通路沟通,制动轮缸的部分制动液经电磁阀流入储液器,使制动轮缸中的制动液压力随之减小,同时,电动回液泵通电运转,将储液器中的制动液泵回制动主缸。此时,制动踏板将因此而有所抬升。

当ECU判定需要保持某一控制通道的制动压力时,就使该控制通道中的调压电磁阀线圈通过2A的电流,电磁阀状态如图1-2-2c)所示。该电磁阀将该控制通道与制动主缸和储液器之间的通路均切断隔离,相应制动轮缸的制动液被封闭而使其制动液压力保持不变。

当ECU判定需要增大某一控制通道的制动压力时,就使该控制通道中的调压电磁阀断电，电磁阀恢复为图 1-2-2a）所示状态，将制动主缸与制动轮缸沟通，制动轮缸与储液器之间的通路被切断，制动主缸输出的制动液又会进入制动轮缸，使该制动轮缸的制动液压力又随之增大。周而复始，依此循环，在防抱死制动过程中，将车轮滑移率控制在规定范围内。

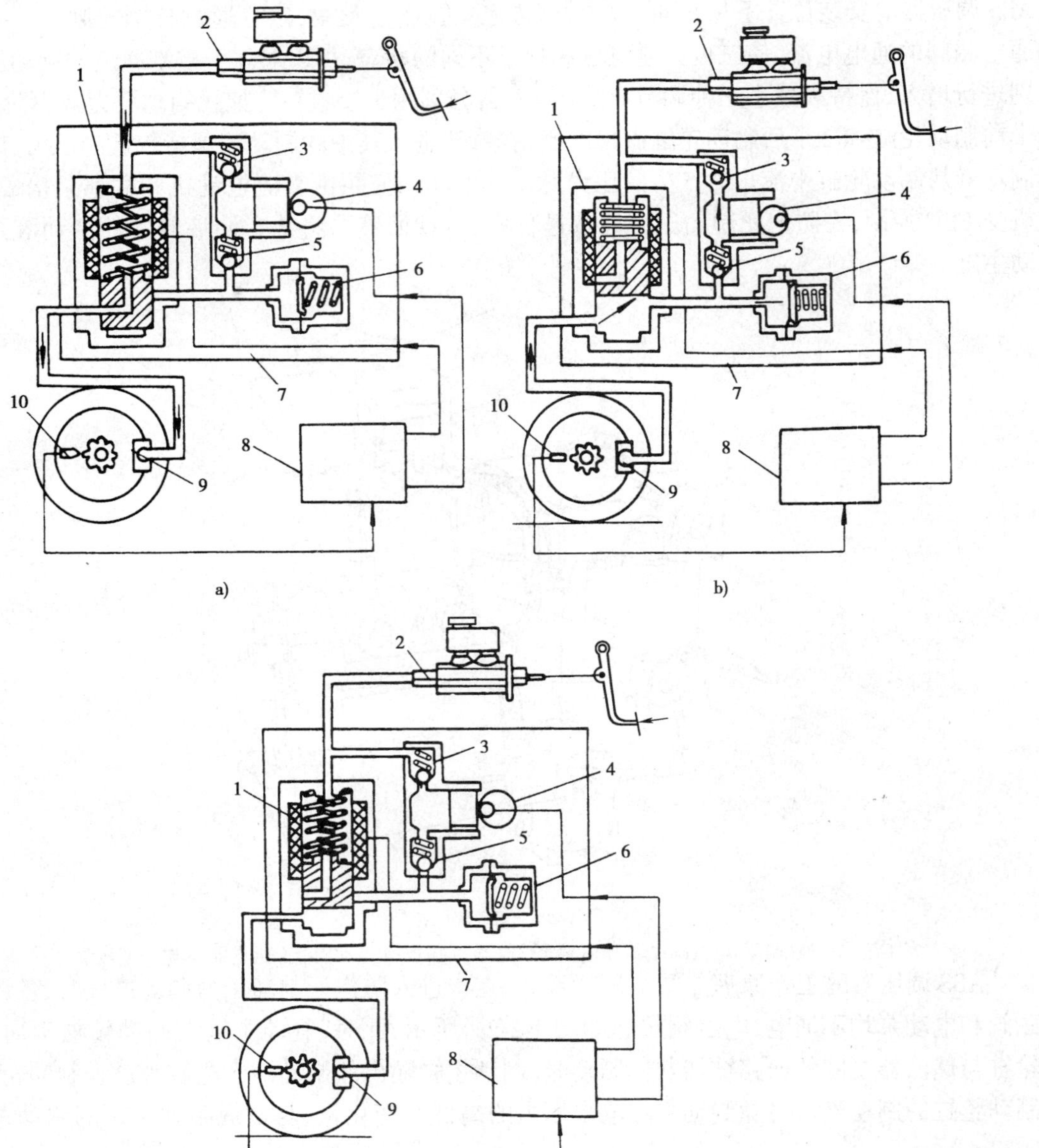

a）　b）　c）

图 1-2-2　ABS 调压器工作原理

a）制动压力增大阶段；b）制动压力减小阶段 c）制动压力保持阶段

1-三位三通调压电磁阀；2-制动主缸；3-出液单向阀；4-电动回液泵；5-进液单向阀；6-储液器；7-ABS 调压器；8-电子控制装置（ECU）；9-制动轮缸；10-车轮转速传感器

第二节　ABS 电路控制系统

波许 ABS 2S 电路控制系统有多种形式，但各形式之间的差异不大，工作原理基本相同，其电子控制装置(ECU)一般都是通过一个35端子插接件与外围电路相连,ECU上插接件各端子排列及编号如图1-2-3所示。ABS调压器则通过一个12端子插接件与ECU及电源等相连,ABS调压器上插接件各端子排列及编号如图1-2-4所示;另外,ABS调压器上还专设一根导线供电动回液泵的电动机搭铁,少数汽车上,该导线则供电动回液泵电动机和调压电磁阀继电器常闭触点共同搭铁。

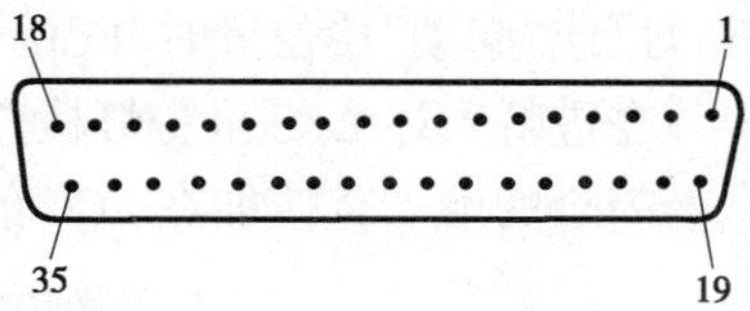

图1-2-3 ECU插接件各端子排列及编号

一、波许ABS 2S电路控制系统之一

图1-2-5为波许ABS 2S常用的一种电路控制系统原理图(例如,通用公司部分车型)。其中的横向加速度开关12是一个选装元件,当不设横向加速度开关时,应将ECU的1端子与13端子短接起来。

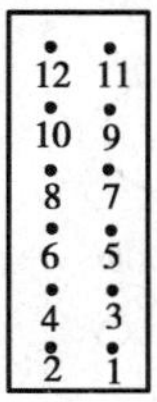

图1-2-4 ABS调压器插接件各端子排列及编号

1. 点火开关接通,ECU进入自检状态

接通点火开关时,ABS继电器的励磁线圈通电而处于激励状态,其常开触点闭合,蓄电池正极电位经ABS继电器闭合的触点加在ECU的1端子上,还经过处于闭合状态的横向加速度开关加在ECU的13端子上,另外,还有电流从点火开关、ABS报警灯、ABS二极管和调压电磁阀继电器的常闭触点流至搭铁,使ABS报警灯点亮。此时,ECU开始对系统进行自检。几秒钟的自检过程结束后,如果发现系统存在影响其正常工作的故障,系统将不会进入等待工作状态,调压电磁阀继电器仍然处于非激励状态,各调压电磁阀均不通电,ABS不会参加工作,这种情况下,ABS报警灯中仍有电流通过而维持点亮状态。如果自检过程没有发现影响系统正常工作的故障,ECU将使其27端子通过内部搭铁,调压电磁阀继电器的励磁线圈中有电流通过而处于激励状态,其常闭触点断开,常开触点闭合,蓄电池正极电位经调压电磁阀继电器闭合的触点加在3个调压电磁阀电磁线圈的一端和ECU的32端子上,ABS因此而进入等待工作状态,ECU依靠其32端子上所接收到的电压对调压电磁阀继电器的工作状态进行监测。ABS进入等待工作状态时,ABS报警灯两端具有相同的12V高电位,ABS报警灯中不再有电流通过而熄灭。

2. 自检正常进入等待工作状态

当汽车速度第一次达到6.5km/h以上时,ECU还要对各车轮转速传感器、调压电磁阀和电动回液泵进行短暂检测,此时可以听到调压电磁阀动作的轻微响声,如果把脚放在制动踏板上,还会感到有些轻微的振动。如果在检测过程中发现其中存在故障,为防止ABS错误工作而影响制动效果,ECU将不再使其27端子通过内部搭铁,调压电磁阀继电器因励磁线圈中不再有电流通过而处于非激励状态,其常开触点断开,常闭触点闭合,蓄电池正极电位不再加在3个调压电磁阀电磁线圈的一端和ECU的32端子上,ABS因此而退出等待工作状态,此时,ABS报警灯中又有电流通过而点亮。如果在检测过程中没有发现存在影响系统正常工作的故障,ABS将仍然处于等待工作状态。

当点火开关置于试灯(BULB TEST)或起动(START)位置时,ECU的15端子通过点火开关搭铁,ECU由此判定需要对ABS报警灯及其与ECU之间的控制线路进行检查,因而将29端子通过ECU内部搭铁。如果ABS报警灯及其线路正常,就会因其中有电流通过而点亮;如果ABS报警灯不亮,则说明该灯或其控制线路已经损坏,应予以更换或修复。当点火开关离开

"试灯"或"起动"档位置时,ECU 不再使其 29 端子通过内部搭铁,ABS 报警灯就会熄灭。

在进行上述 ABS 报警灯检查时,为防止蓄电池正极电位经处于激励状态的调压电磁阀继电器闭合的触点直接加在 ECU 的 29 端子上,从而造成 ECU 烧坏,及无法使 ABS 报警灯闪烁故障码,电路中设置了 ABS 二极管。如果 ABS 二极管存在短路故障,点火开关一旦置于试灯或起动位置,就很有可能造成 ECU 损坏,因此,在更换 ABS 二极管的同时,需对 ECU 的 29 端子进行检查。方法是:拆掉 ABS 二极管,电路其他部分正常连接,将点火开关置于试灯或起动位置,ABS 报警灯应点亮,否则,说明 ECU 的 29 端子及其内部已烧坏,一般情况下,需更换 ECU。

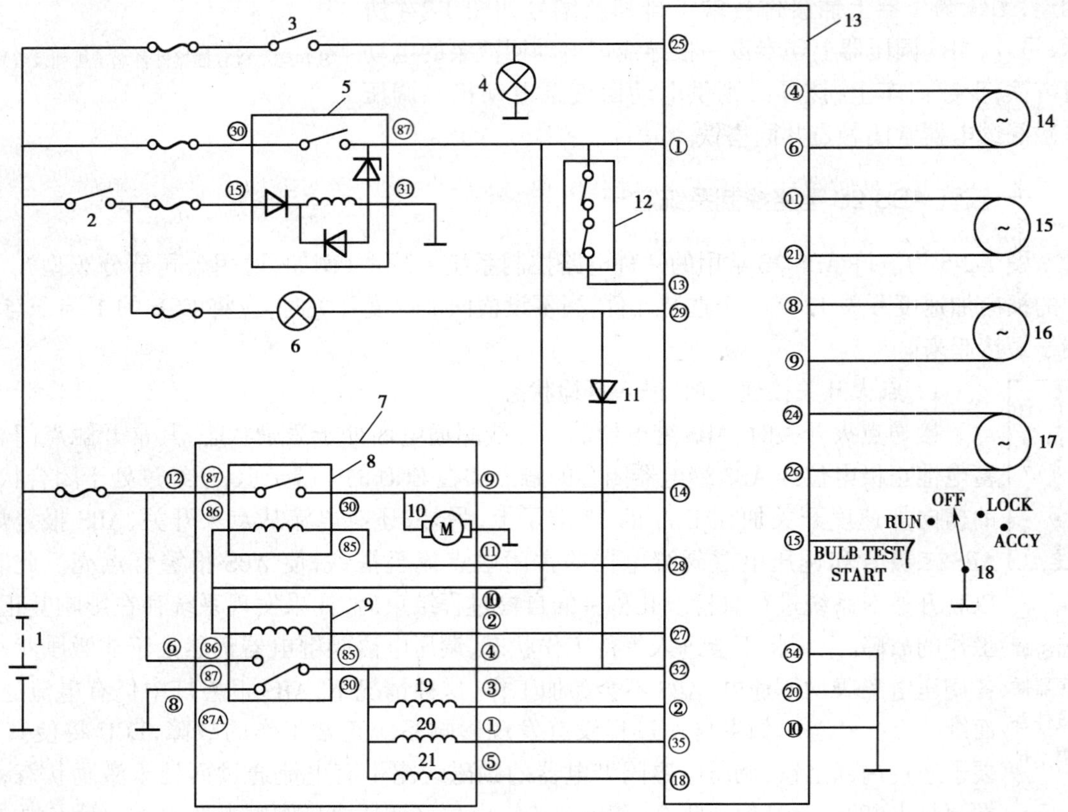

图 1-2-5　波许 ABS 2S 电路控制系统之一

1-蓄电池;2-点火开关;3-制动灯开关;4-制动尾灯;5-ABS 继电器;6-ABS 报警灯;7-ABS 调压器;8-电动回液泵继电器;9-调压电磁阀继电器;10-电动回液泵电动机;11-ABS 二极管;12-横向加速度开关;13-电子控制装置(ECU);14-左前轮转速传感器;15-右前轮转速传感器;16-左后轮转速传感器;17-右后轮转速传感器;18-点火开关;19-左前轮调压电磁阀;20-右前轮调压电磁阀;21-后轮调压电磁阀

3. 进入制动及防抱死工作过程

在制动过程中,制动灯开关闭合,蓄电池正极电位除使制动尾灯点亮外,还输入 ECU 的 25 端子,ECU 由此判定汽车已进入制动状态,并通过 4 和 6、11 和 21、8 和 9、24 和 26 端子输入的车轮转速信号,分别对左前轮、右前轮、左后轮、右后轮的运动状态进行监测(如果系统只设有 3 个车轮转速传感器,则 ECU 由其 8 和 9 端子对后轮转速信号进行监测,24 和 26 端子悬空),一旦判定某车轮出现了制动抱死倾向,就立即开始对该控制通道的制动压力进行调节。其方法是:分别控制其 2 端子、或 35 端子、或 18 端子与搭铁之间(ECU 内部)的电阻值,从而分别控制左前轮、或右前轮、或后轮调压电磁阀励磁线圈的通电电流,使左前轮、或右前轮、或后轮制动管路中的制动压力随之发生变化,将相应车轮的滑移率控制在规定范围内。如果 ECU 将其

2 端子、或 35 端子、或 18 端子通过 ECU 内部的 3.6Ω 电阻搭铁，相应调压电磁阀励磁线圈中将通过 2A 电流，相应制动管路中的制动压力将处于保持状态；如果 ECU 将其 2 端子、或 35 端子、或 18 端子通过 ECU 内部直接搭铁，相应调压电磁阀线圈中将通过 5A 电流，相应制动管路中的制动压力将处于减小状态；如果 ECU 将其 2 端子、或 35 端子、或 18 端子与搭铁之间的联系在 ECU 内部切断，相应调压电磁阀线圈中将没有电流通过，相应制动管路中的制动压力将处于增大状态。另外，在上述防抱死制动压力调节过程中，ECU 还将其 28 端子通过内部搭铁，使电动回液泵继电器处于激励状态，电动回液泵因此而通电运转，将上述制动压力减小阶段流入储液器的制动液泵回制动主缸，ECU 则由其 14 端子接受的电压对电动回液泵继电器的工作状态进行监测。

根据路面状态不同，波许 ABS 2S 可以进行 4～14 次/s 保压—减压—增压的防抱死制动压力调节循环。而且，当汽车的横向加速度达到一定值时，例如：汽车在高速急转弯过程中，横向加速度开关中的一对触点就断开，ECU 的 13 端子将不再有蓄电池正极电压输入，ECU 由此判定汽车的横向加速度已超过了设定的门限值，因而对防抱死控制指令进行修正，使防抱死制动压力调节循环的频率增大，从而将车轮滑移率控制在更窄的范围内，以保证汽车具有良好的操纵稳定性。

当汽车速度低于 8km/h 时，ABS 将停止工作，制动时车轮可以出现抱死现象。因为此时车速较低，车轮抱死对于迅速停车更为有利，且不会严重危害操纵稳定性。虽然此时 ABS 停止工作，但调压电磁阀继电器仍然处于激励状态，ABS 仍然处于等待工作状态。因此，ABS 报警灯并不点亮。

ABS 继电器中的二极管和稳压管用于防止蓄电池极性接反或蓄电池电压过高时损坏 ECU，与励磁线圈并联的二极管还可为断电时励磁线圈中的自感电动势提供旁通回路，从而消除点火开关触点间的电火花，延长点火开关的使用寿命。

波许 ABS 2E 的基本结构与波许 ABS 2S 完全相同，只是其中一些元件的结构有所变化。例如，车轮转速传感器采用柱形，调压电磁阀的结构有所简化等。波许 ABS 2U 则适用于按对角布置的双管路制动系统，其 ABS 调压器中有 4 个三位三通电磁阀，分别设置在制动主缸至各制动轮缸的制动分管路中，其中的 2 个后调压电磁阀由 ECU 通过 18 端子和 19 端子一同控制。因此，仍然是 3 通道制动防抱死系统。

二、波许 ABS 2S 电路控制系统之二

图 1-2-6 为波许 ABS 2S 另一种控制电路，用于部分宝马等轿车上，与图 1-2-5 相比较，工作原理基本相同，但结构上及 ECU 内部软件设计上存在稍许差异。图 1-2-6 中，没有横向加速度开关，ABS 二极管设置在 ABS 调压器的内部，使 ABS 整体结构紧凑化；ECU 的 15 端子不再接点火开关的试灯和起动档，而是与交流发电机的 D+ 接线柱及充电指示灯相接，ECU 内部软件稍许改变，只有当交流发电机正常发电（充电指示灯因此而熄灭）时，ECU 的 15 端子接受到正常的电源电压，且 ABS 不存在影响其正常工作的故障的情况下，ABS 才进入等待工作状态，ABS 报警灯也才随之熄灭。

三、波许 ABS 2S 电路制控系统之三

图 1-2-7 为 1991 年以来在部分通用公司汽车上采用的波许 ABS 2S 电路控制系统原理图。与图 1-2-5 和图 1-2-6 相比较，图 1-2-7 的最大特点是 ECU 具有故障自诊断功能，可以将自检或

工作过程中发现的故障编码存储起来,供检修时调取。ECU 的 30 端子(诊断功能端子)与诊断座(共 12 个端子,位于仪表板左下方)的 H 端子相连,当将诊断座的 H 端子与 A 端子短接时,ECU 中存储的故障代码可通过 ABS 报警灯闪烁显示;ECU 的 31 端子作为串行数据输出端子与诊断座的 M 端子相连,当将专用诊断仪与诊断座相接时,可由专用诊断仪直接读取故障代

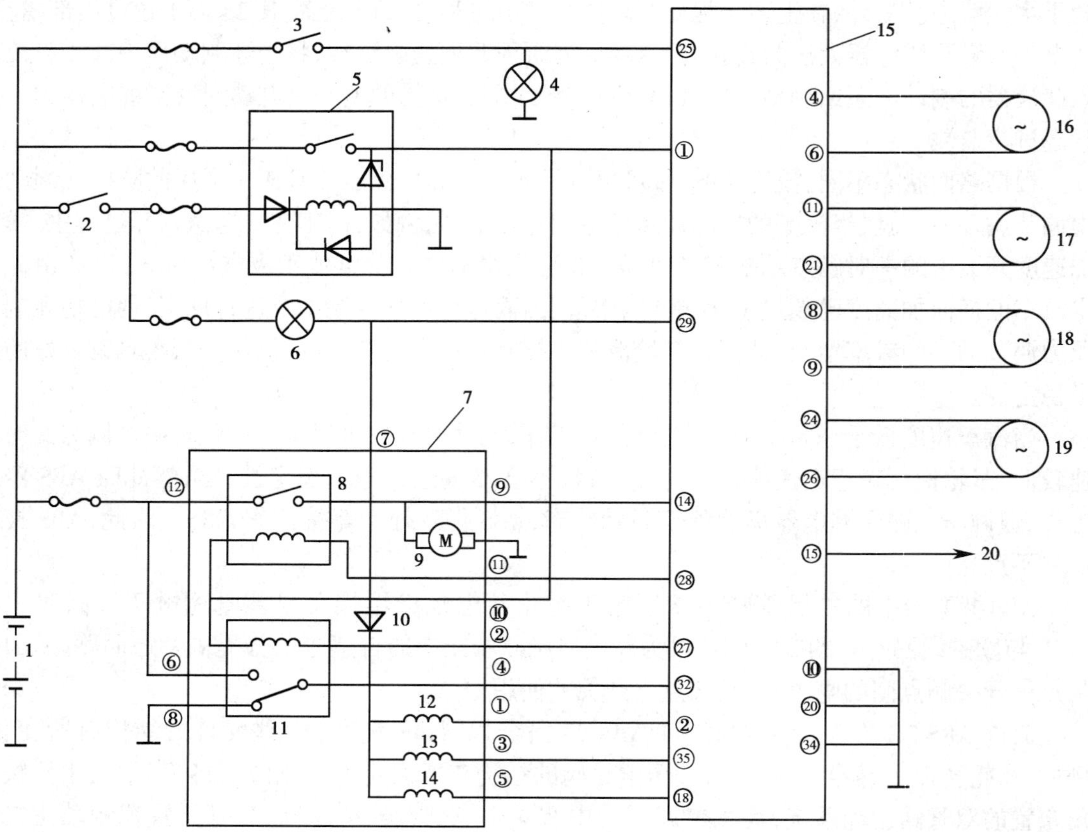

图 1-2-6 波许 ABS 2S 电路控制系统之二

1-蓄电池;2-点火开关;3-制动灯开关;4-制动尾灯;5-ABS 继电器;6-ABS 报警灯;7-ABS 调压器;8-电动回液泵继电器;9-电动回液泵;10-ABS 二极管;11-调压电磁阀继电器;12-左前轮调压电磁阀;13-右前轮调压电磁阀;14-后轮调压电磁阀;15-电子控制装置(ECU);16-左前轮转速传感器;17-右前轮转速传感器;18-左后轮转速传感器;19-右后轮转速传感器;20-接发电机 D + 接线柱及充电指示灯

码及故障代码的内容。另外,图 1-2-7 电路中,用横向加速度传感器取代了原来的横向加速度开关,利于 ECU 根据横向加速度大小的不同来对防抱死制动过程调节的修正量进行进一步的调整,从而进一步改善了汽车的操纵稳定性。ECU 的 10 端子与横向加速度传感器的 1 端子相连,并通过横向加速度传感器的壳体搭铁,ECU 的 13 端子向加速度传感器提供 + 5V 工作电压,并由 12 端子接受横向加速度传感器输来的横向加速度信号。

图 1-2-7 中,ABS 工作继电器和 ABS 工作信号灯属选装元件,制动过程中,如果 ABS 投入工作,电动回液泵即通电运转,同时 ABS 工作继电器处于激励状态,使 ABS 工作信号灯点亮,或将 ABS 工作信号输入自动变速器 ECU 或电控悬架系统 ECU 等,实现与 ABS 工作有关的逻辑控制关系。例如,ABS 工作期间,自动变速器不允许换档,电控悬架系统的控制也应作必要的修正。

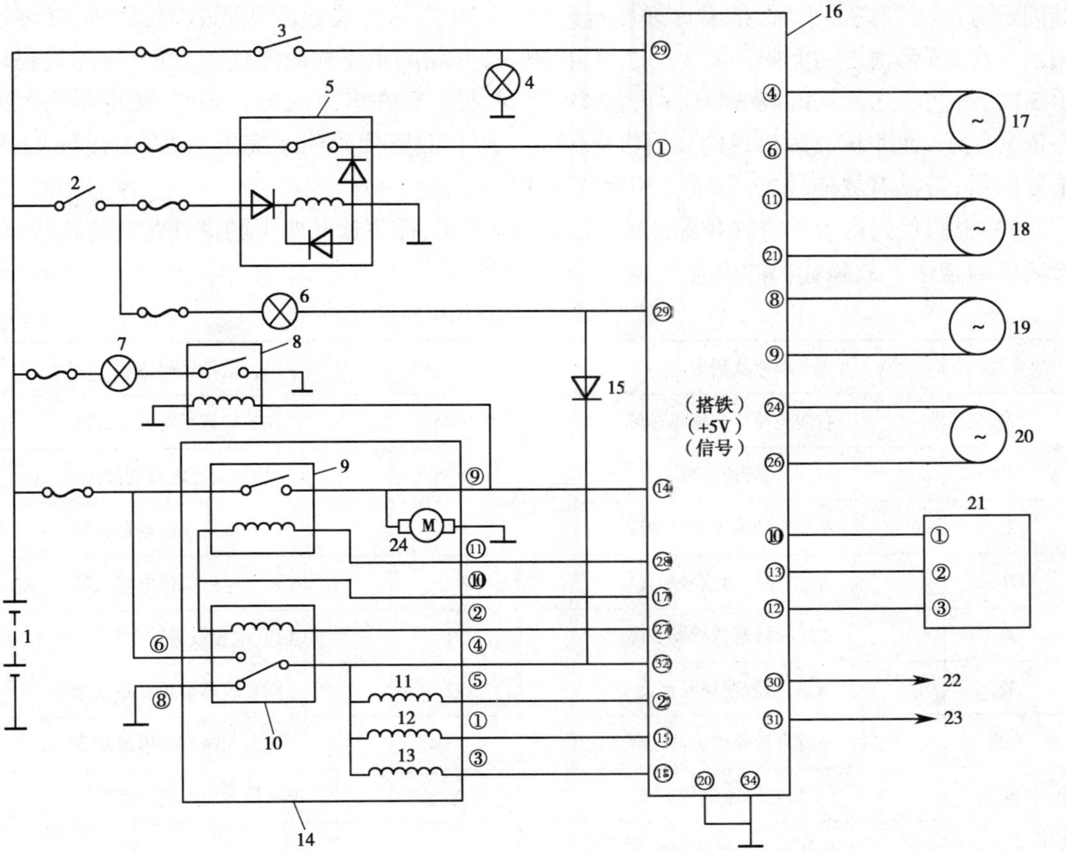

图 1-2-7　波许 ABS 2S 电路控制系统之三

1-蓄电池;2-点火开关;3-制动灯开关;4-制动尾灯;5-ABS 继电器;6-ABS 报警灯;7-ABS 工作信号灯;8-ABS 工作继电器;9-电动回液泵继电器;10-调压电磁阀继电器;11-左前轮调压电磁阀;12-右前轮调压电磁阀;13-后轮调压电磁阀;14-ABS 调压器;15-ABS 二极管;16-电子控制装置(ECU);17-左前轮转速传感器;18-右前轮转速传感器;19-左后轮转速传感器;20-右后轮转速传感器;21-横向加速度传感器;22-接诊断座 H 端子;23-接诊断座 M 端子;24-电动回液泵

第三节　ABS 系统的故障诊断、检查及元件测试

当 ECU 具有故障自诊断功能时,可利用专用诊断仪(解码器)或人工调取故障代码,并根据代码内容检查和排除故障;如果 ECU 不具备故障自诊断功能,则需对系统进行全面检查才能发现故障所在。部分情况下,也可以根据故障现象判断故障部位。

一、故障代码的读取与清除

有专用诊断仪时,将其与仪表板左下方的诊断座(通用公司部分车型)相连,依说明书操作,即可直接读取故障代码及代码内容,还可以清除故障代码。无专用诊断仪时,可以人工调取故障代码,方法如下:

(1)在点火开关切断(OFF)的情况下,将诊断座中的 H 端子搭铁或将 H 端子与 A 端子跨接起来;

(2)接通点火开关(ON),根据 ABS 报警灯闪烁情况读取故障代码。

ABS 报警灯应亮 4s 后熄灭，3s 后闪示代码 12，这是一个初始化代码，并非故障代码。12 的闪示方法为闪亮一下后，稍熄片刻再闪亮两下。在闪示正式故障代码之前，代码 12 将连续闪示 3 次，每两次之间间隔 3s。3 次之后，再隔 3s，开始闪示正式故障代码，每个故障代码均闪示 3 次，每两次之间均间隔 3s，闪示方法类似代码 12。存在多个故障代码时，按由小到大的次序依次闪示，而非按故障出现的先后次序闪示。所有故障代码闪示完毕后，将由代码 12 开始重复闪示；若没有故障代码，则重复闪示代码 12。

(3)根据代码内容检查并排除故障，清除故障代码，拆下诊断座上的搭铁线或跨接线，盖上诊断座的盖子。故障代码的内容见表 1-2-1。

波许 ABS 2S 故障代码内容 表 1-2-1

故障代码	故障代码内容	故障代码	故障代码内容
21	右前轮转速传感器故障	* 45	左前轮调压电磁阀故障
22	右前轮转速信号不良	* 55	后轮调压电磁阀故障
25	左前轮转速传感器故障	* 61	电动回液泵继电器故障
26	左前轮转速信号不良	* 63	调压电磁阀继电器故障
31	右后轮转速传感器故障	71	ECU 电源或搭铁电路故障
32	右后轮转速信号不良	72	ECU 故障诊断线路故障
* 35	左后轮转速传感器故障	75	横向加速度传感器故障
36	左后轮转速信号不良	76	没有横向加速度传感器信号
* 41	右前轮调压电磁阀故障		

注：标有“ * ”号的故障代码，只能用专用诊断仪才能读出。

(4)故障代码的清除：切断点火开关，将诊断座中的 H 端子与 A 端子跨接起来，接通点火开关，在 ABS 报警灯开始闪示故障代码时，将跨接线一端拆下 1s，然后再接上，这一动作在 10s 内重复 3 次后再接上，等待至少 15s，确认只有代码 12 显示，然后切断点火开关，拆下 H 端子与 A 端子之间的跨接线，盖上诊断座的盖子即可。

二、ABS 系统的初步判断与检查

1. ABS 系统的初步判断

无论波许 ABS 2S 是否具有故障代码存储功能，下述系统检查过程都有利于确认系统是否存在故障，并可以发现某些方面的小故障，避免走弯路。

(1)解除驻车制动，接通点火开关，黄褐色的 ABS 报警灯应该点亮几秒钟(自检过程)，然后自动熄灭，否则说明系统存在故障。

(2)拉起驻车制动手柄，红色的制动报警灯应该点亮；解除驻车制动，红色制动报警灯应该熄灭。

(3)将点火开关置于起动位置，ABS 报警灯应该点亮；放松点火开关，使其回到点火位置，ABS 报警灯应该熄灭，否则说明 ABS 报警灯损坏或系统存在故障。

(4)进行路试，当车速达到 32 ~ 45km/h 时，以中等的踏板力进行制动，制动系统应该正常工作，ABS 报警灯也不应该点亮。

2. ABS系统的初步检查

如果检查结果与上述相符，说明制动防抱死系统工作正常。否则，再按下述程序进行初步检查：

(1)检查与制动防抱死系统相关的保险丝和易熔线；

(2)检查位于ABS调压器上的调压电磁阀继电器和电动可液泵继电器插接是否可靠；

(3)检查线束插接件和ECU插接件等插接是否可靠；

(4)检查制动主缸储液室液位是否过低，必要时补充制动液；

(5)检查蓄电池电压是否在正常范围以内。

三、ABS系统的元件测试

系统中的各电气元件都可以进行单独测试，进行的测试有以下几个重要项目(电路以图1-2-5为例，其他电路也可参照如下方法进行)：

1. ABS继电器测试

断开点火开关，从ABS继电器上拔下线束插接件，接通点火开关，用万用表测线束侧插接件上30端子插孔和15端子插孔的供电电压，均应为12V；测31端子插孔搭铁情况，31端子插孔应良好搭铁；测87端子插孔与ECU插接件1端子之间导通情况，二者之间应良好导通。

上述情况均正常时，可对ABS继电器进行单独测试。将ABS继电器的15端子接蓄电池正极，31端子接蓄电池负极，用万用表测30端子与87端子之间电阻，电阻值应接近0Ω；15端子与31端子之间不供电时，30端子与87端子之间电阻应为无穷大。不符合这些要求，则应更换ABS继电器。

2. 调压电磁阀电阻测试

断开点火开关，拆下ABS调压器线束插接件，用欧姆表测ABS调压器一侧插接件上1端子与4端子之间、3端子与4端子之间、5端子与4端子之间的电阻，从而分别测试左前轮调压电磁阀、右前轮调压电磁阀、后轮调压电磁阀的电阻，各调压电磁阀的电阻值都应该在0.8～1.5Ω之间，任何一个调压电磁阀电阻值不在此范围内，都应该更换ABS调压器。

另外，各调压电磁阀电阻值相互之间相差应小于0.1Ω，任何两个调压电磁阀电阻值之间相差超过0.1Ω，也应该更换ABS调压器。

3. 调压电磁阀继电器测试

测试(1)：

断开点火开关，从ABS调压器上拆下电磁阀继电器，接通点火开关，用电压表测试调压电磁阀继电器86端子插孔和87端子插孔分别与搭铁之间的电压值，电压表读数均应该等于蓄电池电压。

如果在本项测试中，电压表读数均等于蓄电池电压，则进行调压电磁阀继电器测试(3)；如果电压表读数中有任何一个或两个不等于蓄电池电压，则进行调压电磁阀继电器测试(2)。

测试(2)：

断开点火开关，从ABS调压器上拆下线束插接件，接通点火开关，用电压表测试线束侧插接件上6端子和10端子分别与搭铁之间的电压值，电压表读数均应为蓄电池电压。

如果在本项测试中，6端子和10端子分别与搭铁之间的电压值均等于蓄电池电压，但调压电磁阀继电器测试(1)中电压表读数不能重现，则说明ABS调压器中的有关导线损坏，应修复。

如果 6 端子与搭铁之间电压值读数不等于蓄电池电压，则检查熔断丝或易熔线。熔断丝或易熔线完好时，检查与 6 端子相连的导线，并对断路处进行修理。

如果 10 端子与搭铁之间电压值不等于蓄电池电压，则检查 ABS 继电器 87 端子与 ABS 调压器 10 端子之间是否存在断路故障。如果没有断路故障。则进行 ABS 继电器测试，并注意检查与 ABS 继电器有关的熔断丝。

测试(3)：

断开点火开关，拆下 ABS 调压器的线束插接件，用欧姆表分别测试 ABS 调压器一侧插接件 2 端子与调压电磁阀继电器 85 端子插孔之间、4 端子与调压电磁阀继电器 30 端子插孔之间、8 端子与调压电磁阀继电器 87A 端子插孔之间的电阻，电阻值均应为 0Ω。如果有任何一个不为 0Ω，都应该修复 ABS 调压器中的有关导线。

用欧姆表测调压电磁阀继电器 30 端子与 87 端子、30 端子与 87A 端子之间电阻，两电阻值应分别为无穷大和 0Ω；将蓄电池正极与调压电磁阀继电器 86 端子相连，负极与 85 端子相接，重新用欧姆表测调压电磁阀继电器 30 端子与 87 端子之间、30 端子与 87A 端子之间电阻，两电阻值应分别为 0Ω 和无穷大。不符合上述要求，则更换调压电磁阀继电器。

4. ABS 二极管测试

断开点火开关，拆下 ABS 二极管线束插接件，用欧姆表测 ABS 二极管正向和反向电阻，两种情况下电阻值应分别为 0.4～0.6Ω 和近似无穷大。如果不符合要求，则更换 ABS 二极管。

5. 横向加速度开关测试

断开点火开关，拆下横向加速度开关线束插接件，用欧姆表测横向加速度开关插接件两个端子之间的电阻，电阻值应为 0Ω。如果不符合要求，则更换横向加速度开关。

6. 车轮转速传感器测试

断开点火开关，拆下 ECU 线束插接件(为便于测试，可将拆下来的 ECU 线束插接件再与专用或自制的接线端子盒相接)。用欧姆表分别测试线束插接件端子 4 与 6、11 与 21、8 与 9、24 与 26 之间的电阻值，从而分别测量左前、右前、左后、右后车轮转速传感器的电阻值。每个车轮转速传感器的电阻值都应在 900～1500Ω 之间。如果任何一个转速传感器的电阻值不在上述范围内，则应该检查与该传感器相连的导线是否发生断路故障，相关插接件是否松动。如果线路正常，则应更换该转速传感器。

另外，各转速传感器电阻值相互之间相差不应该超过 100Ω。如果某个转速传感器与其他 3 个转速传感器电阻值相差超过 100Ω，则应更换该传感器。

7. 电动泵继电器测试

测试(1)：

断开点火开关，从 ABS 调压器上拆下电动泵继电器，接通点火开关，用电压表测电动泵继电器 86 端子插孔与搭铁之间、87 端子插孔与搭铁之间的电压，电压表读数均应等于蓄电池电压。

在本项测试中，如果电压表读数均等于蓄电池电压，则进行电动泵继电器测试(3)；如果有任何一个或两个不等于蓄电池电压，则进行电动泵继电器测试(2)。

测试(2)：

断开点火开关，拆下 ABS 调压器的线束插接件，接通点火开关，用电压表测试线束插接件上 12 端子与搭铁之间、10 端子与搭铁之间电压，电压表读数均应等于蓄电池电压。

在本项测试中，如果电压表读数均等于蓄电池电压，但在电动泵继电器测试(1)中电压表读数不能重现，则说明 ABS 调压器中的有关导线损坏，应修复。

如果 12 端子与搭铁之间电压值不等于蓄电池电压，则检查熔断丝或易熔线。熔断丝或易熔线完好时，检查与 12 端子相连的导线，并对断路处进行修理。

如果 10 端子与搭铁之间电压值不等于蓄电池电压，则检查 ABS 继电器 87 端子与 ABS 调压器 10 端子之间是否存在断路故障，如果没有断路故障，则进行 ABS 继电器测试，并注意检查与 ABS 继电器有关的熔断丝。

测试(3)：

断开点火开关，拆下 ABS 调压器线束插接件，用欧姆表测 ABS 调压器一侧插接件、9 端子与 30 端子插孔之间、11 端子与 85 端子插孔之间的电阻，电阻值均应等于 0Ω，任何一处不为 0Ω，都应该修复 ABS 调压器中的有关导线。

用欧姆表测 ABS 调压器一侧插接件 9 端子与搭铁之间电阻，从而测试电动回液泵电阻，正常电阻值应为 3Ω 左右。如果不符合要求，则检查 ABS 调压器的搭铁线是否发生断路故障，如果搭铁良好，则更换 ABS 电动机或调压器。

用欧姆表测电动泵继电器 85 端子与 86 端子之间、30 端子与 87 端子之间电阻，二者电阻值应分别为 50Ω 左右和无穷大。将电动泵继电器 86 端子接蓄电池正极、85 端子接蓄电池负极，用欧姆表重测 30 端子与 87 端子之间电阻，电阻值应为 0Ω。不符合这些要求，则更换电动泵继电器。

第四节　ABS 系统各部件的拆装

波许 ABS 2S 系统中各部件的拆装应该按照以下步骤进行。

一、ABS 调压器的拆卸与安装

1. 拆卸：

(1)拆下蓄电池搭铁线；

(2)拆下妨碍 ABS 调压器拆装的部件，如底板、盖板、隔离板等；

(3)拆下 ABS 调压器线束插接件及线束中的搭铁线；

(4)对与 ABS 调压器相连的每根制动管路在其接头处标号，以免在安装时造成连接错误；

(5)拆下 ABS 调压器上的制动管路，用容器或棉纱收集从制动管路和 ABS 调压器中流出的制动液；

(6)拆下 ABS 调压器与固定底板的紧固螺母，从汽车上取下 ABS 调压器，在操作中注意不要弯曲制动管路，不要让制动液滴落到汽车面漆上；

(7)拆下 ABS 调压器的隔振垫及 ABS 调压器本体搭铁线。

2. 安装：

(1)将隔振垫及本体搭铁线装在新的 ABS 调压器上；

(2)将新的 ABS 调压器紧固在固定底板上，注意不要弯由制动管路，螺母拧紧力矩为 10N·m；

(3)将制动管路与 ABS 调压器相接，管接头螺母的拧紧力矩为 18N·m；

(4)将 ABS 调压器的搭铁线插头与线束中的搭铁线插头插接；

(5)将线束插接件与 ABS 调压器一侧插接件相互插接；

(6)将蓄电池搭铁线接好；

(7)按排气要求对制动系统进行排气；

(8)检查制动系统是否有泄漏；

(9)用专用诊断测试仪或人工对系统进行诊断测试，没有故障时装回其他被拆下的部件。

二、ECU的拆卸与安装

1. 拆卸：

(1)拆下蓄电池搭铁线；

(2)拆除妨碍ECU拆卸的其他部件；

(3)拆下ECU的线束插接件。拆卸线束插接件时，应先将弹簧卡片按下，然后拔出线束插接件，再将线束插接件端部的挂钩从ECU插接件挂钩销上摘下来；

(4)从ECU固定底板上卸下ABS继电器；

(5)拆下ECU的固定螺钉，从汽车中取出ECU。

2. 安装：

(1)将ECU放入固定底板，并用螺钉将ECU与固定底板连接起来；

(2)将ABS继电器安装在ECU固定底板上，接上蓄电池搭铁线；

(3)用专用诊断测试仪或人工对系统进行诊断测试，没有故障时，将诊断测试仪插接件从线束插接件上卸下来，将线束插接件端部的挂钩插入ECU插接件的挂钩销中，将线束插接件按入ECU插接件中；

(4)将拆下来的其他部件装回原处。

三、车轮转速传感器的拆卸与安装

1. 拆卸：

(1)将汽车顶起并可靠支撑；

(2)将需要拆卸转速传感器的车轮拆下；

(3)将转速传感器线束从线束卡中取出，并将线束插接件从转速传感器上卸下；

(4)从支撑板上拆下转速传感器线束护圈，拆下时应该特别留意，因为安装新转速传感器时还要按相同的路径布线；

(5)拆下转速传感器固定螺栓，取下转速传感器。

2. 安装：

(1)清洁转速传感器安装孔；

(2)用防锈漆涂刷新转速传感器；

(3)将新转速传感器装入安装孔中，装入时不能敲击。如果转速传感器不能装入孔中，应仔细清洁安装孔；

(4)拧上转速传感器固定螺栓，拧紧力矩为3N·m；

(5)将转速传感器线束护圈装入支撑板的孔中，按照拆卸时的路径布置转速传感器线束；

(6)将线束插接件与转速传感器插接，用线束卡固定转速传感器线束；

(7)安装车轮总成；

(8)用专用诊断测试仪或人工对系统进行诊断测试；

(9)使汽车落地，并按规定力矩对车轮螺母进行拧紧。

四、横向加速度开关的拆卸与安装

1．拆卸：

(1)拆下蓄电池搭铁线；

(2)拆除妨碍拆卸横向加速度开关的其他部件；

(3)将线束插接件从横向加速度开关上拆下；

(4)拆下横向加速度开关的固定螺钉，取出横向加速度开关。

2．安装：

(1)用螺钉将横向加速度开关固定；

(2)将线束插接件与横向加速度开关插接；

(3)装上拆下来的其他部件。

五、车轮转速传感器齿圈的更换

大部分汽车的车轮转速传感器齿圈不能从轮毂、制动盘、转向节或驱动轴上拆下。因此，如果齿圈损坏，就要将整个轮毂及轴承总成、制动盘、转向节或驱动轴更换。

小　结

1．波许 ABS 2S 是一种对两前轮独立控制、对两后轮按低选原则统一控制的三通道制动防抱死系统。

2．波许 ABS 2S 的调压器主要由 3 个三位三通电磁阀、1 个电动回液泵和 2 个储液器组成。电磁阀继电器和回液泵继电器也插装在调压器上。

3．对于波许 ABS 2S 系统，在紧急制动时，若调压电磁阀不通电为增压状态，通 2A 电流为保压状态，通 5A 电流为减压状态。

4．ABS 系统只有在紧急制动、车轮出现抱死的趋势时才工作。

5．车轮是否抱死，电脑是由轮速传感器的信号来感知的。

6．电动回液泵的通、断电是由电动回液泵继电器触点的通、断控制的，继电器磁化线圈的通、断电是由 ABS 电脑控制的。

7．调压电磁阀的火线端靠调压电磁阀继电器触点的吸合来接通，各调压电磁阀的电流大小(0A、2A、5A)由 ABS 电脑来控制。

8．ABS 报警灯的自检点亮是经调压电磁阀继电器内的常闭触点搭铁来实现的。

9．汽车在行驶中，ABS 报警灯的点亮是经 ABS 电脑内开关电路的闭合后搭铁来实现的。

10．ABS 电脑正常工作的必要条件之一是电脑的火线及搭铁线必须良好地连接。

11．ABS 系统投入工作的必要条件之一是制动灯开关接通后将电源正极的电位送入 ABS 电脑。

12．ABS 系统投入工作的必要条件之一是车轮有抱死的趋势，即电脑是由轮速传感器送入的脉冲信号来感知的。

实训要求

1．实训内容

(1)波许 ABS 调压器的拆检；
(2)波许 ABS 在实车上的布置及连接情况；
(3)波许 ABS 故障代码的读取与清除；
(4)波许 ABS 系统的检查及各元件的拆装、测试。
2. 实训的目的和要求
(1)能正确拆装、检查波许 ABS 调压器；
(2)掌握波许 ABS 在实车上的布置及各元件、电路之间的连接情况；
(3)会正确读取和清除波许 ABS 的故障代码；
(4)会正确进行波许 ABS 系统的检查及各元件的拆装、测试，并排除各个故障。

复习思考题

一、判断题

1. 某车从未发现仪表盘上的 ABS 报警灯点亮过，说明该车的 ABS 系统一定是正常的。（　）
2. 一般调压电磁阀继电器和电动回液泵继电器都安装在 ABS 制动压力调节器上。（　）
3. 接通点火开关后，ABS 系统自检时，ABS 报警灯应是点亮的。（　）
4. 汽车在行驶中，只要制动灯开关接通，ABS 系统就投入工作。（　）
5. 只有在制动开关接通的前提下，ABS 系统才有可能工作。（　）
6. 制动压力调节器中的 ABS 二极管烧断后，在 ABS 系统自检时仍可点亮 ABS 报警灯。（　）
7. 在三通道 ABS 系统中，通常是两前轮的分泵按低选原则一同控制制动压力。（　）
8. 调压电磁阀的阻值应在 0.8～1.5Ω 之间。（　）
9. 轮速传感器的阻值应在 900～1500Ω。（　）
10. 各轮速传感器电阻值相互之间相差不应超过 100Ω。（　）

二、选择题

1.甲说：装有 ABS 的车轮轮缸及车轮制动器与普通制动系的相比，无本质的区别；乙说：若 ABS 系统不起作用，也将变为普通制动系的功能。（　）

A.甲正确；　B.乙正确；　C.甲乙均正确；　D.甲乙均不正确

2.甲说：一旦 ABS 投入工作状态，若驾驶员再增加踩制动踏板的力，则不会使制动力进一步增加；乙说：若 ABS 一旦投入工作，驾驶员再减少踩制动踏板的力，则不会使制动力发生变化。（　）

A.甲正确；　B.乙正确；　C.甲乙均正确；　D.甲乙均不正确

3.甲说：有四个调压电磁阀的 ABS 调压器，该车的 ABS 系统肯定是四通道式的；乙说：对于四通道式的 ABS，肯定有四个调压电磁阀。（　）

A.甲正确；　B.乙正确；　C.甲乙均正确；　D.甲乙均不正确

4.甲说:若踩制动踏板时制动灯不亮,则 ABS 就不会工作;乙说:若制动开关上的连线断路,则 ABS 才不会工作。 ( )

A.甲正确; B.乙正确; C.甲乙均正确; D.甲乙均不正确

三、简答题

1. 说明波许 ABS 2S 系统的组成。
2. 说明波许 ABS 2S 系统中 ABS 调压器的组成及工作过程。
3. 说明波许 ABS 电路控制系统之一的工作过程。
4. 说明波许 ABS 电路控制系统之二的工作过程。
5. 说明波许 ABS 电路控制系统之三的工作过程。
6. 怎样进行波许 ABS 故障代码的读取与清除?
7. 怎样进行波许 ABS 的系统检查?
8. 怎样进行波许 ABS 系统各元件的测试?
9. 怎样进行波许 ABS 系统各部件的拆装?

第三章　丰田凌志(LEXUS)轿车制动防抱死与驱动防滑系统的结构、原理与检修

学习目标

1．掌握丰田凌志 ABS 调压器的组成及工作过程；
2．能正确进行丰田凌志 ABS 控制系统电路的分析；
3．掌握丰田凌志驱动防滑控制系统的组成及工作过程；
4．能正确进行丰田凌志 ABS/TRAC 控制系统电路的分析；
5．能进行丰田凌志 ABS/TRAC 系统故障代码的调取与清除；
6．能进行丰田凌志 ABS/TRAC 系统各元件故障的检查与测试。

丰田凌志轿车普遍装有 ABS，其中有一部分还装用了 TRAC 系统。TRAC 是驱动防滑转控制的简称，其作用是在驱动过程中，将驱动轮的滑转率控制在一定范围内，使被控制的驱动轮获得尽可能大的纵向附着力和较大的横向附着力，从而保证驱动轮既可以产生尽可能大的驱动力，又具有足够的抵抗横向侧滑的能力。

第一节　不带 TRAC 的制动防抱死系统(ABS)

不带 TRAC 的制动防抱死系统布置如图 1-3-1 所示。制动时，4 个车轮转速传感器将各车轮转速信号输入 ABS 电子控制装置(以下简称为 ECU)，ECU 则根据车轮转速信号对各车轮的运动状态进行判断。一旦判定某控制通道的车轮发生了抱死倾向，就立即向 ABS 调压器输送控制信号，由 ABS 调压器对该控制通道的制动压力进行调节，从而消除该车轮的抱死倾向。

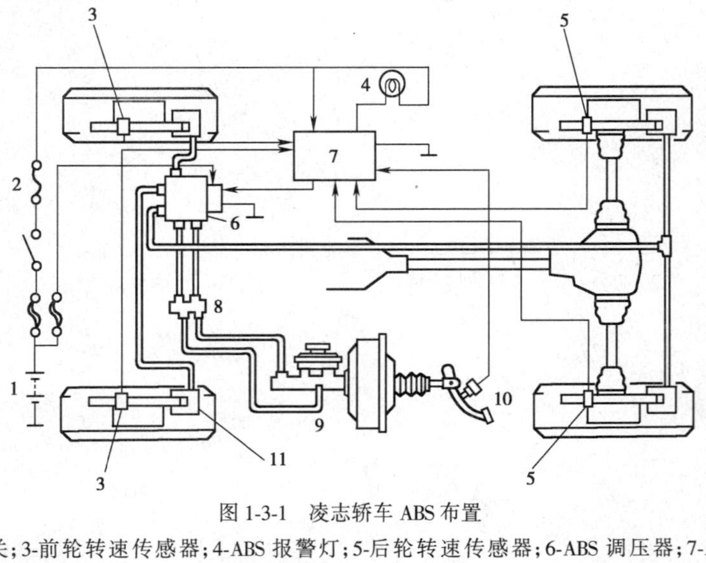

图 1-3-1　凌志轿车 ABS 布置

1-蓄电池；2-点火开关；3-前轮转速传感器；4-ABS 报警灯；5-后轮转速传感器；6-ABS 调压器；7-ABS 电子控制装置(ECU)；8-比例旁通阀(P&BV)；9-制动主缸；10-制动灯开关；11-制动轮缸

一、ABS 调压器

不带 TRAC 的 ABS 调压器如图 1-3-2 所示，由 3 个三位三通调压电磁阀，1 个双联式电动回液泵、2 个储液器等组成。其中，2 个调压电磁阀分别设置在两个前轮缸制动管路中，在防抱死调节中分别对两个前轮缸的制动压力进行独立调节；1 个调压电磁阀设置在后轮缸制动管路中，在防抱死调节中对两个后轮缸的制动压力统一调节。因此，该系统属于对两前轮缸独立控制、对两后轮缸统一控制的 3 通道 ABS 系统。2 个储液器分别用于接纳在制动压力调节过程中由前、后制动轮缸流出的制动液；双联式电动回液泵则在制动压力调节过程中，将流入储液器中的制动液泵回制动主缸。另外，ABS 调压器上还装有调压电磁阀继电器和电动回液泵继电器，分别用来给调压电磁阀和电动回液泵提供工作电压。

调压电磁阀中设置的单向阀可以保证解除制动时，制动轮缸中的制动液快速、可靠地流回制动主缸。

二、ABS 系统工作过程

不带 TRAC 的 ABS 液压管路系统如图 1-3-3 所示。

当 ABS 未进行制动防抱死控制时，ABS 调压器中各调压电磁阀均不通电，各电磁阀所处的位置如图 1-3-3 所示，制动主缸通过比例旁通阀(P&BV)和 3 个调压电磁阀与各制动轮缸保持沟通状态。因此，即使 ABS 不工作，也不会影响常规制动过程。

当踩下制动踏板进行制动时，由制动主缸输出的制动液通过各调压电磁阀进入各制动轮缸，各制动轮缸的制动压力随制动主缸的输出压力而变化。如果在制动过程中，ABS 电子控制装置(ECU)根据车轮转速传感器信号判定有车轮趋于制动抱死，ABS 就进入制动防抱死控制过程。当 ECU 判定需要减小某一制动轮缸的制动压力时，就使该制动轮缸的调压电磁阀通过较大的电流(约 5A)，使调压电磁阀将制动主缸至该制动轮缸的制动液通路封闭，而将该制动轮缸至相应储液器的制动液通路沟通，该制动轮缸中的部分制动液就会流入相应的储液器中，该制动轮缸的制动压力将随之减小。与此同时，ECU 还使电动回液泵通电运转，将流入储液室的制动液泵回制动主缸。当 ECU 判定需要保持某一制动轮缸中的制动压力时，就使该制动轮缸的调压电磁阀通过较小的电流(约 2A)，使调压电磁阀将该制动轮缸至制动主缸和相应储液器的制动液通路都封闭，该制动轮缸的制动压力保持一定，当 ECU 判定需要增大某一制动轮缸的制动压力时，就使该制动轮缸的调压电磁阀断电(0A)，使调压电磁阀将制动主缸至该制动轮缸的制动液通路沟通，而将该制动轮

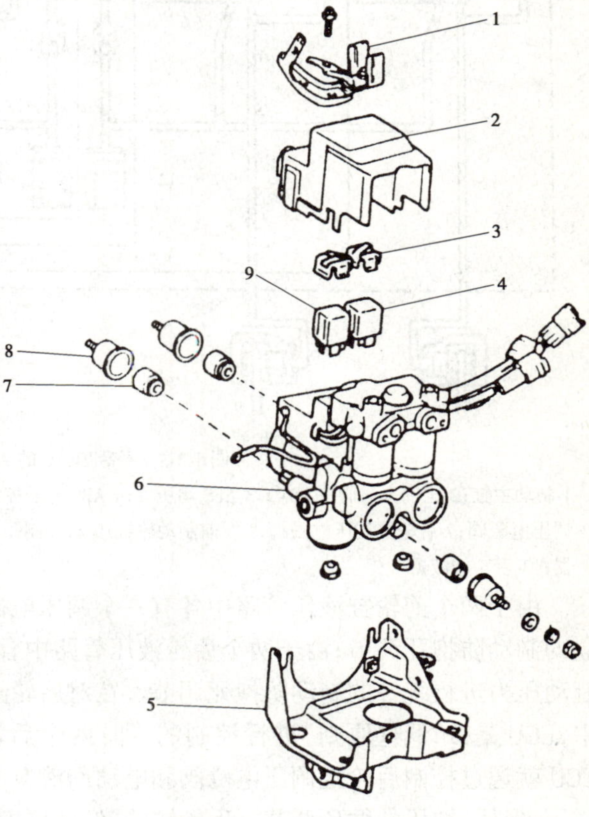

图 1-3-2 不带 TRAC 的 ABS 调压器

1-电线束夹；2-继电器罩；3-继电器盖；4-调压电磁阀继电器；5-调压器支架；6-ABS 调压器；7-隔振套；8-支座；9-电动回液泵继电器

缸至相应储液器的制动液通路封闭,制动主缸输出的制动液就会进入该制动轮缸,该制动轮缸的制动压力随之增大。

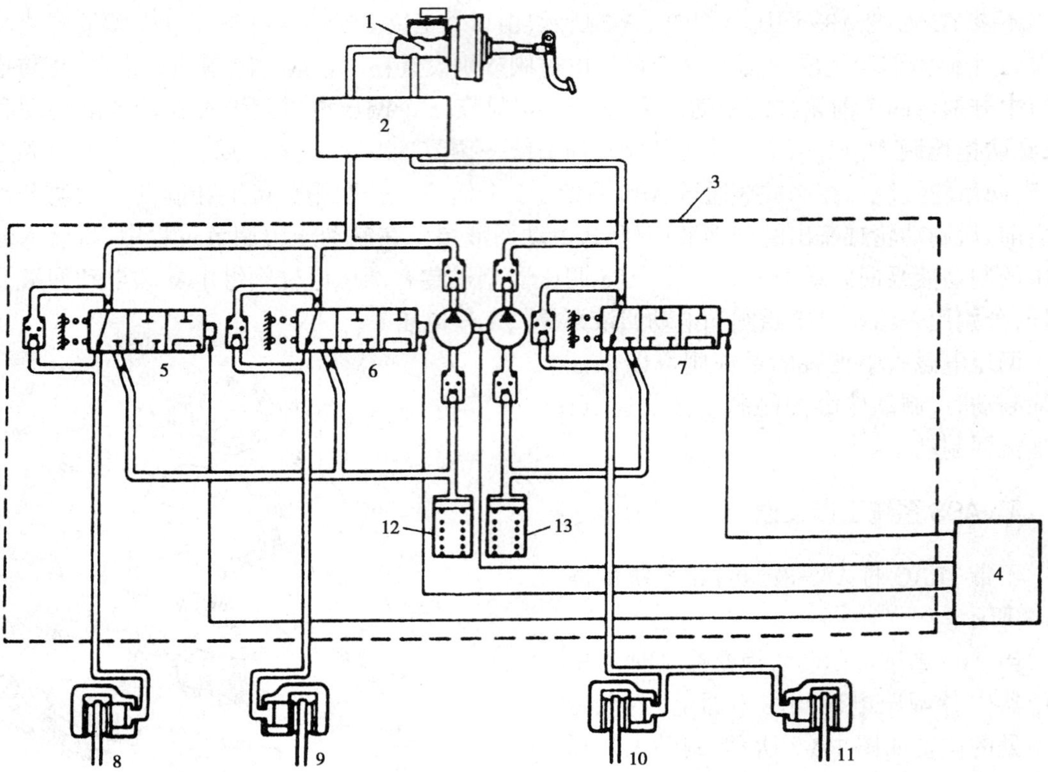

图 1-3-3　不带 TRAC 的 ABS 液压管路系统

1-制动主缸;2-比例旁通阀(P&BV);3-ABS 调压器;4-ABS 电子控制装置(ABSECU);5-左前轮缸调压电磁阀;6-右前轮缸调压电磁阀;7-后轮缸调压电磁阀;8-左前制动轮缸;9-右前制动轮缸;10-左后制动轮缸;11-右后制动轮缸;12-前轮储液器;13-后轮储液器

由于两个前轮缸液压管路中各有一个调压电磁阀,ECU 可对两个前轮缸制动压力进行独立的制动防抱死调节;由于两个后轮液压管路中合用了一个调压电磁阀,ECU 可对两个后轮缸制动压力进行统一的制动防抱死调节。在对后轮缸制动压力进行统一的制动防抱死调节过程中,ECU 是按“低选原则”进行控制的,即:两个后轮中,只要有一个车轮出现制动抱死倾向,ECU 就通过控制后轮缸调压电磁阀和电动回液泵的工作,使两个后轮缸的制动压力同时受到减压、保压、增压的循环调节。后轮缸的“低选原则”控制,将使两个后轮的整体制动能力受到一定的损失,但在左右两侧道路附着条件差异较大的情况下制动时,“低选原则”控制却能使制动时汽车的方向稳定性大为改善(不易侧滑)。另外,在汽车紧急制动时,因重心前移,后轮制动力占汽车总制动力的比例不大(约 30%),“低选原则”所造成的后轮制动能力的损失对汽车制动距离影响不大。

三、ABS 控制系统电路分析

ABS 控制系统电路如图 1-3-4 所示。

当点火开关开始接通时,蓄电池电压通过点火开关加在 ECU 的 IG 端子,ECU 开始进行自检。此时,由于调压电磁阀继电器处于非激励状态,ABS 报警灯的一端经维修连接器及调压电磁阀继电器常闭触点等搭铁,ABS 报警灯中有电流通过而点亮。

经过短暂的自检(约 3s),如果发现存在影响系统正常工作的故障,ECU 就将故障情况以代码的形式存储记忆,并使 ABS 系统处于关闭状态。此时,调压电磁阀继电器仍然处于非激励状态,ABS 报警灯将会持续点亮。如果自检后没有发现系统存在故障,ECU 将从其 BAT 端子接受蓄电池电压,作为其工作电压,并向其 SR 端子供给蓄电池电压,同时使 R-端子通过

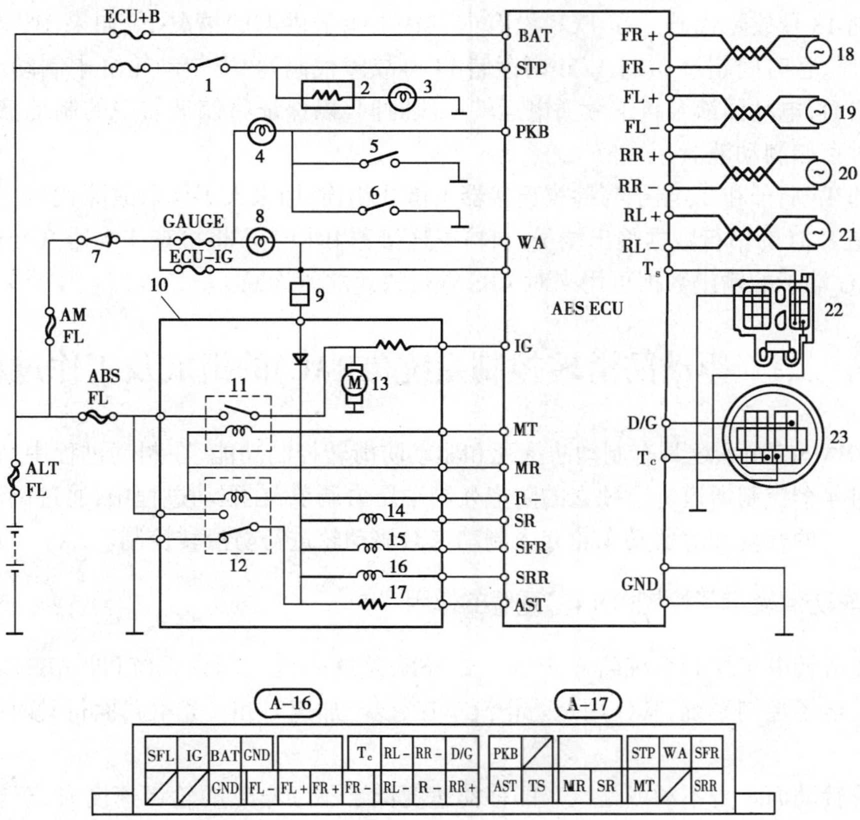

图 1-3-4　ABS 控制系统电路

1-制动灯开关;2-制动灯故障继电器;3-制动灯;4-驻车制动指示灯;5-驻车制动开关;6-制动液面报警开关;7-点火开关;8-ABS 报警灯;9-维修连接器;10-ABS 调压器;11-电动回液泵继电器;12-调压电磁阀继电器;13-电动回液泵;14-右前轮调压电磁阀;15-左前轮调压电磁阀;16-后轮调压电磁阀;17-电磁阀继电器监测电阻;18-右前轮转速传感器;19-左前轮转速传感器;20 右后轮转速传感器;21-左后轮转速传感器;22-检查连接器 I;23-检查连接器 II(TDCL)

ECU 内部与 GND 端子相通,使 R – 端子搭铁。此时,调压电磁阀继电器因其励磁线圈中有电流通过而处于激励状态,常闭触点断开,常开触点闭合,使 ABS 报警灯中不再有电流通过而熄灭,同时,蓄电池电压通过调压电磁阀继电器中闭合的触点加在 3 个调压电磁阀线圈的一端和 ECU 的 AST 端子上,ECU 由 AST 端子上的电位可以判定调压电磁阀继电器处于激励状态,ABS 从此时开始处于等待工作状态。

当踩下制动踏板进行制动时,制动灯开关(位于制动踏板臂上方)闭合,蓄电池电压通过制动灯开关加在 ECU 的 STP 端子上,ECU 由此判定汽车进入制动状态。ECU 将根据各个车轮转速传感器的信号,对各个车轮的运动状态进行监测,并通过分别控制其 SFR、SFL 和 SRR 3 个端子与搭铁端子(GND 端子)之间的电阻值,使 ABS 调压器中 3 个三位三通调压电磁阀的线圈中有较大电流(5A)通过,或有较小电流(2A)通过,或没有电流(0A)通过,使各调压电磁阀处于使相应制动轮缸的制动压力减小、保持或增大的状态。

在 ABS 工作中,当需要制动轮缸的制动压力减小时,为将制动液迅速泵回制动主缸,ECU

将通过其 MR 端子向电动回液泵继电器的励磁线圈提供蓄电池电压,使电动回液泵继电器的触点闭合,蓄电池通过该触点向电动回液泵直接供电,从而使电动回液泵开始运转。ECU 还会通过其 MT 端子上接受的电压(10~14V)来监测电动回液泵的运转状态(如果 MT 端子在 0.2s 内接收不到 10~14V 的电压信号,ECU 就会判断为电动回液泵继电器发生了断路故障而在 ECU 内存储 13 号故障代码。在 ECU 没有向其 MR 端子供电的情况下,如果 MT 端子接收到 10~14V电压,且时间超过 0.2s,ECU 内存储 14 号故障代码)。当制动轮缸中制动压力刚从减小状态退出时,电动回液泵将继续通电运转一段时间,以保证将储液器中的制动液抽空,以便下次减压时存储制动液。

ECU 的 T_C 端子和 T_S 端子与检查连接器 I 和 II 相连,用来人工调取故障代码(方法见后),D/G 端子是 ECU 的串行数据输出端子,与检查连接器 II 相连。将检查连接器 II 与电脑诊断仪相接时,D/G 端子的输出数据可用来对 ABS 进行快速故障诊断。

第二节　驱动防滑转控制系统(TRAC)的组成及工作过程

ABS/TRAC 控制系统具有制动防抱死和驱动防滑转控制功能,在制动过程中,它采用流通调压方式对 4 个控制通道进行独立的防抱死制动压力调节;在驱动过程中,通过调节(减小)发动机副节气门的开度和对驱动车轮介入制动来对驱动轮进行防滑转控制。

一、汽车防滑转电子控制(TRAC)系统的作用

汽车防滑转电子控制系统简称 TRAC 或 ASR,是继防抱死制动系统(即 ABS)之后应用于车轮防滑的电子控制系统,其作用是防止汽车在起步、加速时和在光滑路面行驶时的驱动轮滑转。

当车轮转动而车身不动或是汽车的移动速度低于驱动车轮的轮缘速度时,车轮胎面与地面之间就有相对的滑动,我们把这种滑动称为滑转,以区别于汽车制动时车轮抱死而产生的车轮滑拖。驱动车轮的滑转,同样会使车轮与地面的附着力下降。纵向附着力下降,使驱动车轮产生的牵引力减小,导致汽车的起步性能、加速性能和在光滑路面上的通过性能下降;而横向附着力的下降,又会降低汽车在起步、加速、光滑路面上行驶时的稳定性。汽车防滑转电子控制系统是在驱动车轮出现滑转时,通过对滑转的驱动车轮施以制动力或减小发动机的输出功率来抑制驱动车轮的滑转,避免汽车牵引力下降,提高汽车行驶的稳定性,还可以降低发动机的油耗及驱动车轮轮胎的磨损。

二、防滑转控制方式

防滑转电子控制系统的控制参数是滑转率,滑转率的计算公式如下:

$$S_z = \frac{V_q - V}{V_q} \times 100\% \tag{1-3-1}$$

式中:S_z——驱动轮滑转率;

V_q——驱动轮轮缘速度;

V——汽车车身速度(实际应用时常以从动轮轮缘速度代替)。

当车身未动($V=0$)而驱动轮原地打滑转动时,即车轮处于完全滑转状态时,$S_z=100\%$;当 $V=V_q$ 时,即驱动轮处于纯滚动状态时,$S_z=0$。电子控制器(防滑转 ECU)根据驱动、从动车轮转速传感器的信号计算出驱动、从动车轮的转速差,进而计算出驱动轮滑转率 S_z,当 S_z 值超过某一限定值时,防滑转 ECU 就输出控制信号,抑制驱动车轮的滑转。

汽车防滑转电子控制系统一般有如下控制方式:

1. 差速制动控制

当驱动车轮单边滑转时,防滑转 ECU 就输出电子控制信号,使差速制动阀和制动压力调节器动作,对滑转的驱动车轮施以制动力,使该驱动轮的滑转率控制在目标范围之内。这时,非滑转的驱动车轮仍有正常的驱动力,从而提高了汽车在光滑路面上的起步和加速能力及行驶时方向的稳定性。这种控制方式的效果类似于差速锁,在一侧驱动车轮陷于泥坑,使其部分或完全失去驱动能力时对其制动,而另一侧在正常路面上的驱动车轮仍能发挥其正常的驱动力,使汽车能驶离泥坑。当两侧的驱动车轮都滑转,但滑转率不同的情况下,则对两侧驱动车轮施以不同的制动力。

2. 发动机输出功率控制

在汽车起步、加速时若加速踏板踩得过猛,会因为驱动轮转矩过大而出现两侧的驱动车轮都滑转的情况,这时,防滑转 ECU 输出电子控制信号,使发动机的输出功率减小,以抑制驱动车轮的滑转。发动机输出功率的减小可以通过减小副节气门的开度、减小喷油器的喷油量和推迟点火时间等方法来实现。

3. 差速制动与发动机输出功率综合控制

为了达到最理想的控制效果,采用差速制动控制与发动机输出功率控制相结合的控制系统。汽车在行驶过程中,路面的光滑程度千差万别,附着力的大小也在不断变化,综合控制系统将根据发动机的工况和驱动车轮滑转的实际情况采取相应地控制。比如,在发动机输出功率较小的工况下就出现驱动车轮的滑转,其主要原因是由于路面过于光滑,这时,采用对滑转的驱动车轮施以制动的方法就比较有效。而在发动机输出功率较大(节气门开度大、转速高)时才出现驱动车轮滑转,则主要通过减小发动机输出功率的方法来抑制驱动车轮的滑转。当在较光滑路面(不过于光滑)、发动机中等负荷的工况下出现驱动车轮滑转时,则通过对驱动车轮施加制动和减小发动机输出功率的共同措施来抑制驱动车轮的滑转。

4. 警告信号

当驱动车轮出现滑转时,防滑转 ECU 则点亮仪表板上的防滑转系统工作警告灯,向驾驶员发出警告,提示驾驶员尽量不要紧急制动、注意方向盘的操作(应缓慢转动)、不要猛踩加速踏板等,以确保行车的安全。

三、TRAC 系统的基本组成与原理

车轮转速传感器将汽车的驱动车轮及从动车轮的转速转变为电信号,输送给防滑转 ECU,防滑转 ECU 根据驱动车轮与从动车轮的转速差计算出驱动车轮的滑转率,如果滑转率超出了限定值,防滑转 ECU 再综合参考节气门开度信号、发动机转速信号、转向信号(有的车无)等参数确定控制方式,输出相应的控制信号,使相应的执行器动作,将驱动车轮的滑转率控制在限定值之内。

防滑转 ECU 输出的控制信号有如下几种:

(1)控制滑转驱动车轮的制动力。控制信号起动 TRAC 制动压力调节器,对滑转的驱动车

轮施加一个适当的制动力，将驱动车轮的滑转率控制在限定值之内。

(2)控制发动机的输出功率。控制信号起动副节气门驱动器，使副节气门的开度适当减小(平时副节气门是全开的)，以限制发动机的输出功率，抑制驱动车轮的滑转。

控制发动机输出功率的另外两种方式是：

①控制信号直接输入电喷发动机 ECU，减小喷油器的燃油喷射量。

②控制信号直接输入电喷发动机 ECU，推迟点火系的点火时间。

(3)同时控制发动机输出功率和驱动车轮的制动力。控制信号同时起动 TRAC 制动压力调节器和副节气门驱动器，在对滑转的驱动车轮施加制动力的同时，减小发动机的输出功率，以达到理想的控制效果。

四、TRAC 与 ABS 的比较

(1)ABS 与 TRAC 都是用来控制车轮相对地面的滑动，以使车轮与地面间的附着力不下降，但 ABS 控制的是汽车制动时全部车轮的“滑拖”，主要是用来提高制动效果和确保制动安全；而 TRAC 则是仅控制驱动车轮的“滑转”，用于提高汽车起步、加速及在光滑路面上行驶时的牵引力和确保行驶稳定性。

(2)虽然 TRAC 也可以和 ABS 一样，通过控制车轮的制动力大小来抑制车轮与地面间的滑动，但 TRAC 只对驱动车轮实施制动控制。

(3)ABS 只在汽车制动时工作，即只在车轮出现抱死时起作用，且车速很低(<8km/h)时也不起作用；而 TRAC 是在汽车行驶过程中都有可能工作，即在驱动车轮出现滑转时起作用(当车速很高时，一般在 80 ~ 120km/h 时不起作用)。

五、ABS/TRAC 控制系统的组成及功用

ABS/TRAC 控制系统主要由车轮转速传感器、ABS/TRAC 电子控制装置、ABS 调压器、TRAC 制动执行器(由 TRAC 隔离电磁阀总成和 TRAC 制动供能装置总成两部分组成)、主节气门和副节气门开度(位置)传感器、副节气门控制执行器(即步进电机和减速机构)等组成，如图 1-3-5 所示。

ABS/TRAC ECU 既具有制动防抱死控制功能，又具有驱动防滑转控制功能，其内部有 3 个八位微处理器，期间通过 1 个串行缓冲寄存器进行通讯。为了提高工作可靠性，各微处理器之间还进行相互监测。

ECU 的主要功用是接收 4 个磁感应式车轮转速传感器送来的车轮转速信号，经处理后，形成相应的控制指令，驱动 ABS 调压器、副节气门控制执行器以及 TRAC 制动执行器，进行制动防抱死和驱动防滑转控制。

ECU 控制的主要对象是 ABS 调压器中的 4 个三位三通调压电磁阀和 1 个双联式电动回液泵、TRAC 隔离电磁阀总成中的 3 个二位二通隔离电磁阀、TRAC 制动供能总成中的电动供液泵以及副节气门控制步进电机等。

为了实现对上述对象的控制，并对汽车的制动状态以及制动系统的故障情况进行监控、ECU 还接收制动灯开关、TRAC 关闭开关、设置在制动主缸储液室中的液位开关、设置在 TRAC 制动供能装置总成中的压力开关以及经发动机和变速器 ECU 输送来的主、副节气门开度等监测信号。ECU 还要通过对位于仪表板内的 ABS 报警灯、TRAC 工作指示灯、TRAC 关

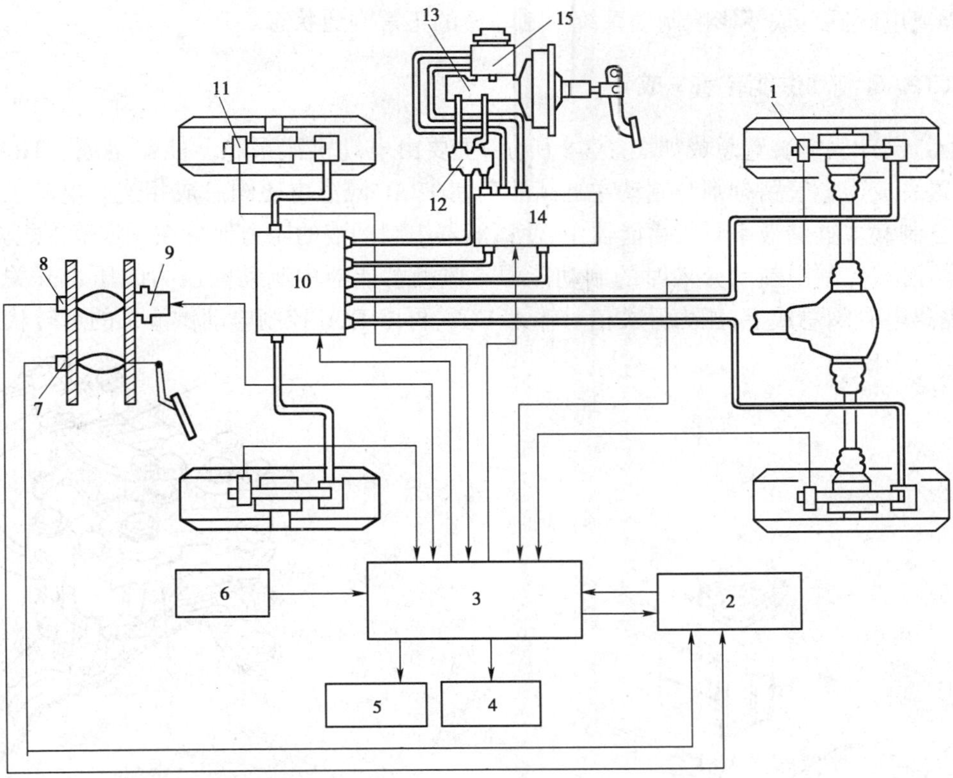

图 1-3-5　ABS/TRAC 控制系统的组成

1-后轮转速传感器；2-发动机和变速器 ECU；3-ABS/TRAC ECU；4-TRAC 关闭指示灯；5-TRAC 工作指示灯；6-TRAC 关闭开关；7-主节气门开度（位置）传感器；8-副节气门开度（位置）传感器；9-副节气门控制执行器；10-ABS 调压器；11-前轮转速传感器；12-比例旁通阀（P&BV）；13-制动主缸；14-TRAC 制动执行器；15-制动主缸储液室

闭指示灯等的控制，来实现工作指示、故障代码闪示等附加功能。

六、ABS 调压器

带 TRAC 的 ABS 调压器如图 1-3-6 所示，由 4 个三位三通调压电磁阀、1 个双联式电动回液泵、2 个储液器等组成。其中，4 个调压电磁阀分别设置在 4 个车轮轮缸制动管路中，在防抱死制动调节中分别对 4 个轮缸的制动压力进行独立调节，因此，该 ABS 属于对 4 个轮缸进行独立控制的 4 通道 ABS 系统，这是与前述不带 TRAC 的 3 通道 ABS 的最大区别。其他部分，如双联式电动回液泵、储液器、调压电磁阀继电器、电动回液泵继电器等的功用及安装位置等，基本与不带 TRAC 的 ABS 系统相同。

七、TRAC 隔离电磁阀总成

TRAC 隔离电磁阀总成如图 1-3-7 所示，通过管路与制动主缸、ABS 调压器以及 TRAC 制动供能装置总成连接。TRAC 隔离电磁阀总成主要有 3 个二位二通隔离电磁阀组成。它们分别是制动主缸隔离电磁阀、蓄能器隔离电磁阀和储液室隔离电磁阀。在未进行驱动轮防滑转制动介入时，3 个隔离电磁阀均不通电，制动主缸隔离电磁阀处于流通状态，将制动主缸至 ABS 调压器的后调压电磁阀的制动液通路沟通；蓄能器隔离电磁阀处于断流状态，将 TRAC 制动供能装置总成至 ABS 调压器的后调压电磁阀的制动液通路切断；储液室隔离电磁阀也处于断流状态，将 ABS 调压器的后调压电磁阀及储液器至制动主缸储液室的制动液通路切断。此时，

TRAC 隔离电磁阀总成不影响制动系统中制动液的正常沟通状态。

八、TRAC 制动供能装置总成

TRAC 制动供能装置总成如图 1-3-8 所示，主要由电动供液泵和蓄能器组成。TRAC 制动供能装置总成通过管路分别与制动主缸储液室和 TRAC 隔离电磁阀总成相连。电动供液泵将制动液自制动主缸储液室泵入蓄能器中，使蓄能器中制动液的压力保持在一定范围之内，作为驱动轮防滑转控制中制动介入时的制动能源。监测蓄能器中制动液压力的压力开关设置在 TRAC 隔离电磁阀总成上，压力开关信号输入 ECU，再由 ECU 控制电动供液泵的运转状态。

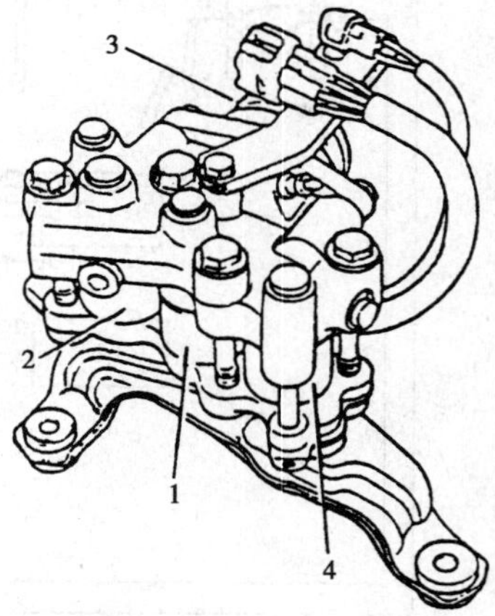

图 1-3-7 TRAC 隔离电磁阀总成

1-蓄能器隔离电磁阀；2-储液室隔离电磁阀；3-压力开关；4-制动主缸隔离电磁阀

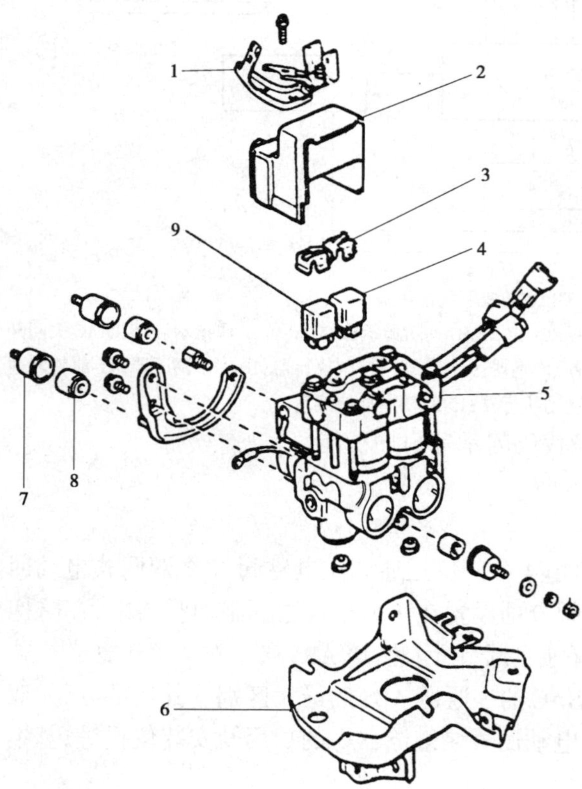

图 1-3-6 带 TRAC 的 ABS 调压器

1-电线束夹；2-继电器罩；3-继电器盖；4-调压电磁阀继电器；5-ABS调压器；6-调压器支架；7-支座；8-隔振套；9-电动回液泵继电器

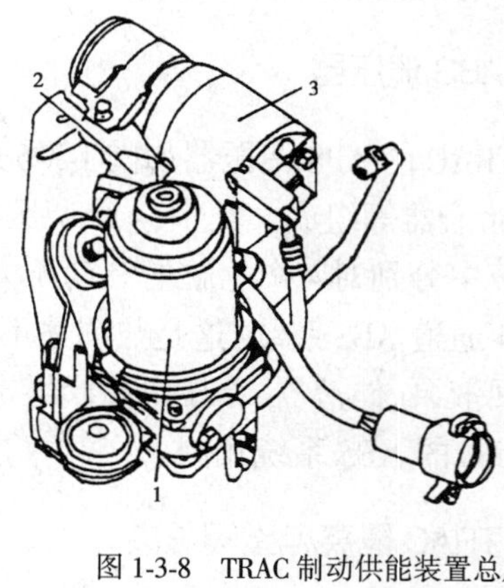

图 1-3-8 TRAC 制动供能装置总成

1-电动供液泵及电动机；2-电动供液泵继电器；3-蓄能器

九、副节气门控制执行器

ABS/TRAC 控制系统为了在驱动防滑转控制过程中对发动机的输出转矩进行调节，在发动机主节气门（受驾驶员控制）的前方，设置了一个副节气门，其开度由 ABS/TRAC ECU 通过副节气门控制执行器来控制。副节气门控制执行器由步进电机和齿轮式减速机构两部分组成，其工作原理如图 1-3-9 所示。当步进电机未通电时，在副节气门回位弹簧的作用下，副节气门处于全开位置，此时，发动机的进气量由驾驶员通过加速踏板操纵主节气门的开度进行控制。在驱动防滑转控制中，当需要减小发动机的输出转矩时，步进电机通电运转，步进电机上的小齿轮驱动副节气门轴上的扇形大齿轮转动，从而带动副节气门关小甚至全关，以减小发动机的进气量。在发动机节气门体上，设置有两个分别监测主、副节气门开度的节气门开度传感器，其信号输入发动机和变速器 ECU，发动机和变速器 ECU 又将该信号输入 ABS/TRAC ECU，以便 ABS/TRAC ECU 对主、副节气门开度进行监测。

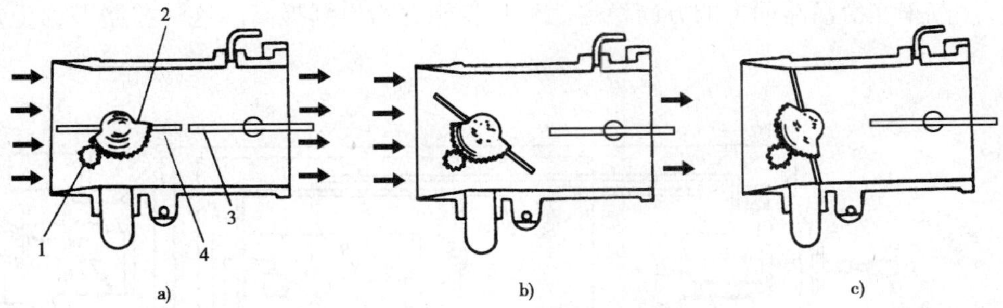

图 1-3-9　副节气门控制执行器工作原理
a)副节气门全开；b)副节气门关小；c)副节气门全关
1-小齿轮；2-扇形齿轮；3-主节气门；4-副节气门

第三节　ABS/TRAC 控制系统的工作过程

ABS/TRAC 控制系统如图 1-3-10 所示。

在 ABS/TRAC 控制系统未进行制动防抱死和驱动防滑转控制时，ABS 调压器和 TRAC 隔离电磁阀总成中的各个电磁阀均不通电，各电磁阀处于如图 1-3-10 所示的状态；制动主缸至各制动轮缸的制动液通路都处于沟通状态；蓄能器中的制动液压力保持在一定范围之内，副节气门控制步进电机不通电，副节气门保持在全开位置。

在踩下制动踏板进行制动时，制动防抱死控制过程与前述不带 TRAC 的 ABS 系统基本相同，只是本系统中，有 4 个调压电磁阀，对所有 4 个制动轮缸的制动压力均进行独立的防抱死调节。与前述不带 TRAC 的 3 通道 ABS 相比，这种 4 通道 ABS 可以进一步缩短制动距离。

如果在驱动过程中，ABS/TRACECU 根据驱动、从动车轮转速传感器输入的车轮转速差，判定出驱动车轮的滑转率超过了设定门限值，ABS/TRAC 系统就进入驱动防滑转控制过程，ECU 将使副节气门控制步进电机通电运转，使副节气门的开度减小。从而减少发动机的进气量，使发动机的输出转矩减小。当 ECU 判定需要对驱动车轮进行制动介入时，就将 TRAC 隔离电磁阀总成中的 3 个隔离电磁阀同时通电，使制动主缸隔离电磁阀处于断流状态，而使蓄能器隔离电磁阀和储液室隔离电磁阀均处于流通状态，蓄能器中具有一定压力的制动液就会进入后制动轮缸(该车后轮为驱动轮)，后制动轮缸的制动压力随之增大。

在驱动防滑转制动介入的过程中，ECU 可以像制动防抱死控制一样，通过独立地控制两个后驱动轮使用的调压电磁阀的通过电流，对两个后驱动轮制动轮缸的制动液压力进行增大、保持和减小调节。

驱动防滑转控制过程如图 1-3-11 所示。实际上，通过 ECU 内部软件的合理设计，还可以实现差速制动和发动机输出转矩调节的分别工作或同时工作控制。

当汽车在冰雪或滑溜路面上起步或加速时,如果 ECU 根据 4 个车轮转速传感器的信号判定汽车某一侧驱动轮的滑转率超过了规定值,ECU 便向 TRAC 隔离电磁阀总成和 ABS 调压器发出控制指令,断续地给发生滑转的驱动轮施加制动,使其滑转率随之下降。该侧车轮滑转率下降到规定值后,ECU 便发出指令,减少或停止对该侧车轮的制动。如果该侧车轮又开始发生滑转,则 ECU 又重新开始下一个控制循环,直至其滑转率减小到规定值而使汽车正常行驶。应该注意到,这种控制过程中,没有对发动机的输出转矩进行调节,只是对发生滑转的驱动轮施加了制动,而对另一侧没有发生滑转的驱动轮仍然施加正常的驱动力,其效果相当于差速锁的作用,使汽车在滑溜路面上的方向稳定性和起步能力均得到提高。这种控制即称为差速制动控制。

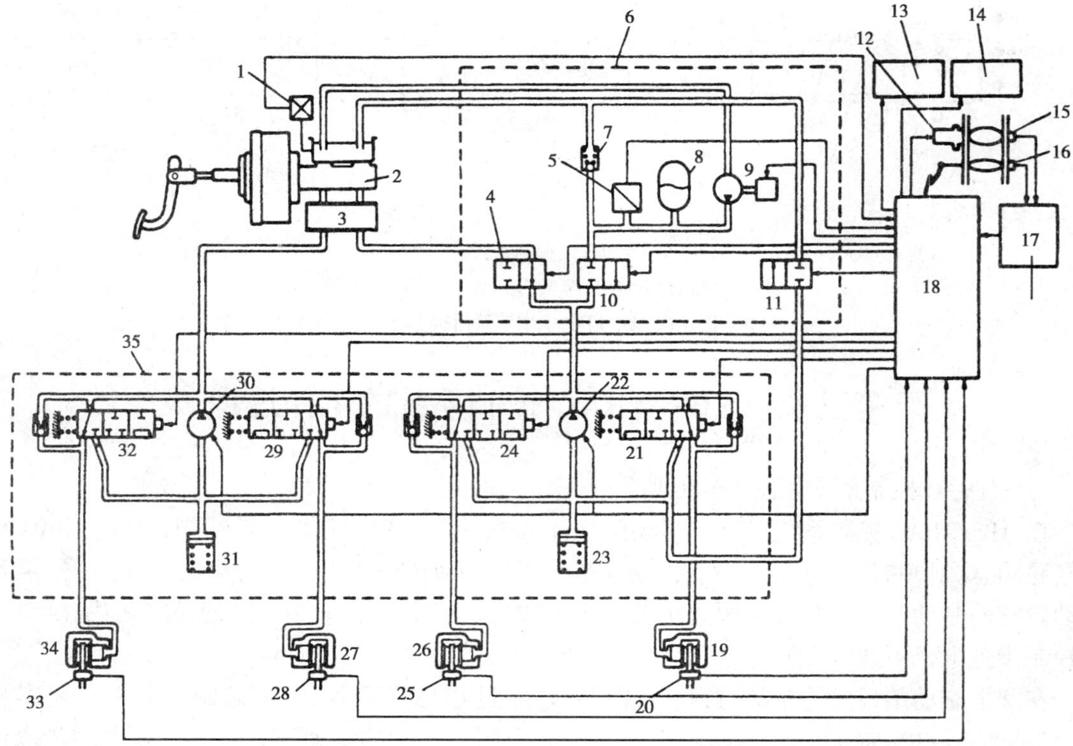

图 1-3-10　ABS/TRAC 控制系统

1-液位开关;2-制动主缸;3-比例旁通阀(P&BV);4-制动主缸隔离电磁阀;5-压力开关;6-TRAC 制动执行器;7-限压阀;8-蓄能器;9-电动供液泵;10-蓄能器隔离电磁阀;11-储液室隔离电磁阀;12-副节气门控制步进电机;13-TRAC 工作指示灯;14-TRAC 关闭指示灯;15-副节气门开度传感器;16-主节气门开度传感器;17-发动机和变速器 ECU;18-ABS/TRACECU;19-右后轮制动轮缸;20-右后车轮转速传感器;21-右后轮调压电磁阀;22-后回液泵;23-后储液器;24-左后轮调压电磁阀;25-左后车轮转速传感器;26-左后轮制动轮缸;27-右前轮制动轮缸;28-右前车轮转速传感器;29-右前轮调压电磁阀;30-前回液泵;31-前储液器;32-左前轮调压电磁阀;33-左前车轮转速传感器;34-左前轮制动轮缸;35-ABS 调压器

如果在滑路上,左、右驱动轮同时发生了滑转,使汽车既不能起步前行,又失去方向稳定性,ECU 可从前、后车轮转速传感器传来的前、后轮转速差很大的信息中判断出这一状况,于是,对副节气门控制步进电机发出指令,使副节气门开度减小,从而减小发动机的输出转矩,直到驱动轮停止滑转。

汽车在实际行驶过程中,路面状况千差万别,汽车本身还受到各种外力的作用,驱动力的状态也在不断变化。例如,横向刮风、弯道上误踩加速踏板、汽车在附着条件不均匀的路面上呈 S 状行驶等。只要 ECU 内部软件的设计功能足够强,多数情况下均可根据车轮转速传感器的信息作出判断,并根据实际情况自动控制上述差速制动和发动机输出转矩,使二者分别工作或同时工作,确保汽车稳定行驶。

当汽车停驶、主节气门关闭、变速杆置于 P 位或 N 位时,ECU 指挥副节气门控制步进电机,对副节气门进行一次完全关闭测试。这种动作有利于 ECU 对副节气门控制步进电机、副节气门位置传感器及副节气门怠速触点的故障进行监测。当驱动防滑转控制系统发生故障或退出工作时,ECU 则停止向副节气门控制步进电机供电,在副节气门复位弹簧的作用下,副节气门将保持全开。

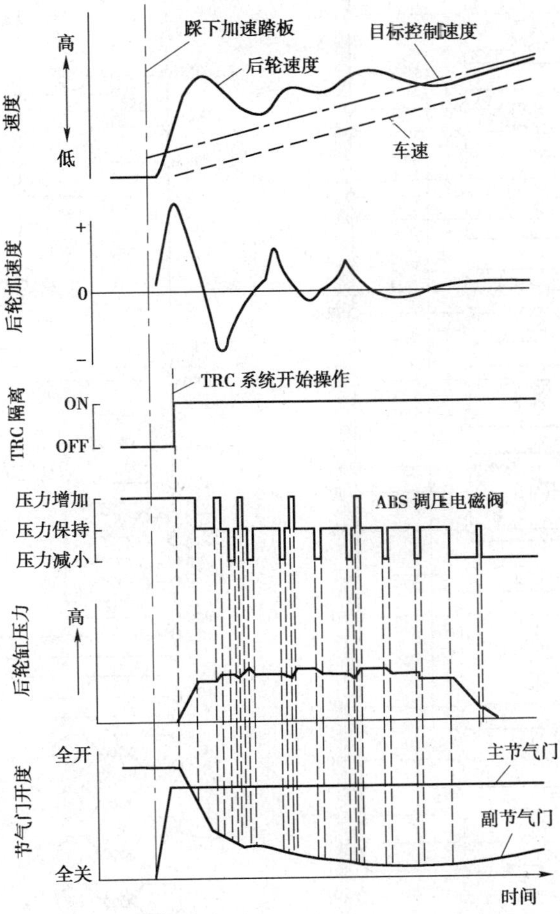

图 1-3-11　驱动防滑转控制过程

第四节　ABS/TRAC 控制系统的电路分析

ABS/TRAC 控制系统电路如图 1-3-12 所示。

当点火开关开始接通时,ECU 的自检过程以及防抱死制动时对轮缸制动压力的调节过程与前述不带 TRAC 的 ABS 系统相同。只是本系统属 4 通道 ABS,ECU 通过独立控制 SFR、SFL、SRR、SRL 4 个端子与搭铁端子(GND 端子和 E_1 端子)之间不同的电阻值,来对 4 个调压电磁阀的通电电流进行调节,从而对 4 个制动轮缸的制动压力进行独立调节。此外,在自检过程中,除 ABS 报警灯外,TRAC 工作指示灯和 TRAC 关闭指示灯也处于点亮状态(因此时 ECU 的 IND 端子和 WT 端子通过 ECU 内部与搭铁端子相通)。

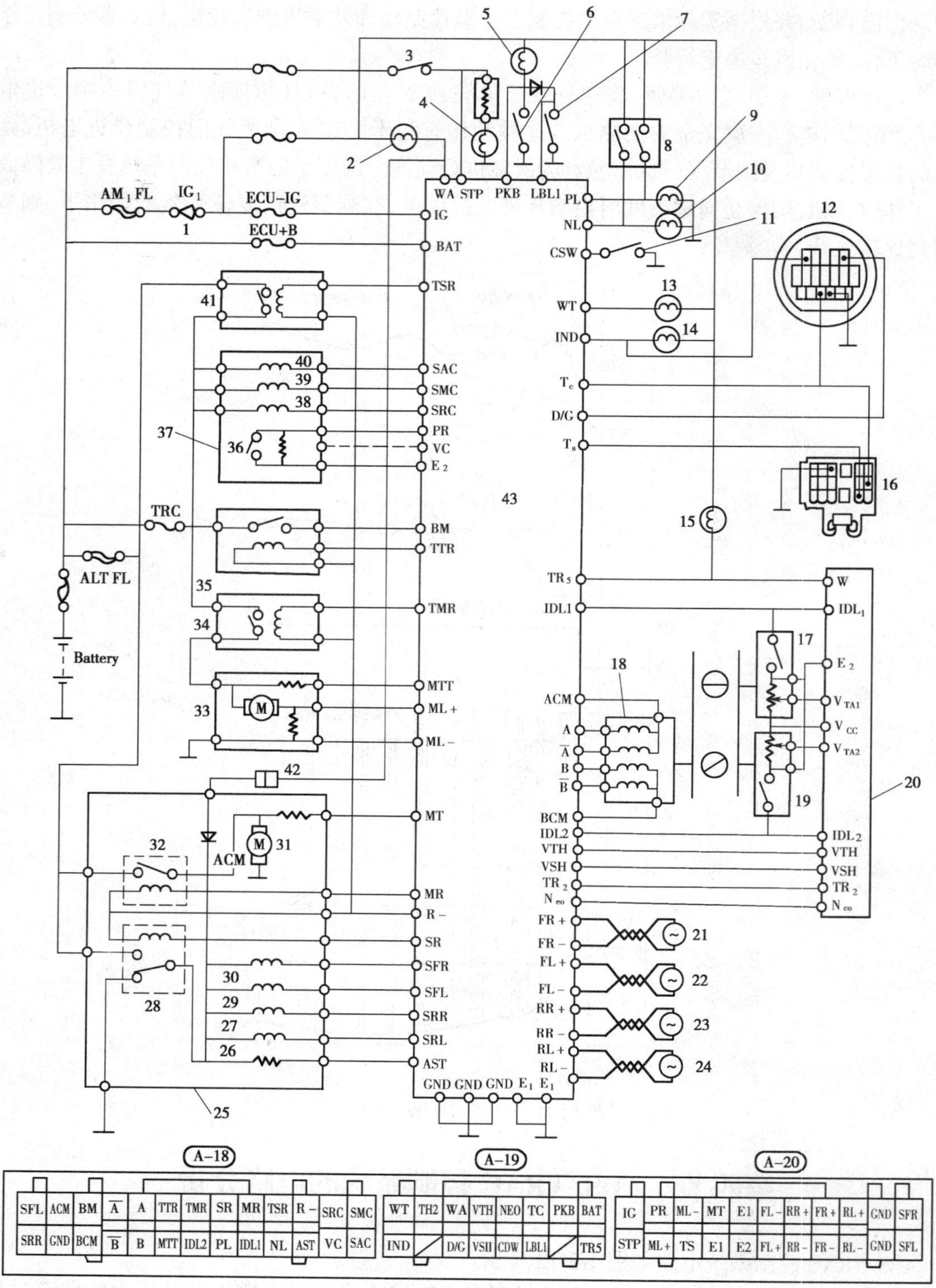

图 1-3-12　ABS/TRAC 控制系统电路

1-点火开关；2-ABS 报警灯；3-制动灯开关；4-制动灯；5-驻车制动指示灯；6-驻车制动开关；7-储液室液位开关；8-空档起动开关；9-P 档指示灯；10-N 档指示灯；11-TRAC 关闭开关；12-检查连接器 II(TDCL)；13-TRAC 关闭指示灯；14-TRAC 工作指示灯；15-发动机故障报警灯；16-检查连接器 I；17-主节气门开度传感器；18-副节气门控制步进电机；19-副节气门开度传感器；20-发动机和变速器 ECU；21-右前轮转速传感器；22-左前轮转速传感器；23-右后轮转速传感器；24-左后轮转速传感器；25-ABS 调压器；26-左后轮调压电磁阀；27-右后轮调压电磁阀；28-调压电磁阀继电器；29-左前轮调压电磁阀；30-右前轮调压电磁阀；31-电动回液泵；32-电动回液泵继电器；33-TRAC 电动供液泵；34-TRAC 电动供液泵继电器；35-副节气门控制步进电机继电器；36-压力开关；37-TRAC 隔离电磁阀总成；38-储液室隔离电磁阀；39-制动主缸隔离电磁阀；40-蓄能器隔离电磁阀；41-TRAC 制动主继电器；42-维修连接器；43-ABS/TRAC ECU

ECU 的自检过程结束后，ABS 处于等待工作状态，如果 TRAC 关闭开关处于断开位置，使 ECU 的 CSW 端子处于断路状态，ECU 就也使 TRAC 处于等待工作状态。此时，ECU 将向其 TSR 端子提供蓄电池电压，使 TRAC 制动主继电器因其励磁线圈中有电流通过而处于激励状态。蓄电池电压将通过 TRAC 制动主继电器中闭合的触点加在 3 个隔离电磁阀电磁线圈的一端。当位于隔离电磁阀总成上的压力开关因蓄能器中制动液压力不足而闭合时，ECU 的 PR 端子将与 E_2 端子具有相同的电位，ECU 由此判定需要 TRAC 电动供液泵通电运转。此时，ECU 将向其 TMR 端子提供蓄电池电压，使 TRAC 电动供液泵继电器处于激励状态，其触点闭合而向电动供液泵提供蓄电池电压，电动供液泵将通电运转。在电动供液泵继电器处于激励状态期间，有高电位加在 ECU 的 MTT 端子上，ECU 由此对电动供液泵继电器的状态进行监测；ECU 还通过监测其 ML + 端子和 ML - 端子之间的电压来对电动泵的运转情况进行监测。TRAC 处于等待工作状态时，ECU 还切断其 WT 端子和 IND 端子与搭铁端子之间的联系，使 TRAC 关闭指示灯和 TRAC 工作指示灯熄灭。

左后、右后、左前、右前 4 个车轮转速传感器分别通过 RL + 和 RL - 、RR + 和 RR - 、FL + 和 FL - 、FR + 和 FR - 4 对端子向 ECU 输送各车轮转速信号。主、副节气门开度传感器从发动机和变速器 ECU 的 V_{CC}端子接收 5V 的工作电压，并向发动机和变速器 ECU 的 V_{TA1}端子和 V_{TA2}端子输送关于主、副节气门开度的电压信号，发动机和变速器 ECU 分别通过 N_{e0}、VSH、VTH、IDL1、IDL2 端子向 ABS/TRACECU 提供发动机转速、主、副节气门开度以及是否处于怠速状态等信号。在发动机发生故障而使发动机故障报警灯点亮时，ABS/TRACECU 的 TR_5 端子通过发动机和变速器 ECU 的 W 端子搭铁，ABS/TRAC ECU 由此判定发动机存在故障，将不再进行驱动防滑转控制。ABS/TRAC ECU 分别通过监测其 PKB 端子和 LBL1 端子的输入电位对驻车制动开关和液位开关的状态进行判定，还分别通过监测其 PL 端子和 NL 端子的输入电位对自动变速器的 P 档位和 N 档位进行判定。驻车制动开关闭合或液位开关闭合时，ECU 的 PKB 端子或 LBL1 端子为低电位，ABS 将停止工作，自动变速器选档杆处于 P 档位或 N 档位时，ECU 的 PL 端子或 NL 端子为高电位，TRAC 将停止工作。

在驱动过程中，当 ABS/TRACECU 根据车轮转速传感器输送来的车轮转速信号判定驱动车轮(后轮)的滑转率超过控制门限值时，系统就进入驱动防滑转控制过程。ECU 将向其 TTR 端子提供蓄电池电压，使副节气门控制步进电机继电器处于激励状态，将蓄电池电压从 BM 端子经过 ECU 的内部提供给 ECU 的 ACM 端子和 BCM 端子。ECU 将通过控制 A、A-和 B、B-各端子与搭铁之间的电阻值，控制步进电机，驱动副节气门相应地转动，对发动机的进气量进行调节，进而对发动机的输出转矩进行调节。ABS/TRACECU 还通过其 TR_2 端子将驱动轮滑转信号输入发动机和变速器 ECU，由发动机和变速器 ECU 一方面减小发动机汽油喷射量，另一方面延迟点火，从而进一步对发动机的输出转矩进行调节。如果 ECU 判定需要制动介入，就使其 SAC、SMC、SRC 的 3 个端子都通过 ECU 内部搭铁，使 3 个隔离电磁阀因电磁线圈中都有电流通过而换位；ECU 再通过控制其 SRL 和 SRR 两个端子与搭铁之间的电阻值，控制 ABS 调压器中两个后调压电磁阀电磁线圈中的电流，来分别对两个后制动轮缸的制动压力进行调节。在驱动防滑转控制期间，ECU 通过内部使其 IND 端子搭铁，将 TRAC 工作指示灯点亮。

如果驾驶员不希望进入驱动防滑转控制状态，可以使 TRAC 关闭开关闭合。ECU 一旦判定其 CSW 端子搭铁，就不再向其 TSR、TTR 和 TMR 端子提供电压，使 TRAC 制动主继电器、副节气门控制步进电机继电器和 TRAC 电动供液泵继电器都处于非激励状态，系统就会退出驱动防滑转控制过程，同时 ECU 还使其 WT 端子通过内部搭铁，将 TRAC 关闭指示灯点亮。

ECU 的 T_C、T_S 端子与检查连接器 I 和 II 相连,用于人工调取故障代码。ECU 只要将其 WA 端子或 IND 端子通过 ECU 内部间断搭铁,ABS 报警灯或 TRAC 工作指示灯就会闪烁,显示 ABS 和 TRAC 系统的故障代码。不过调取故障代码前,应将维修连接器(图 1-3-12 中的 42)断开,否则 ABS 报警灯会持续点亮而不闪烁。ECU 的 D/G 端子是串行数据输出端子,与检查连接器 II 相连。将检查连接器 II 与电脑诊断仪相连时,D/G 端子的输出数据可用来对 ABS/TRAC 系统进行快速故障诊断。

第五节　ABS 及 ABS/TRAC 控制系统的故障码诊断法

一、故障诊断与排除的一般步骤

当 ABS 报警灯或 TRAC 工作指示灯持续点亮,或感觉该控制系统工作异常时,应及时进行故障诊断。故障诊断与排除的一般步骤如下:

(1)确认故障情况和故障症状;

(2)对系统进行直观检查,看是否有制动液渗漏、导线破损、插接件松脱、制动液液位过低等现象存在;

(3)用电脑诊断仪(解码器)或通过 ABS 报警灯及 TRAC 工作指示灯调取故障代码,从维修手册查找故障代码所代表的内容;

(4)根据故障代码提示的故障情况,利用必要的工具和仪器对故障部位进行深入检查,确定故障部位和故障原因;

(5)排除故障;

(6)清除故障代码;清除后,ABS 报警灯或 TRAC 工作指示灯应熄灭;

(7)如果上述两灯仍然点亮,可能是系统中仍有故障存在,应排除故障;也可能是故障已经排除,而故障代码未被清除,应再作清除;

(8)ABS 报警灯或 TRAC 工作指示灯不再持续点亮后,进行路试,以验证系统确实恢复正常工作。

ABS 或 ABS/TRAC 控制系统的故障大多是由于系统内的接线插接件松脱或接触不良,导线、电磁阀电磁线圈、电动泵电路、车轮转速传感器传感线圈、继电器励磁线圈等发生断路或短路,以及制动灯开关、液位开关和压力开关等不能正常工作引起的。另外,蓄电池电压过低,车轮转速传感器与齿圈之间的间隙过大或受到污染,储液室液位过低等也会影响系统的正常工作。

二、故障代码的调取、清除与故障内容

ABS 和 TRAC 故障代码的调取与清除方法相同,只是 ABS 故障代码由 ABS 报警灯闪烁显示,而 TRAC 故障代码由 TRAC 工作指示灯闪烁显示。

1. 故障代码的调取方法

1993 年以后生产的凌志轿车(及其他各型丰田汽车),其维修连接器(图 1-3-4 中的 9 或图 1-3-12 中的 42)的两个接线端子(分别称为 W_a 端子和 W_b 端子)均连在检查连接器 I 相应的插孔内,靠一个短路销插接。因此,1993 年之前和之后,调取故障代码的方法略有差别,具体步骤如下:

(1)对于 1993 年以前的汽车,分开维修连接器;对于 1993 年及 1993 年以后的汽车,从检查

连接器 I 中拔出 W_a 和 W_b 之间的短路插销；

(2)接通点火开关；

(3)将检查连接器 I 或 II 中的 T_C 端子和 E_1 端子用跨接线短接起来。

如果 ECU 中没有存储故障代码，ABS 报警灯和 TRAC 工作指示灯在 2s 后将以每秒 2 次的频率连续闪烁；如果 ECU 中存储有故障代码，ABS 报警灯或 TRAC 工作指示灯则在 4s 后闪烁显示故障代码。故障代码的读法与电控燃油喷射系统故障代码的读法相同：先以 0.5s 的间隔闪烁显示故障代码的十位数，隔 1.5s 后，再以 0.5s 的间隔闪烁显示个位数，然后隔 2.5s，再显示下一个故障代码。

当 ECU 内同时存储有两个以上的故障代码时，号码小的故障代码首先显示。全部故障代码显示完毕 4s 后，又会从头开始循环显示。

2. 故障代码的清除

ABS 或 TRAC 系统的故障排除后，应将 ECU 内所存储的故障代码清除，清除的方法有两种：

(1)在汽车停稳、检查连接器中图端子 T_C 和 E_1 端子短接、维修连接器分开或 W_A、W_B 短路插销拔出、点火开关接通的条件下，在 3s 内连续踩制动踏板 8 次，即可清除故障代码。

(2)切断点火开关，将 7.5A 的 ECU + B 熔断丝拔掉 10s 以上，即可清除故障代码。

故障代码清除后，再将 T_C 与 E_1 端子之间的跨接线拆掉，将维修连接器插头接好或将 W_A、W_B 短路插销插好。点火开关接通后，ABS 报警灯及 TRAC 工作指示灯亮 6s 后应熄灭，否则应重新排除故障或清除故障代码。

3. 故障代码的内容及检查

ABS 和 TRAC 系统的故障代码及其检查见表 1-3-1 和表 1-3-2。

凌志轿车 ABS 系统故障代码及检查 表 1-3-1

故障代码	故障内容(端子号)	检查条件及内容 ①诊断条件； ②异常状态； ③异常时间	检查部位
11	ABS 调压电磁阀继电器断路或短路(SR、R－、AST)	①继电器触点接通时(SR 端子输出电压为 8.3V 以上)； ②继电器没有接通输入信号(AST 端子输入电压信号为 10～14V)； ③0.2s 以上	检修 ABS 调压电磁阀继电器触点与线圈是否良好； 检查 ABS 调压电磁阀导线； 检查熔断丝 ABSFL(60A)
12	ABS 调压电磁阀继电器与＋B(电源)短路(SR、AST)	①点火开关接通后，ABS 调压电磁阀触点断开时(SR 端子没有输出电压时)； ②继电器有接通输入信号(AST 端子输入电压信号为 10～14V)； ③0.2s 以上	检查 ABS 调压电磁阀继电器触点； 检查 ABS 调压电磁阀继电器导线； 检查 ABS 调压器导线
13	ABS 电动回液泵继电器断路(MR、R－、MT)	①点火开关接通后，车轮制动抱死，电动回液泵继电器接通时； ②电动回液泵继电器没有接通输入信号(MT 端子输入电压信号为 10～14V)； ③0.2s 以上	检查 ABS 电动回液泵继电器触点及线圈； 检查电动回液泵导线； 检查 ABS 调压器导线(MT 端子)； 检查接线插头

续上表

故障代码	故障内容(端子号)	检查条件及内容 ①诊断条件; ②异常状态; ③异常时间	检 查 部 位
14	ABS 电动回液泵继电器与 + B(电源)短路(MR、MT)	①点火开关接通后,电动回液泵继电器断电时; ②电动回液泵继电器有接通输入信号(MT 端子输入电压信号为 10 ~ 14V); ③0.2s 以上	检查 ABS 电动回液泵继电器触点; 检查电动回液泵导线; 检查 ABS 调压器导线; 检查接线插头
21 22 23 24	右前调压电磁阀异常(SFR) 左前调压电磁阀异常(SFL) 右后调压电磁阀异常(SRR) 左后调压电磁阀异常(SRL)	①点火开关接通后,车轮制动抱死时; ②各调压电磁阀线圈断路或短路; ③0.2s 以上	检查各自调压电磁阀; 检查 ECU 接线情况
31	右前轮转速传感器异常(FR + 、FR -)	1.异常状态一: ①车速在 10km/h 以上行驶时; ②从转速传感器传来的脉冲信号中断; ③5s 以上。 2.异常状态二: ①车速在 15km/h 以上行驶时; ②从转速传感器传来的脉冲信号瞬时下降; ③连续 7 次以上。 3.异常状态三: ①车速在 20km/h 以上行驶时; ②从转速传感器传来的脉冲信号呈周期性异常变化; ③在 5s 内连续发生 75 次以上	检查各转速传感器导线连接情况; 检查各转速传感器有无损坏; 检查各转速传感器的齿圈是否良好; 检查 ECU 有无异常
32	左前轮转速传感器异常(FL + 、FL -)		
33	右后轮转速传感器异常(RR + 、RR -)		
34	左后轮转速传感器异常(RL + 、RL -)		
35	左前轮或右后轮转速传感器断线或短路(FL + 、FL - 、RR + 、RR -)	①车轮制动抱死时; ②转速传感器有断路或短路; ③1s 以上	检查各转速传感器导线连接情况; 检查各转速传感器有无损坏; 检查 ECU 有无异常
36	右前轮或左后轮转速传感器断线或短路(FR + 、FR - 、RL + 、RL -)		
41	电源电压异常(IG)	①车速在 3km/h 以上; ②ECUIG 端子电压在 9 ~ 10V 以下或 16 ~ 18V 以上; ③10s 以上	检查蓄电池; 检查发电机调节器; 检查 ECU
51	ABS 电动回液泵不转(MT)	①车轮制动抱死时; ②ABS 电动回液泵不能正常运转	检查 ABS 电动机回液泵导线及插头; 检查电动回液泵继电器触点; 检查蓄电池
故障灯长亮	ECU	ECU 内部故障	检查 ABS/TRAC ECU

凌志轿车 TRAC 系统故障代码及检查 表 1-3-2

故障代码	故障内容	检查部位
11	TRAC 制动主继电器电路短路	检查 TRAC 制动主继电器电路的导线和插头； 检查 TRAC 制动主继电器； 检查 ECU
12	TRAC 制动主继电器电路断路	
13	TRAC 副节气门控制步进电机继电器电路断路	检查副节气门控制步进电机继电器电路的导线和插头； 检查副节气门控制步进电机继电器； 检查 ABS/TRACECU
14	TRAC 副节气门控制步进电机继电器电路短路	
15	TRAC 电动供液泵的供电时间过长	检查制动硬管和软管； 检查 TRAC 电动供液泵； 检查蓄能器及压力开关； 检查 ABS/TRACECU
16	压力开关电路断路	检查压力开关的导线和插头； 检查压力开关； 检查 ABS/TRACECU
17	当 TRAC 制动执行器工作超过预定时间，压力开关不通	
19	TRAC 电动供液泵接通和断开的次数高于预定值	检查制动硬管和软管； 检查 ABS/TRACECU
21	TRAC 隔离电磁阀总成中制动主缸隔离电磁阀电路断路或短路	检查 TRAC 隔离电磁阀总成的导线和插头； 检查 TRAC 隔离电磁阀总成； 检查 ABS/TRACECU
22	蓄能器隔离电磁阀电路断路或短路	
23	储液室隔离电磁阀电路断路或短路	
24	副节气门控制步进电机电路断路或短路	检查副节气门控制步进电机的导线和插头； 检查副节气门控制步进电机； 检查副节气门开度传感器的导线和插头； 检查副节气门回位弹簧； 检查 ABS/TRACECU
25	步进电机不能转到 ECU 所设定的位置	
26	出现故障代码 25 以后，由于故障保护功能，副节气门控制步进电机欲使副节气门全开时，副节气门不转	
27	停止给步进电机供电时，副节气门不能全开	
44	在 TRAC 工作时，发动机和变速器 ECU 没有输出发动机转速信号（Ne）	检查发动机转速传感器的导线和插头； 检查发动机转速传感器； 检查 ABS/TRACECU； 检查发动机和变速器 ECU 与 ABS/TRAC ECU 间的导线和插头
45	主怠速开关闭合时，主节气门位置传感器信号≥1.5V	检查主节气门位置传感器的导线和插头； 检查主节气门位置传感器； 检查发动机和变速器 ECU 及 ABS/TRACECU
46*	主怠速开关断开时，主节气门位置传感器信号≥4.3V 或≤0.2V	
47	副怠速开关闭合时，副节气门位置传感器信号≥1.45V	检查副节气门位置传感器的导线和插头； 检查副节气门位置传感器； 检查发动机和变速器 ECU 以及 ABS/TRACECU
48	副怠速开关断开时，副节气门位置传感器信号≥4.3V 或≤0.2V	
49	发动机和变速器 ECU 与 ABS/TRAC ECU 的偶合电路断路或短路	检查 ABS/TRACECU 与发动机和变速器 ECU 之间的导线和插头； 检查发动机和变速器 ECU； 检查 ABS/TRACECU

故障代码	故障内容	检查部位
51 * *	发动机控制系统出现故障，导致“检查发动机”警告灯点亮	检查发动机
52	制动主缸储液室液位降低导致制动主缸储液室液位报警开关接通	检查制动液； 检查制动硬管； 检查制动系统零部件； 检查液位报警开关的导线和插头； 检查液位报警开关； 检查 ECU
54	TRAC 电动供液泵继电器电路断路	检查 TRAC 电动供液泵继电器的导线和插头； 检查 TRAC 电动供液泵继电器； 检查 ECU
55	TRAC 电动供液泵继电器电路短路	
56	TRAC 电动供液泵断路或卡住	检查 TRAC 电动供液泵的导线和插头； 检查 TRAC 电动供液泵； 检查 ECU

注：*——故障码 46 虽然没有向驾驶员显示，但代码已存入 ECU。

* *——当出现代码 51 时，TRAC 工作指示灯仍然熄灭，但 TRAC 关闭指示灯点亮，TRAC 停止工作，故障代码存入 ECU。

三、车轮转速传感器的动态诊断

ECU 内部设有专用的故障自诊断电路，通过如下两种特殊操作方式，可对车轮转速传感器故障进行专门的动态诊断，由此可以诊断出普通诊断方式中无法诊断出来的故障。

1．方法一

(1)检查蓄电池电压。应为 12V 左右。

(2)检查 ABS 报警灯的情况。接通点火开关，ABS 报警灯应当亮 3s 后熄灭，如果不亮，则检修或更换有关熔断丝、ABS 报警灯或有关导线；如果正常，则关断点火开关。

(3)用导线跨接检查连接器 I 或 II 中的 T_c 与 E_1 端子和 T_s 与 E_1 端子。

(4)拉起驻车制动手柄(驻车制动开关闭合)；踩下制动踏板(制动灯开关闭合)；起动发动机(自动变速器处于 P 档位或 N 档位)。

此时，ABS 报警灯应以每秒 3 ~ 4 次的频率闪烁。如果 ABS 报警灯闪示故障代码，则按代码内容检修或更换损坏件，然后清除故障代码，重新进行以上步骤。如果 ABS 报警灯不闪烁，则检查驻车制动开关、制动灯开关、检查连接器及有关线束。

(5)在放松制动踏板、或放松驻车制动手柄、或将变速器换档杆变换到除 P 档位和 N 档位以外的其他档位(仅对带 TRAC 的汽车)时，ABS 报警灯应点亮 1s(不闪烁)后再次闪烁。

(6)放松驻车制动手柄，放松制动踏板，并挂档开车直行。

车速在 0 ~ 3km/h 范围内时，ABS 报警灯应仍然处于闪烁状态。

车速在 4 ~ 6km/h 范围内时，ABS 报警灯应熄灭 1s 后常亮。

车速在 7 ~ 44km/h 范围内时，ABS 报警灯应重新开始闪烁。这说明车轮转速传感器是良好的。

车速在 44～55km/h 范围内时，ABS 报警灯应熄灭 1s 后常亮。

车速在 56～109km/h 范围内时，ABS 报警灯应重新开始闪烁。这说明车轮转速传感器信号转子是良好的。

车速在 110～130km/h(参考)范围内时，ABS 报警灯应熄灭 1s 后常亮。

车速在 131km/h 或更高时，ABS 报警灯应重新开始闪烁。

(7)以上各车速范围内，ABS 报警灯的状态有任意一项不符合要求，都应当停车并读取故障代码。故障代码的闪示方法与前述相同，如果有两个或两个以上的故障同时出现，则号码小的代码首先闪示。如果没有故障，则 ABS 报警灯以每秒 3～4 次的频率连续闪烁。

车轮转速传感器故障动态诊断中，ABS 报警灯闪示的故障代码及其内容如表 1-3-3 所示。

车轮转速传感器动态诊断故障代码表 表 1-3-3

故障代码	故 障 内 容	故障原因及部位
71	右前轮转速传感器信号电压过低	①永磁体磁场过弱； ②传感头安装位置不对； ③传感头与齿圈间隙过大
72	左前轮转速传感器信号电压过低	
73	右后轮转速传感器信号电压过低	
74	左后轮转速传感器信号电压过低	
75	右前轮转速信号不稳	①传感头松动； ②传感器插头松动； ③传感器与 ECU 连线接触不良
76	左前轮转速信号不稳	
77	右后轮转速信号不稳	
78	左后轮转速信号不稳	

在车轮转速传感器故障的动态诊断中，ABS 不工作，制动系统只能按普通方式工作。另外，动态诊断过程中，当 ABS 报警灯熄灭时(1s)，不要使汽车受到任何冲击，如：加速、减速、制动、换档、转向或来自路面的冲击。

(8)清除故障代码。故障代码的清除方法同前，此处不再重述。

2. 方法二

(1)检查蓄电池电压；应为 12V 左右。

(2)检查 ABS 报警灯的情况；同方法一。

(3)将检查连接器中 T_S 端子与 E_1 端子跨接。

(4)拉起驻车制动手柄，起动发动机并怠速运转；此时仪表板上的 ABS 报警灯会以每秒 3～4次的频率闪烁。

(5)将汽车驾驶上路，使车速达 90km/h 以上，并保持数秒钟后将车停下。

(6)将检查连接器中的 T_C 和 E_1 端子跨接。

(7)从仪表板上 ABS 报警灯的闪烁情况读取故障代码；如果系统正常，ABS 报警灯会以每秒两次的频率连续闪烁。故障代码读法同前，故障代码内容见表 1-3-3。

(8)根据故障代码内容排除故障，并清除故障代码。

第六节 ABS 及 ABS/TRAC 控制系统故障的检查与测试

一、没有故障代码时系统故障的检查

在 ABS 或 ABS/TRAC 控制系统存在故障的情况下调取故障代码时，如果显示正常（ABS 报警灯连续均匀闪烁），或无法调取车轮转速传感器动态故障代码等，则应注意以下几个方面的检查：

（1）点火电源（IG 电源）电路。该电路不通，会造成 ABS/ABS 及 TRAC 不工作，但 ECU 内并不存储故障代码。

（2）车轮转速传感器电路。该电路不良，会造成 ECU 对车轮运动状态的无法判断或误判断，引起 ABS/TRAC 不工作或工作不良，但 ECU 内未必存储故障代码。

（3）制动灯开关电路。该电路断路，ECU 将无法判断是否进入制动状态，会造成 ABS 不工作；该电路短路，制动尾灯总亮，且无法调取车轮转速传感器动态故障代码。制动灯开关电路短、断路时，ECU 内均不存储故障代码。

（4）驻车制动开关电路。该电路短路，ABS 不工作，且无法调取车轮转速传感器动态故障代码，但 ECU 内不存储故障代码。

（5）ABS 报警灯电路。该电路异常，会造成 ABS 报警灯异常，且无法调取故障代码，ECU 内也未必存储故障代码。

（6）P 档及 N 档开关电路。该电路短路，TRAC 将停止工作，但 ECU 内不存储故障代码。此时往往会伴随仪表板上 P 或 N 档指示灯点亮。

（7）诊断电路（T_C 或 T_S 电路）。该电路异常，会引起 ABS 报警灯异常或无法调取故障代码，但 ECU 内不存储故障代码。

（8）ABS 调压器、TRAC 制动执行器。ECU 在自检中无法对机械故障进行判断。因此，如果系统不工作或工作异常，而调取故障代码时却显示正常，则在检查上述有关电路的同时，还应对系统有关机械装置进行检查。在制动主缸、制动轮缸及制动器间隙等正常的情况下，ABS 调压器、TRAC 制动执行器（TRAC 隔离电磁阀总成及 TRAC 制动供能装置总成）等是否存在机械故障也应检查。首先检查液压管路是否泄漏，然后用专用检查器对 ABS 调压器和 TRAC 执行器进行单独检查。没有专用检查器时，也可用人工方法检查。

（9）ABS 或 ABS/TRACECU。ECU 故障的可能性很小，但万一故障，则会有多种异常现象的可能性。一般用排除法判断 ECU 的故障，即在系统的机械部分及外围电路均正常的情况下，若故障现象仍不能消除，就以为 ECU 本身存在故障。

二、IG 电源电路的检查

ECU 供电电压过低或过高时，ECU 内会存储 41 号故障代码；电源电压正常而点火开关至 ECU 的 IG 端子之间线路发生断路时，系统将不工作，但 ECU 内并不存储故障代码。IG 电源电路检查步骤如下：

（1）查蓄电池电压，应在 10 ~ 14V 之间，否则检查和维修充电系统（发电机、电压调节器等）；

（2）拆下 ABS 或 ABS/TRACECU 上的线束，接通点火开关；

(3)测 ECU 线束侧插接件上 GND 端子与车身搭铁之间的电阻,标准电阻值为 0Ω,否则检查 GND 端子及其对应导线的搭铁情况;

(4)测 ECU 线束侧插接件上 IG 端子与 GND 端子之间的电压,测得的电压值应为蓄电池电压,否则检查 ECU－IG 熔断丝及相关导线和插接件有无断、短路故障。

三、ABS 调压电磁阀继电器电路检查

该电路发生故障时,ECU 内会存储 11 号或 12 号故障代码。

ABS 调压器与电路系统通过 2 个 6 端子插接件和 1 个 2 端子插接件相连,与这 3 个插接件相对应的线束侧插接件形状、端子编号及端子连接方向如图 1-3-13 所示。

ABS 调压电磁阀继电器电路的检查步骤如下:

(1)拆下空气滤清器和导管,拆下 ABS 调压器上的各插接件;

(2)测线束侧插接件 $A2_4$ 端子与车身搭铁之间的电阻,正常值应为 0Ω,否则检查 $A2_4$ 端子及其导线搭铁情况;

(3)测线束侧插接件 $A1_2$ 与 $A2_4$ 之间的电压,应为蓄电池电压,否则检查 ALTFL(图 1-3-12)或 ABSFL(图 1-3-4)两个熔断丝及有关线路;

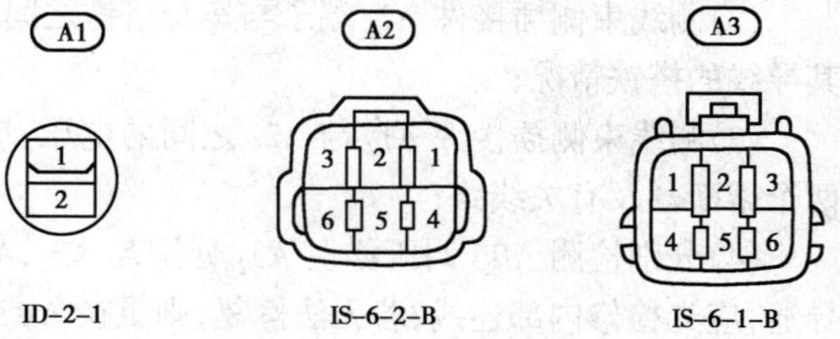

图 1-3-13　与 ABS 调压器相对应的线束侧插接件

$A1_1$、$A1_2$-蓄电池电源正极;$A2_1$-ECU 的 MR 端子;$A2_2$-ECU 的 SR 端子;$A2_3$-悬空;$A2_4$-搭铁;$A2_5$-ECU 的 R－端子;$A2_6$-维修连接器;$A3_1$-ECU 的 SRL 端子(无 TRAC 系统时,$A3_1$ 悬空);$A3_2$-ECU 的 AST 端子;$A3_3$-ECU 的 MT 端子;$A3_4$-ECU 的 SFR 端子;$A3_5$-ECU 的 SFL 端子;$A3_6$-ECU 的 SRR 端子

(4)测 ABS 调压器上插接件各端子之间导通情况:$A2_2$ 与 $A2_5$ 之间应导通,$A3_2$ 与 $A2_4$ 之间应导通,$A1_2$ 与 $A3_2$ 之间应开路;

(5)在 $A2_2$ 与 $A2_5$ 之间接蓄电池电压,重新测调压器上插接件各端子之间导通情况:$A3_2$ 与 $A2_4$ 之间应开路,$A1_2$ 与 $A3_2$ 之间应导通。

以上检查中,步骤(4)、(5)均符合要求时,检查 ABS 调压器与 ECU 之间各导线及插接件的状况,如有不良,则修理或更换;步骤(4)、(5)中有一项不符合要求,都应对调压电磁阀继电器进行单独检查,方法是:从 ABS 调压器上拆下调压电磁阀继电器,在给调压电磁阀继电器励磁线圈加蓄电池电压和不加蓄电池电压两种情况下,分别测其各触点端子之间的通、断情况,从而判断其工作是否正常。在调压电磁阀继电器正常的情况下,可进一步检测继电器插孔与 ABS 调压器插接件相应端子之间的导通情况(参照电路图 1-3-4 和图 1-3-12)。

四、ABS 电动回液泵继电器电路检查

该电路出现故障,ECU 内会存储 13 号或 14 号故障代码,该电路检查步骤如下:

(1)拆下空气滤清器和导管,拆下 ABS 调压器上的各插接件;

(2)测线束侧插接件 $A1_1$ 与车身搭铁之间的电压,应为蓄电池电压。否则检查 ALTFL 或 ABSFL 两个熔断丝及有关线路。

(3)测 ABS 调压器上插接件各端子之间的导通情况:$A2_1$ 与 $A2_5$ 之间应导通,$A1_1$ 与 $A3_3$ 之间应开路;

(4)在 $A2_1$ 与 $A2_5$ 之间接蓄电池电压,重新测 ABS 调压器上插接件各端子之间的导通情况:$A1_1$ 与 $A3_3$ 之间应导通。

以上检查中,步骤(3)、(4)均符合要求时,检查ABS调压器与ECU之间各导线及插接件的状况,如有不良,则修理或更换;步骤(3)、(4)中有一项不符合要求,都应对电动回液泵继电器进行单独检查。如果电动回液泵继电器正常,则可进一步检测继电器插孔与ABS调压器插接件相应端子之间的导通情况(参照电路图1-3-4和图1-3-12)。

五、ABS调压电磁阀电路检查

该电路出现故障时,ECU内会存储21号、22号、23号或24号故障代码。该电路检查步骤如下:

(1)拆下空气滤清器和导管,拆下ABS调压器上各插接件;

(2)测线束侧插接件$A2_4$端子与车身搭铁之间的电阻,标准值为0Ω,否则检查$A2_4$端子及其导线的搭铁情况;

(3)测线束侧插接件$A1_2$与$A2_4$之间的电压,应为蓄电池电压,否则检查ALTFL或ABSFL两个熔断丝及有关线路;

(4)分别检测ABS调压器上$A3_2$分别与$A3_1$、$A3_4$、$A3_5$、$A3_6$之间的导通情况。如有一处不导通,应先检修内部连线,若无法修复,则更换ABS调压器;

(5)检查ABS调压器与ECU之间导线及插接件的状况,如有不良,则修理或更换。

六、ABS电动回液泵电路检查

该电路出现故障,ECU内会存储51号故障代码。该电路检查步骤如下:

(1)拆下空气滤清器及导管,拆下ABS调压器的插接件A3;

(2)检查ABS调压器上$A3_3$与车身搭铁之间的导通情况,$A3_3$与车身搭铁之间应导通。

如果上述检查良好,电动回液泵继电器也正常,但仍然出现51号代码,应先检修内部连线,若无法修复,则更换ABS调压器;如果上述检查不良,则应分别检查ABS调压器与车身之间的搭铁点、监测电阻及回液泵电动机。

七、车轮转速传感器电路的检查

车轮转速传感器信号转子上有48个凸齿,当信号转子随车轮旋转时,在传感线圈中会产生交变电压信号。该交变电压信号的频率与信号转子(或车轮)的转速成正比,ECU据此即可监测每个车轮的转速。

车轮转速传感器电路出现故障时,ECU内会存储31号、32号、33号、34号、35号或36号故障代码。该电路检查步骤如下:

(1)拆下车轮转速传感器防护衬垫,拆开车轮转速传感器插接件;

(2)测车轮转速传感器上插接件两个端子之间的电阻。正常值为0.9~1.3kΩ,否则应检修插接件与传感器之间的导线,若正常则更换该传感器;

(3)测车轮转速传感器上插接件两个端子与搭铁之间的电阻。应为∞,否则更换该传感器;

(4)检查车轮转速传感器与ECU之间导线及插接件状况,不良则修理或更换;

(5)调取车轮转速传感器动态故障代码,参照表确定故障情况,并视情修理,必要时进行下一步骤;

(6)检查车轮转速传感器的信号转子与传感器体的安装情况:拆卸车轮转速传感器,检查信号转子的齿面,应没有划伤或缺齿;传感器体的安装螺栓应正确拧紧,安装部位不能有间隙出现。如传感头和信号转子脏污,应清洁处理。

八、ABS 报警灯电路的检查

ABS 报警灯电路常见故障征兆为:ABS 报警灯不亮和 ABS 报警灯总亮。

1. ABS 报警灯不亮

ABS 报警灯不亮时,ABS 报警灯电路的检查步骤如下:

(1)分开维修连接器或拔出 Wa 与 Wb 端子之间短路插销,将通向 ABS 报警灯方向的 Wa 端子搭铁,接通点火开关,如果 ABS 报警灯不亮,则检查灯泡及仪表板熔断丝等;如果 ABS 报警灯点亮,则继续如下步骤:

(2)拆下空气滤清器及其导管,拆开 ABS 调压器各插接件;

(3)测 ABS 调压器上 $A2_4$ 与 $A2_6$ 之间的导通情况(注意:与万用表内电池正极相连的负表笔接 $A2_6$,正表笔则接 $A2_4$),应该导通,否则检查调压电磁阀继电器常闭触点的闭合情况,闭合良好时,应检修内部连线,若二极管损坏,则更换二极管;

(4)检查组合仪表板与 ABS 调压器以及 ABS 调压器与车身搭铁之间的线束和插接件,必要时维修或更换。

2. ABS 报警灯总亮

ABS 报警灯总亮时,ABS 报警灯电路的检查步骤如下:

(1)断开维修连接器,看 ABS 报警灯是否还亮?如果 ABS 报警灯仍然点亮,则故障在 ECU 方向,则进行以下步骤(6);如果 ABS 灯熄灭,则继续如下步骤:

(2)调取故障代码,根据代码内容维修或更换损坏件。如果显示正常代码,则继续如下步骤:

(3)拆下空气滤清器及导管,拆下 ABS 调压器插接件;

(4)在 ABS 调压器 $A2_2$ 与 $A2_5$ 之间接蓄电池电压后;测 $A2_4$ 与 $A2_6$ 之间导通情况(与万用表内电池正极相连的负表笔接 $A2_6$,正表笔则接 $A2_4$),$A2_4$ 与 $A2_6$ 之间应开路,否则单独检查调压电磁阀继电器常闭触点不能吸开的原因,若该继电器良好,应排除内部搭铁处;

(5)检查和修理维修连接器与 ABS 调压器之间的线束和插接件;

(6)在断开维修连接器时,ABS 报警灯仍然亮的情况下进行此步骤:调取故障代码,根据代码内容修理有关电路。若 ABS 灯总亮,不能闪示故障代码,则检查 ECU 与 ABS 报警灯之间,以及 ABS 报警灯与 ABS 维修连接器之间的线束是否有搭铁故障,若线束和插接器没有问题,则更换 ECU。

九、诊断电路检查

检测检查连接器 I 和 II 的 T_C 端子及 T_S 端子分别与 E_1 端子之间的电压,T_C 与 E_1 之间正常电压应为 12V,T_S 与 E_1 之间正常电压应为 10V,否则检查 E_1 端子的搭铁情况。E_1 端子搭铁良好时,检查 T_C 或 T_S 与 ECU 之间的线束和插接件,如果线束和插接件良好,则更换 ECU。

十、ABS 调压器检查

ABS 调压器发生机械故障时,ECU 内未必存储故障代码,因此,即使调取故障代码时,ABS 报警灯闪示正常码,也未必说明 ABS 系统没有故障。必要时,需对 ABS 调压器进行单独检查,步骤如下：

(1)检查蓄电池电压，正常值应为10～14.5V；

(2)拆下空气滤清器和导管，拆开ABS调压器的各插接件；

(3)如有专用检查器，可将检查器与ABS调压器相连，按说明书操作，对ABS调压器进行单独检查。

如果没有专用检查器，也可以对ABS调压器进行人工检查，方法如下：

①检查线束侧插接件$A1_1$、$A1_2$端子是否均有蓄电池正极电压，如果没有，则检查有关熔断丝及线束。

②连接ABS调压器A1插接件。

③从ABS调压器本体上拔下电动回液泵继电器和调压电磁阀继电器，并将调压电磁阀继电器常开触点对应的两个插孔通过一个1.4Ω的电阻(功率大于7W)短接起来。特别注意，千万不要把电源端插孔与搭铁端插孔短接，否则将烧断有关熔断丝甚至烧毁导线。

④起动发动机并使其怠速运转。

⑤将电动回液泵继电器常开触点对应的两个插孔短接几秒钟。

⑥将ABS调压器的$A3_1$端子搭铁，踩下制动踏板。制动踏板应下降一段距离后不再下降。

⑦停止将$A3_1$端子搭铁，制动踏板又可继续下降一段距离，否则说明左后轮调压电磁阀失效。为防止烧坏电磁阀的电磁线圈，$A3_1$端子的搭铁时间不要超过10s。

⑧依次将ABS调压器的$A3_4$、$A3_5$、$A3_6$端子搭铁，踩下制动踏板，制动踏板都应下降一段距离后不再下降，停止这些端子搭铁时，制动踏板都又可继续下降一段距离，否则分别说明右前轮、左前轮、右后轮调压电磁阀失效。

⑨先踩下制动踏板，后将ABS调压器的$A3_1$(或$A3_4$、$A3_5$、$A3_6$)端子搭铁，再将电动回液泵继电器常开触点对应的插孔短接几秒钟，制动踏板应明显反弹，否则说明电动回液泵不良，应更换ABS调压器。

⑩松开制动踏板，停止将ABS调压器$A3_1$(或$A3_4$、$A3_5$、$A3_6$)端子搭铁，再将电动回液泵继电器常开触点对应的插孔短接几秒钟。

⑪踩下制动踏板15s，制动踏板不应抖动，否则说明调压电磁阀密封不良，应更换ABS调压器。

⑫取下所有的跨接线及电阻，关停发动机，单独检查电动回液泵继电器和调压电磁阀继电器，无故障时全部装回ABS调压器本体，接好所有插接件。安装空气滤清器和导管，清除ECU内可能出现的故障代码。

十一、ABS系统故障检修实例

实例1：

由调压电磁阀线路断路引起的别克轿车制动防抱死系统不工作的故障

【故障现象】 一辆通用别克(BUICK)轿车，制动防抱死系统故障指示灯“ABS”亮，制动防抱死系统不工作。

【故障诊断】 其诊断方法为：

首先运用自诊断法提取故障代码。结果电控单元输出故障代码“41”。该故障代码的含义为：右前轮电磁阀线路断路。

检查右前轮电磁阀线路。用万用表测量ABS制动液压调节器的电磁阀线路，结果发现有

1根线与其他任何线都不相通，而正常的电磁阀，其引脚之间是相通的，这说明本故障代码是由这根导线断路造成的。

【故障排除】 其排除步骤为：

(1)拆下 ABS 制动液压调节器(位于发动机室左侧前端)；

(2)分解 ABS 制动液压调节器，拆开底部的4个电磁阀，找到断路线端(分解时应注意密封圈)；

(3)用1根比较细的电线把断路处焊接起来并绝缘包好，然后再用万用表测量电磁阀引脚之间电阻，以确认线路导通；

(4)将 ABS 制动液压调节器安装好，清除故障代码；

(5)加足制动液，排除空气。

试车，制动防抱死系统指示灯 ABS 熄灭，制动防抱死系统工作恢复正常，故障排除。

实例2：

奔驰300SEL 型轿车仪表板上的制动防抱死系统故障指示灯 ABS 不熄灭

【故障现象】 一辆奔驰(BENZ)300SEL 型轿车，每当起步行驶时，仪表板上的制动防抱死系统故障指示灯 ABS 不熄灭，持续发亮。

【故障诊断】 正常情况下，当接通点火开关时，仪表板上的制动防抱死系统故障指示灯 ABS 点亮，当发动机起动后，指示灯会熄灭。汽车起步时，制动防抱死系统故障指示灯不熄灭，说明该车的制动防抱死系统有故障。

先检查前左、前右轮速传感器及其线路，没有发现异常现象。

再检查安装在后驱动桥减速器上的后轮速传感器，其阻值为无穷大。拆下传感器，剥去外套，发现有断线处。这说明本故障是由于该传感器的断线造成的。

后向车主访问得知，原来该车在一次山区行驶时，驱动桥上的4颗紧固螺钉曾一起断裂过，驱动桥掉到地上。由于当时该轮速传感器的外观一点损坏的痕迹也没有，于是也没再进行仔细的检查，从而造成本故障。

【故障排除】 将断线处用烙铁焊牢并绝缘处理，然后装回原处。清除故障代码后试验，起动发动机后制动防抱死系统故障指示灯 ABS 熄灭，故障排除。

奔驰(BENZ)轿车制动防抱死系统故障代码的清除方法是：将点火开关切断30s 以上即可清除故障代码。

实例3：

雪佛兰轿车制动防抱死系统故障指示灯 ABS 亮起来

【故障现象】 一辆雪佛兰(CHEVROLET)轿车的制动防抱死系统故障指示灯 ABS 亮起来，说明制动防抱死系统出现故障，于是对本故障进行如下诊断：

首先拔下各轮速传感器线束插接器，用万用表测量其电阻值。测量结果，右后轮速传感器线路阻值却为无穷大(∞)，这说明右后轮速传感器线路断路。于是用尖针插入胶线中，用万用表分段检查，结果发现插接器连线中有一处内芯线已折断。

【故障排除】 将线修复后，再按规定方法清除电脑内存的故障代码，然后起动发动机试验，制动防抱死系统故障指示灯 ABS 不再亮，故障排除。

实例4：

福特天蝎座轿车在车速达到56km/h 时制动防抱死系统故障指示灯 ABS 亮起来

【故障现象】 一辆福特(FORD)天蝎座(SCORPIO)轿车，在车速达到56km/h 时，制动防抱

死系统故障指示灯 ABS 亮起来,说明该车制动防抱死系统出现故障。于是对该车进行如下诊断:

拆下轮速传感器插接器,用欧姆表测量轮速传感器线圈电阻,各阻值都在 0.8 ~ 1.4kΩ 之间,符合要求。

将汽车顶起来,用手转动每个车轮(转速应在到每秒 1 圈以上),并用电压表(应使用有效量程小于 2V 的数字万用表)测量各传感器的输出电压。正常时,传感器输出电压应在 0.1 ~ 0.4V 之间,测量结果发现右前轮速传感器无电信号输出。

进一步检查发现,右前轮齿环上都已被脏物堵死,传感器探头的空气间隙没有达到要求。

【故障排除】 清除脏物后,再按技术要求对右前轮速传感器和齿环重新调整。调整时,在传感器头的端面用纸片贴紧来安装,然后再测量其传感器的电阻值和电脑连接端子的电压,均达技术要求。清除电脑内存的故障代码后,路试,车速在 56km/h 以上时均未再发现制动防抱死系统故障指示灯 ABS 亮起来,故障排除。

【故障启示】 发动机起动后,制动防抱死系统故障指示灯 ABS 长亮不熄,根据经验,多数是个别车轮转速传感器的探头脏了,使 ABS 电脑收不到该轮的转速信号。这时一般只需将轮速传感器探头及齿环清洗干净,就可以解决问题。

小　　结

1. 调压电磁阀中设置的单向阀,可以保证解除制动时,制动轮缸中的制动液快速、可靠地流回制动主缸。

2. 丰田凌志轿车 ABS 中使用的也是三位三通调压电磁阀,在制动时,电磁阀通电 0A 为增压、2A 为保压、5A 为减压。

3. 在未进行驱动防滑转制动介入时,3 个隔离电磁阀均不通电。

4. 隔离电磁阀总成由 3 个二位二通隔离电磁阀组成。

5. 在驱动防滑制动时,制动液压由蓄能器中的液压油提供,由电动供油泵向蓄能器中泵入液压油。

6. 电脑是由比较驱动轮与从动轮的转速差来感知驱动轮滑转的。

7. 在驱动轮防滑转未介入时,副节气门控制步进电机为断电状态,副节气门为全开状态。

8. 在驱动轮防滑转介入时,副节气门控制步进电机为通电状态,副节气门则处于关小状态。

9. TRAC 电动供液泵是由压力开关及其继电器控制的。

10. 在驱动轮防滑转制动时,仅对两个驱动轮实施合适的制动。

实训要求

1. 实训内容

(1)丰田凌志轿车 ABS 在实车上的布置及连接情况;

(2)丰田凌志轿车 ABS 调压器的构造与拆检;

(3)丰田凌志轿车 ABS 电路的连接及测试;

(4)丰田凌志轿车 ABS/TRAC 在实车上的布置及连接情况;

(5)丰田凌志轿车 ABS/TRAC 调压器及隔离电磁阀总成的构造研究及拆检；

(6)TRAC 制动供能装置总成的构造及拆检；

(7)副节气门执行器的构造及拆检；

(8)丰田凌志轿车 ABS/TRAC 控制电路的连接及测试；

(9)丰田凌志轿车 ABS/TRAC 故障码的调取与清除；

(10)丰田凌志轿车 ABS/TRAC 各元件的检查与测试。

2. 实训目的和要求

(1)能正确讲解丰田凌志 ABS 在车上的布置及连接情况；

(2)能正确拆检凌志 ABS 调压器；

(3)能正确检测凌志 ABS 电路；

(4)能正确讲解凌志 ABS/TRAC 在车上的布置及连接情况；

(5)能正确拆检凌志 ABS/TRAC 调压器及隔离电磁阀总成；

(6)能正确拆检凌志 ABS/TRAC 制动供能装置总成；

(7)能正确拆检凌志 ABS/TRAC 副节气门执行器；

(8)能正确检测凌志 ABS/TRAC 控制电路；

(9)能正确调取及清除凌志 ABS/TRAC 系统的故障码；

(10)能正确检测凌志 ABS/TRAC 各元件的状态及性能。

复习思考题

一、判断题

1. 若 ABS 调压器与 4 个车轮分泵有四根独立的制动液管路相连，则该 ABS 系统一定为四通道式。 (　　)

2. 丰田凌志 400 轿车 ABS 调压器中有两个储液器。 (　　)

3. 丰田凌志 400 轿车 ABS 调压器中由一个泵电机驱动两个回液泵。 (　　)

4. 当切断点火开关后，ABS 电脑就完全断电了。 (　　)

5. 当踩下制动踏板后，ABS 电脑的 STP 脚将被通电。 (　　)

6. 驱动防滑系统在工作时，将断续地对 4 个车轮实施制动。 (　　)

7. 在驱动防滑工作时，副节气门的开度可能会小于主节气门的开度。 (　　)

8. 驾驶员脚控的只是主节气门，而不能控制副节气门。 (　　)

9. 当电动供液泵或储能器发生故障后，仍可正常地进行驱动防滑控制。 (　　)

10. 在冰雪或泥泞路面行车时，若驾驶员踩下加速踏板后，感觉汽车动力不足，这肯定是故障引起的。 (　　)

二、选择题

1. 当用举升器举起汽车，起动发动机，踩下加速踏板，使发动机带动车轮旋转时，若出现车轮断续制动的现象，甲说：这一定是故障引起的。乙说：当拔下 ABS/TRAC 调压器上某个继电器后，断续制动的现象就会消除。 (　　)

A. 甲正确；　B. 乙正确；　C. 甲乙均正确；　D. 甲乙均不正确

2. 甲说:当 ABS 电脑的 PKB 端子为高电位时,ABS 系统才可能工作。乙说:当 PKB 端子为低电位时,ABS 系统才可能工作。 ( )

A. 甲正确; B. 乙正确; C. 甲乙均正确; D. 甲乙均不正确

3. 甲说:当 ABS 电脑的 STP 端子为高电位时,ABS 系统才可能工作。乙说:当 STP 端子为低电位时,ABS 系统才可能工作。 ( )

A. 甲正确; B. 乙正确; C. 甲乙均正确; D. 甲乙均不正确

4. 甲说:当轮速传感器脏污后影响制动性能。乙说:轮速传感器的安装间隙也会影响制动性能。 ( )

A. 甲正确; B. 乙正确; C. 甲乙均正确; D. 甲乙均不正确

5. 甲说:自动变速器的空档起动开关与 ABS 电脑无连接关系。乙说:它们之间应该有连接关系。 ( )

A. 甲正确; B. 乙正确; C. 甲乙均正确; D. 甲乙均不正确

三、简答题

1. 说明凌志轿车 ABS 的组成及布置情况。
2. 说明凌志 ABS 液压系统的工作过程。
3. 说明凌志 ABS 控制电路的工作过程。
4. 说明凌志轿车 ABS/TRAC 控制系统的组成及布置情况。
5. 说明凌志轿车 ABS/TRAC 系统中隔离电磁阀总成的组成及工作情况。
6. 说明凌志轿车 ABS/TRAC 系统中制动供能装置总成的组成及工作情况。
7. 说明凌志轿车 ABS/TRAC 系统中副节气门控制器的组成及工作情况。
8. 说明凌志轿车 ABS/TRAC 控制系统的工作过程。
9. 说明凌志轿车 ABS/TRAC 控制系统电路的工作过程。
10. 说明凌志轿车 ABS/TRAC 控制系统故障码的读取及清除方法。
11. 说明凌志轿车 ABS/TRAC 控制系统故障的检查与测试方法。

第二篇　汽车电子控制悬架系统

第一章　汽车电子控制悬架系统的结构与原理

学习目标

1. 了解电子控制悬架系统的类型；
2. 掌握半主动、主动悬架系统的工作原理；
3. 了解主动式油气弹簧悬架系统、路况预测式主动悬架系统的工作原理；
4. 掌握三级可调式减振器、压电式减振器、空气悬架的结构与工作原理；
5. 掌握车身高度传感器、转向盘转角传感器、加速度传感器的结构与工作原理。

第一节　概　　述

一、电子控制悬架系统的功能与类型

现代轿车悬架系统的典型结构，如图 2-1-1 所示。

悬架系统的功能是：与轮胎一起，吸收和减缓在不平路面上行驶产生的各种振动、摇摆；将路面与车轮之间的摩擦所产生的驱动力和制动力传给底盘和车身；将车身支承在前后桥上，并使车身与车轮之间保持一定的几何关系。

电子控制悬架系统能根据不同的路面状况，不同的载质量，不同的车速等控制悬架系统的刚度和减振器的阻尼力，甚至可以调整车身高度。

电子控制悬架系统的基本组成如图 2-1-2 所示。

根据有无动力源，可将电子控制悬架分为半主动悬架和主动悬架两大类。

1. 半主动悬架

半主动悬架可以根据路面的激励和车身的响应对悬架的阻尼系数进行自适应调整，使车身的振动被控制在某个范围之内。半主动悬架系统无动力源，因此，汽车在转向、起步、制动等工况时不能对刚度和阻尼进行有效的控制。

2. 主动悬架

主动悬架是一种有源控制，可以根据汽车行驶条件的变化，主动改变悬架的刚度和阻尼系

数。在汽车行驶路面、速度变化以及在汽车起步、制动、转向等工况时,主动悬架都可进行有效的控制。此外,主动悬架还可根据车速的变化控制车身的高度。

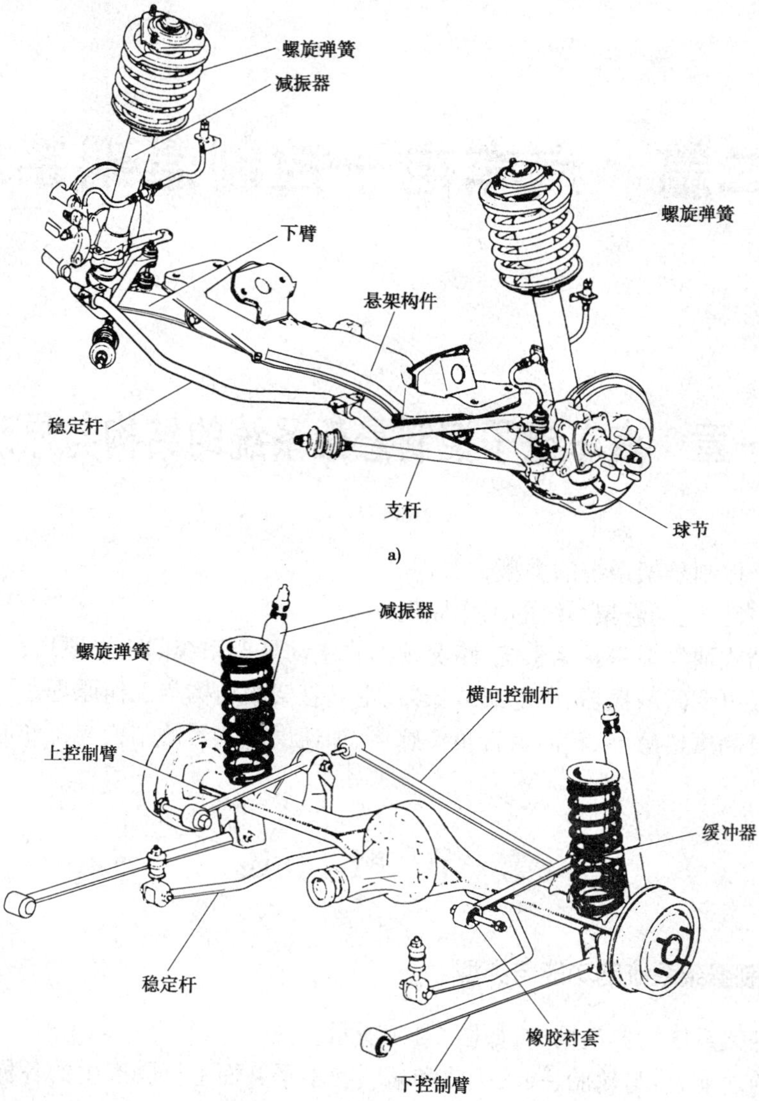

图 2-1-1　悬架结构

a)前悬架;b)后悬架

二、电子控制悬架系统的工作原理

(一)半主动悬架系统工作原理

半主动悬架系统将阻尼分为两级或三级,可由驾驶员选择或根据传感器信号自动选择所需要的阻尼级。

图 2-1-3 为三级可调减振器旁路控制阀图,调节电动机带动控制杆使回转阀转动,由此可以通、断油孔和控制油路截面积的变化,使控制阀有 3 个位置,产生小、中、大三个阻尼值,以适应不同的行驶条件。

图 2-1-4 所示为一种阻尼力可连续调节的半主动悬架系统简图。该装置的阻尼力能在几

毫秒内由最小变到最大,其微处理器从传感器接收速度、位移、加速度等信号,计算出所需的阻尼值,向步进电机发出控制信号,经阀杆调节阀门,使节流孔阻尼连续变化。

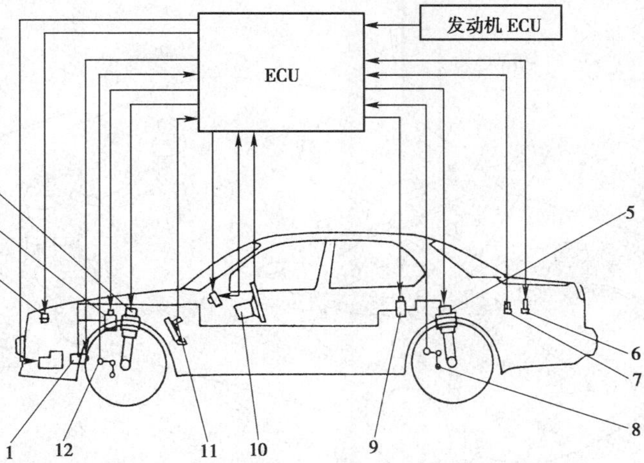

图 2-1-2　电控悬架系统基本组成

1-空气干燥器;2-继电器;3-空气阀;4、5-悬架装置执行器;6-继电器;7-车身高度继电器;8-车身高度传感器;9-空气阀;10-转向传感器;11-停车灯开关;12-车身高度传感器

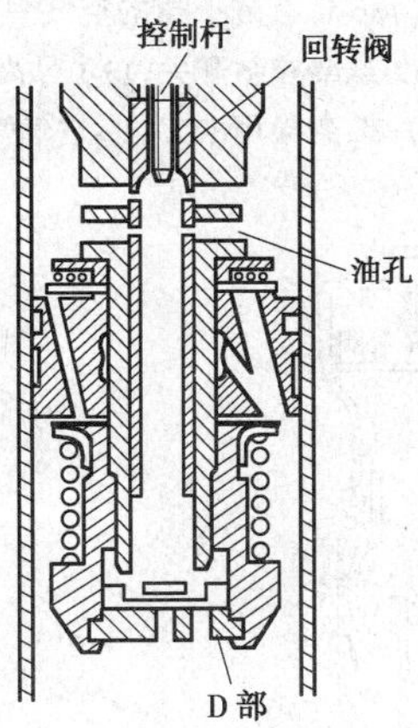

图 2-1-3　三级可调减振器旁路控制阀图

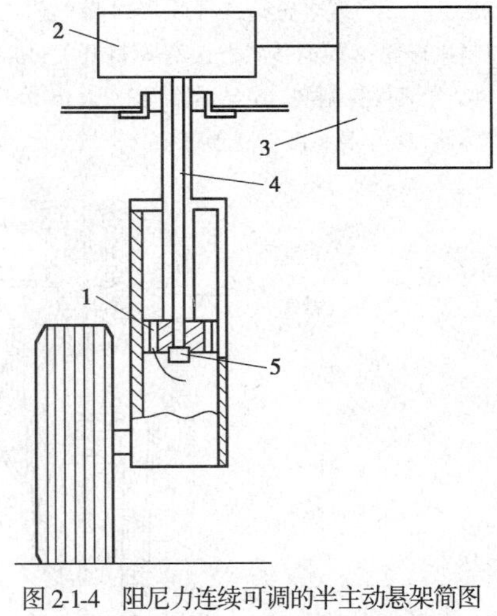

图 2-1-4　阻尼力连续可调的半主动悬架简图

1-节流孔;2-步进电机;3-微处理器;4-阀杆;5-阀门

(二)主动悬架系统工作原理

主动悬架系统能够根据车身高度、车速、转向角度及速率、制动等信号,由电子控制单元控制悬架执行机构,使悬架系统的刚度、减振器的阻尼力及车身高度等参数得以改变。

1. 主动式空气悬架系统工作原理

图 2-1-5 所示为高级轿车电子控制主动式空气悬架系统的构成图。它主要由空气压缩机、干燥器、空气电磁阀、车身高度传感器、带有减振器的空气弹簧、悬架控制执行器、悬架控制选择开关及电子控制单元等组成。空气压缩机由直流电机驱动,形成压缩空气,压缩空气经干燥器干燥后由空气管道经空气电磁阀送至空气弹簧的主气室(图 2-1-6b),使空气弹簧伸长,车身升高;当车身需要降低时,电子控制单元控制电磁阀使空气弹簧主气室中压缩空气排到大气中去(图 2-1-6a),空气弹簧压缩,车身降低。在空气弹簧的主、辅气室之间有一连通阀,空气弹簧的上部装有悬架控制执行器(图中未画出)。电子控制单元根据各传感器输出信号,控制悬架

执行器，一方面使空气弹簧主、辅气室之间的连通阀动作，使主、辅气室之间的气体流量发生变化，因此而改变悬架的弹簧刚度；另一方面，执行器驱动减振器的阻尼力调节杆，使减振器的阻尼力也得以改变。

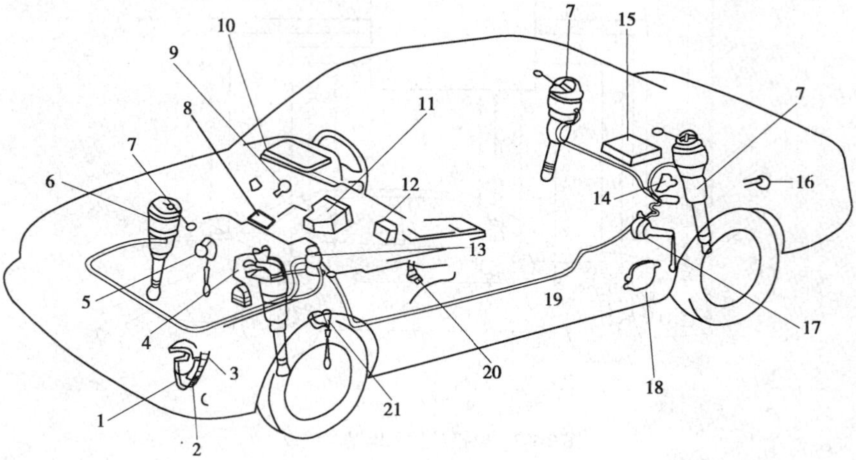

图 2-1-5　主动式空气悬架的构成

1-空气压缩机；2-空气电磁阀；3-干燥器；4-节气门位置传感器；5-车身高度传感器（前右）；6-带有减振器的空气弹簧；7-悬架控制执行器；8-转向传感器；9-停车灯开关；10-TEMS 指示灯；11-电子多点视频器；12-悬架控制开关；13-1 号高度控制阀；14-2 号高度控制阀；15-显示器用 ECU；16-诊断用接线柱；17-车身高度传感器（后）；18-悬架用 ECU；19-空气管；20-车速传感器；21-车身高度传感器（前左）

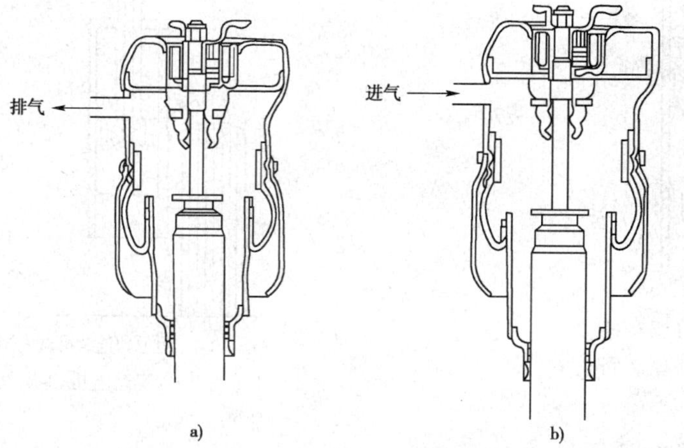

图 2-1-6　车身高度调整过程

a)车身降低；b)车身升高

主动式空气悬架系统中，车高、弹簧刚度和减振器阻尼力可同时得到控制，且各自可以取三种数值，其所取数值由电子控制单元根据当时的运行条件和驾驶员选定的控制方式决定。驾驶员可以任意选择自动控制模式，即控制车身高度的“常规值自动控制”，“高值自动控制”和“高速行驶时自动控制”，具体控制内容如下：

(1)利用弹簧刚度/减振器阻尼力进行控制。

①抗后坐：通过传感器检测加速踏板移动速度和位移。当车速低于 20km/h 且加速度大时（急起步加速）ECU 通过执行器将弹簧刚度和减振器阻尼力调到高值，从而抵抗汽车起步时车身后坐。如果此时驾驶员选择了“常规值自动控制”状态，则弹簧刚度和减振器阻尼由软调

至硬；如果此时加强员选择了“高速行驶自动控制”状态，则刚度和阻尼力由中调至硬。

②抗侧倾：由装在转向轴的光电式转向传感器检测转向盘的操作状况。在急转弯时，ECU通过执行器使弹簧刚度和减振器阻尼力转换到高（硬）值，以抵抗车身侧倾。

③抗“点头”：在车速高于60km/h时紧急制动，ECU通过执行器使弹簧刚度和减振器阻尼力调到高（硬）值，而不管驾驶员选择了何种控制状态，以抵抗车身前部的下俯。

④高速感应：当车速大于110km/h时，系统将使弹簧刚度和减振器阻尼力调至中间值，从而提高高速行驶时操纵稳定性。即使驾驶员选择了“常规值自动控制”状态（刚度和阻尼处于低、软值），系统也将刚度和阻尼力调到中间值。

⑤前、后关联控制：车速在30～80km/h范围内时，若前轮车高传感器检测出路面有小凸起（例如前轮通过混凝土路面接缝等），则在后轮越过该凸起之前，系统将使弹簧刚度和减振器阻尼力调至低（软）值，从而提高汽车乘坐舒适性。即使驾驶员选择了高速行驶状态（刚度和阻尼力为中间值），系统仍将刚度和阻尼力调至低（软）值。为了不影响高速时的操纵稳定性，这种动作在车速为80km/h以下才发生。

⑥坏路、俯仰、振动感应：车速在40～100km/h范围内，当前轮车高传感器检测出路面有较大凸起时，系统将弹簧刚度和减振器阻尼力调至中间值，以抑制车体的前后颠簸、振动等，从而提高汽车的乘坐舒适性和通过性，而不管驾驶员选择了何种控制状态。

车速高于100km/h时，系统将使刚度和阻尼力调至高（硬）值。

⑦良好路面正常行驶：弹簧刚度和减振器阻尼力由驾驶员选择，“常规值自动控制”状态，刚度和阻尼力处于低（软）值；“高速行驶时自动控制”状态，则刚度和阻尼力为中间值。

（2）车身高度控制。由左、右前轮和后轮3个车身高度传感器发出车高信号，ECU发出指令来进行车身高度调整。

①好路面高速感应：当车速高于90km/h时，将车身高度降低，以减小风阻，提高行驶稳定性。如果驾驶员选择了“常规值自动控制”状态，则车身高度值由中间值（标准值）调至低值；如果驾驶员选择了“高值自动控制”状态，则车身由高值调至中间值（标准值）。在车速为60km/h时，车高恢复原状。

②连续坏路面感应：汽车在坏路面上连续行驶，车高信号持续2.5s以上有较大变动，且超过规定值时，将车高升高一级。

连续坏路且车速大于40km/h，小于90km/h时，不论驾驶员选择了何种控制状态，都将车高调至高值，以减小路面不平感，确保足够的离地间隙，提高乘坐舒适性。

车速小于40km/h时，车高则完全由驾驶员选择，选择“常规值自动控制”时，车高为中间值（标准值）；选择“高值自动控制”时，车高为高值。

在连续坏路面上，车速高于90km/h时，不管驾驶员选择了何种控制状态，车高都将调至中间值，这样做是为了避免车身过高对高速行驶稳定性产生不利影响。

另外，还具有驻车时车高控制功能。当汽车处于驻车状态时，为了使车身外观平衡，保持良好的驻车姿势，在点火开关断开后，ECU即发出指令，使车身高度处于常规模式的低状态。

2. 主动式油气弹簧悬架系统工作原理

油气弹簧以气体（一般是惰性气体——氮）作为弹性介质，而用油液作为传力介质。它一般是由气体弹簧和相当于液力减振器的液压缸组成。通过油液压缩气室中的空气实现刚度特性，而通过电磁阀控制油液管路中的小孔节流实现变阻尼特性。图2-1-7所示为主动式油气弹簧悬架布置图，从图中可以看到，它有5个基本行车状态的传感器。

其中,转向盘转角传感器安装于转向柱上,通过转向盘转角信号间接地把汽车转向程度(快慢、大小)的信息送给微机。

加速度传感器实际上是与加速踏板连接的加速动作传感器,间接地将加速动作信号送给微机。

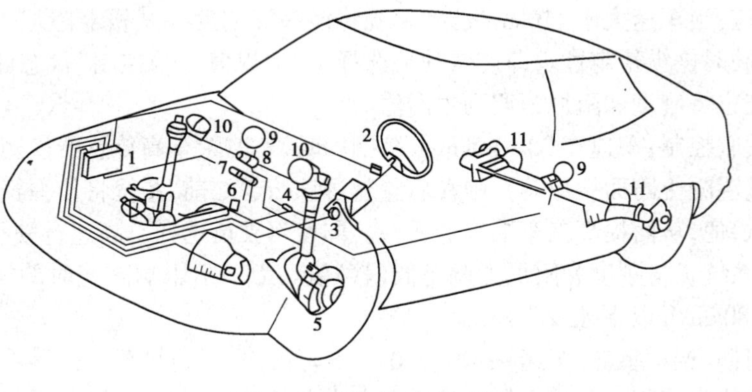

图 2-1-7 油气主动悬架系统

1-计算机;2-转向盘转角传感器;3-加速传感器;4-制动压力传感器;5-车速传感器;6-车身位移传感器;7-电磁阀;8-辅助液压阀;9-刚度调节器;10-前油气室;11-后油气室

制动压力传感器安装于制动管路中,当制动时,它向微机发送一个开关信号,使微机产生抑制"点头"的信号输出。

车速传感器安装于车轮上,送出与转速成正比的脉冲,微机利用它和转向盘转角信号,可以计算出车身的侧倾程度。

车身位移传感器安装在车身与车桥之间,用来测量车身与车桥的相对高度,其变化频率和幅度进入微机用于车身平顺性和车身高度自动调节控制。

该系统的工作原理如图 2-1-8 所示,电磁阀 7 在微机指令下向右移动,从而接通压力油道,使辅助液压阀 8 的阀芯向左移动,中间的油气室 9 与油气室接通,使总的气室容积增加,气压减小,从而刚度变小,所以 9 又称为刚度调节器。a、b 节流孔是阻尼器,在上图图示位置,系统处于"软"状态。

图 2-1-8 中,电磁阀 7 中无电流通过,在弹簧作用下,阀芯左移,关闭压力油道,原来用于推动液压阀 8 的压力油通过阀 7 的左边油道泄放,阀 8 阀芯右移,关闭刚度调节器 9,气室总容积减小,刚度增大,使系统处于"硬"状态。

在正常行车状态时,系统处于"软"状态,以提高乘坐的舒适性;当高速、转向、起步和制动时,系统处于"硬"状态,以提高车辆的操纵稳定性。

3. 主动式路况预测悬架系统

图 2-1-9 所示为带有路面状况预测传感器的主动式路况预测悬架示意图。该系统中包括一个悬架弹簧 16 和一个单向液压执行器 14,控制阀 6 通过油管 8 与单向液压执行器的油压腔相通。油管上还接有一个支管 8a,该支管与一个储压器 11 相连,储压器内充有气体,这些可压缩的气体可以产生一种类似弹簧的效果。另外,支管的中间还设有一个主节流孔 12,以限制储压器和油压腔之间的油流,从而形成减振作用。在油管和储压器之间还设有一个旁通管路 8b,该旁路上带有一个选择阀 10 和一个副节流孔 9,它的直径大于主节流孔的直径,当选择阀打开时,油液通过选择阀的副节流孔,在储压器和油压腔之间流动,从而减小振动阻尼。采用

这样的装置可以使悬架系统在选择阀的作用下,具有两种不同的阻尼参数。

控制阀的开度可以随控制电流的大小而改变,以控制进入油管的油量,进而控制施加到液压执行器的油压,随着输入控制阀的电流的增加,液压执行器的承载能力也增加。

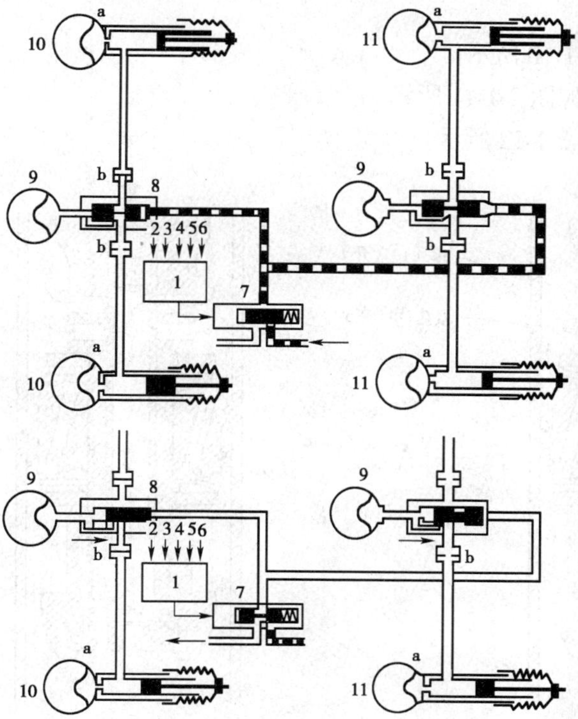

图 2-1-8　油气主动悬架系统的工作原理

1-计算机;2-转向盘转角传感器;3-加速度传感器;4-制动压力传感器;5-车速传感器;6-车身高度传感器;7-电磁阀;8-辅助油气阀;9-刚度调节器;10-前油气室;11-后油气室

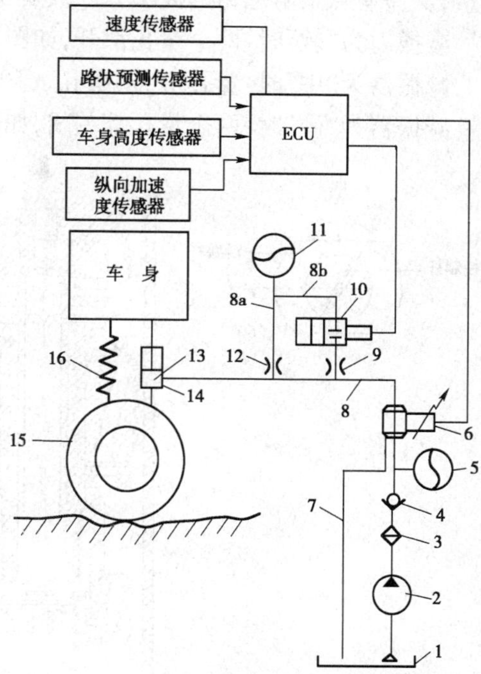

图 2-1-9　主动式路况预测悬架系统

1-油箱;2-油泵;3-滤清器;4-单向阀;5-储压器;6-控制阀;7-回油管;8-油管;8a、8b-支管;9-副节流孔;10-选择阀;11-储压器;12-主节流孔;13-油压腔;14-液压执行器;15-车轮;16-悬架弹簧

在该悬架系统中,输入到控制单元 ECU 的信号有:各轮上设置的检测车身纵向加速度的传感器信号,路面状况预测传感器测出的车辆前方是否有凸起物及其大小的检测信号,在各车轮处检测车身高度的传感器信号及车速传感器信号等。控制单元根据这些信号,对设置在各车轮上的控制阀和选择阀进行控制。

路况预测传感器通常为超声波传感器,频率为 40kHz 左右,它安装在车身的前面,以便对其下方的路面状况进行检测。

在车辆正常行驶时,选择阀关闭,液压执行器的油压腔通过主节流孔与储压器相通,它可以吸收并降低因路面不平而引起的微小振动。当路况预测传感器发现路面上有将引起振动的凸起物时,控制单元便控制选择阀打开,并将悬架系统的阻尼系数减小到一个特定的值上。

第二节　电子控制悬架系统的结构与原理

一、电子控制悬架系统执行器

(一)悬架阻尼调节装置

1．三级可调式减振器结构

三级可调式减振器的回转阀上有两组阻尼孔，旋转滑阀与控制杆组成一个整体，由悬架控制执行器驱动。活塞杆有两个量孔。旋转阀在活塞杆内转动，使量孔开、闭，调节流过量孔的油量，从而使悬架阻尼力的大小分三级变化。

减振力为“软”时：两个量孔都开，如图 2-1-10 所示。

减振器为“中”时：量孔 B 开，量孔 A 闭，如图 2-1-11 所示。

减振器为“硬”时：两个量孔都关闭，如图 2-1-12 所示。

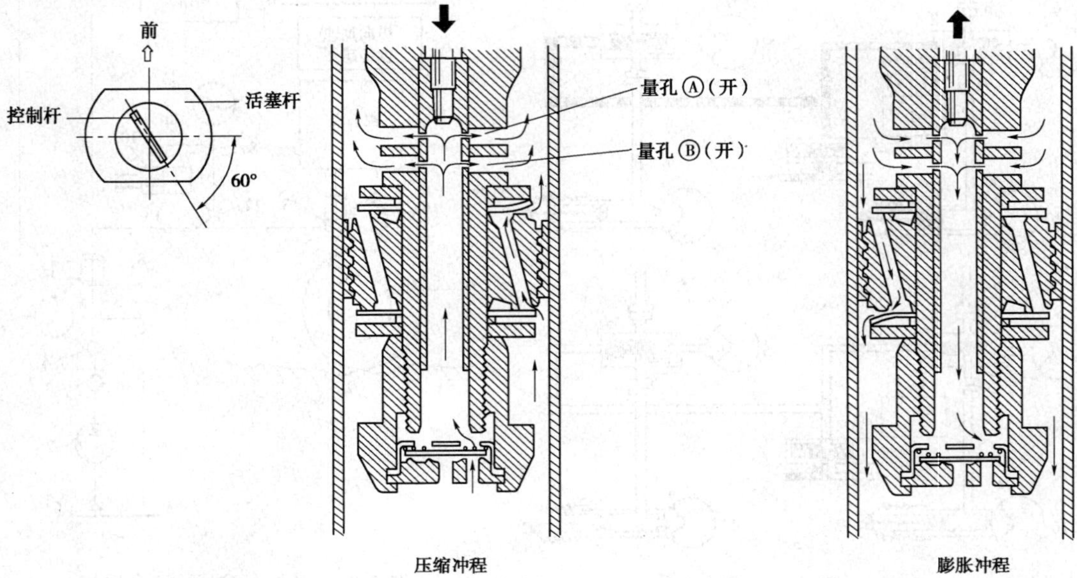

图 2-1-10 “软”状态

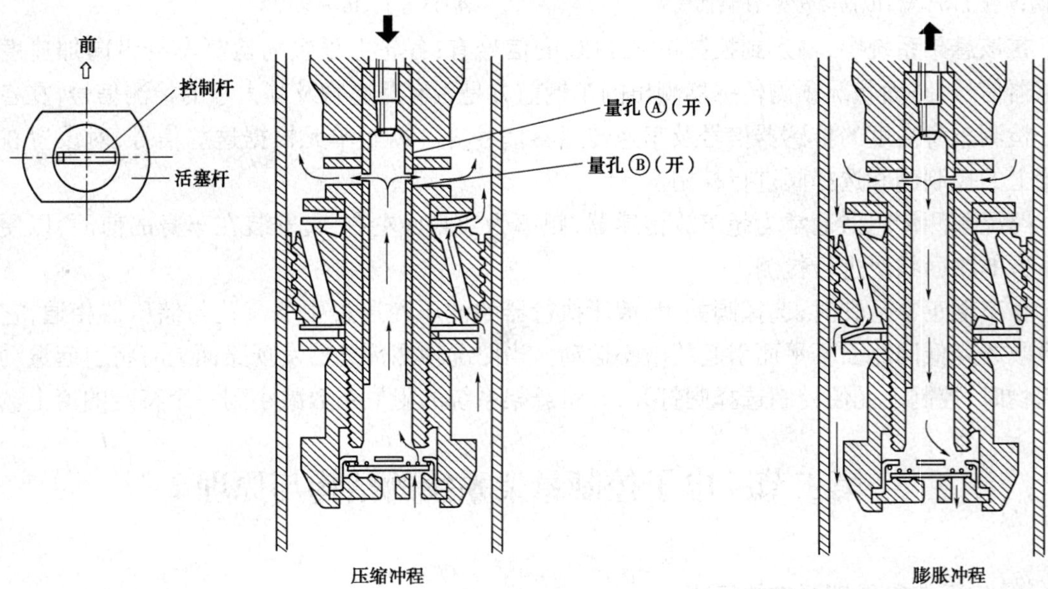

图 2-1-11 “中”状态

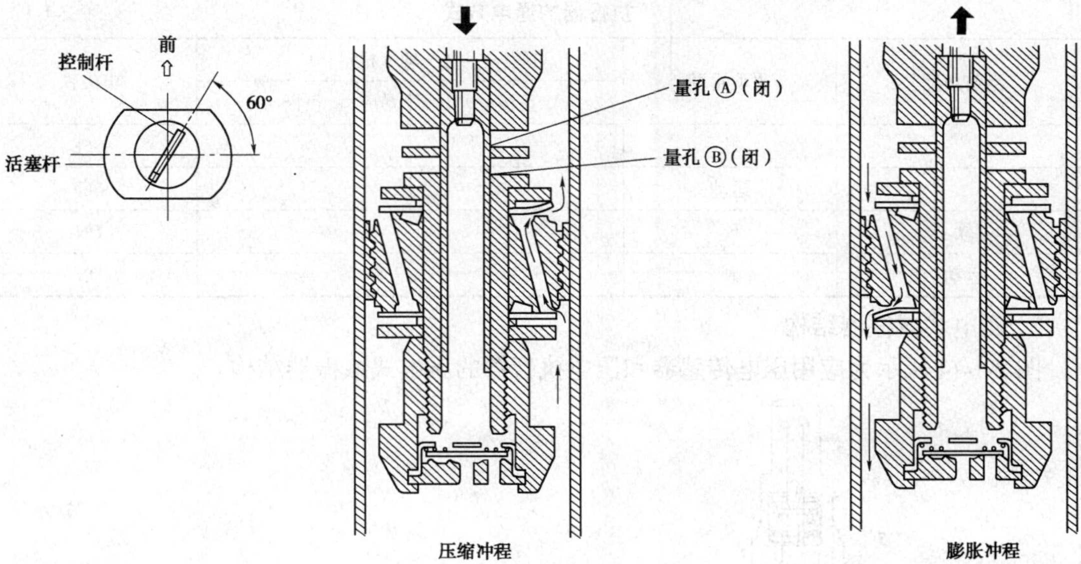

图 2-1-12 “硬”状态

图 2-1-13 所示为三级可调式减振器阻尼控制执行器的结构与工作状态。执行器装在减振器的上部,执行器可以带动旋转阀转动,从而转换阻尼力大小。执行器由直流电动机、减速齿轮、限制减速齿轮旋转的挡块、带动挡块的电磁铁等组成。

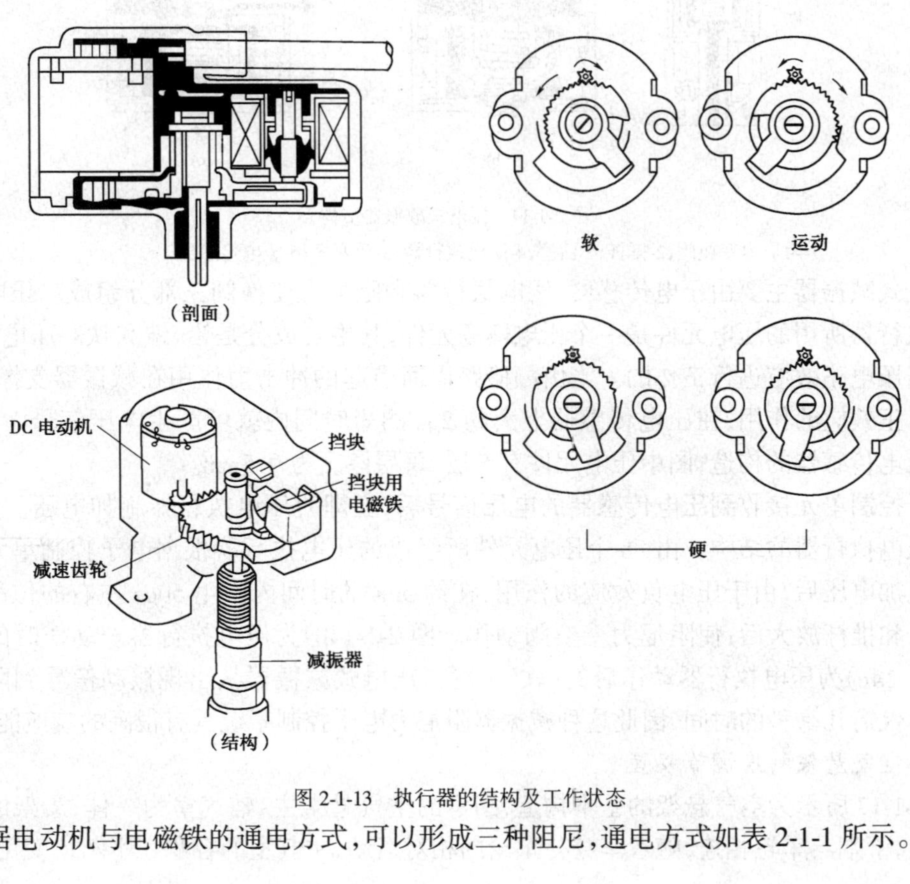

图 2-1-13 执行器的结构及工作状态

根据电动机与电磁铁的通电方式,可以形成三种阻尼,通电方式如表 2-1-1 所示。

执行器的通电方式　　表 2-1-1

当前角度	驱动角度	电动机		电磁铁
		正极	负极	
	软		+	OFF
	运动	+		OFF
软	硬	+		ON
运动	硬		+	ON

2. 压电式减振器结构

图 2-1-14 所示为应用压电传感器和压电执行器的压电式减振器结构。

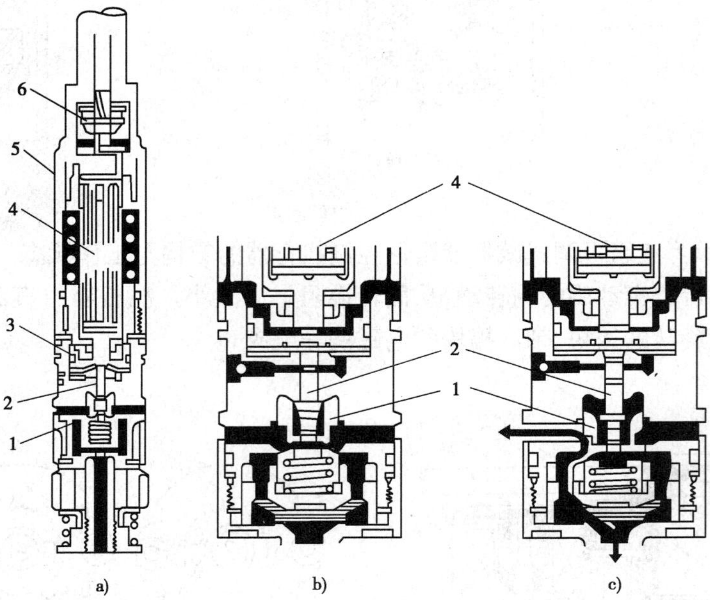

图 2-1-14　压电式减振器结构

1-阻尼力变换阀;2-挺杆;3-活塞;4-压电执行器;5-活塞杆;6-压电传感器

压电式减振器主要由压电传感器、压电执行器和阻尼力变换阀三部分组成。压电传感器和压电执行器所用的压电元件是一个压电陶瓷元件,其主要成分是铅、锆和钛。压电传感器 6 就是根据压电正效应进行工作的。当由颠簸路面而引起的冲击力作用在减振器支撑杆上时,由于压电正效应的作用,在压电传感器上大约 2μs 的短时间内就可产生电压信号。图 2-1-15 所示为压电传感器的构造,图中压电元件有 5 层,每层厚度为 0.5mm。

电子控制单元接收到压电传感器的电压信号后,立即对压电执行器施加电压。图 2-1-16 所示为压电执行器的结构。由 88 个压电元件所组成的压电执行器根据电子控制单元发出的指令被施加电压后,由于压电负效应的作用,在约 5ms 的时间内产生 50μs 左右的位移。此位移经活塞和推杆放大后,使阻尼力变换阀动作。图 2-1-14b)为压电执行器未动作时的"硬"工况;图 2-1-14c)为压电执行器动作后的"软"工况。压电式减振器从出现振动信号到阻尼力变换阀动作仅需几毫秒的时间,因此这种减振器阻尼力电子控制系统具有很高的响应能力。

(二)空气悬架刚度调节装置

图 2-1-17 所示为空气悬架的基本构造,图示的空气悬架主、辅气室为一体,悬架的上端与车身相连,下端与车轮相连,随着车身与车轮的相对运动,主气室的容积在不断地变化。主气

室与辅气室之间通过一个通路有气体相互流动，改变主、辅气室之间气体通路的大小，使主气室被压缩的空气量发生变化，就可改变空气悬架的刚度。减振器的活塞通过中心杆和悬架控制执行器连接，执行器带动阻尼调节杆转动可以改变活塞上阻尼孔的大小，从而改变减振器的阻尼系数。

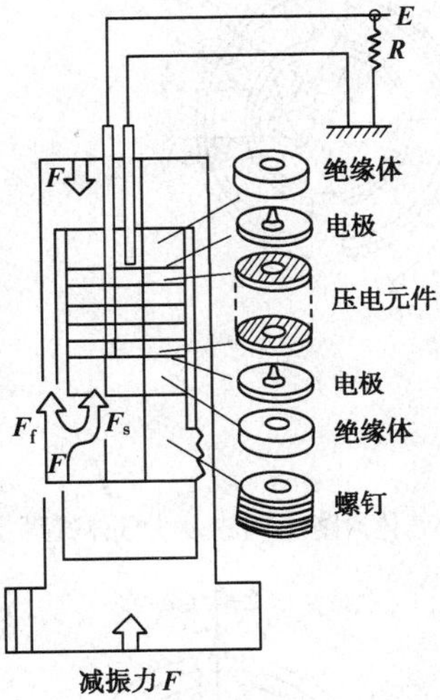

图 2-1-15　压电传感器构造

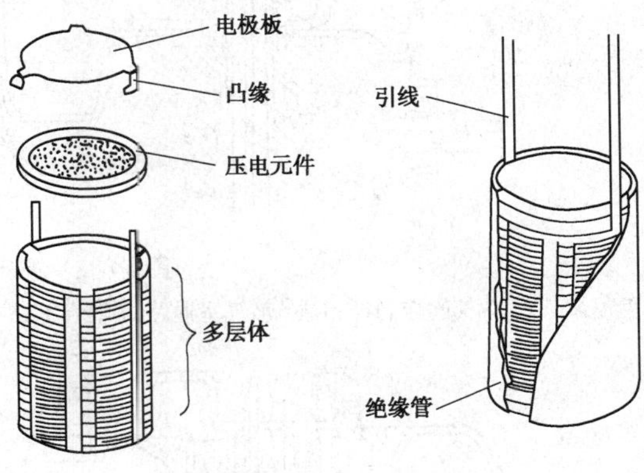

图 2-1-16　压电执行器的结构

1. 悬架刚度调节原理

悬架刚度的调节原理如图 2-1-18 所示。主、辅气室之间的气阀体上有大小两个通路。悬架控制执行器带动气阀体控制杆转动，使阀芯转过一个角度，改变通路的大小，就可以改变主、辅气室之间的气体流量，使悬架刚度发生变化。

悬架的刚度可以在低、中、高三种状态下变化。

①阀芯的开口转到对准图示的低位置时，气体通路的大气体通路被打开，主气室的气体经阀芯的中间孔、阀体的侧面孔通道与辅气室的气体相通，两气室之间的流量大，相当于参与工作的气体容积增大，悬架刚处于“低”状态，如图 2-1-19 所示。

②阀芯的开口转到对准图示的中位置时，气体通路的小气体通路被打开，两气室之间的气体流量小，悬架刚度处于“中”状态。

③阀芯的开口转到对准图示的高位置时，两气室之间的气体通路全部被封住，两气室间的气体不能相互流动，可压缩的气体容积减小。悬架在振动过程中，只有主气室的气体单独承担缓冲的任务，所以悬架的刚度处于“高”状态。

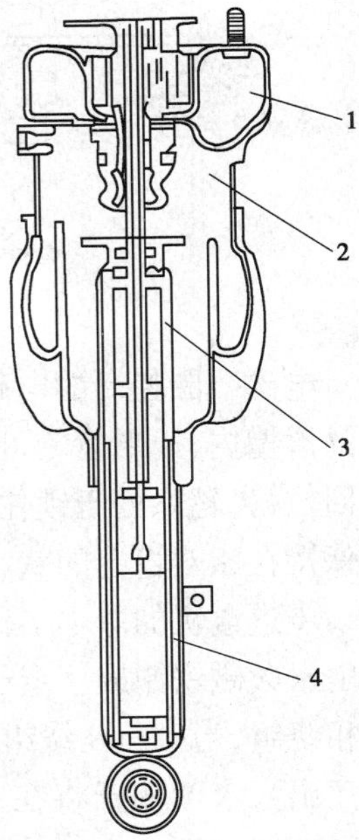

图 2-1-17　空气悬架的基本构造
1-辅气室；2-主气室；3-低压惰性气体；4-减振器

2. 悬架控制执行器

空气悬架控制执行器与阻尼控制执行器的主要区别在于，后者只控制减振器的回转阀进行阻尼调节。而前者除控制减振器的回转阀进行阻尼调节外，还要驱动主、辅气室的阀芯进行刚度调节。为了适应频繁变化的工况，并保证精确的定位，驱动动力采用了直流步进电机。悬架控制执行器的基本结构，如图 2-1-20 所示。

步进电机带动小齿轮驱动扇形齿轮转动，与扇形齿轮同轴的阻尼调节杆带动回转阀转动，使阻尼孔开闭的数量变化从而调节减振器的阻尼。

在调节阻尼的同时，齿轮系带动与气室阀心相连接的刚度调节杆转动，随着气室阀芯角度的改变，悬架的刚度也得以调节。

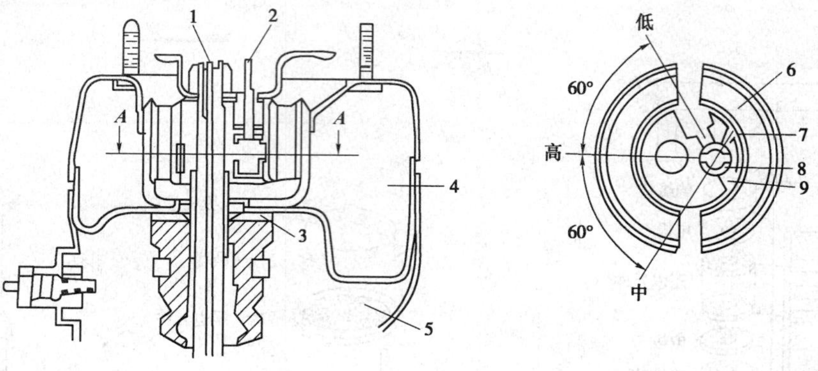

图 2-1-18　悬架刚度调节原理

1-阻尼调节杆；2-气阀控制杆；3-主、辅气室通路；4-辅气室；5-主气室；6-气阀体；7-小气体通路；8-阀芯；9-大气体通路

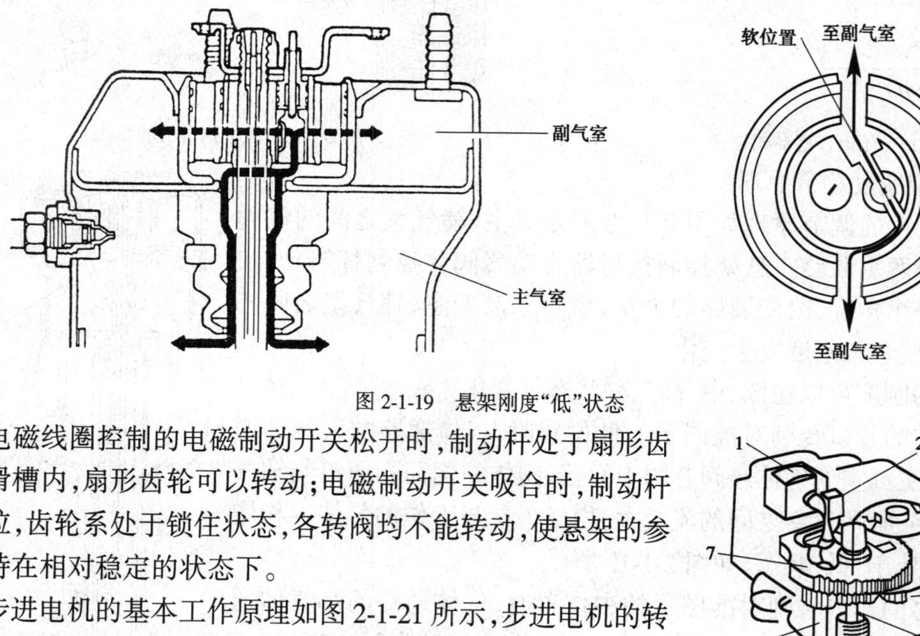

图 2-1-19　悬架刚度“低”状态

电磁线圈控制的电磁制动开关松开时，制动杆处于扇形齿轮的滑槽内，扇形齿轮可以转动；电磁制动开关吸合时，制动杆往回拉，齿轮系处于锁住状态，各转阀均不能转动，使悬架的参数保持在相对稳定的状态下。

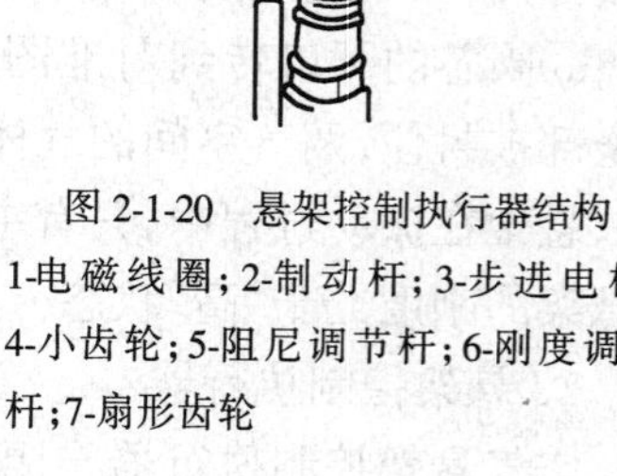

图 2-1-20　悬架控制执行器结构

1-电磁线圈；2-制动杆；3-步进电机；4-小齿轮；5-阻尼调节杆；6-刚度调节杆；7-扇形齿轮

步进电机的基本工作原理如图 2-1-21 所示，步进电机的转子由永久磁铁制成。定子有两对磁极，其上绕有 *A*—*B*、*C*—*D* 两相绕组，当 *A*—*B* 绕组接通正向电流时（电流从 *A* 端流入，*B* 端流出），永磁转子将在定子磁极磁场的作用下，处于图示的“低状态”位置。

当 *A*—*B* 绕组不通电，*C*—*D* 绕组接通电源时，永磁转子处于图示“高状态”的位置。

当 *A*—*B* 绕组接通反向电流（电流从 *B* 端流入，*A* 端流出）时，与“低状态”时相比，左右磁极磁性相反，于是永磁转子处于图示的“中状态”位置。

图 2-1-22 所示的为另一种结构形式的空气悬架结构。其结构特点是主气室与辅气室为分开式结构，中间由连接管相通。主、辅气室的气体通路仍由步进电机转动气阀体来控制。

图 2-1-23 所示为步进电机在 3 个不同位置时该悬架刚度的变化情况。

图 2-1-23a)所示气阀体的大通气孔与辅气室相通，主、辅两气室之间的气体流量增大，悬架刚度处于“低”状态。

图 2-1-23b)所示气阀体的小通气孔与辅气室相通，主、辅气室间气体流通有阻尼存在，所以悬架刚度处于“中”状态。

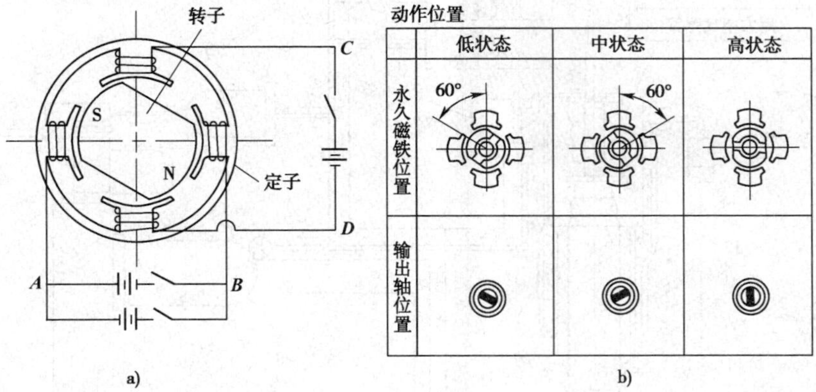

图 2-1-21　步进电机工作原理及动作位置

图 2-1-23c)所示气阀体完全关闭，只有主气室参加工作，所以悬架刚度处于“高”状态。

(三)车身高度控制装置

车身高度控制装置是指车身的高度可根据汽车内乘座人员或车辆载重情况自动做出调整，以保持汽车行驶所需要的高度及汽车行驶姿态的稳定。车身高度控制有两种类型，一种是对汽车全部 4 个车轮悬架系统进行高度控制；另一类型是仅对两个后轮的悬架系统进行高度控制。

图 2-1-24 所示为一种汽车空气悬架的车身高度控制系统。由图可以看出，系统主要由空气压缩机、排气阀、干燥阀、进气阀、储气罐、调压阀、电磁阀、高度传感器、气室及控制单元

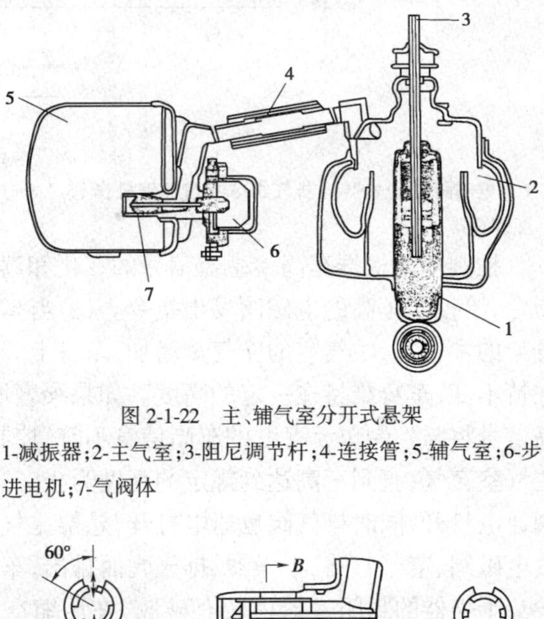

图 2-1-22　主、辅气室分开式悬架

1-减振器；2-主气室；3-阻尼调节杆；4-连接管；5-辅气室；6-步进电机；7-气阀体

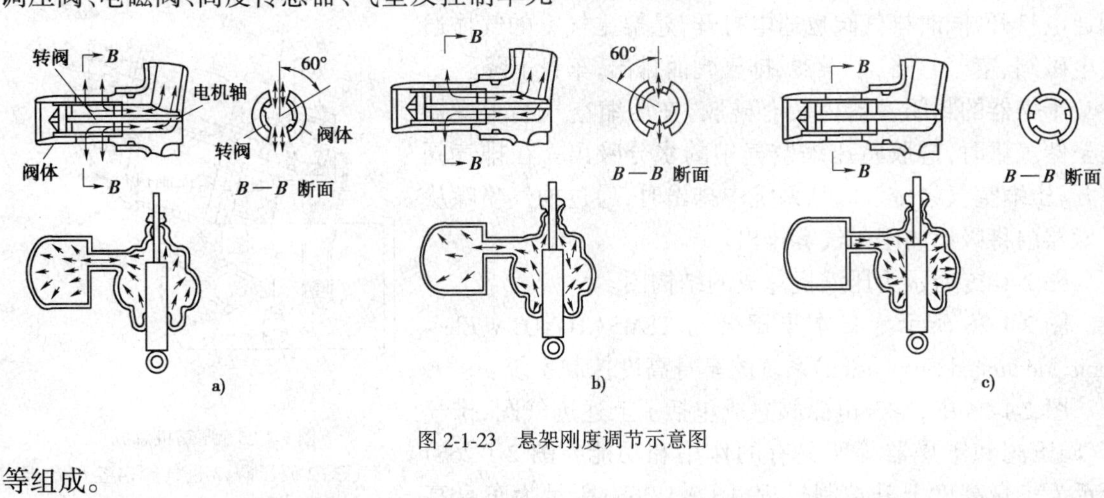

图 2-1-23　悬架刚度调节示意图

等组成。

直流电动机带动空气压缩机工作，从压缩机出来的压缩空气进入干燥器，经干燥后进入储

气罐，储气罐的气体压力由调压阀进行调节。

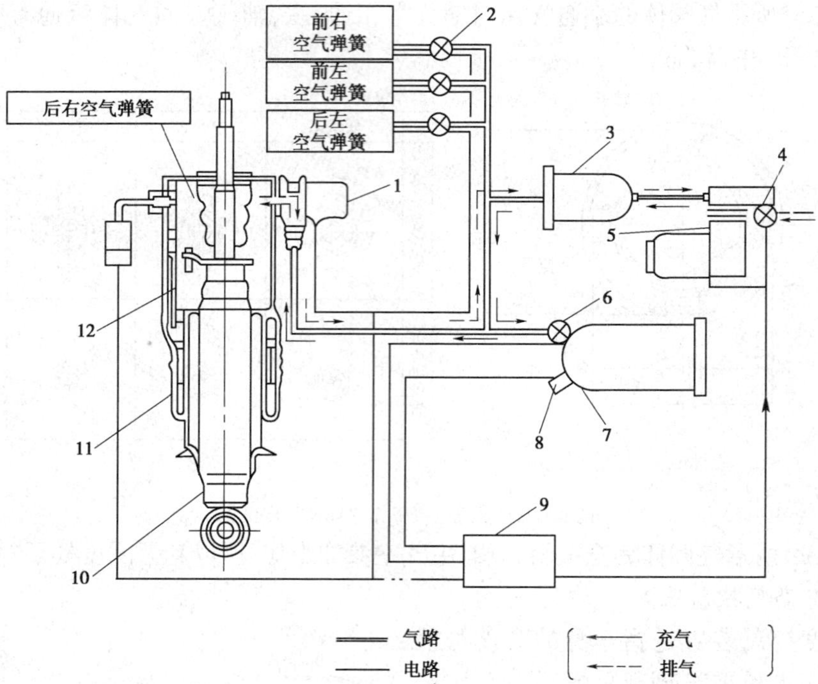

图 2-1-24　车身高度控制系统

1、2-电磁阀；3-干燥器；4-排气阀；5-空气压缩机；6-进气阀；7-储气罐；8-调压阀；9-控制单元；10-减振器；11-伸缩膜；12-高度传感器

控制单元根据车高传感器信号的变化和驾驶员给与的控制模式（常规正常模式或高模式）指令，给控制车高的电磁阀发出指令。(a)当车身需要升高时，电磁阀动作，压缩空气进入空气悬架的主气室，主气室的充气量增加，车身上升。(b)如果电磁阀不动作，则悬架主气室的气量保持不变，车身维持在一定的高度。如果乘客增加而使车身高度降低时，车高传感器输出的车高信号将与控制单元存贮的车高信息不符，控制单元就会发出指令，电磁阀通电打开，给悬架主气室充气，直到车高达到规定的高度为止。当车身需要下降时，空气压缩机停止工作，电磁阀通电打开，同时排气阀也通电打开，悬架主气室的气体通过电磁阀、空气管路、干燥器、排气阀而排出，车身下降。

干燥器的封闭容器内装有硅胶，在压缩空气经干燥器送至储气罐时，硅胶将压缩空气中的水分吸出。在排气阀打开，压缩空气经排气阀从系统中排出时，通过抽气喷嘴从干燥器内将吸出的潮湿气雾排出。

图 2-1-25 所示为压缩机总成的结构图。

图 2-1-26 所示为日本丰田公司 TEMS（TOYOTA Electronic Modulated Suspension）系统的车身高度控制系统。

图 2-1-26 中，空气电磁阀总成包括了上述进气阀、排气阀、调压阀和干燥器等所具有的作用和功能。图 2-1-26a）所示为车身高度上升控制过程，图 2-1-26b）所示为车身高

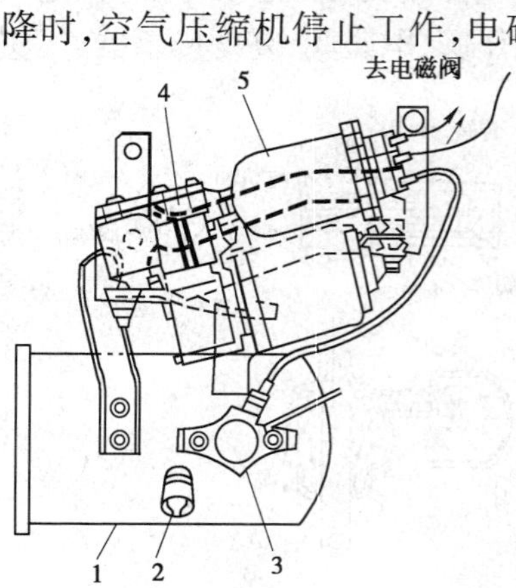

图 2-1-25　压缩机总成

1-储气罐；2-调压阀；3-进气阀；4-空气压缩机；5-干燥器

度下降控制过程。

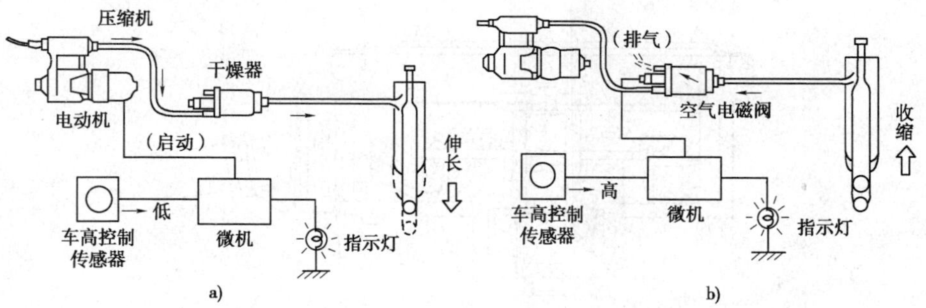

图 2-1-26　TEMS 车身高度控制系统

a)车身升高；b)车身降低

二、电子控制悬架系统用传感器

1. 车身位移传感器

车身位移传感器也称为车身高度传感器，用于监测车身的高度和反映车身的振动。图 2-1-27 所示为广泛使用的光电式车身位移传感器的安装位置示意图。当车身上下振动时，安装在杠杆上的遮光盘随之转动。

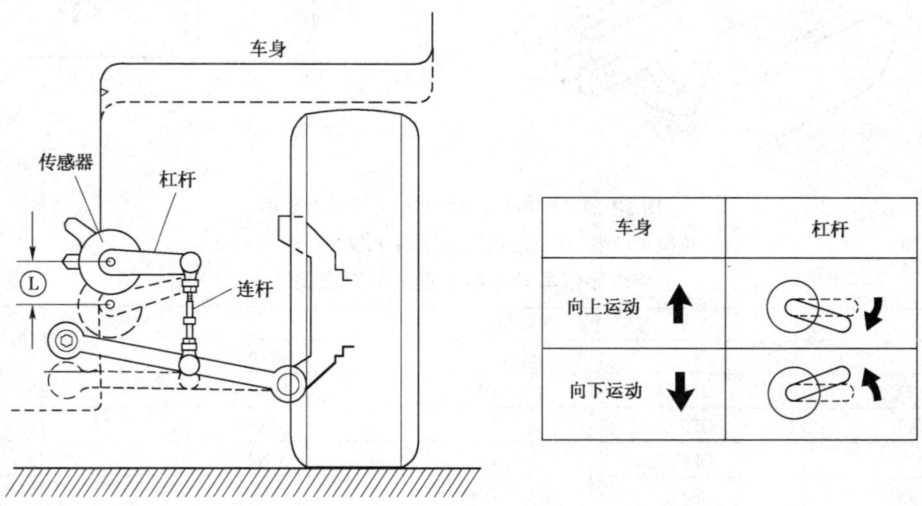

图 2-1-27　光电式车身位移传感器安装位置示意图

图 2-1-28 所示是光电式车身位移传感器结构简图，其工作原理见图 2-1-29。

遮光盘上分布着缺口，其两面对称安装着 4 组发光二极管和光敏三极管，组成了 4 对光电耦合器，发光二极管的电源由控制器提供。当车身高度发生变化时，车身与车轮的相对运动使车身高度传感器的连接杆（曲柄）转动，通过传感器轴带动遮光盘转动。遮光盘的缺口对准耦合器时，发光二极管发出的光线通过缺口，使光敏三极管受光，输出通（ON）的信号；遮光盘的缺口不对准耦合器时，光线被阻断，输出断（OFF）的信号。遮光盘上的这些缺口以适当的长度和位置分布，使传感器可输出 16 组信号，每一组信号都代表某一车身的位置。表 2-1-2 列出了某一悬架电子控制系统传感器输出信号与车身高度间的对应关系。

控制器根据传感器输入的一组“ON”和“OFF”信号就得到了车身位移信息。根据车身高度变化的幅度和频率，可判断车身的振动情况；根据一段时间（一般为 10ms）车身高度在某一区间的频度来判断车身的高度。

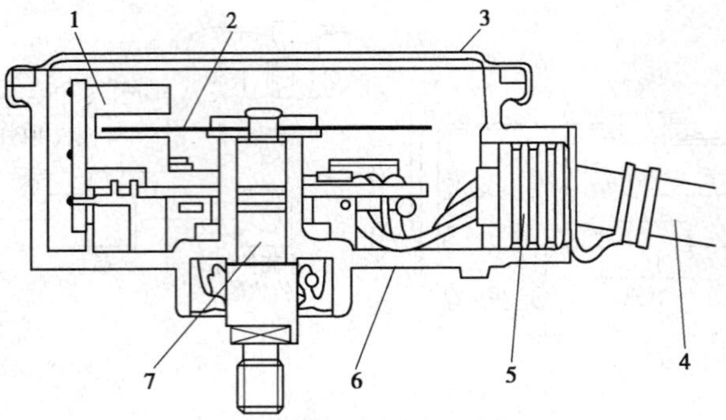

图 2-1-28　光电式车身位移传感器结构简图

1-光电耦合器;2-遮光盘;3-传感器盖;4-导线;5-金属油封环;6-传感器壳;7-轴

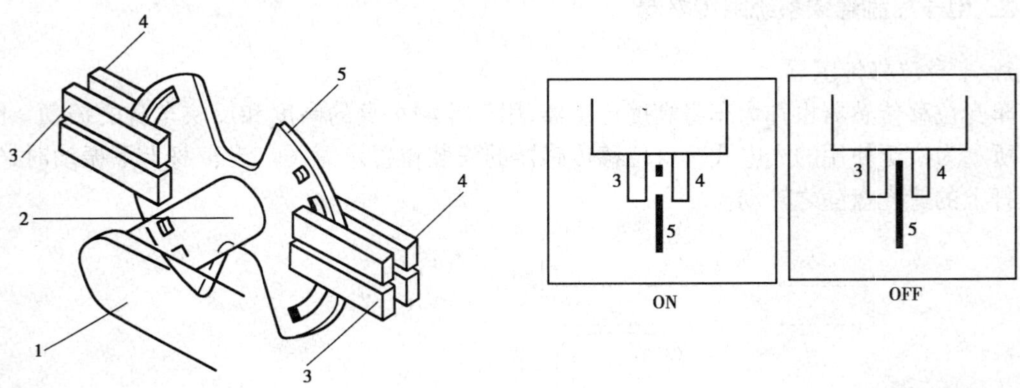

图 2-1-29　光电式车身位移传感器工作原理

1-连接杆;2-轴;3-发光元件(LED);4-光敏元件;5-遮光盘

传感器信号与车身高度区间对应关系　　表 2-1-2

传感器信号				车身高度区间
NO.1	ON.2	ON.3	ON.4	
OFF	OFF	ON	OFF	15
OFF	OFF	ON	ON	14
ON	OFF	ON	ON	13
ON	OFF	ON	OFF	12
ON	OFF	OFF	OFF	11
ON	OFF	OFF	ON	10
ON	ON	OFF	ON	9
ON	ON	OFF	OFF	8
ON	ON	ON	OFF	7
ON	ON	ON	ON	6
OFF	ON	ON	ON	5
OFF	ON	ON	OFF	4
OFF	ON	OFF	OFF	3
OFF	ON	OFF	ON	2
OFF	OFF	OFF	ON	1
OFF	OFF	OFF	OFF	0

2. 光电式转向盘转角传感器

光电式转向盘转角传感器的结构与原理见图 2-1-30 和图 2-1-31。

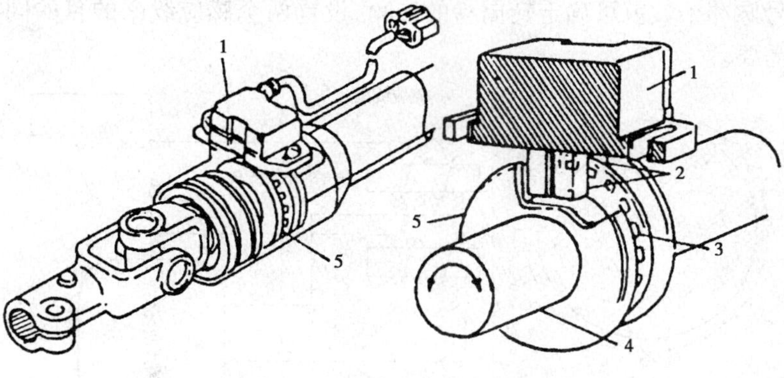

图 2-1-30　光电式转向盘转角传感器结构
1-转向盘转角传感器;2-光电耦合器;3-遮光盘;4-转向器轴;5-传感器圆盘

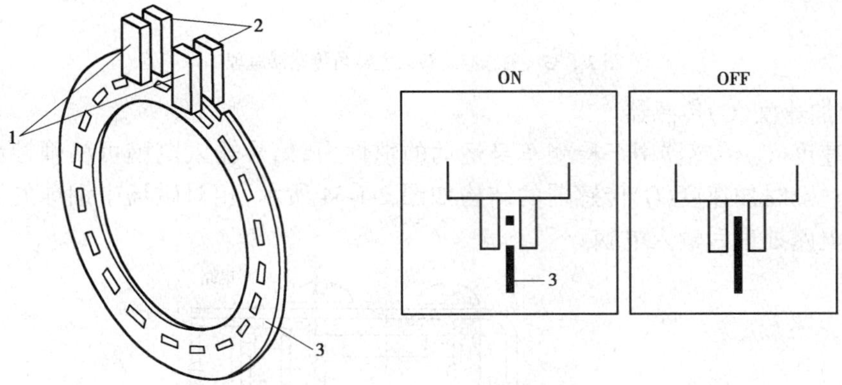

图 2-1-31　光电式转向盘转角传感器原理图
1-发光二极管;2-光敏三极管;3-遮光盘

光电式转角传感器的遮光转盘上均匀分布着缺口,两面分别有两个发光二极管和两个光敏三极管,组成两对光电耦合器。当遮光盘随转向轴转动时,光敏三极管就会有受光和不受光的变化而产生脉冲信号。控制器根据转角传感器输出的脉冲个数就可判断转向盘转过的角度。

设置两个光电耦合器的目的是能够使控制器判别左右转向。两个光耦合器的相位错开90°,见图 2-1-32。在直线行驶时,A 组光电耦合器位于遮光转盘两个缺口的中间,信号 A 处于高电平(OFF)状态。转向时,控制器可根据 A 信号从高电平转为低电平(下降沿)时,B 信号是高电平还是低电平来判断转向。如果 A 信号在下降沿时,B 信号是高电平(OFF),则为右转向;如果 A 信号下降沿时,B 信号是低电平(ON),则为左转向。

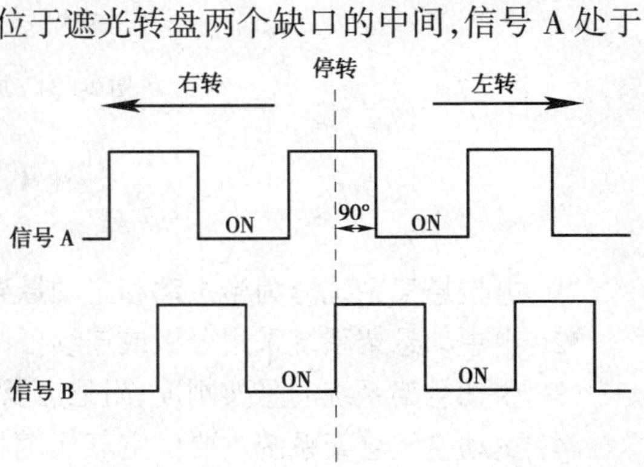

图 2-1-32　转向的方向判断

磁感应式转向盘转角传感器的原理见图 2-1-33。

磁感应式转向盘转角传感器由齿盘、永久磁铁、两个感应线圈及信号处理电路等组成。当齿盘随转向轴转动时,感应线圈就会产生交变的感应电势,经信号处理电路输出。控制器根据传感器输入的信号脉冲个数就可确定转向盘的转角,设置两个感应线圈的目的同样是控制器判断左右转向的需要。

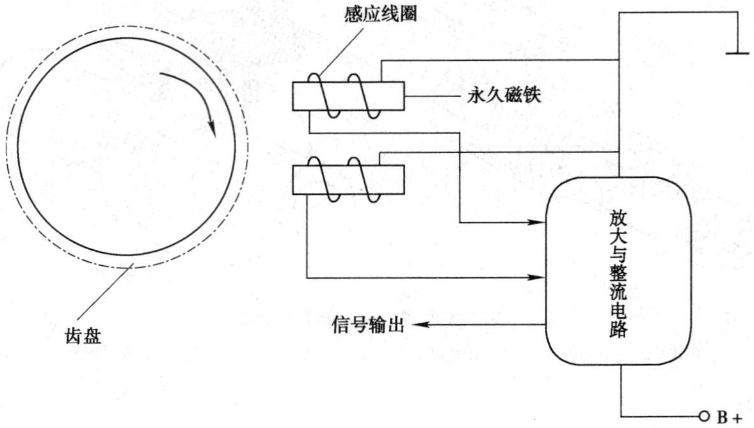

图 2-1-33 磁感应式转向盘转角传感器原理

3. 瞬时加速度(G)传感器

瞬时加速度(G)传感器用于检测车身运动的惯性力,信号输入电脑可精确控制悬架减振器的阻尼力。瞬时加速度(G)传感器的结构如图 2-1-34 所示,相对磁场中钢球的运动产生的磁场变化经电路处理后输入电脑。

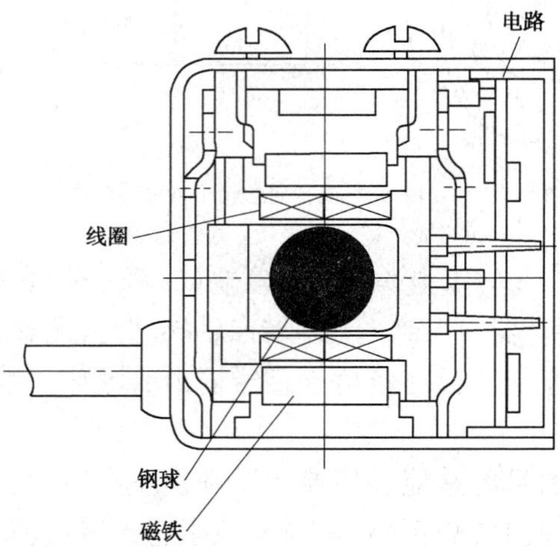

图 2-1-34 加速度传感器的结构

小 结

1. 电控悬架系统分为半主动和主动悬架两种类型。

2. 半主动悬架系统采用分级或连续可调阻尼减振器。

3. 主动悬架系统的悬架刚度、阻尼力及车身高度均由电脑控制。

4. 主动空气悬架系统主要由空气压缩机、干燥器、电磁车身传感器、转向盘转角传感器、空气弹簧、悬架控制执行器、选择开关及电脑等组成。

实 训 要 求

1. 实训内容

(1)空气悬架的结构分析。

(2)三级可调减振器、压电式减振器的结构分析。

(3)油气弹簧悬架的结构分析。

(4)车身高度传感器、转向盘转角传感器、加速度传感器的结构分析与检测。

2. 实训的目的和要求

(1)能够检测车身高度传感器、转向盘转角传感器、加速度传感器。

(2)能够检测空气悬架的性能是否正常。

(3)能够检测三级可调减振器、压电式减振器的性能是否正常。

(4)能够检测油气弹簧悬架的性能是否正常。

(5)带路况预测传感器的主动悬架系统发现路面上有将引起振动的凸起物时,即将悬架系统的阻尼减小到一个特定值。

(6)压电式减振器主要由压电传感器、压电执行器、阻尼力变换阀组成。

(7)掌握主动式空气悬架的刚度调节、车身高度调节的过程。

(8)能进行电控悬架系统传感器、车身位移传感器、转向盘转角传感器、加速度传感器的结构分析。

复习思考题

一、判断题

1. 电控半主动悬架系统不可调节车身高度。 (　　)

2. 电控半主动悬架系统的螺旋弹簧是必要的。 (　　)

3. 电控主动空气悬架系统的空气压缩机在起动发动机后是常运转的。 (　　)

4. 电控主动空气悬架的主、辅气室是直接连通的。 (　　)

5. 压电式减振器的阻尼调节元件受电脑控制。 (　　)

6. 主动式路况预测悬架系统的路况预测传感器结构为超声波式。 (　　)

二、选择题

1. 关于电控空气悬架,甲认为主气室的作用是调节刚度;乙认为辅气室的作用是调节阻尼力。你认为 (　　)

A. 甲正确;　　B. 乙正确;　　C. 甲乙均正确;　　D. 甲乙均不正确

2. 关于油气弹簧悬架系统,甲认为悬架的刚度是通过油液压缩气室中的空气实现的;乙认为通过电磁阀控制油液管路中小孔节流实现变阻尼特性。你认为 (　　)

A. 甲正确;　　B. 乙正确;　　C. 甲乙均正确;　　D. 甲乙均不正确

3. 关于电控空气悬架,甲认为:在急转弯时,由转向传感器检测转向盘操作,电脑通过执行器使悬架刚度和阻尼力变换到高(硬)值;乙认为紧急制动时,如果车速高于 60km/h,电脑通

过执行器使悬架刚度和阻尼力变换到高(硬)值。你认为 (　　)

A.甲正确；　B.乙正确；　C.甲乙均正确；　D.甲乙均不正确

4. 关于电控空气悬架系统,甲认为:当车速高于 110km/h 时,电脑控制执行器使悬架刚度和阻尼力调至中间值;乙认为当车速高于 40 ~ 100km/h 范围内,前轮车身高度传感器检测出车身颠簸时,电脑通过执行器使悬架刚度和阻尼力变换到高(硬)值。你认为 (　　)

A.甲正确；　B.乙正确；　C.甲乙均正确；　D.甲乙均不正确

5. 关于主动式空气悬架系统,甲认为:当需要车身电脑控制电磁阀动作使空气弹簧主气室中的空气进入辅气室;乙认为:主、辅气室之间的气阀体的大通气孔打开时,悬架刚度处于低状态。你认为 (　　)

A.甲正确；　B.乙正确；　C.甲乙均正确；　D.甲乙均不正确

三、简答题

1. 说明半主动、主动悬架系统的区别。
2. 说明主动悬架系统的结构与工作原理。
3. 说明半主动悬架阻尼调节的原理。
4. 说明压电式减振器的结构与原理。
5. 电控悬架系统常用传感器有哪几个?

第二章 丰田凌志轿车电子控制悬架系统

学习目标

1．掌握 LEXUS LS400 电控悬架系统的组成、工作原理。
2．掌握 LEXUS LS400 电控悬架系统的电路图。
3．掌握 LEXUS LS400 电控悬架系统的自诊断方法。
4．掌握 LEXUS LS400 电控悬架系统的故障码的含义。
5．掌握 LEXUS LS400 电控悬架系统电路的检测方法。
6．能够分析、运用 LEXUS LS400 电控悬架系统电脑端口的检测数据。

第一节 TOYOYA LEXUS LS400 电子控制悬架系统的组成与工作原理

一、概述

LEXUS LS400 电子控制悬架系统为主动式空气弹簧悬架，弹簧刚度和汽车高度可根据驾驶条件自动控制。减振器的阻尼大小也由电脑控制。系统控制功能如表 2-2-1、表 2-2-2。

弹簧刚度和减振器阻尼力控制　　表 2-2-1

控制项目	功　能
防侧倾控制	使弹簧刚度和减振力变成“坚硬”状态。该项控制能抑制转向行驶时的侧倾
防栽头控制	使弹簧刚度和减振力变成“坚硬”状态。该项控制能抑制汽车制动时栽头
防下坐控制	使弹簧刚度和减振力变成“坚硬”状态。该项控制能抑制汽车加速时后部下坐
高车速控制	使弹簧刚度变成“坚硬”状态和使减振力变成“中等”状态
不平整道路控制	使弹簧刚度和减振力视需要变成“中等”或“坚硬”状态，以抑制汽车车身在悬架上下垂
颠动控制	使弹簧刚度和减振力变成“中等”或“坚硬”状态。它能抑制汽车在不平坦道路上行驶时的颠动
跳振控制	使弹簧刚度和减振力变成“中等”或“坚硬”状态。该项控制能抑制汽车在不平坦道路上行驶时的上下跳振

车身高度控制　　表 2-2-2

控制项目	功　能
自动高度控制	不管载重量如何，使汽车车身保持某一个恒定的高度位置。操作高度控制开关能使汽车的目标高度变为“正常”或“高”的状态
高车速控制	当高度控制开关在“High(高)”位置时，汽车高度会降低到“正常”状态。这就改善高车速行驶时的空气阻力和稳定性
点火开关OFF 控制	当点火开关关断后，因载重量变化而使汽车高度变为高于目标高度时，能使汽车高度降低到目标高度

LEXUS LS400 电子控制空气悬架系统有 3 个操作选择开关:LRC 开关(LEXUS Ride Control Switch)、高度控制开关和高度 ON/OFF 控制开关。

高度 ON/OFF 控制开关安装在汽车尾部后备箱的左边。当高度 ON/OFF 控制开关处于 ON 位置时,系统可按驾驶的选择方式进行车身高度自动控制;当该开关处于 OFF 位置时,系统不执行车身高度控制。

高度控制开关和 LRC 开关安装在驾驶室内变速操纵杆的旁边,高度控制开关用于选择控制车身高度,当高度控制开关处于“High(高)”位置时,系统对车身高度进行“高值自动控制”;当高度控制开关处于“NORM(标准)”时,车身高度则进入“常规值自动控制”状态。

LRC 开关用于选择控制悬架的刚度、阻尼力参数。当 LRC 开关处于“SPORT(运动)”位置时,系统进入“高速行驶自动控制”;当 LRC 开关处于“NORM(标准)”位置时,系统对悬架的刚度、阻尼力进行“常规值自动控制”。此时,悬架 ECU 根据车速传感器等信号,使悬架的刚度、阻尼力自动地处于“Soft(软)”、“Medium(中间)”或“Firm(坚硬)”3 个位置。

二、系统组成及工作原理

LEXUS LS400 电子控制空气悬架系统由空气压缩机、干燥器、排气阀、高度控制阀、高度控制继电器、高度传感器、转向传感器、悬架控制执行器、悬架电子控制单元、悬架刚度调节装置和减振器阻尼力调节装置等组成。悬架系统零部件在车上的位置如图 2-2-1 所示。

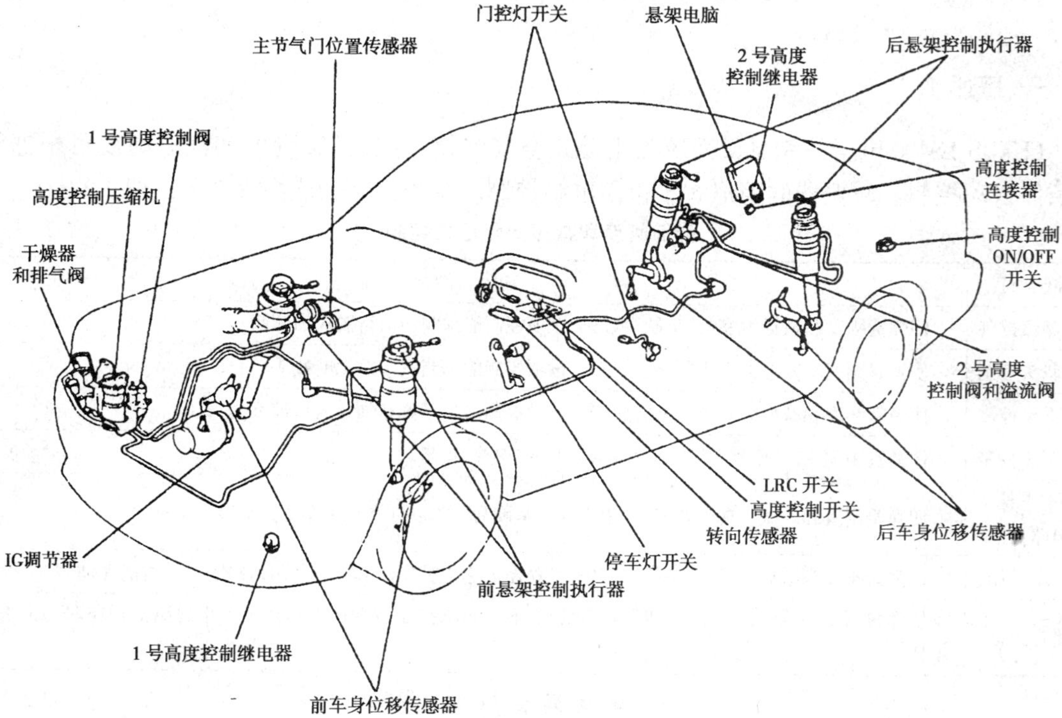

图 2-2-1　LEXUS LS400 悬架系统零件位置图

1. 汽车高度控制

LEXUS LS400 汽车高度控制系统由压缩机、干燥器、排气阀、1 号高度控制继电器、2 号高度控制继电器、1 号高度控制阀、2 号高度控制阀、前后左右 4 个气压缸、4 个车身高度传感器及悬架 ECU 等组成。图 2-2-2 所示为车高控制系统空气通路,图 2-2-3 所示为 1 号、2 号高度控制阀控制电路图,图 2-2-4 所示为空气压缩机控制电路图。

当点火开关接通时,ECU 使 2 号高度控制继电器线圈通电,2 号高度控制继电器触点闭合,使前、后、左、右 4 个高度传感器接通蓄电池电源。当汽车高度需要上升时,从 ECU RCMP 端子送出一个信号,使 1 号高度控制继电器接通,1 号高度控制继电器触点闭合, 于是压缩机

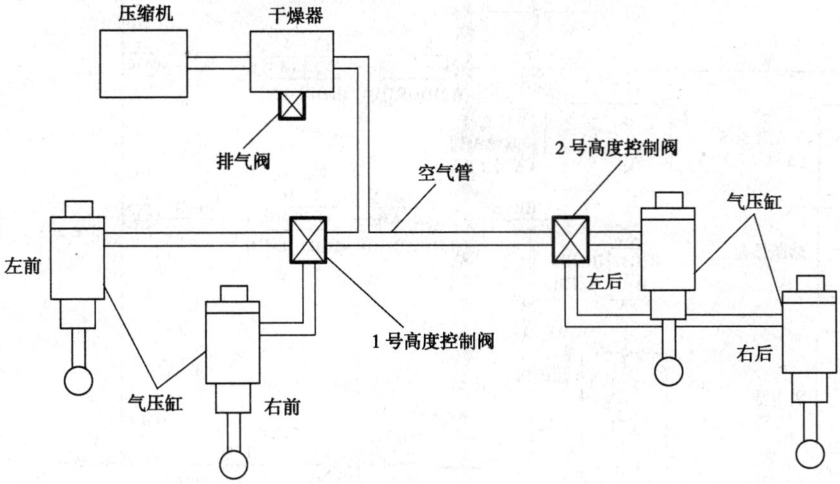

图 2-2-2　车高控制系统空气通路

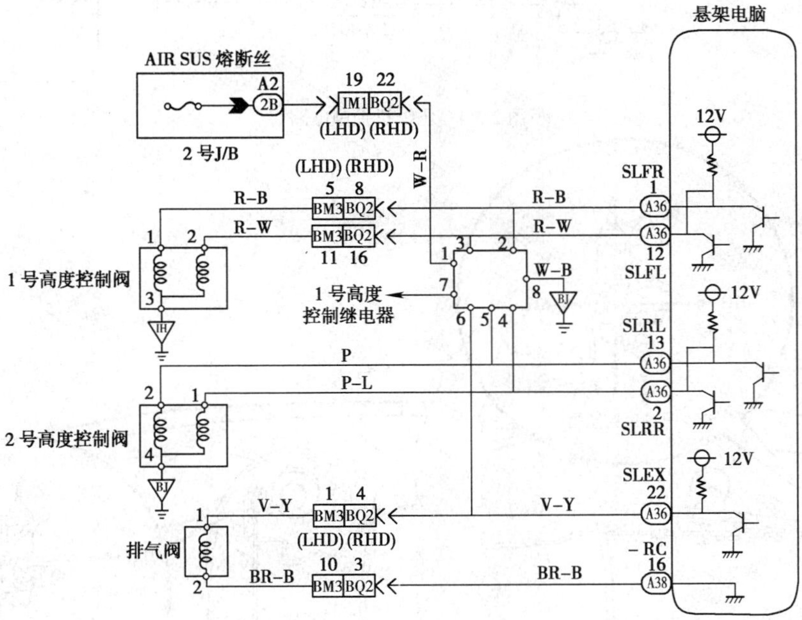

图 2-2-3　高度控制阀控制电路

便接上蓄电池电压,从而产生压缩空气。ECU 使高度控制电磁阀线圈通电后,电磁线圈将高度控制阀打开并将压缩空气引向气压缸,从而汽车高度上升。

当汽车高度需要下降时,ECU 不仅使高度控制阀电磁线圈通电,而且还使排气阀电磁线圈通电,排气阀电磁线圈使排气阀打开,将气压缸中的压缩空气放到大气中。

1 号高度控制阀用于前悬架控制,它有两个电磁阀分别控制左右两个气压缸。2 号高度控制阀用于后悬架控制,它与 1 号高度控制阀一样,也是由两只电磁阀组成。为了防止空气管路中产生不正常的压力,2 号高度控制阀中有一个溢流阀。两只高度控制阀的空气管路连接情况如图 2-2-5 所示。

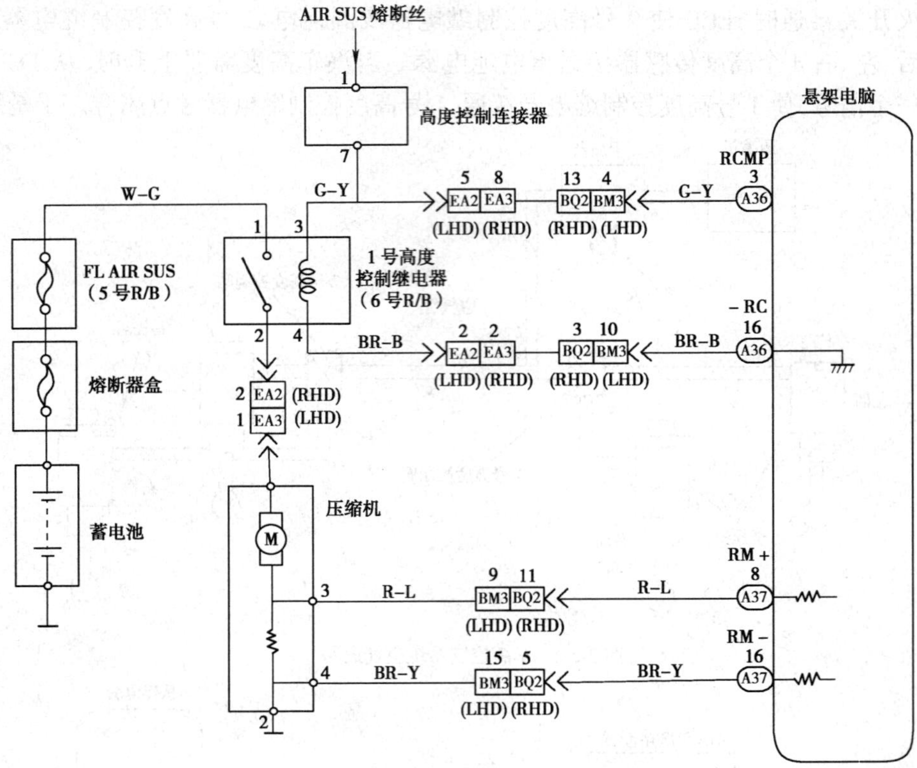

图 2-2-4　压缩机控制电路

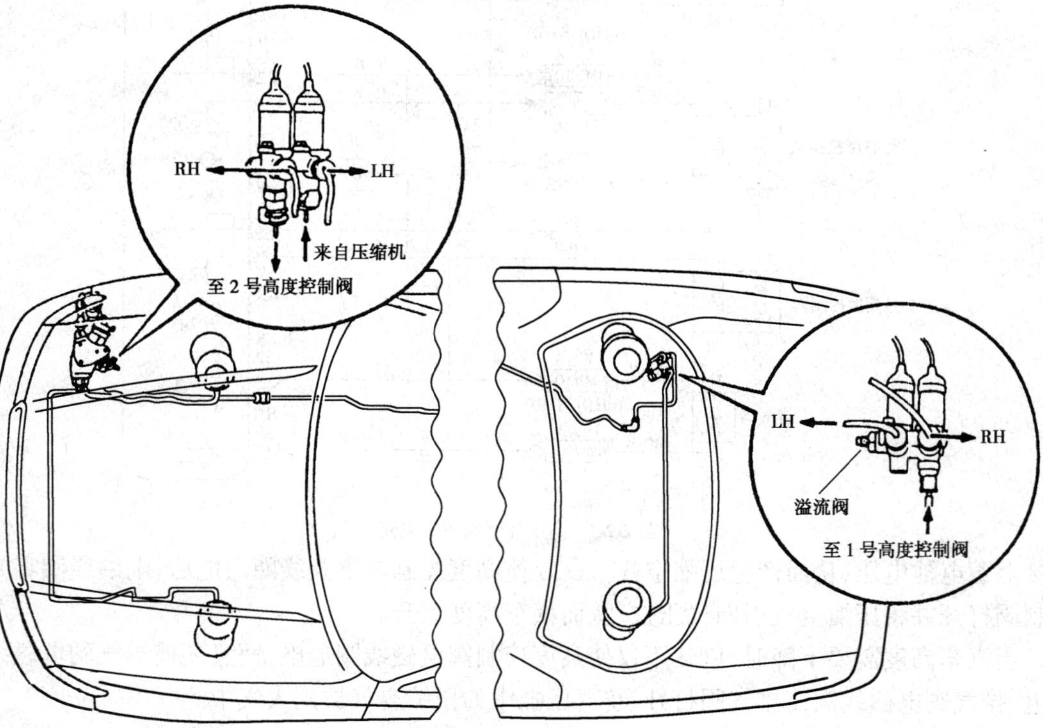

图 2-2-5　高度控制阀的连接

LEXUS LS400 悬架系统的车身高度传感器采用光电式传感器。为了检测汽车高度和因道路不平坦而引起的悬架位移量，在每个悬架上都装有一只车身高度传感器，用它连续监测车身与悬架上臂之间的距离。每只传感器由一个有槽圆盘和 4 对遮光器组成，有槽圆盘在发光管与每个遮光器的光敏晶体管之间旋转。传感器用遮光器通断信号的输出组合共 16 个选择脉冲检测汽车高度,并将它们转换成串行数据送至 ECU。图 2-2-6 所示为 LEXUS LS400 悬架系统的车身高度传感器与 ECU 之间的连接电路图。

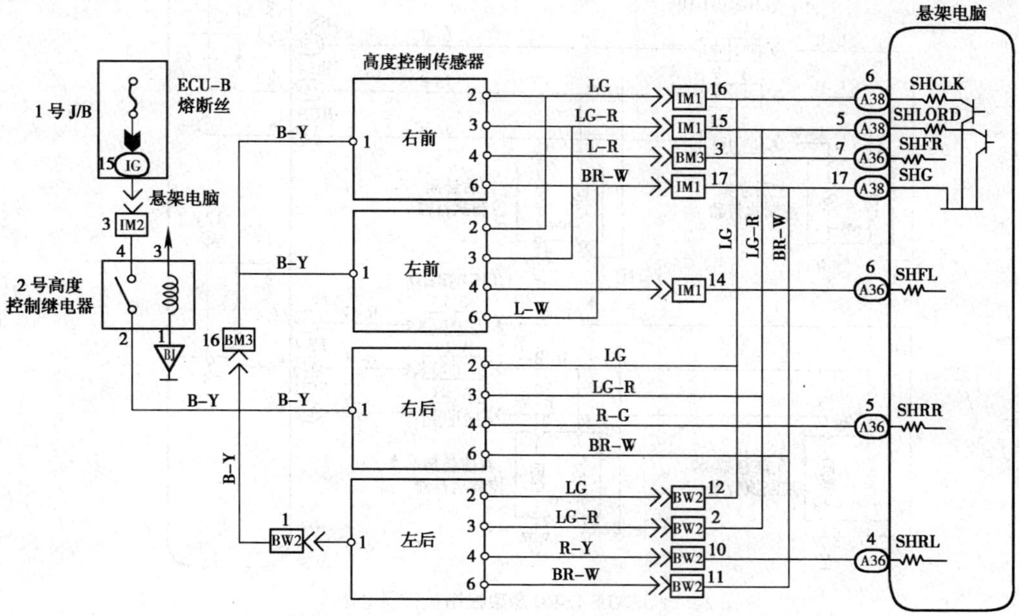

图 2-2-6　LEXUS LS400 车身高度传感器连接电路图

2．弹簧刚度和减振器阻尼力控制

LEXUS LS400 电子控制空气悬架系统的气压缸的结构如图 2-2-7 所示。悬架系统弹簧刚度和减振器阻尼力控制执行器安装在气压缸的上部。悬架控制执行器电路如图 2-2-8 所示,ECU 将信号送至悬架控制执行器,同时驱动减振器的阻尼调节杆和气压缸的气阀控制杆,从而改变减振器的阻尼力和悬架弹簧刚度。

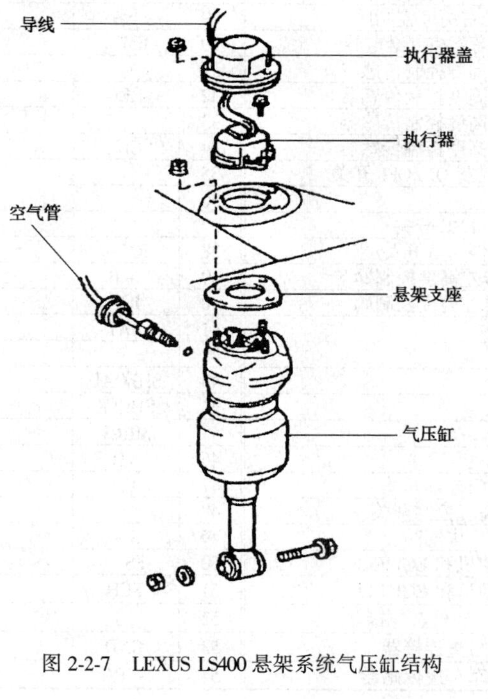

图 2-2-7　LEXUS LS400 悬架系统气压缸结构

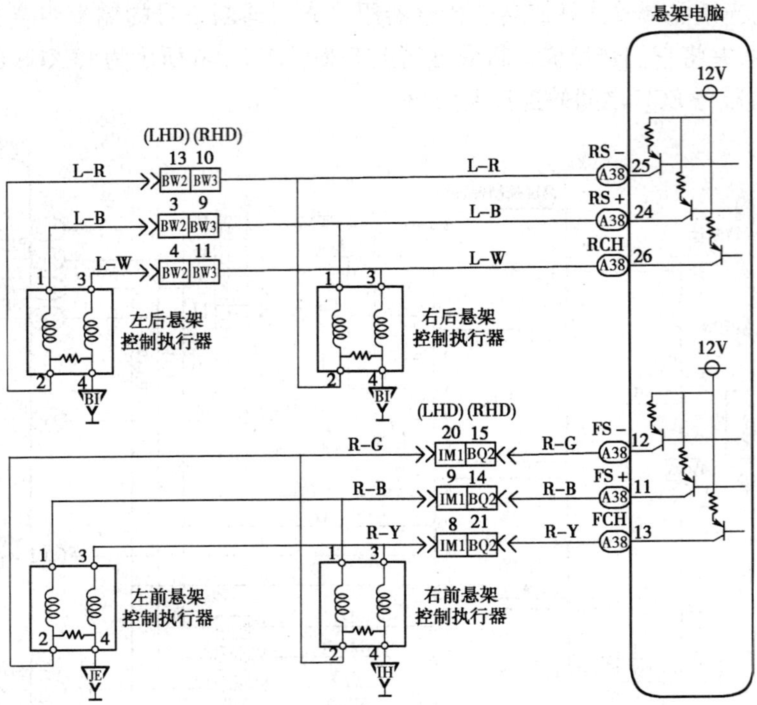

图 2-2-8 LEXUS LS400 悬架控制执行器电路

三、系统线路及连接

图 2-2-9 所示为 LEXUS LS400 电子控制空气悬架系统的线路连接图。图 2-2-10 为悬架系统 ECU 连接器。表 2-2-3 为 ECU 连接器各接线端子与 ECU 连接对象的对应关系。

ECU 连接器与连接元件对应关系 表 2-2-3

序号	代号	连 接 元 件	序号	代号	连 接 元 件
1	SLFR	1 号右高度控制阀	28	SS_2	转向传感器
2	SLRR	2 号右高度控制阀	29	SS_1	转向传感器
3	RCMP	1 号高度控制继电器	30	RM +	压缩机传感器
4	SHRL	左后高度控制传感器	31	L_2	发动机和 ECT ECU
5	SHRR	右后高度控制传感器	32	REG	IG 调节器
6	SHFL	左前高度控制传感器	33		
7	SHFR	右前高度控制传感器	34	CLE	高度控制连接器
8	NSW	高度控制 ON/OFF 开关	35		
9			36		
10	TSW	LRC 开关	37		
11	STP	停车灯开关	38	RM −	压缩机马达
12	SLFL	1 号左高度控制阀	39	+ B	悬架控制执行器电源
13	SLRL	2 号左高度控制阀	40	IGB	高度控制电源
14			41	BAT	备用电源
15			42		
16			43	SHLOAD	高度控制传感器
17			44	SHCLK	高度控制传感器
18			45	MRLY	2 号高度控制继电器
19			46	VH	高度控制“High”指示灯
20	DOOR	门控灯开关	47	VH	高度控制“Normal”指示灯
21	HSW	高度控制开关	48		
22	SLEX	排气阀	49	S +	前悬架控制执行器
23	L_1	发动机和 ECT ECU	50	FS −	前悬架控制执行器
24	L_3	发动机和 ECT ECU	51	FCH	前悬架控制执行器
25	T_C	TDCL 和检查连接器	52	IG	点火开关
26	T_S	检查连接器	53	GND	ECU 接地
27	SPD	汽车车速传感器	54	− RC	1 号高度控制继电器

续上表

序号	代号	连 接 元 件	序号	代号	连 接 元 件
55	SHG	高度控制传感器	60		
56			61		
57			62	RS +	后悬架控制执行器
58			63	RS –	后悬架控制执行器
59	VS	LRC 指标灯	64	RCH	后悬架控制执行器

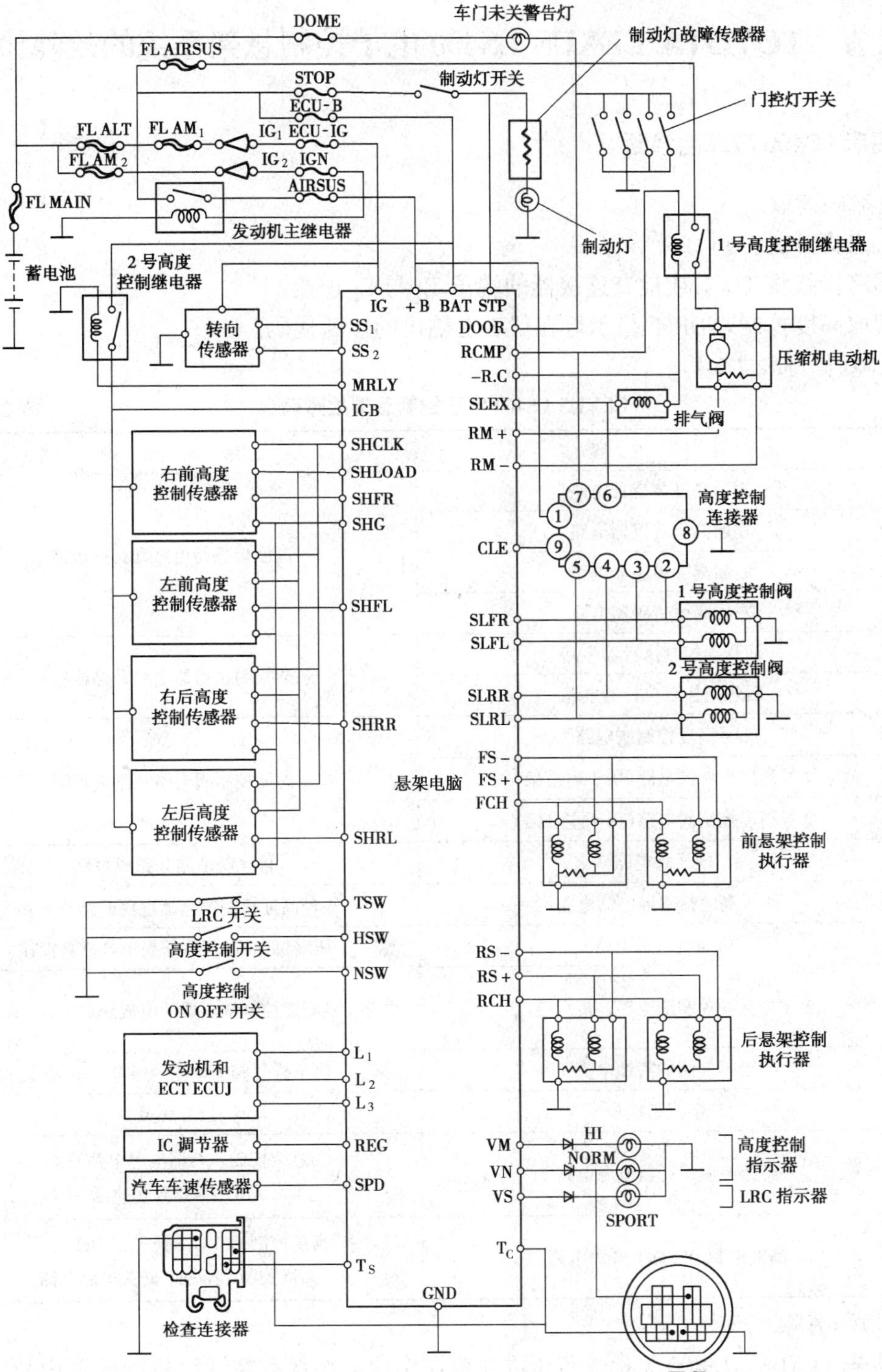

图 2-2-9 LEXUS LS400 悬架系统线路图

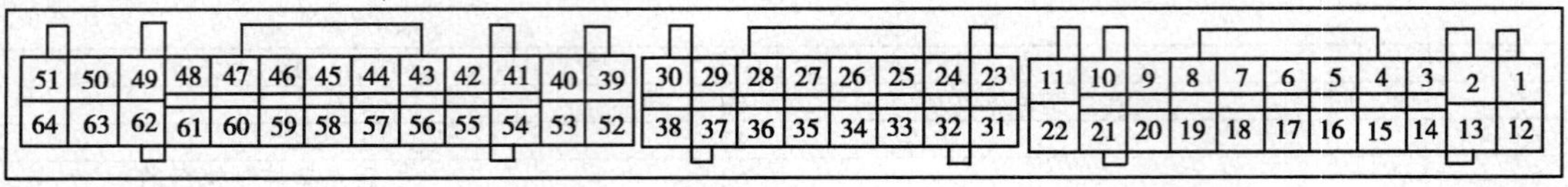

图 2-2-10 悬架系统 ECU 连接器

第二节 TOYOTA LEXUS LS400 电子控制悬架系统的故障诊断

一、凌志 LS400 故障自诊断

1．故障码读取

(1)将点火开关转到 ON。

(2)用跨接线将 TDCL 或检查连接器的端子 T_C 与 E_1 连接。

(3)读取高度控制“NORM”指示灯在仪表上输出的诊断代码。

2．故障码(见表 2-2-4)

LEXUS LS400 电子控制悬架故障码 表 2-2-4

代码	故 障 内 容	诊 断 结 论
11	右前高度传感器电路	高度传感器电路开路或短路
12	左前高度传感器电路	
13	右后高度传感器电路	
14	左后高度传感器电路	
21	前悬架控制执行器电路	悬架控制执行器电路开路或短路
22	后悬架控制执行器电路	
31	1 号高度控制阀电路	高度控制阀电路开路或短路
33	2 号高度控制阀电路(用于后悬架)	
34	2 号高度控制阀电路(用于左悬架)	
35	排气阀电路	排气阀电路开路或短路
41	1 号高度控制继电器电路	1 号高度控制继电器电路开路或短路
42	压缩机电机电路	压缩机电机短路;压缩机电机被锁住
51	至 1 号高度控制继电器的持续电流	供至 1 号高度控制继电器的电流约通电 8.5min 以上
52	至排气阀的持续电流	供至排气阀的电流约通电 6min 以上
61	悬架控制信号	ECU 失灵
72	悬架控制执行器电源电路	悬架控制执行器电源电路开路 AIR SUS 熔断丝烧断
71	高度控制 ON/OFF 开关电路	高度控制 ON/OFF 开关在 OFF 位置 高度控制 ON/OFF 开关电路开路

3．故障码清除

对于凌志 LEXUS LS400 无论进行 1 或 2 项操作均可将保存在计算机存储器内故障代码清除。

(1)在关断点火开关的情况下，拆下1号接线盒中的ECU—B熔断丝10s以上。

(2)在关断点火开关的情况下，用跨接线将高度控制连接器的端子9与端子8连接，同时使检查连接器的端子Ts与E_1连接。保持在这一状态10s以上，然后接通点火开关并脱开以上各端子。

4. 输入信号的检查

输入信号的检查，主要是动态检查各传感器和开关的信号是否正常输入悬架电脑。具体的方法如下：

(1)接通点火开关。

(2)将检查连接器的Ts端子与E_1端子短接，这时，车身高度控制"NORM"指示灯以0.25s的时间间隔闪烁，表示诊断系统已进入输入信号检查状态。当发动机运转时，车身高度控制"NORM"指示灯的闪烁将会停止。

(3)每个检查项目都在A状态和B状态下各检查一次，正常情况见表2-2-5。

悬架电控系统输入信号的检查 表2-2-5

检查项目	A状态	"NORM"灯状态		B状态	"NORM"灯状态	
		点火开关"ON"	发动机运行		点火开关"ON"	发动机运行
转向传感器	转向角为0	闪烁	常亮	转向角45°	常亮	闪烁
制动灯开关	不踩制动踏板	闪烁	常亮	踩下制动踏板	常亮	闪烁
门控灯开关	所有车门关闭	闪烁	常亮	所有车门打开	常亮	闪烁
节气门位置传感器	不踩加速踏板	闪烁	常亮	踩下加速踏板	常亮	闪烁
车速传感器	车速低于20km/h	闪烁	常亮	车速高于20km/h	常亮	闪烁
高度控制开关	NORM位置	闪烁	常亮	HIGH位置	常亮	闪烁
LRC开关	NORM位置	闪烁	常亮	SPORT位置	常亮	闪烁
高度控制ON/OFF开关	ON位置	闪烁	常亮	OFF位置	常亮	闪烁

说明：

(1)在进行输入信号检查时，悬架刚度和阻尼控制均固定在"硬"的状态，车身高度控制则仍可正常进行。

(2)在进行输入信号检查前，将检查连接器的T_C与E_1端子短接，如果高度控制"NORM"指示灯闪示故障码，则应按故障码所示检修故障电路；如果高度控制"NORM"指示灯不闪示故障码，则可进行输入信号检查操作。

二、故障检测

(一)车身位移传感器电路的故障检查

1. 检查车身位移传感器电源(插脚1与搭铁之间)电压

(1)拆开车身位移传感器插接器。

(2)点火开关转到"ON"。

(3)用电压表的正表笔接传感器插接器(线束侧)1号端子，负表笔接搭铁，测其电压。

正常情况应为蓄电池电压。

若不正常，检修2号高度控制继电器及有关的线束。

若为正常，进行下一步检查。

2. 检查传感器与悬架控制系统电脑之间的导线和插接器

(1)检查各线束插接器有无松动。

(2)拔开各线束插接器，检查其插脚有无锈蚀；用欧姆表检测有导线连接的两插脚之间的通路情况。

若不正常，修理或更换配线或插接器。

若为正常，进行下一步检查。

3. 检查车身位移传感器功能。

换上一只性能良好的车身位移传感器，看故障症状是否消除。

若能消除，更换车身位移传感器。

若不能消除，检查或更换悬架控制系统电脑。

(二)悬架控制执行器电路的故障检查

1. 检查悬架控制执行器电阻

(1)拔开执行器插接器。

(2)用欧姆表测量悬架控制执行器各端子的电阻。

各端子正常电阻值见表2-2-6。

悬架控制执行器各端子电阻值　　表2-2-6

端子	1—2	3—4	2—4
电阻	3～6Ω	3～6Ω	2.3～4.3kΩ

如果电阻值不正常，更换悬架控制执行器。

如果电阻值正常，进行下一步检查。

2. 检查悬架控制执行器的动作

在悬架控制执行器各端子施加蓄电池电压，检查执行器的工作情况。正常情况见表2-2-7。

施加蓄电池电压时的悬架控制执行器的工作情况　　表2-2-7

蓄电池连接的端子	1号(+)与2号(-)	3号(+)与4号(-)	1号(+)与2号(-)
执行器的位置	硬	中	软

注意：施加蓄电池电压不要超过1S。

若检查结果不正常，更换悬架控制执行器。

若检查结果正常，则进行下一步检查。

3. 检查悬架执行器线路和插接器

(1)检查执行器与电脑之间的线路和插接器。

(2)检查执行器的搭铁。

若检查结果发现问题，更换或修理线路和插接器。

若检查结果为正常，则应检查或更换悬架控制系统电脑。

(三)高度控制阀及排气阀电路的故障检查

1. 检查高度控制连接器各端子间电阻

用欧姆表测量高度控制连接器2、3、4、5、6端子与8号端子间的电阻。

正常的电阻值应为 9 ~ 15Ω。

若不正常，需检查相应的连接线路及高度控制阀，见步骤 3。

若为正常，进行下一步检查。

2. 检查高度控制阀是否工作

(1)接通点火开关(ON)。

(2)将高度控制连接器的 1 号端子与相应的端子连接，看汽车车身高度的变化情况。

正常情况见表 2-2-8。

高度控制连接器连接的端子与车身高度的变化 表 2-2-8

连接的端子	车身高度的变化	连接的端子	车身高度的变化
1—2—7	前右车身上升	1—4—6	后右车身降低
1—3—7	前左车身上升	1—5—6	后左车身降低
1—4—7	后右车身上升	1—2—3—7	汽车前部升高
1—5—7	后左车身上升	1—4—5—7	汽车后部升高
1—2—6	前右车身降低	1—2—3—6	汽车前部降低
1—3—6	前左车身降低	1—4—5—6	汽车后部降低

若检查结果正常，应检查高度控制阀与电脑之间的连线插接器，如果线路和插接器均良好，则应检查或更换悬架控制系统电脑。

若检查结果不正常，则进行下一步检查。

3. 检查高度控制阀电阻

(1)拔开控制阀的导线插头。

(2)用欧姆表测量控制阀各端子之间的电阻。

1 号高度控制阀检测的端子为 1—3、2—3；电阻值应为 9 ~ 15Ω。

2 号高度控制阀检测的端子为 1—4、2—4；电阻值应为 9 ~ 15Ω。

排气阀的两端子的电阻为 9 ~ 15Ω。

若电阻值不正常，更换高度控制阀。

若电阻值正常，进行下一步检查。

4. 检查高度控制阀的动作

将高度控制阀和排气阀的各端子之间加上蓄电池电压看控制阀是否动作(表 2-2-9)。

若为正常，检查高度控制阀或排气阀与高度控制连接器之间的线路和插接器。

若不正常，更换高度控制阀或排气阀。

加蓄电池电压检查阀的动作 表 2-2-9

检 测 的 阀	1 号高度控制阀		2 号高度控制阀		排气阀
施加电压的端子(“+”—“-”)	1—3	2—3	1—4	2—4	1—2
阀的动作	均可听到阀开闭的“咔哒”声				

(四)1 号高度控制继电器电路的故障检查

1. 检查悬架电脑 RCMP 与—RC 端子间的电阻

(1)拔开悬架电脑插接器。

(2)用欧姆表测量电脑插接器(线束侧)RCMP 与—RC 端子之间的电阻。

正常电阻值为 50 ~ 100Ω。

如果电阻正常，应检查或更换悬架电脑。

如果电阻不正常，进行下一步检查。

2. 检查1号高度控制继电器

(1)拆下1号高度控制继电器。

(2)用欧姆表测量继电器3—4端子之间的电阻。

正常电阻值为50～100Ω。

正常情况，继电器3—4之间接上蓄电池电压后，1—2端子之间应通路(电阻为0)。

如果检查电阻不正常，需要换1号高度控制继电器。

如果检查电阻正常，则需检查1号高度控制继电器与悬架电脑之间的线路和插接器。

(五)空气压缩机电机电路故障检查

1. 检查压缩机电机工作

(1)接通点火开关(ON)。

(2)将高度控制连接器的1、7号端子连接起来，以直接接通压缩机电机控制电路，看压缩机是否转动。

如果压缩机转动，进行下一步检查。

如果压缩机不转，则转第3步检查。

2. 检查悬架电脑RM+与RM-之间的电阻

(1)拆开悬架电脑插接器。

(2)用欧姆表测量悬架电脑RM+与RM-之间的电阻。

正常情况应是电阻很小(导通)。

若为正常，检查或更换悬架电脑。

若不正常，检修悬架电脑与压缩机电机之间的线路和插接器。如果线路和插接器均良好，则应更换压缩机电机。

3. 检查1号高度控制继电器各端子之间电阻

(1)拆下1号高度控制继电器。

(2)用欧姆表检测继电器1—2、3—4端子之间的电阻。

正常情况应为：

1—2端子之间的电阻为无穷大；3—4端子之间的电阻为50～100Ω。

若不正常，更换1号高度控制继电器。

若为正常，进行下一步检查。

4. 检查1号高度控制继电器1—2端子能否导通

将3—4端子加上蓄电池电压，检查1—2端子是否通路。

如果不能通路，更换1号高度控制继电器。

如果通路(电阻为0)，则进行下一步检查。

5. 检查压缩机电机

(1)拔开压缩机电机插接器。

(2)将电机两端子接上蓄电池电压，看压缩机转动与否。

如果压缩机不转，更换压缩机电机。

如果压缩机运转，则需检修蓄电池至继电器、继电器至压缩机、压缩机至搭铁之间的线路和插接器。

(六)1号高度控制继电器通电时间过长的故障诊断

故障诊断程序

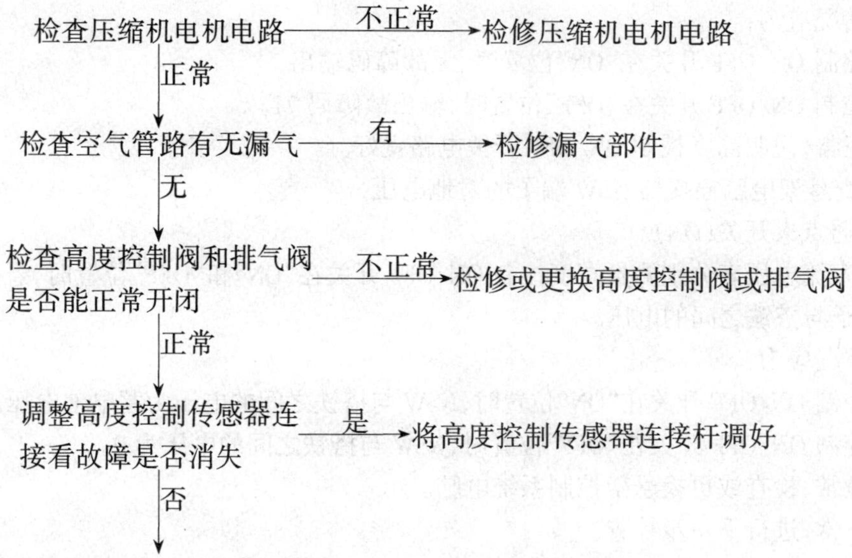

检修或更换有可能引起高度控制继电器通电时间过长的其他部件：

(1)空气管路堵塞。

(2)压缩机不良。

(3)溢流阀不良。

(4)高度控制传感器不良。

(5)高度控制阀或排气阀堵塞。

(6)悬架控制系统电脑。

(七)排气阀通电时间过长的故障诊断

故障诊断程序

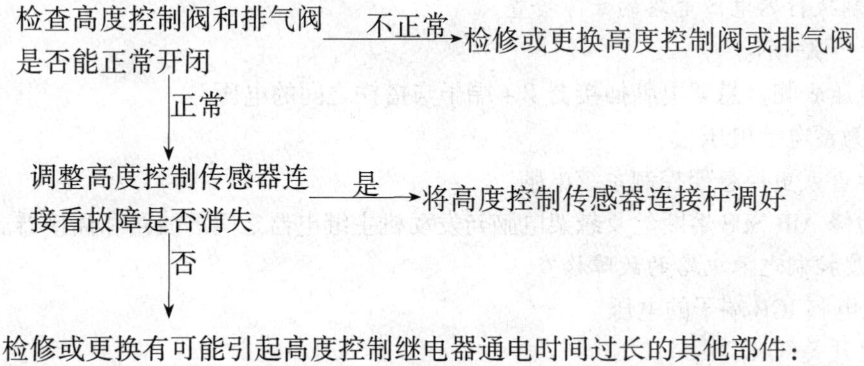

检修或更换有可能引起高度控制继电器通电时间过长的其他部件：

(1)空气管路堵塞。

(2)高度控制传感器不良。

(3)高度控制阀或排气阀堵塞。

(4)悬架控制系统电脑。

(八)高度控制 ON/OFF 开关电路故障检查

1. 检查故障码

(1)用导线将 TDCL 或检查连接器的 T_C 与 E_1 端子连接起来。

(2)接通点火开关(ON)。

(3)将高度控制 ON/OFF 开关拨至“ON”和“OFF”时,看故障码的输出情况。

正常情况应为:

高度控制 ON/OFF 开关在“ON”位置时,无故障码输出。

高度控制 ON/OFF 开关在“OFF”位置时,输出故障码 71。

若为正常,说明高度控制 ON/OFF 开关电路良好。

2. 检查悬架电脑插接器 NSW 端子的对地电压

(1)接通点火开关(ON)。

(2)用直流电压表分别测量高度控制 ON/OFF 开关在“ON”和“OFF”位置时,悬架电脑插接器 NSW 端子与搭铁之间的电压。

正常情况应为:

高度控制 ON/OFF 开关在“ON”位置时,NSW 与搭铁之间的电压为蓄电池电压。

高度控制 ON/OFF 开关在“OFF”位置时,NSW 与搭铁之间的电压为 0。

若为正常,检查或更换悬架控制系统电脑。

若不正常,进行下一步检查。

3. 检查高度控制 ON/OFF 开关

(1)拔开高度控制 ON/OFF 开关插接器。

(2)用欧姆表测量高度控制 ON/OFF 开关两端子之间的电阻。

正常情况应为:

高度控制 ON/OFF 开关在“ON”位置时,其两端子之间的电阻为∞(开路)。

高度控制 ON/OFF 开关在“OFF”位置时,其两端子之间的电阻为 0(导通)。

若不正常,更换高度控制 ON/OFF 开关。

若为正常,检查高度控制 ON/OFF 开关与悬架电脑、与搭铁之间的线路和插接器。如果线路或插接器有不良,予以修理或更换;如果线路和插接器均良好,则需检查或更换悬架电脑。

(九)悬架控制执行器电源电路的故障检查

(1)接通点火开关 ON。

(2)用直流电压表测量悬架电脑插接器 B+ 端子与搭铁之间的电压。

正常电压应为蓄电池电压。

若为正常,检查或更换悬架控制系统电脑。

若不正常,检修 AIR SUS 熔断丝及悬架电脑与发动机主继电器之间的线路和插接器。

(十)汽车高度控制电源电路的故障检查

1. 检查悬架电脑 IGB 端子的电压

(1)接通点火开关(ON)。

(2)用直流电压表测量悬架电脑 IGB 端子与搭铁之间的电压。

正常电压应为蓄电池电压。

若为正常,汽车高度控制电源电路无故障。

若不正常,进行下一步检查。

2. 检查悬架电脑的搭铁情况

(1)关闭点火开关(OFF)。

(2)用欧姆表测量悬架电脑 GND 端子与搭铁之间的电阻。

正常情况下,电阻值应为0(导通)。

若不正常,检修或更换电脑搭铁线路或插接器。

若为正常,进行下一步检查。

3. 检查悬架电脑IG端子对地电压

(1)接通点火开关(ON)。

(2)用直流电压表测量悬架电脑IG端子与搭铁之间的电压。

正常情况应为蓄电池电压。

若不正常,检查ECU—IG熔断丝或悬架电脑至点火开关之间的线路和插接器。

ECU—IG熔断丝的检查方法如下:

(1)拆下1号罩和左下衬垫。

(2)从1号接线盒上拔出ECU—IG熔断丝,检查其是否已熔断。

如果熔断丝已熔断,更换熔断丝,并检查与熔断丝连接的线路有无短路;如果熔断丝正常,则应检查悬架电脑至点火开关之间的线路和插接器。

若为正常,进行下一步检查。

4. 检查悬架电脑MRLY端子对地电压

(1)接通点火开关(ON)。

(2)用直流电压表测量电脑MRLY端子与搭铁之间的电压。

正常情况应为蓄电池电压。

若不正常,检查或更换悬架电脑。

若为正常,进行下一步检查。

5. 检查ECU-B熔断丝

从1号接线盒上拔出ECU-B熔断丝,检查其是否已熔断。

如果ECU-B熔断丝已熔断,更换熔断丝,并检查与熔断丝连接的线路有无短路。

如果ECU-B熔断丝正常,进行下一步检查。

6. 检查2号高度控制继电器

(1)拔下2号高度控制继电器。

(2)用欧姆表测量2号高度控制继电器1—3、2—4端子之间的电阻。

正常情况应为:

2—4端子之间电阻为∞(开路)。

1—3端子之间电阻为较小(导通)。

(3)在继电器1—3端子加蓄电池电压,检查2—4端子是否通路。

若不正常,更换2号高度控制继电器。

若为正常,检修电脑至继电器及继电器至蓄电池和搭铁的线路和插接器。

(十一)IC调节器电路的故障检查

1. 检查发电机发电情况

在点火开关接通和发动机运行时观察仪表板上充电指示灯的情况。

正常情况应为:

点火开关接通(ON)(发动机不运转)时,充电指示灯亮。

发动机运转时,充电指示灯熄灭。

若不正常,检查充电指示灯电路或发电机和调节器及其电路。

若为正常，进行下一步检查。

2．检查IC电路输入信号

(1)连接检查连接器的 T_S 和 E_1。

(2)在点火开关处于“ON”位置和发动机运行两种状态下，看高度控制“NORM”指示灯的情况。

正常情况应为：

点火开关在“ON”状态时，高度控制“NORM”指示灯常亮。

发动机运转状态时，高度控制“NORM”指示灯闪亮。

若为正常，IC调节器电路正常。

若不正常，进行下一步检查。

3．检查悬架电脑与发电机之间的线路和插接器

如果线路或插接器有断路或接触不良，修理或更换。

如果线路和插接器均良好，则需检查或更换悬架电脑。

(十二)LRC开关电路故障检查

LRC开关是悬架刚度和阻尼系数控制的手控选择开关。LRC拨到“SPORT”位置时接通，拨到“NORM”位置时关断。

1．检查LRC电路输入信号。

(1)连接检查连接器的 T_S 与 E_1 端子。

(2)接通点火开关(ON)。

(3)拨动LRC开关至“SPORT”位置和“NORM”位置时，看高度控制“NORM”指示灯的状况。

正常情况应为：

LRC开关在“NORM”位置时，高度控制“NORM”指示灯闪亮。

LRC开关在“SPORT”位置时，高度控制“NORM”指示灯长亮。

如果“NORM”指示灯的点亮状况正常，则说明：LRC开关电路无故障。

如果“NORM”指示灯一直闪亮，转到第三步检查LRC开关。

如果“NORM”指示灯一直长亮，进行下一步检查。

2．检查悬架电脑TSW端子的对地电压

(1)接通点火开关(NO)。

(2)在LRC开关拨至“NORM”和“SPORT”位置时，测量悬架电脑TSW端子与搭铁之间的电压。

正常情况应为：

LRC开关在“NORM”位置时，TSW与搭铁之间的电压为蓄电池电压。

LRC开关在“SPORT”位置时，TSW与搭铁之间的电压为0。

若为正常，LRC开关电路无故障。

若不正常，进行下一步检查。

3．检查LRC开关

(1)拔开LRC开关插接器。

(2)用欧姆表测量LRC开关3—4端子之间的电阻。

正常情况应为：

LRC开关在NORM位置时，3—4端子之间的电阻为∞。

LRC开关在SPORT位置时，3—4端子之间的电阻为0。

若不正常，更换 LRC 开关。

若为正常，检查悬架电脑与 LRC 开关及 LRC 开关至搭铁之间的线路和插接器。如果线路和插接器均无不良。则需检查或更换悬架电脑。

(十三)高度控制开关电路的故障检查

1. 检查高度控制开关电路输入信号

(1)连接检查连接器的 T_S 与 E_1 端子。

(2)接通点火开关(ON)。

(3)拨动高度控制开关至"HIGH"位置和"NORM"位置时，看高度控制"NORM"指示灯的状况。

正常情况应为：

高度控制开关在"NORM"位置时，高度控制"NORM"指示灯闪亮。

高度控制开关在"HIGH"位置时，高度控制"NORM"指示灯长亮。

如果"NORM"指示灯的点亮状况正常，则说明高度控制开关电路无故障。

如果"NORM"指示灯一直闪亮，转至 3 步检查高度控制开关。

如果"NORM"指示灯一直长亮，进行下一步检查。

2. 检查悬架电脑 HSW 端子的对地电压

在高度控制开关拨至"NORM"和"HIGH"位置时，测量悬架电脑 HSW 端子与搭铁之间的电压。

正常情况应为：

高度控制开关在"NORM"位置时，HSW 与搭铁之间的电压为蓄电池电压。

高度控制开关在"HIGH"位置时，HSW 与搭铁之间的电压为 0。

若为正常，高度控制开关电路无故障。

若不正常，进行下一步检查。

3. 检查高度控制开关

(1)拔开高度控制开关插接器。

(2)用欧姆表测量高度控制开关 5—6 端子之间的电阻。

正常情况应为：

高度控制开关在"NORM"位置时，5—6 端子之间的电阻为∞。

高度控制开关在"HIGH"位置时，5—6 端子之间的电阻为 0。

若不正常，更换高度控制开关。

若为正常，检修悬架电脑与高度控制开关与高度控制开关至搭铁之间的线路和插接器。如果线路和插接器均无不良，则需检查或更换悬架电脑。

(十四)制动灯开关电路故障的检查

1. 检查制动灯的工作情况

踩下制动踏板，制动灯应亮；放松制动踏板时，制动灯应熄灭。

若不正常，检查制动灯电路。

若为正常，进行下一步检查。

2. 检查制动灯开关电路输入信号

(1)连接检查连接器的 T_S 与 E_1 端子。

(2)接通点火开关(ON)。

(3)在踩下制动踏板和松开制动踏板时,看高度控制“NORM”指示灯的状况。

正常情况应为:

踩下制动踏板时,高度控制“NORM”指示灯长亮。

松开制动踏板时,高度控制“NORM”指示灯闪亮。

如果“NORM”指示灯的点亮状况正常,则说明制动灯开关电路无故障。

如果“NORM”指示灯一直闪亮,转至4步检查。

如果“NORM”指示灯一直长亮,进行下一步检查。

3. 检查悬架电脑STP端子的对地电压

(1)接通点火开关(ON)。

(2)在踩下或松开制动踏板时,测量悬架电脑STP端子与搭铁之间的电压。

正常情况应为:

踩下制动踏板时,STP与搭铁之间的电压为蓄电池电压。

松开制动踏板时,STP与搭铁之间的电压为0。

若为正常,制动灯开关电路无故障。

若不正常,进行下一步检查。

4. 检查制动灯开关与悬架电脑之间的线路和插接器

若为正常,检查或更换悬架电脑

若不正常,检修悬架电脑与制动灯开关之间的线路和插接器。

(十五)转向传感器电路的故障检查

1. 检查转向传感器信号输入

(1)连接检查连接器的T_S与E_1端子。

(2)接通点火开关(ON)。

(3)在不转和转动转向盘角度大于45°时,看高度控制“NORM”指示灯的状况。

正常情况应为:

转向盘转角小于45°时,高度控制“NORM”指示灯长亮。

转向盘转角大于45°时,高度控制“NORM”指示灯闪亮。

如果“NORM”指示灯的点亮状况正常,则说明转向传感器电路无故障。如果“NORM”指示灯一直闪亮,转至3步检查。

如果“NORM”指示灯一直长亮,进行下一步检查。

2. 检查悬架电脑SS_1和SS_2端子的对地电压

(1)接通点火开关(ON)。

(2)在慢慢转动转向盘时,测量悬架电脑SS_1和SS_2端子与搭铁之间的电压。

正常情况应为:SS_1和SS_2与搭铁之间的电压在0~5V之间变化。

若为正常,转向传感器电路无故障。

若不正常,进行下一步检查。

3. 检查转向传感器1—2端子之间的电压

(1)拔开转向传感器插接器。

(2)接通点火开关(ON)。

(3)用直流电压表测量转向传感器插接器(线束侧)1—2端子之间的电压。

正常情况应为:蓄电池电压。

若不正常，检修蓄电池至转向传感器及转向传感器至搭铁的线路和插接器。

若为正常，进行下一步检查。

4．检查转向传感器

(1)拔开转向传感器插接器。

(2)将转向传感器插接器1—2端子之间加上蓄电池电压(1接+，2接-)。

(3)在慢慢转动转向传感器的旋转件时，测量转向传感器插接器10、11端子与2号端子之间的电阻。

正常情况应为：电阻值在0~∞之间变化。

若不正常，更换转向传感器。

若为正常，检修转向传感器至悬架电脑之间的线路和插接器，如果线路和插接器均良好，则需检查或更换悬架电脑。

(十六)节气门位置传感器电路故障检查

凌志LS400悬架控制系统通过发动机与ECT电脑的L_4、L_2、L_3端子取得节气门开度及开启速度信号，以此作为控制车身俯仰的基本信号。

1．检查节气门位置传感器电路信号输入

(1)连接检查连接器的T_S与E_1端子。

(2)接通点火开关(ON)。

(3)在发动机不转，踩下加速踏板或放松加速踏板时，看高度控制"NORM"指示灯的状况。

正常情况应为：

加速踏板完全松开时，高度控制"NORM"指示灯闪亮。

加速踏板全部踩下时，高度控制"NORM"指示灯长亮。

如果"NORM"指示灯的点亮状况正常，则说明节气门位置传感器电路无故障。

如果"NORM"指示灯一直闪亮，转至3步检查。

如果"NORM"指示灯一直长亮，进行下一步检查。

2．检查悬架电脑L_1、L_2、L_3的对地电压

(1)接通点火开关(ON)。

(2)加速踏板从完全放松到全部踩下过程中，测量悬架电脑L_4、L_2、L_3端子与搭铁之间的电压。

正常情况应为：

L_1端子与搭铁之间的电压变化：5V⟷0V。

L_2端子与搭铁之间的电压变化：5V⟷0V⟷5V。

L_3端子与搭铁之间的电压变化：5V⟷0V⟷5V⟷0V⟷5V。

若为正常，说明节气门位置传感器电路无故障。

若不正常，进行下一步检查。

3．检查发动机和ECT电脑插接器(线束侧)与搭铁之间的电压

(1)拔开发动机与ECT电脑插接器。

(2)测量发动机与ECT电脑插接器(线束侧)L_4、L_2、L_3端子与搭铁之间的电压。

正常电压约为5V。

若不正常，检修悬架电脑至发动机与ECT电脑之间的线路的插接器，如果线路和插接器均良好，则应检查或更换悬架电脑。

若为正常，进行下一步检查。

4. 换上一只确认是良好的悬架电脑，看故障是否消失

如果故障消失，检查或更换悬架电脑。

如果故障依旧，检查或更换发动机与ECT电脑。

(十七)车速传感器电路故障

车速传感器输出的信号经组合仪表送入悬架电脑的SPD端子。

1. 检查车速传感器输入信号

(1)连接检查连接器的T_S和E_1端子。

(2)起动发动机。

(3)以20km/h以上和20km/h以下的车速行驶时，观察高度控制"NORM"指示灯的点亮状况。

正常情况应为：

车速在20km/h以下时，高度控制"NORM"指示灯长亮。

车速在20km/h以上时，高度控制"NORM"指示灯闪亮。

若为正常，车速传感器电路无故障。

若不正常，进行下一步检查。

2. 检查车速表电路

若不正常，修理或更换线路、插接器或组合仪表总成。

若为正常，检查或更换悬架电脑。

(十八)门控灯开关电路的检查

门控灯开关在车门打开时接通，因此，只要有一扇车门未关好，悬架电脑的DOOR端子电压就为0。这时，悬架电脑不进行点火开关"OFF"控制。当所有车门都关好时，悬架电脑的DOOR端子就加上了蓄电池电压。

1. 检查车门未关警告灯的工作情况

正常情况应为：

所有车门都关闭时，车门未关警告灯应该熄灭。

每一扇车门打开时，车门未关警告灯都应亮起。

若不正常，检查车门未关警告灯电路。

若为正常，进行下一步检查。

2. 检查门控灯开关电路信号输入

(1)连接检查连接器的T_S和E_1端子。

(2)在所有车门都关闭和每一扇车门打开时，观察高度控制"NORM"指示灯的点亮状况。

正常情况应为：

每一扇车门打开时，高度控制"NORM"指示灯长亮。

所有车门都关闭时，高度控制"NORM"指示灯闪亮。

若高度控制"NORM"指示灯的点亮状况正常，说明门控灯开关电路无故障。

若高度控制"NORM"指示灯始终闪亮，转至第4步检查。

若高度控制"NORM"指示灯始终长亮，进行下一步检查。

3. 检查悬架电脑DOOR端子对地电压

(1)接通点火开关(ON)。

(2)分别在所有车门都关闭和每一扇车门打开时,测量悬架电脑 DOOR 端子与搭铁之间的电压。

正常情况应为:

所有车门都关闭时,悬架电脑 DOOR 端子与搭铁之间应为蓄电池电压。

每一扇车门打开时,悬架电脑 DOOR 端子与搭铁之间的电压为 0。

若为正常,门控灯开关电路无故障。

若不正常,检修悬架电脑与门控灯开关之间的线路和插接器。如果线路和插接器都良好,则需检查或更换悬架电脑。

(十九)T_C 端子电路的故障检查

1. 检查 TDCL 或检查连接器 T_C 与端子之间的电压

接通点火开关,用直流电压表测量检查连接器 T_C 与 E_1 端子之间的电压。

正常电压应为蓄电池电压。

若为正常,T_C 端子电路无故障。

若不正常,进行下一步检查。

2. 检查 TDCL 和检查连接器的 E_1 端子至搭铁之间的线路和插接器

若不正常,修理或更换线路或插接器。

若为正常,检修悬架电脑至 TDCL 和检查连接器之间的线路和插接器,如果线路插接器均无问题,则需检查或更换悬架电脑。

(二十)T_S 端子电路故障检查

1. 检查 TDCL 或检查连接器 T_S 与 E_1 端子之间的电压

接通点火开关(ON),用直流电压表测量检查连接器 T_S 与 E_1 端子之间的电压。

正常电压约为 10V。

若为正常,T_S 端子电路无故障。

若不正常,进行下一步检查。

2. 检查 TDCL 和检查连接器的 E_1 端子至搭铁之间的线路和插接器

若不正常,修理或更换线路或插接器。

若为正常,检修悬架电脑至 TDCL 和检查连接器之间的线路和插接器,如果线路插接器均无问题,则需检查或更换悬架电脑。

小　结

1. LEXUS LS400 采用电控主动空气悬架系统,具有阻尼力调节、车身高度调节功能。

2. LEXUS LS400 电控悬架系统采用的传感器有:车身高度传感器、转向盘转角传感器、节气门位置传感器、车速传感器、压缩机传感器、门控灯开关、制动开关、高度控制开关、LRC 开关、高度控制 ON/OFF 开关、IC 调节器信号等。

3. LEXUS LS400 电控悬架系统采用的执行器有:1 号高度控制继电器、排气阀、压缩机、1 号高度控制阀、2 号高度控制阀、前悬架控制执行器、后悬架控制执行器、高度控制及 LRC 指示器、诊断接口等。

4. LEXUS LS400 电控悬架系统电脑具有自诊断功能。

5. 各传感器信号的检测要点:信号电压是否正常;传感器是否正常;信号线是否正常;电

源、地线是否正常;电脑是否正常。

6. 各执行器的检测要点:执行元件能否动作;导线是否导通;执行元件是否正常、电脑是否发出信号;电脑是否正常。

实训要求

1. 实训内容

(1)分析 LEXUS LS400 电控悬架系统的电路图。

(2)LEXUS LS400 电控悬架系统的电路检测。

(3)LEXUS LS400 电控悬架系统的故障诊断。

2. 实训的目的和要求

(1)能够分析 LEXUS LS400 电控悬架系统的电路。

(2)能够进行 LEXUS LS400 电控悬架系统的电路检测。

(3)能够进行 LEXUS LS400 电控悬架系统的故障自诊断,并能够分析故障码的含义。

复习思考题

一、判断题

1. LEXUS LS400 电控悬架系统的压缩机在点火开关接通后常运转。 ( )

2. LEXUS LS400 车门未关紧,在点火开关接通后,车身会自动升高。 ( )

3. LEXUS LS400 电控悬架系统的每个车身高度传感器均由一个槽盘和 4 对遮光器组成,其上有 5 个引脚。 ( )

4. LEXUS LS400 电控悬架系统的节气门位置传感器信号直接进入电脑。 ( )

5. LEXUS LS400 电控悬架系统的车身高度下降时,电脑不仅使高度控制阀通电,而且还使排气阀通电将气压缸内的空气排出。 ( )

二、选择题

1. 关于 LEXUS LS400 电控悬架系统,当车身高度需上升时,甲认为电脑的 RCMP 端子发出信号,使 1 号高度控制继电器接通,压缩机运转;乙认为电脑使高度控制电磁阀通电打开,将压缩空气引入气压缸,使车身上升。您认为 ( )

A. 甲正确; B. 乙正确; C. 甲乙均正确; D. 甲乙均不正确

2. LEXUS LS400 电控悬架系统的电脑储存故障码:12,甲认为应更换左前车身高度传感器;乙认为应更换电脑。您认为 ( )

A. 甲正确; B. 乙正确; C. 甲乙均正确; D. 甲乙均不正确

3. 关于 LEXUS LS400 电控悬架系统的高度控制阀,甲认为 1 号高度控制阀用于后悬架控制;乙认为它有一个电磁阀同时控制左右两个气压缸。您认为 ( )

A. 甲正确; B. 乙正确; C. 甲乙均正确; D. 甲乙均不正确

4. 关于 LEXUS LS400 电控悬架系统,甲认为其转向传感器信号有左右之分;乙认为其车身高度传感器信号有正负之分。您认为 ( )

A. 甲正确；　B. 乙正确；　C. 甲乙均正确；　D. 甲乙均不正确

5. 关于 LEXUS LS400 电控悬架系统，甲认为其排气电磁阀的控制信号为占空比式电压信号；乙认为高度控制电磁阀为开关式。您认为　（　）

A. 甲正确；　B. 乙正确；　C. 甲乙均正确；　D. 甲乙均不正确

三、简答题

1. LEXUS LS400 电控悬架系统采用哪几个传感器？
2. LEXUS LS400 电控悬架系统的执行器有哪些功能？
3. 说明 LEXUS LS400 电控悬架系统的故障自诊断方法。
4. 说明 LEXUS LS400 电控悬架系统电脑各端口检测数据的意义。

第三章　日产风度轿车电子控制悬架系统

学习目标

1. 掌握日产风度 A32 轿车电控悬架系统的总体结构。
2. 掌握日产风度 A32 轿车电控悬架系统的电路图。
3. 掌握日产风度 A32 轿车电控悬架系统的故障自诊断方法。
4. 了解日产风度 A32 轿车电控悬架系统故障码的含义。
5. 掌握日产风度 A32 轿车电控悬架系统的电路的检测方法。
6. 能够分析和运用日产风度 A32 轿车电控悬架系统电脑端口检测数据。

第一节　日产风度(NISSAN CEFIRO)轿车电子控制悬架系统的组成与工作原理

1. 总体结构

日产风度 A32 轿车电子控制悬架系统的总体结构如图 2-3-1 所示。

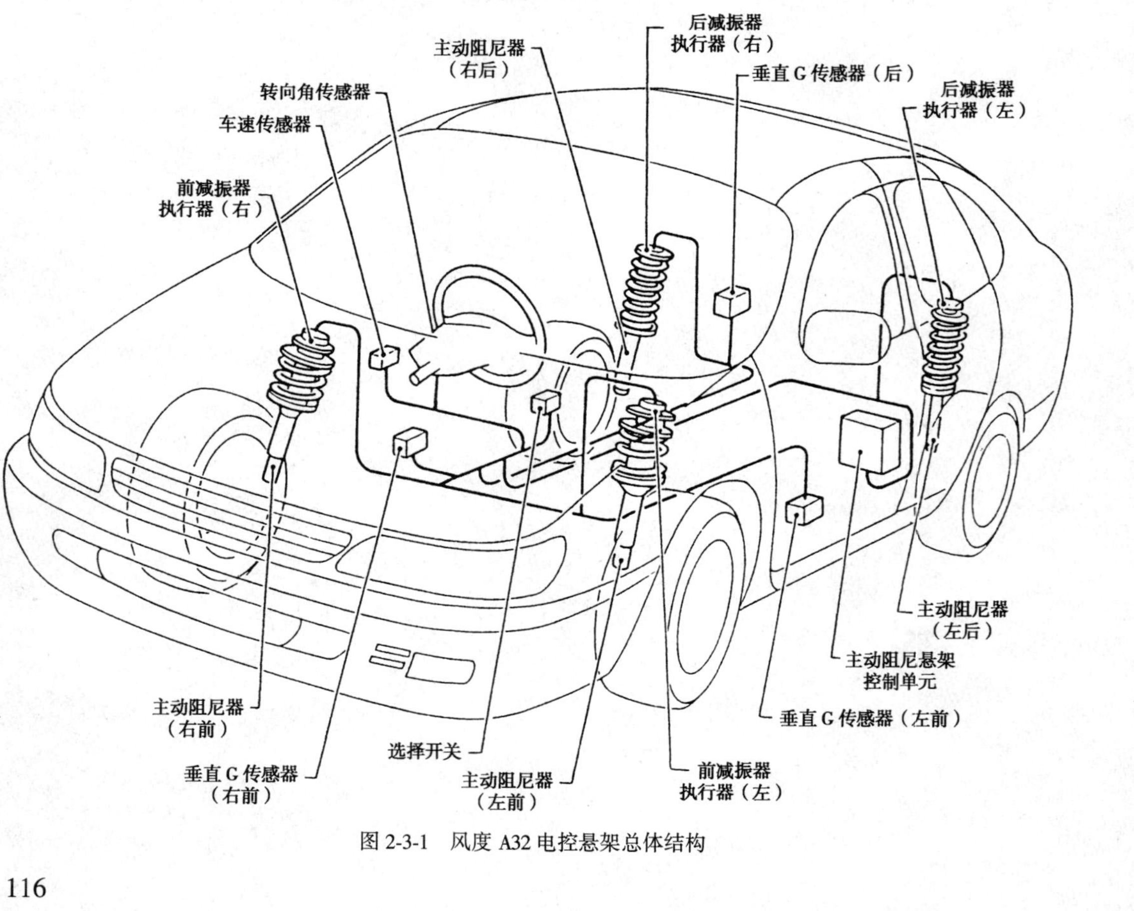

图 2-3-1　风度 A32 电控悬架总体结构

2.工作原理

日产风度 A32 轿车电子控制悬架系统的组成如图 2-3-2 所示。

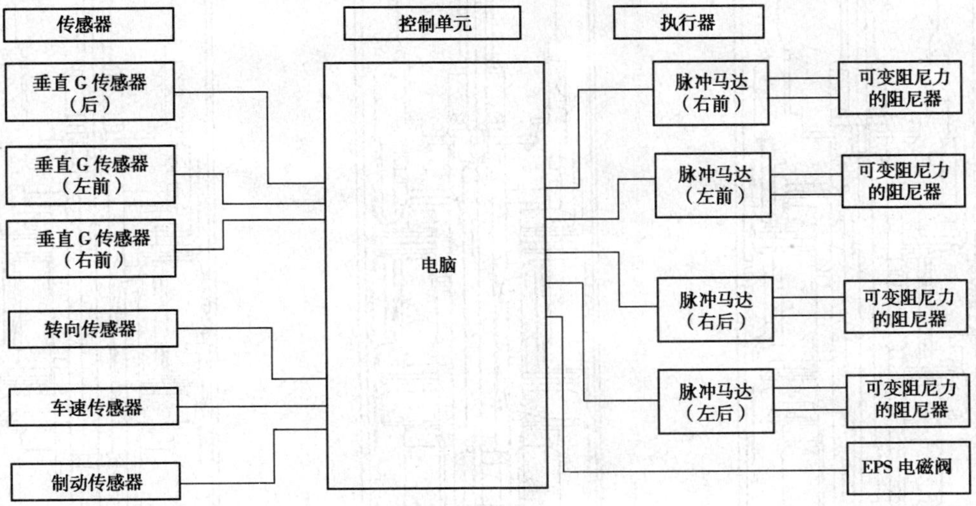

图 2-3-2　风度 A32 电控悬架系统组成

日产风度 A32 轿车电子控制悬架系统减振器的结构如图 2-3-3 所示,其工作原理如图 2-3-4 所示。

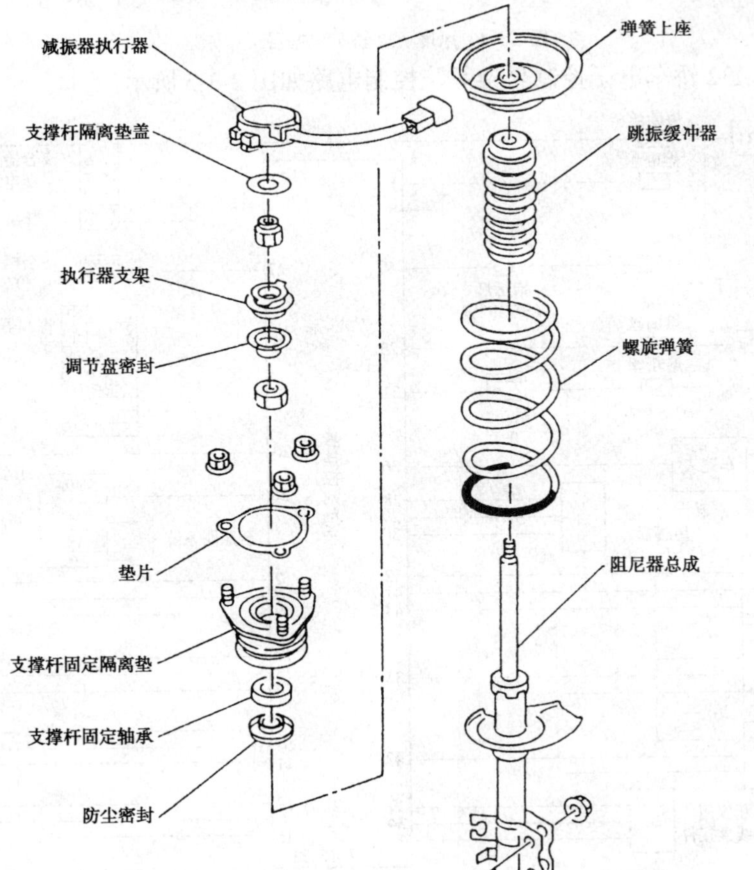

图 2-3-3　风度 A32 轿车电子控制悬架系统减振器结构

3．控制电路

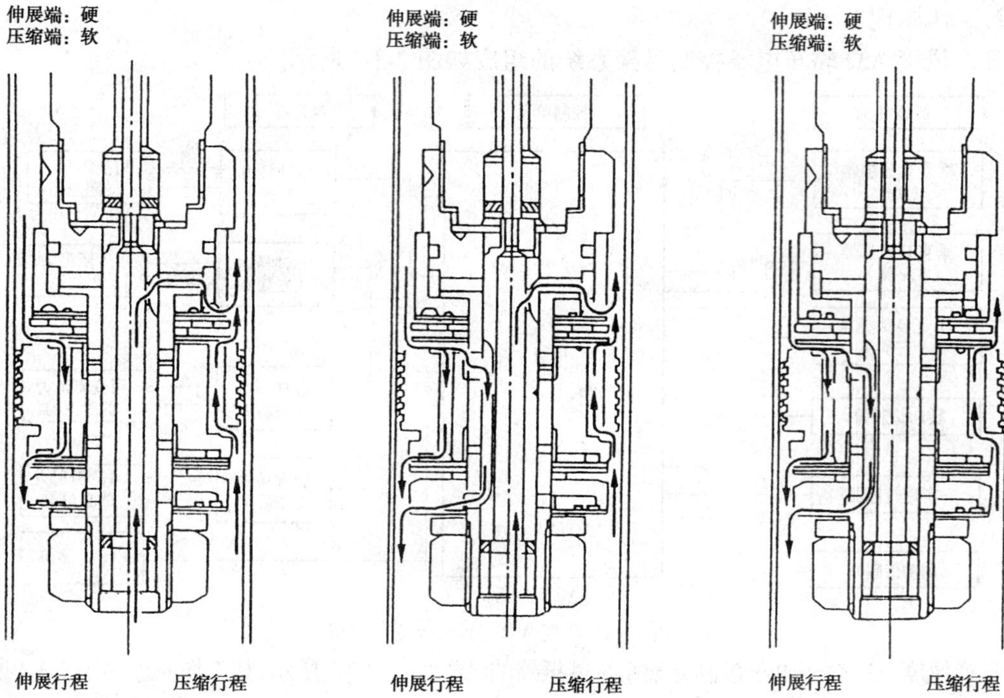

图 2-3-4　风度 A32 轿车减振器工作原理

日产风度 A32 轿车电子控制悬架系统控制电路如图 2-3-5 所示。

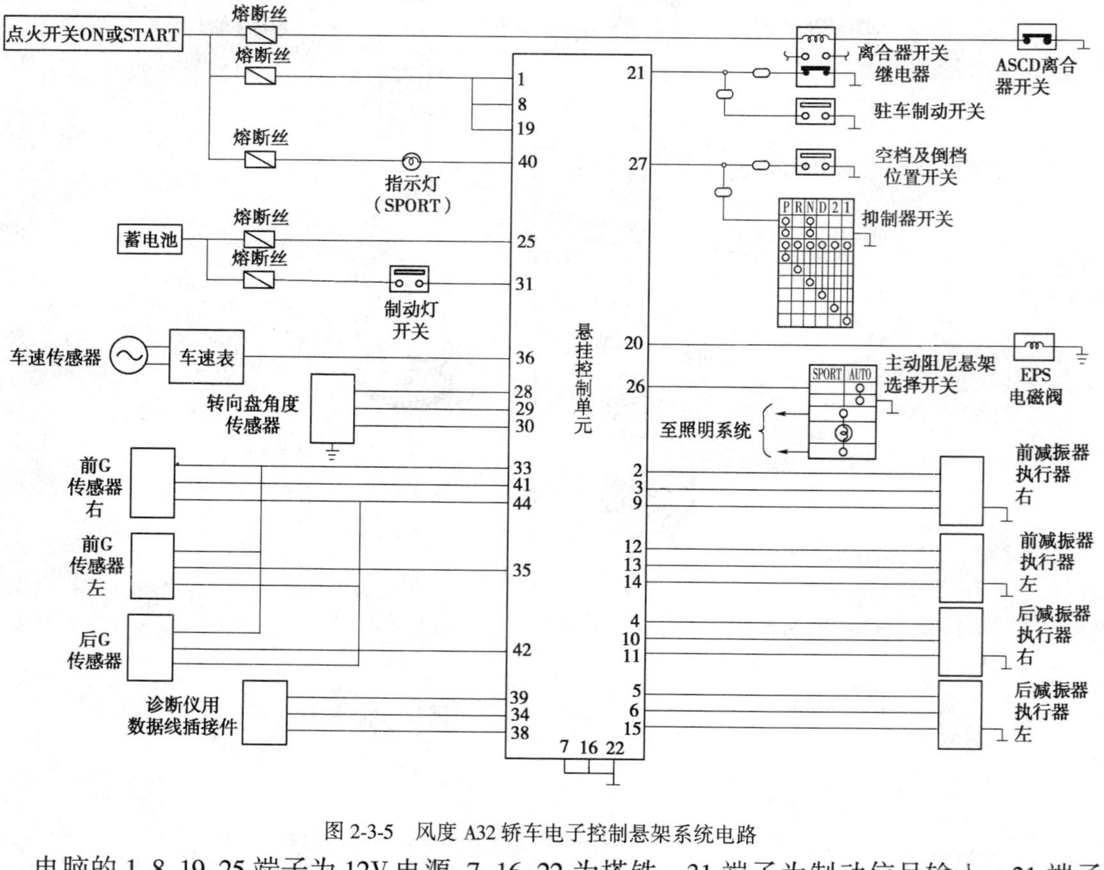

图 2-3-5　风度 A32 轿车电子控制悬架系统电路

电脑的 1、8、19、25 端子为 12V 电源，7、16、22 为搭铁。31 端子为制动信号输入。21 端子为驻车制动信号或离合器开关信号输入。27端子自动变速器开关信号输入。26端子为悬架阻尼选择开关信号输入。36端子为车速信号输入。29端子为转向盘转角信号输入。41、35、42端子分别为右前、左前、后G传感器信号输入。20端子为EPS电磁阀控制信号输出。2、3、9端子为右前减振器执行器控制信号输出。12、13、14为左前减振器执行器控制信号输出。4、10、11为右后减振器执行器控制信号输出。5、6、15为左后减振器执行器控制信号输出。

第二节　日产风度(NISSAN CEFIRO)轿车电子控制悬架系统的故障诊断

1. 自诊断

自诊断系统可在无诊断仪的情况下使用。用此系统可通过SPORT(运动)指示灯指示自诊断信息。

自诊断步骤:

(1)关掉点火开关。

(2)将选择杆放在“P”(A/T)或将换档杆放在“N”(M/T),并拉上驻车制动。

(3)起动发动机。

(4)快速将悬架选择开关从“SPORT(运动)”转至“AUTO(自动)”,然后再反过来,如此操作在10s内至少5次。

按上述操作2~3s,指示灯将亮,这不是自诊断指示。

(5) 执行下列步骤,输入相应信号。

(6) 从中间位置左右转动转向盘180°。

①踩下制动踏板。

②松开驻车制动(A/T)。

③踩下离合器踏板(M/T)。

④以此顺序将选择杆放在“P”,“N”,“D”,“N”,“P”位置(A/T)。

以此顺序将选择杆放在“N”,“1st”和“N”位置(M/T)。

⑤ 拉驻车制动,然后松开(A/T)。

(7)松开制动踏板。

(8)松开驻车制动(M/T)。

(9) 向前移动车辆5m以上。

如有故障,将由仪表中的阻尼悬架指示灯指示。

指示灯闪烁,依次以相应的代码11~15,然后是21~23表示故障区域。所有项目指示完毕后2s,指示灯将再次重复所有项目的闪亮顺序。

所有项目均正常时,指示灯以1/4Hz的频率[ON(2s),OFF(2s)]闪亮。

显示模式:

第1位数字“ON”(0.6s)

第2位数字“ON”(0.3s)

自诊断显示项目如下:

故障码	诊 断 项 目
11	车速传感器
12	转向角传感器
13	转向角(中间)传感器
14	制动灯开关
15	抑制器开关(A/T)、驻车制动开关(A/T)、空档位置开关(M/T)、离合器开关(M/T)
21	G传感器(右前)
22	G传感器(左前)
23	G传感器(后)

用下列三种方法之一可取消自诊断功能。

(1)关闭点火开关。

(2)车速大于30km/h行驶。

(3)连接诊断仪。

按下述方法清除存储器中的自诊断数据：

当执行自诊断时，踩下制动踏板5次以上，并变换选择开关位置5次以上，踩下踏板和变换开关必须在10s内完成。

2．故障检测

风度A32轿车电子控制悬架系统各元件和线束插接件布置如图2-3-6所示。

电子控制悬架系统电脑端口如图2-3-7所示。

风度A32轿车电子控制悬架系统电脑的检测方法及数据，见表2-3-1。

风度A32轿车电子控制悬架系统电脑检测 表2-3-1

<table>
<tr><th colspan="2">端 口 号</th><th rowspan="2">元 件</th><th rowspan="2">检 测 条 件</th><th rowspan="2">数 据</th></tr>
<tr><th>+</th><th>−</th></tr>
<tr><td>1,8
19,25</td><td rowspan="15">7,
16
或
22
或
地线</td><td>电源</td><td>蓄电池电压</td><td>蓄电池电压(约12V)</td></tr>
<tr><td>2,12
4,5</td><td>减振器执行器</td><td>将选择开关设在“SPORT”
将选择开关设在“AUTO”</td><td>约12V
约12V</td></tr>
<tr><td>3,13
10,6</td><td></td><td>将选择开关设在“SPORT”
将选择开关设在“AUTO”</td><td>约12V
约0V</td></tr>
<tr><td>9,14
11,15</td><td></td><td>将选择开关设在“SPORT”
将选择开关设在“AUTO”</td><td>约0V
约12V</td></tr>
<tr><td>7,16
22</td><td>地线</td><td colspan="2">——</td></tr>
<tr><td>20</td><td>EPS电磁阀</td><td>在0km/h(OMPH)时
在100km/h(82MPH)时
的故障—安全时</td><td>约1.1V
约0.5V
0.13～0.23V</td></tr>
<tr><td rowspan="2">21</td><td>驻车制动开关(A/T)</td><td>接上驻车制动
松开驻车制动</td><td>电瓶电压(约12V)
0V</td></tr>
<tr><td>离合器开关(M/T)</td><td>踩下离合器踏板
松开离合器踏板</td><td>0V
电瓶电压(约12V)</td></tr>
<tr><td>26</td><td>选择开关</td><td>“SPORT(运动)”
“AUTO(自动)”</td><td>约5V
0V</td></tr>
<tr><td rowspan="2">27</td><td>抑制器开关(A/T)</td><td>换档杆在“P”或“N”位置
换档杆在其他任意位置</td><td>0V
电瓶电压(约12V)</td></tr>
<tr><td>空档位置开关(M/T)</td><td>换档杆在“N”位置
换档杆在其他任意位置</td><td>0V
电瓶电压(约12V)</td></tr>
</table>

续上表

端口号 +	端口号 −	元件	检测条件	数据
28,29		转向角传感器	从中间位置左右慢慢转动转向盘	重复0到5V
30		制动灯开关	转向盘置于中间位置	约5V
31			松开制动踏板	0V
			踩下制动踏板	电瓶电压(约12V)
33	44或地线	G传感器电源	约5V	
35,41,42		G传感器	约2.5V	
36	7,16,22或地线	车速传感器	在极低速时	约重复大于0V小于5V的电压
40		指示灯(SPORT)	将选择开关设在“SPORT”	0V
			将选择开关设在“AUTO”	电瓶电压(约12V)

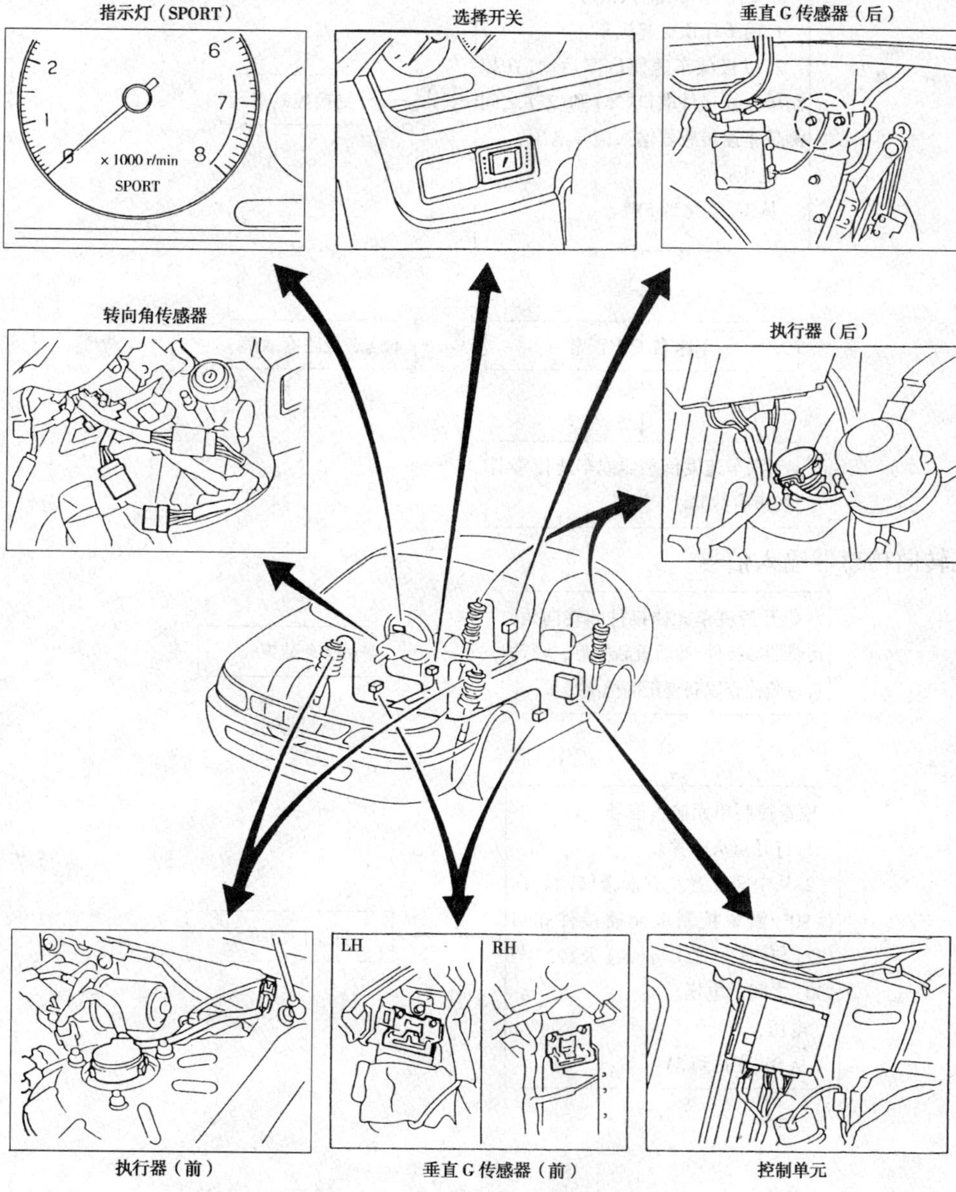

图2-3-6　风度A32轿车电控悬架系统电气元件布置

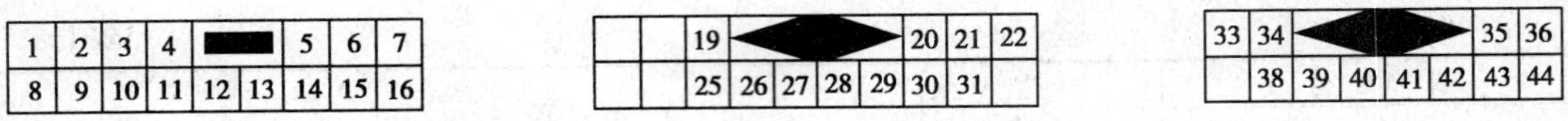

图 2-3-7　风度 A32 轿车电控悬架电脑端口

3.风度 A32 轿车电子控制悬架系统常用检测如下:

(1)无车速传感器输入信号

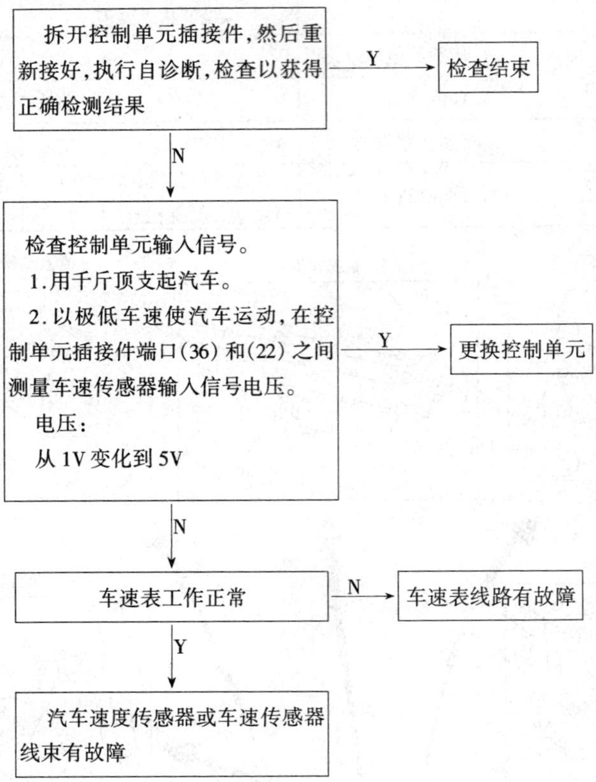

(2)无转向传感器输入信号

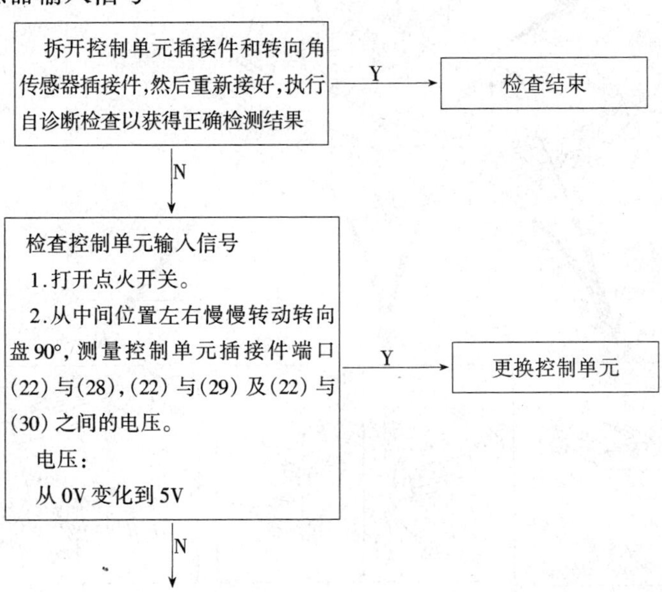

检查转向角传感器输出信号

1. 打开点火开关。

2. 从中间位置左右慢慢转动转向盘90°以上，测量控制单元插接件端口(75)与(81)，(75)与(82)及(75)与(83)之间的电压。

电压：

从0V变化到5V

→ Y：控制单元到转向角传感器线束有故障

↓ N

检查转向角传感器供电线路

1. 打开点火开关。

2. 从中间位置左右慢慢转动转向盘90°以上，测量转向角传感器插接件端口(80)与车身地线之间的电压。

电压：

电瓶电压

→ N：供电线路有故障。更换转向角传感器并修理有故障的供电线路。再次执行自诊断

↓ Y

检查转向角传感器接地线路，检查转向角传感器插接件端口(75)与车身地线之间导通性。应导通

→ Y：更换转向角传感器

↓ N

地线线束故障

(3)无制动灯开关输入信号

拆开控制单元插接件，然后重新接好，执行自诊断，检查以获得正确检测结果

→ Y：检查结束

↓ N

检查控制单元输入信号。

1. 打开点火开关。

2. 测量控制单元插接件端口(31)与(32)之间的电压。

电压：

踩下制动踏板：约12V

松开制动踏板：0V

→ N：控制单元到制动灯开关线束有故障

↓ Y

当踩下制动踏板时，检查制动灯发光

→ Y：控制单元或控制单元电路有故障

↓ N

电瓶到制动灯开关线束或制动灯开关有故障

(4)无抑制器开关输入信号(A/T)

拆开控制单元插接件,然后重新接好,执行自诊断,检查以获得正确检测结果

Y → 检查结束

N ↓

检查控制单元输入信号。

1.打开点火开关。

2.测量控制单元插接件端口(27)与(22)之间的电压。

电压:

选档杆在“N”或“P”:0V

选档杆在其他位置:约12V

Y → 转至检查6

N ↓

抑制器开关或线束有故障

(5)无空档位置开关输入信号(M/T)

拆开控制单元插接件,然后重新接好,执行自诊断,检查以获得正确检测结果

Y → 检查结束

N ↓

检查控制单元输入信号。

1.打开点火开关。

2.测量控制单元插接件端口(27)与(22)之间的电压。

电压:

换档杆在“N”:0V

换档杆在其他位置:约12V

Y → 转至检查7

N ↓

空档位置开关或线束有故障

(6)无驻车制动开关输入信号(A/T)

拆开控制单元插接件,然后重新接好,执行自诊断,检查以获得正确检测结果

Y → 检查结束

N ↓

检查控制单元输入信号。

1.打开点火开关。

2.测量控制单元插接件端口(21)与(22)之间的电压。

电压:

拉上驻车制动:0V

松开驻车制动:约12V

Y → 更换控制单元

N ↓

驻车制动开关或线束有故障

(7)无离合器开关输入信号(M/T)

拆开控制单元插接件，然后重新接好，执行自诊断，检查以获得正确检测结果

- Y → 检查结束
- N ↓

检查控制单元输入信号。

1.打开点火开关。

2.测量控制单元插接件端口(21)与(22)之间的电压。

电压：

踩下离合器踏板：0V

松开离合器踏板：约12V

- Y → 更换控制单元
- N ↓

离合器开关或线束有故障

(8)无G传感器输入信号

拆开控制单元和G传感器插接件，然后重新接好，执行自诊断，检查以获得正确检测结果

- Y → 检查结束
- N ↓

检查控制单元G传感器供电线路。

1.打开点火开关。

2.测量控制单元插接件端口(33)与(44)之间的电压。

电压：

约5V

- N → 控制单元或控制单元接地线路有故障
- Y ↓

检查控制单元G传感器输入信号。测量控制单元插接件端口(44)与(35)，(44)与(41)，(44)与(42)之间的电压。

电压：

约2.5V

- Y → 更换控制单元
- N ↓

检查G传感器输出信号

1.打开点火开关。

2.测量G传感器插接件端口(3)与(1)及(3)与(2)之间的电压。

电压：

(3)—(1)

约5V

(3)—(2)

约2.5V

- N → 更换G传感器
- Y ↓

控制单元至G传感器线路有故障

4.常见故障诊断步骤：

(1)仪表板中的指示灯不亮

拆开控制单元插接件，然后重新接好，执行自诊断，检查以获得正确检测结果

Y → 检查结束

N ↓

检查供电线路
1.打开点火开关。
2.测量控制单元插接件端口(19)与车身地线之间电压。
电压：
蓄电池电压

N → 供电线路有故障

Y ↓

检查选择开关线路
1.拆下控制单元插接件。
2.检查控制单元车身线束插接件端口(26)与车身地线之间的导通性。
电压：
AUTO：应不导通
SPORT：应导通

N → Ⓐ

Y ↓

检查指示灯线路
将控制单元车身线束插接件端口(40)与车身地线短接，检查指示灯是否亮

N → Ⓑ

Y ↓

检查控制单元搭铁线路
检查控制单元车身线束插接件端口(22)与车身地线之间的导通性。
应导通

N → 控制单元搭铁线路有故障

Y ↓

更换控制单元

Ⓐ ↓

检查选择开关线路
检查控制单元车身线束插接件端口(26)与选择开关车身线束插接件端口(1)之间的导通性

Y → 控制单元到选择开关线束有故障

Y ↓

检查选择开关搭铁线路
检查控制单元车身线束插接件端口(2)与车身地线之间的导通性。
应导通

Y → 选择开关搭铁线路有故障

Y ↓

更换选择开关

Ⓑ

检查指示灯线路
检查控制单元车身线束插接件端口(40)与指示灯车身线束插接件端口(35)之间的导通性

N → 控制单元到指示灯线束有故障

Y ↓

检查指示灯
检查指示灯仪表线束插接件端口(41)与(35)之间的导通性

N → 更换指示灯

Y ↓

供电线路有故障

(2)减振器过硬和过软

拆开控制单元和减振器执行器插接件,然后重新接好。执行自诊断,检查以获得正确检测结果

N → 检查并修理有故障部位

Y ↓

检查减振器执行器工作
1.将诊断系统设定在自诊断模式。
2.将选择开关设在"AUTO",然后上下移动车身,检查每个减振器的阻尼力是否高。试验时,应松开制动踏板

Y → Ⓐ

N ↓

检查减振器执行器
1.打开点火开关。
2.测量减振器插接件端口(1)与(2),(2)与(3)及(3)与(1)之间的电阻。
电阻:约6.5Ω

N → 更换减振器执行器

Y ↓

Ⓑ

↓

检查控制单元输出线路
1.将诊断系统设定在自诊断模式。
2.将选择开关设定在"AUTO",然后测量各控制单元线束插接件端口(2),(3),(9),(12),(13),(14),(4),(10),(11),(5),(6)和(15)与车身地线之间的电压。将选择开关设定在"SPORT",再测量上述端口与车身地线间的电压

选择开关	端口号	电压V(约)
自动	(2)、(3)、(12)、(13) (4)、(10)、(5)、(6)	12
	(9)、(14)、(11)、(15)	0
运动	(2)、(9)、(12)、(14) (4)、(11)、(5)、(15)	12
	(3)、(13)、(10)、(6)	0

N → 更换控制单元

Y ↓

检查减振器执行器输入信号

1.将诊断系统设定在自诊断模式。

2.拆开执行器插接接件。

3.将选择开关设定在“AUTO”，然后测量减振器执行器车身线束插接件端口(1)，(2) 或 (3) 与车身地线之间的电压。将选择开关设定在“SPORT”，再测量上述端口与车身地线间的电压

选择开关	端口号	电压 V(约)
自动	(1)、(2)	12
	(3)	0
运动	(1)、(3)	12
	(2)	0

N → 控制单元到执行器的线束有故障

Y ↓

©

↓

检查减振器执行器动作

1.从支撑杆上拆下执行器。

2.将诊断系统设定在自诊断模式。

3.将选择开关设定在“AUTO” 或“SPORT”，且踩下或松开制动踏板时，按左图所述检查执行器动作

N → 更换执行器

Y ↓

检查减振器控制杆。

用手指捏住控制杆，然后转 2 至 3 圈，以检查在无间隙时转动是否灵活

N → 更换减振器

Y ↓

1.安装执行器并执行自诊断。

2.打开点火开关，使执行器位置初始化，然后再次执行自诊断，以检查执行器运作(参见 B)

Y → 检查结束

N ↓

1.更换新的执行器，然后执行自诊断。

2.打开点火开关，使执行器位置初始化，然后再次执行自诊断，以检查执行器运作。(参见 B)

Y → 更换执行器

N ↓

更换减振器

Ⓐ ↓

检查乘座舒适性是否改善

N → 更换减振器

Y ↓

检查结束

小 结

1. 日产风度 A32 电控半主动悬架系统具有阻尼力调节功能。

2. 日产风度 A32 电控半主动悬架系统用感器、加速度传感器(左前、右前、后)、转向传感器、车速传感器、制动开关、抑制器开关、选择开关等。

3. 日产风度 A32 电控半主动悬架系统的执行器为可变阻尼减振器,EPS 电磁阀也受悬架系统电脑控制。

4. 日产风度 A32 电控半主动悬架系统电脑具有自诊断功能。

5. 各传感器的检测要点:传感器是否正常,信号是否正常,电源,搭铁是否正常,信号线是否正常,电脑是否正常。

6. 各执行器检测要点:执行元件是否正常,执行元件能否动作,电脑是否发出信号,电脑是否正常。

实 训 要 求

1. 实训内容

(1)分析日产风度 A32 轿车电控悬架系统电路图。

(2)日产风度 A32 轿车电控悬架系统的电路检测。

(3)日产风度 A32 轿车电控悬架系统的故障诊断。

2. 实训的目的和要求

(1)能够对日产风度 A32 轿车电控悬架系统的电路进行分析。

(2)能够进行日产风度 A32 轿车电控悬架系统的故障自诊断,并分析故障码的含义。

(3)能够进行日产风度 A32 轿车电控悬架系统的电路检测。

复习思考题

一、判断题

1. 日产风度 A32 轿车电控悬架系统电脑贮存故障信息后,减振器阻尼力会保持在最大状态。 ( )

2. 转向盘位于中间位置时,转向传感器信号电压为 5V。 ( )

3. G 传感器的信号为脉冲电压。 ( )

4. 如果日产风度 A32 轿车电控悬架系统工作不正常,那么电脑一定储存了故障信息。 ( )

5. 日产风度 A32 轿车电控悬架系统没有装用车身高度传感器,因此其控制精度较低。 ( )

二、选择题

1. 关于日产风度 A32 轿车电控悬架系统 G 传感器,甲认为它需要一个 12V 工作电压,乙

认为它的输出信号是频率信号。您认为 (　　)

A. 甲正确；　B. 乙正确；　C. 甲乙均正确；　D. 甲乙均不正确

2. 关于日产风度 A32 轿车电控悬架系统电脑，甲认为它的 12V 工作电压由点火开关控制；乙认为它的搭铁回路只要有一条良好就可以正常工作。您认为 (　　)

A. 甲正确；　B. 乙正确；　C. 甲乙均正确；　D. 甲乙均不正确

3. 关于日产风度 A32 轿车电控悬架系统电脑故障码：21，甲认为应更换电脑；乙认为应更换右前 G 传感器。您认为 (　　)

A. 甲正确；　B. 乙正确；　C. 甲乙均正确；　D. 甲乙均不正确

4. 关于日产风度 A32 轿车电控悬架系统的减振器执行器，甲认为是步进电机式结构；乙认为其控制信号是占空比信号。您认为 (　　)

A. 甲正确；　B. 乙正确；　C. 甲乙均正确；　D. 甲乙均不正确

5. 关于日产风度 A32 轿车电控悬架系统，甲认为转向传感器信号用于 EPS 电磁阀控制，与减振器阻尼控制无关；乙认为两后轮减振器执行器是同步动作的。您认为 (　　)

A. 甲正确；　B. 乙正确；　C. 甲乙均正确；　D. 甲乙均不正确

三、简答题

1. 说明日产风度 A32 轿车电控悬架系统用哪些传感器？各起什么作用？
2. 说明日产风度 A32 轿车电控悬架系统执行器是怎样工作的。
3. 说明日产风度 A32 轿车电控悬架系统自诊断方法。
4. 说明日产风度 A32 轿车电控悬架系统电脑各端口检测数据的意义。

第三篇　汽车安全气囊系统(SRS)

第一章　汽车安全气囊系统(SRS)的结构与原理

学习目标

1．了解安全气囊系统的功用及发展方向。

2．掌握安全气囊系统的组成及分类。

3．掌握SRS工作原理、工作过程及有效作用范围。

4．掌握电子式安全气囊系统的组成。

5．掌握碰撞传感器的分类及结构原理。

6．知道SRS警告灯的原理及功用。

7．掌握SRS电气连接件的结构特点。

8．掌握SRS气囊组件的结构原理。

9．掌握复合充气泵的结构原理。

10．掌握点火器的结构原理。

11．掌握SRS气囊的引爆条件。

12．能独立分析SRS电路图。

第一节　汽车安全气囊系统的组成与分类

一、安全气囊系统的功用

在汽车行驶过程中，由于一些意外交通情况的出现和机械故障的发生，往往会导致交通事故。由于交通事故发生的意外性，发生时间极短，驾乘人员不可能有反应时间来主动保护自己，只有采用被动安全保护装置来减少事故对人体的伤害。现代汽车在驾驶员前面转向盘中央普遍装有安全气囊，以减少汽车发生正面碰撞时由于巨大的惯性力对驾驶员所造成的伤害。有些汽车在驾驶员副座前的杂物箱上端也装有安全气囊，以保护乘客免受伤害。还有些汽车同时装有侧向安全气囊，在汽车发生侧向碰撞时，也能使侧向气囊充气，以减少侧向碰撞时对驾乘人员的伤害。当汽车发生正面或侧向碰撞事故时，安全气囊控制系统检测到冲击力超过设定值时，安全气囊ECU立即接通充气元件中的电雷管电路，点燃电雷管内的点火介质，引燃点火药粉和气体发生剂，产生大量气体，在0.03s的时间内即将气囊充气使气囊急剧膨胀，冲破转向盘，缓冲对驾乘人员的冲击，随后又将气囊中的气体放出。实验和实践证明，汽车装用安全气囊后，汽车发生碰撞事故对驾乘人员的伤害程度大大减小。

安全气囊是美国机械工程师约翰·赫准克于1953年发明的。直到1971年才由日本本田汽车公司开始引进生产和试车使用。1973年，美国通用公司为1000辆非洲羚羊牌轿车安装了安全气囊系统；1974年作为所有高级轿车的选装件。1984年，美国联邦政府将汽车被动安全装置纳入法规，到1990年配置率要求达到100%。进入20世纪90年代，安全气囊得到飞速发展，1997年美国客车装车率达到100%，全世界达到80%。进入21世纪，安全气囊系统将更为普及，并向着智能化方向发展。

二、安全气囊的分类

汽车安全气囊系统(Supplemental Restraint System，简称SRS)，可按如下方式分类：

1. 按传感器类型分类

(1)机械式安全气囊系统。机械式安全气囊系统不需用电源，没有电子电路和电路配线，全部零件组装在转向盘装饰盖板下面，检测碰撞动作和引爆点火剂都是利用机械动作来完成的。机械式安全气囊系统最初是由日本的丰田汽车公司采用。

(2)电子式安全气囊。电子式安全气囊系统有两种布置方式，早期的电子式传感器在汽车的前端部安装，气囊引爆装置安装在转向盘上，前端传感器需要引线连接。现在各制造商都在致力开发整体式安全气囊，它是把电子式传感器后移，和点火引爆装置作为一个整体安装在转向盘上，可以取消线束，消除了由于线路短路或断路导致气囊失效的故障。

2. 按保护对象的不同分类

(1)驾驶员防撞安全气囊。驾驶员防撞安全气囊装在转向盘上，美式安全气囊体积较大，约60L，这是按没有座椅安全带设计的。欧式安全气囊按有驾驶员座椅安全带设计的，其体积较小，约40L。日本车一般配有安全带多采用欧式，近年来，由于安全气囊的生产成本下降，日本车系所采用气囊的规格有所增加。

(2)乘员防撞安全气囊。由于乘员在车内位置不固定，因此为保护其撞车时免受伤害，设计的安全气囊体积也较大。美式的约160L左右，欧式的约75L左右。有些车上还配有后排乘员防撞安全气囊，装在前排座椅后面。

(3)侧面防撞安全气囊。装在车门上，当汽车遭受侧面碰撞时，防止乘员受到侧面撞击。

3. 窗帘式安全气囊与智能型安全气囊

在发生侧向碰撞时，侧面安全气囊能在瞬间充气膨胀，以保护乘员头部的安全。安装在车门上的侧面安全气囊同时对胸及腰部也起到保护作用。但是，侧向安全气囊膨胀时，向上方延伸，对头部起到保护作用；但同时把乘员的手臂向上牵动，有可能造成肩膀脱臼。这就要求限制安全气囊的尺寸，这样一来，在车辆碰撞时，由于头部会在前后方向发生位移，不能保护头部。因此有些车系(如宝马)设计成管形安全气囊，充气后与侧窗成横斜方向展开，与乘员的身高相配合。

(1)窗帘式安全气囊。由于管形安全气囊不能全部覆盖侧窗，所以，玻璃的碎片可能击入车内刺伤乘员。把以窗帘状展开的气囊称为窗帘式安全气囊。窗帘式安全气囊在车辆侧面碰撞时，与侧面安全气囊同时展开。其位于A柱与车顶纵梁的内衬中。窗帘式安全气囊还尚未在汽车上大批量使用。

(2)智能型安全气囊。为了减轻安全气囊的副作用,丰田汽车公司对正面碰撞安全气囊作出改进,并在研制新一代安全气囊,即智能型安全气囊。具有如下功能:

①检测乘员是否系上安全带;

②检测乘员乘坐位置;

③检测儿童座椅;

④调控安全气囊充气膨胀力;

⑤检测座椅上是否有乘员;

⑥检测气温。

(3)多级安全气囊用充气膨胀器。多级安全气囊充气膨胀器可以根据汽车的行驶速度和车辆的碰撞程度不同,分三个阶段调节充气膨胀力。车速越高,撞击程度越大,充气膨胀力越大。

三、安全气囊系统的组成和工作原理

(一)安全气囊系统的基本组成

电子式安全气囊系统的组成部件分布在汽车的不同位置,各型汽车所采用部件的结构和数量有所不同,但其基本组成和工作原理都大致相同。系统的基本构成如图 3-1-1 所示,气囊组件装置在转向盘中,气囊组件包括 SRS 气囊、气体发生器和点火器等;副驾驶座气囊装在杂物箱上侧,用一塑料盖板遮住。前碰撞传感器分别安装在驾驶室间隔板左、右侧及中部;中心的安全气囊传感器与电子控制装置(SRS 的 ECU)安装在一起;系统故障指示灯在仪表板上。

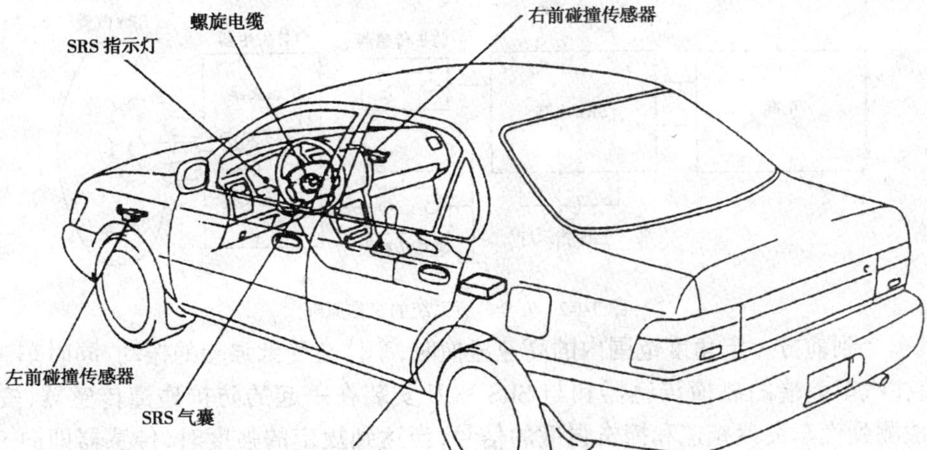

图 3-1-1　安全气囊的基本组成

1. 安全气囊组件

安全气囊组件由充气装置、气囊、外壳等组成。

(1)充气装置。充气装置与气囊组合为一体安装在转向盘支架上,由气体发生剂、火药、雷管、过滤器和外壳等组成。碰撞发生后,雷管引燃火药,产生高温,使气体发生剂迅速生成大量气体,经过滤后充入气囊,使气囊瞬间展开。

(2)气囊。气囊安装在充气装置上部,用塑料盖板护住。气囊一般由尼龙制成,上面有一些排气孔,充气结束后,排气孔立即排气使气囊变软,这样起到缓冲作用以减轻对驾乘人员的伤害。

2. 气囊传感器

气囊传感器包括前碰撞传感器、中央传感器和安全传感器，用来检测碰撞减速力、碰撞强度，作为电子控制装置计算气囊是否动作的参数。

3. 电子控制装置(ECU)

电子控制装置是 SRS 的控制中心，其功能是接受传感器输入的信号，判断是否启动安全气囊系统。并进行故障自诊断。

电子控制装置由稳压电路、备用电源电路、系统侦测电路、点火控制和驱动电路、触发传感器、记忆电路和故障自诊断电路等部分组成。

(二)安全气囊系统的工作原理

当汽车行驶中遭受到正面碰撞或侧面碰撞时，安全气囊系统的工作原理基本相同。现以图 3-1-2 所示的正面碰撞为例，说明安全气囊系统的工作原理。

当物体受到作用时间极短的力时，会因此而改变其运动状态，这种现象在物理上叫做碰撞。

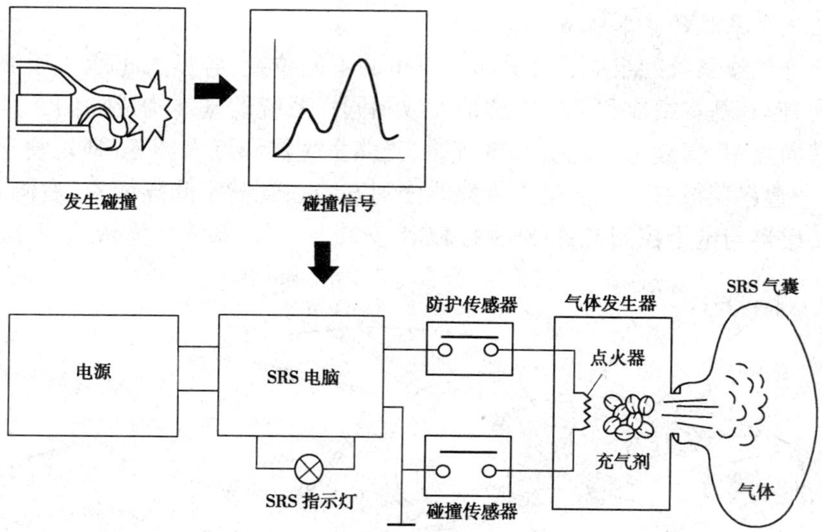

图 3-1-2　安全气囊系统的工作原理

当汽车受到前方一定角度范围内的高速碰撞时，车体会受到强烈的振动，同时车速急剧下降。安装在汽车前端的碰撞传感器和与 SRS ECU 安装在一起的防护碰撞传感器(安全传感器)就会检测到汽车突然减速和撞击强度的信号，当达到规定的强度时，传感器即向 SRS ECU 发出信号。SRS ECU 接收到信号后，与其原存储信号进行比较，若达到气囊的展开条件，则由驱动电路向安全气囊组件中的气体发生器送去启动信号。气体发生器接到启动信号后，引爆电雷管引燃气体发生剂，产生大量气体，经过滤并冷却后进入安全气囊，使气囊在极短的时间内突破衬垫迅速展开，在驾驶员或乘客的前部形成弹性气垫，并及时泄漏、收缩，将人体与车内构件之间的碰撞变为弹性碰撞，通过气囊产生的变形吸收人体碰撞产生的动能，从而有效地保护人体头部和胸部，使之免于伤害或减轻伤害程度。

(三)安全气囊系统的工作过程

1. 电子控制装置的工作过程

安全气囊系统的全部工作过程完全是由 SRS ECU 的程序控制的，按照人们事先设计的工作程序和步骤逐条执行的。其工作程序框图如图 3-1-3 所示。

汽车的点火开关处于ON位时，安全气囊系统就开始工作。首先是SRS ECU电子电路的复位，然后对系统进行自检工作，有专门的自检程序对各传感器、引爆装置、RAM、ROM、电源等部件逐个进行检查。如有故障发生，启动故障灯显示子程序，使系统警告灯点亮以提醒驾驶员注意，驾驶员可以按相应的操作程序读取故障码，查出故障部位所在。

如果没有发现故障，启动传感器采集子程序，对所有的传感器进行巡回检测。如果没有发生碰撞，程序又返回到自检子程序。如果一直没有发生碰撞，则程序就这样循环下去。

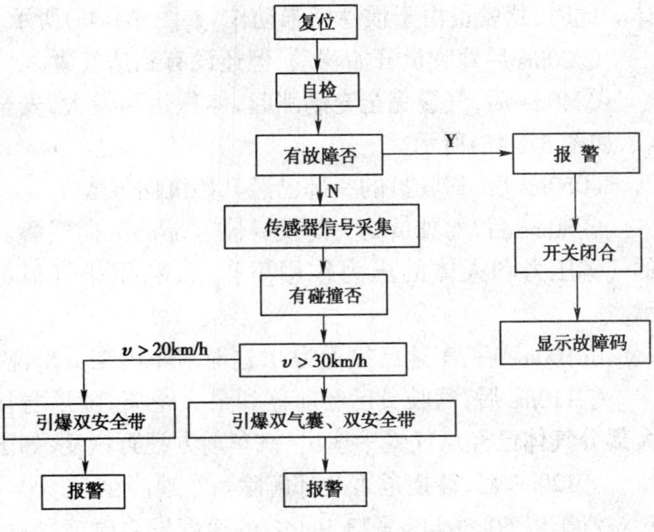

图3-1-3 安全气囊系统的工作程序

对于两次动作安全气囊系统，当发生碰撞时，经SRS ECU的判别，碰撞速度小于30km/h时，SRS ECU发出引爆双安全带收紧器的指令，点燃双安全带收紧器的点火器，拉紧双安全带，保护乘员，并发出光电指令。如果碰撞速度大于30km/h时，则SRS ECU发出指令引爆安全带收紧器，同时引爆安全气囊点火器，使气囊展开，并发出光电报警指令；如果在较大速度碰撞后，主电源断线，电源监控器自动启动备用电源，支持整个系统工作，并使报警系统工作至备用电源耗尽。

2. 安全气囊系统的工作过程

图3-1-4为某汽车在速度为50km/h时与前面障碍物相撞时，安全气囊的引爆过程。

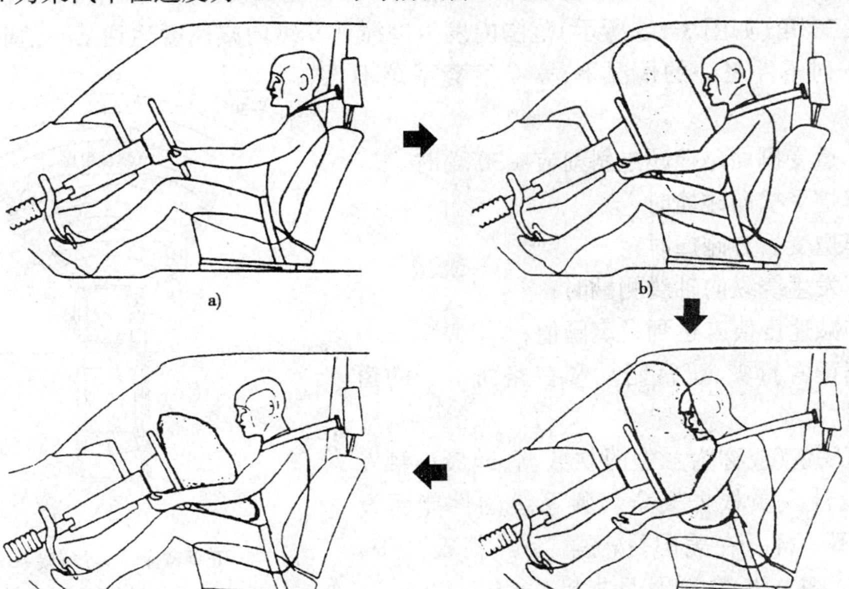

图3-1-4 安全气囊的动作时序

①碰撞10ms后，安全气囊系统达到引爆极限，电雷管引爆点燃点火剂，产生大量的炽热气

体。此时,驾驶员由于惯性尚未动作,如图 3-1-4a)所示。

②20ms 后驾驶员开始移动,但还没有到达气囊。

③40ms 后,气囊完全充满涨起,体积达到最大,安全带被拉长,人的部分冲击能量已被吸收,如图 3-1-4b)所示。

④60ms 后,驾驶员的头部已经开始沉向气囊。

⑤80ms 后,驾驶员的头部及身体上部都沉向气囊。气囊背后的排气口打开,在气囊内部的气体压力和人体的压力作用下排气,利用排气口的节流作用吸收能量,如图 3-1-4c)所示。

⑥100ms 后,车速已接近为 0,这时对车内乘员来说,危险期已接近结束。

⑦110ms 后,驾驶员已经前移到最大距离,随后身体开始后移回到座椅靠背上。这时候,大部分气体已经从气囊中逸出,汽车前方视野恢复,如图 3-1-4d)所示。

⑧120ms 后,碰撞危害全部解除。车速降至 0。

汽车以 50km/h($v=13.9$m/s)的速度发生碰撞,碰撞作用的时间为 1ms 左右,其负加速度为 $a=-3900\text{m/s}^2$;此时质量为 1kg 重的物体所受到的力约为 1417kg。汽车碰撞后速度为零,但在这瞬间,车内乘员仍以 $v=13.9$m/s 的速度前进,最后撞在转向盘及车箱等物体上而停下来,致使乘员受到严重伤害。

由上述可见,碰撞发生后,对乘员产生的冲击力之大,反映时间之短,要想减轻对乘员的伤害程度,只有依靠乘员辅助保护系统。安全气囊系统从开始充气到完全充满打开的时间约为 30ms,在乘员前面形成一道柔性的安全屏障,使负加速度减小;作用力也随之减小;以较大的作用面积作用在乘员的头部及身体上部,防止作用力集中压在乘员头部凸出部分。因此,安全气囊能对乘员起到了较好的保护作用,但其动作状态和经历的时间是无法用肉眼来确认的。

(四)安全气囊系统的有效范围

安全气囊系统并非在所有碰撞情况下都能起作用。正面防撞安全气囊系统在汽车正前方或斜前方 ±30°角(如图 3-1-5 所示)范围内发生碰撞且其纵向减速度达到某一值时,系统才能工作。在下列条件之一的情况下,安全气囊系统不会动作。

①汽车遭受侧面碰撞超过斜前方 ±30°角时。

②汽车遭受横向碰撞时;

③汽车遭受后方碰撞时;

④汽车发生绕纵向轴线侧翻时;

⑤纵向减速度值未达到设定阈值;

⑥汽车正常行驶、正常制动和在路面不平的道路上行驶时。

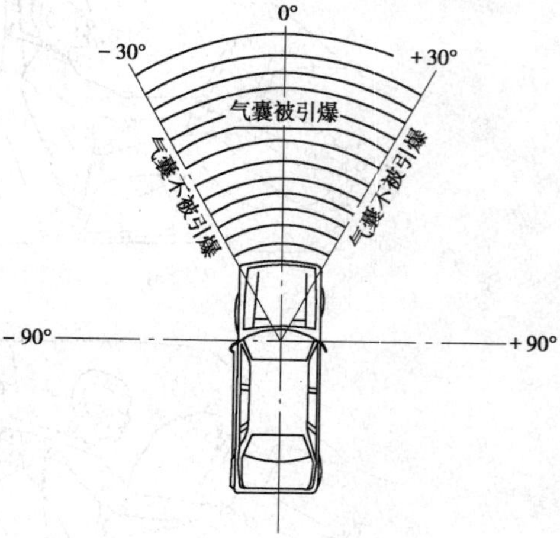

图 3-1-5　正面碰撞时安全气囊系统有效范围

减速度阈值(或称为触发门坎数据,即最小触发强度。)由设计人员根据安全气囊系统的性能而设定,各国都不一样。在美国,按不配备座椅安全带,此值为 13 ~ 23km/h;欧洲及日本定为 19 ~ 32km/h。这个阈值储存在电子控制装置的 ROM 中;有些汽车储存在 RAM 中,当电源断开后,其数据将会丢失。因此,有些汽车上配置有防撞安全气囊的备用电源。

另外,以下情况也可能导致误触发,应引起注意:

①温度过高,引起充气装置中火药燃烧;

②过分撞击,使雷管引爆;

③电磁波引起误触发,如大功率手提电话机等;

④修理时操作不慎。

侧面安全气囊系统只有在遭受到侧面碰撞且其横向加速度达到设定阈值时,才能引爆使气囊展开,而不会引起正面防撞安全气囊动作。

第二节　安全气囊系统电控部分的结构和工作原理

不同车型安全气囊系统的构造虽有所不同,但其基本的结构与原理都是大同小异的。主要由电控部分和机械部分组成,图 3-1-6 所示是现代轿车安全气囊系统的组成示意图。

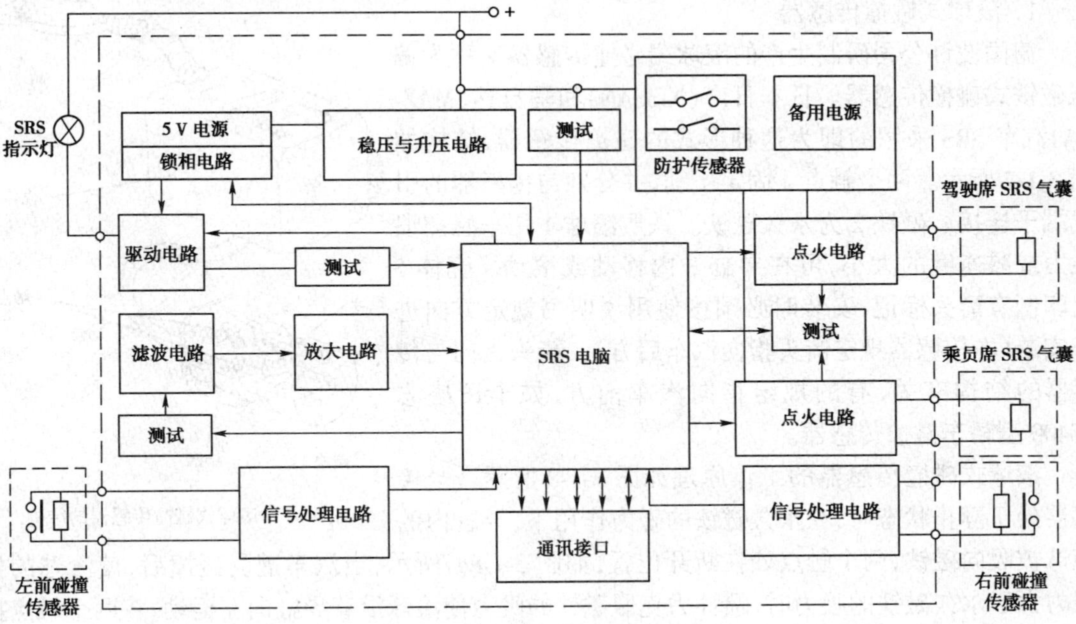

图 3-1-6　现代轿车安全气囊系统的组成示意图

安全气囊系统的电控部分由各种传感器、电子控制装置(ECU)、气囊和安全带收紧器的引爆装置、报警装置、接口、RAM、ROM 等组成。

一、碰撞传感器

(一)碰撞传感器的功用和类型

碰撞传感器是安全气囊系统中主要的控制信号输入装置,其功用是在汽车发生碰撞时,由碰撞传感器检测汽车碰撞的强度信号,并将该信号输入 ECU,ECU 根据碰撞传感器的信号来判断是否引爆充气元件使气囊充气。

安全气囊系统一般装有 2 ~ 4 个碰撞传感器,前左右挡泥板各装一个,有的前保险杠中间还装有一个,有的车内还装有一个。电子式安全气囊的传感器按其功用可分为碰撞强烈程度传感器(即碰撞传感器)和防护碰撞传感器两大类。碰撞传感器按其安装位置分为前碰撞传感器(包括左前碰撞传感器、右前碰撞传感器、和中央碰撞传感器)及中心碰撞传感器,用于检测汽车遭受碰撞的强烈程度。防护碰撞传感器又称为安全碰撞传感器或侦测碰撞传感器,并分别简称为防护传感器、安全传感器和侦测传感器。防护传感器和碰撞传感器串联，用于防止安全气囊系统因前碰撞传感器短路而造成气囊产生误爆现象。

碰撞传感器按其总体结构可分为机电结合式碰撞传感器、电子式碰撞传感器和水银开关式碰撞传感器。机电结合式碰撞传感器又可分为滚球式、滚轴式和偏心锤式碰撞传感器等。

机电结合式碰撞传感器的基本工作原理是：利用机械机构运动（滚动和转动）来控制电器触点动作，再由触点断开与闭合来控制 SRS 电路的接通与切断。

电子式碰撞传感器没有电器触点，目前常用的有电阻应变计式和压电效应式碰撞传感器两种。

水银开关式碰撞传感器是利用水银（汞）导电的特性来控制 SRS 电路接通与切断。

（二）机电结合式碰撞传感器的结构和工作

1．滚球式碰撞传感器

德国波许公司研制生产的滚球式碰撞传感器又称为偏压磁铁式碰撞传感器。日本日产（NISSAN）和马自达（MAZDA）汽车 SRS 采用的即为这种形式的碰撞传感器，结构如图 3-1-7 所示。两个触点 4 固定不动，并分别与传感器的引线端子连接。磁铁 2 为永久磁铁。铁质滚球 1 用来感测惯性力或减速度的大小，可在导缸 3 内移动或滚动。壳体 5 上印制有箭头标记，安装时必须按使用说明书规定方向进行安装（本传感器规定箭头指向汽车后方）。箭头指向与传感器的结构有关，有的规定指向汽车前方，如丰田凌志 LS400 型轿车碰撞传感器。

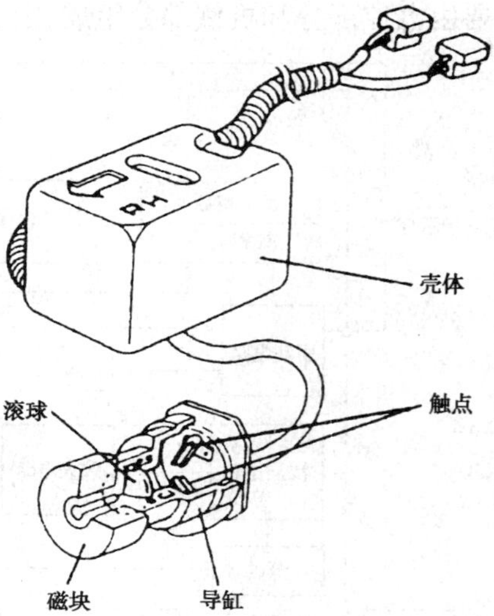

图 3-1-7　滚球式碰撞传感器的结构

滚球式碰撞传感器的工作原理如图 3-1-8 所示。当传感器处于静止状态时，在永久磁铁的磁力作用下，导缸内的滚球被吸向磁铁，两个触点处在断开位置，如图 3-1-8a）所示；当汽车遭受碰撞后，使滚球的惯性力大于永久磁铁的吸力时，惯性力克服磁铁的吸力使滚球沿着导缸向左运动，将两个触点接通，如图 3-1-8b）所示。此时，传感器向电子控制装置电路发出接通的信号（即碰撞发生信号），同时安全传感器也发出信号输入电子控制装置，控制器发出引爆指令。

2．滚轴式碰撞传感器

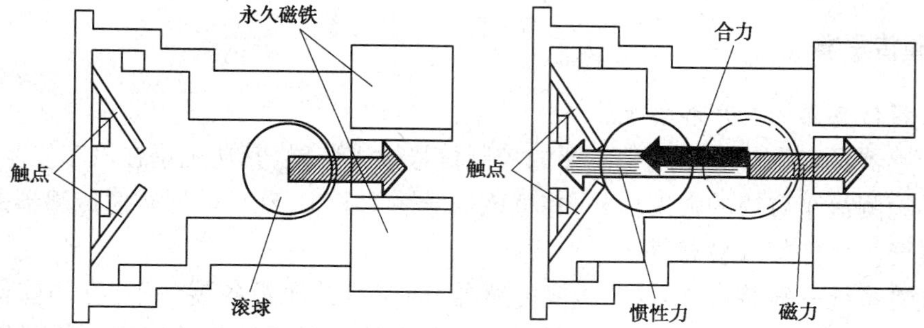

图 3-1-8　滚球式碰撞传感器工作原理

a）静止状态；b）碰撞状态

日本丰田(TOYOTA)、本田(HONDA)和三菱(MITSUBISHI)汽车的安全气囊系统采用了滚轴式碰撞传感器,其结构如图 3-1-9 所示。片状弹簧 6 与传感器的一个引线端子连接,一端固定在底座 5 上,另一端绕在滚轴 2 上,滚动触点 3 固定在滚轴部分的片状弹簧上,并可随滚轴一起转动。固定触点 4 与片状弹簧 6 绝缘固定在底座 5 上,并与传感器的另一个引线端子连接。

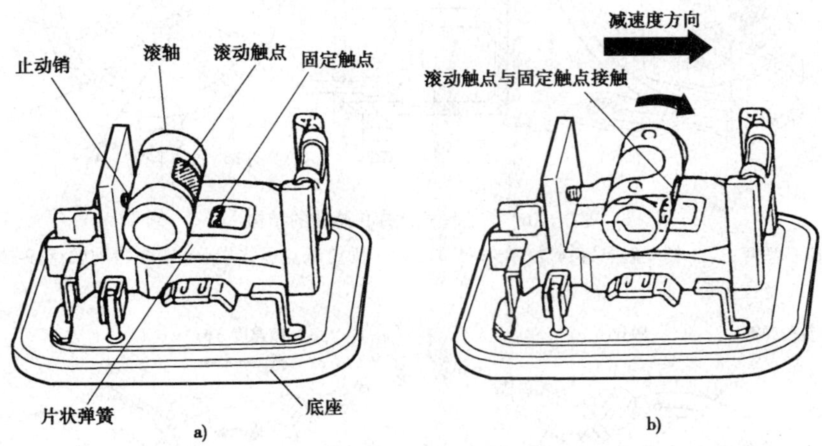

图 3-1-9 滚轴式碰撞传感器的结构原理

a)静止状态;b)碰撞状态

当传感器处于静止状态时,滚轴在片状弹簧的弹力作用下滚向止动销一侧,滚动触点与固定触点处于断开状态,如图 3-1-9a)所示。当碰撞发生时,使滚轴的惯性力大于片状弹簧的弹力,惯性力就克服弹簧的弹力使滚轴向前移动,将滚动触点与固定触点接通,如图 3-1-9b)所示。从而向电子控制装置发出碰撞信号。

3. 偏心锤式碰撞传感器

偏心锤式传感器又称为偏心转子碰撞传感器,用于丰田(TOYOTA)和马自达(MAZDA)汽车的安全气囊系统中。这种传感器一般安装在保险杠与挡泥板之间,用来感知低速碰撞的信号。传感器安装在一个密封的防震保护盒内。其结构如图 3-1-10 所示。转子总成由偏心锤 1、转动触点臂 3 与 11 及转动触点 6 与 13 组成,安装在传感器轴上。偏心锤 1 偏心安装在偏心锤臂 2 与 15 上。转动触点臂 3 与 11 两端固定有转动触点 6 与 13,转动触点随触点臂一起转动。两个固定触点 10 与 16 绝缘固定在传感器壳体上,并用导线分别与传感器接线端子 7、14、与 5、17 连接。另外,在该传感器外还固定有一个电阻 R,电阻 R 的功用是对系统进行自检时,检测 SRS ECU 与前碰撞传感器之间的连接线是否断路或短路。

当传感器中的偏心锤的移动速度高于某一特定车速时,偏心锤变通过其机械能接通传感器的控制电路,ECU 接到信号并发出点火指令,使气囊打开。

其具体工作原理如下:

如图 3-1-11 所示。汽车正常行驶时,扭力复位弹簧 19 将偏心锤 1、动触点 6、13 固定在上止点位置,动触点与静触点处于断开位置,如图 3-1-11a)所示,传感器没有触发信号给中央控制器。当汽车发生碰撞时,减速度所产生的惯性力克服弹簧的扭力而使偏心锤产生运动,带动触点臂 3、11 转动,使动、静触点闭合,如图 3-1-11b)所示。此时碰撞传感器便接通安全气囊的搭铁回路,向 ECU 输入一个“ON”信号。同时安全传感器也接通,ECU 发出指令使安全带收紧器动作,使安全带拉紧而起到安全保护作用,同时引爆安全气囊。

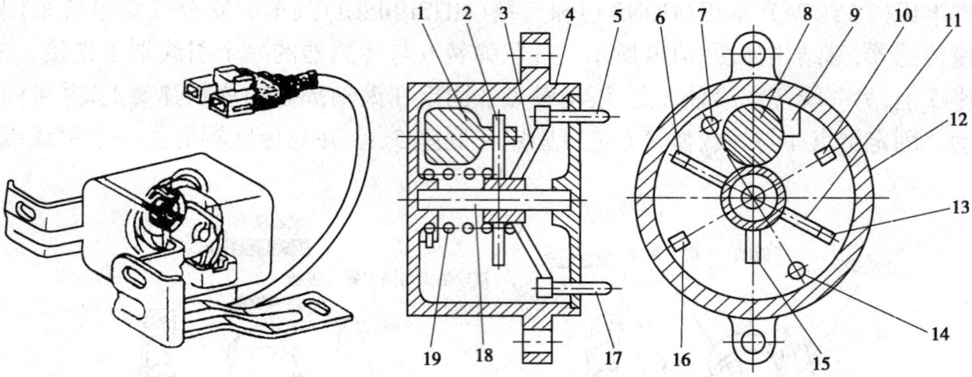

图 3-1-10 偏心锤式碰撞传感器的结构

1、8-偏心锤;2、15-偏心锤臂;3、11-转动触点臂;4、12-壳体;5、7、14、17-固定触点引线端子;6、13-转动触点;9-挡块;10、16-固定触点;18-传感器轴;19-复位弹簧

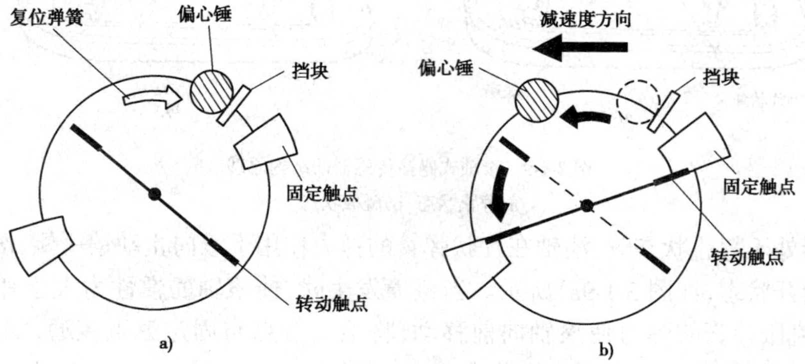

图 3-1-11 偏心锤式传感器工作原理

a)静止状态;b)碰撞状态

传感器要能区分汽车碰撞和制动的减速度,不将制动减速度的力传给控制器,这一点对于惯性式传感器更为重要,以上三种即属于此类。从理论上分析,汽车制动时,不论其速度的大小,最大的制动减速度为:

$$J_{max} = \Psi g(\mathrm{m/s^2})$$

式中:Ψ——车轮与路面的附着系数 $\Psi < 1$;

g——重力加速度。

由此可知,在汽车制动时,其最大的减速度不能大于 $9.8\mathrm{m/s^2}$。因此气囊和安全带收紧器系统的传感器的减速度的最小临界值应大于 $9.8\mathrm{m/s^2}$。

在发生碰撞时,汽车的运动在瞬间停止,甚至向后运动,这一瞬间约为 0.05~0.10s。若发生的减速度为 $9.8\mathrm{m/s^2}$,这样的碰撞只能发生在车速为 3.5km/h 时,在如此低的速度下,汽车是不可能发生碰撞事故的。

惯性式传感器的另一个参数则是复位弹簧的最大扭力和偏心锤的质量的选择。在忽略摩擦力时,偏心锤克服弹簧扭力应为:

$$F = ma$$

式中:m——偏心锤质量;

a——汽车碰撞时的减速度。

当车速较低时,驾驶员有足够的反映时间来采取措施,实施制动以避免汽车发生碰撞。比如可以把 10km/h 的碰撞速度作为基准，这个基准的减速度远比最大的制动减速度大。这样即可确定偏心锤的质量和弹簧力。当偏心锤的质量确定以后，只要改变弹簧的预紧力就可以改变汽车碰撞速度的大小。例如原来在车速为 20km/h 时发生碰撞，传感器就发出信号，使气囊打开。现要改为 30km/h 碰撞时引爆气囊，只需把弹簧旋紧一些，使弹簧刚度变大即可。

此类传感器的电路连接如图 3-1-12 所示，有四个引脚，其中两个引脚接电子控制装置，另外两个为自诊断引脚。电阻的作用是诊断本传感器与电子控制装置之间是否处于正常连接状态。ECU 启动自检程序后，把外电源通过电阻接入 4-1 线上，并测量 4-1 与 3-1 之间的电压。电压为设计值，则说明 4-1 与 3-1 之间连接线完好；如电压为 0，则说明有开路现象。再人为把传感器触点闭合，测量 4-1 与 4-2 之间的电压，若为 0，则说明线路正常。同样方法可以检测其他传感器的好坏。

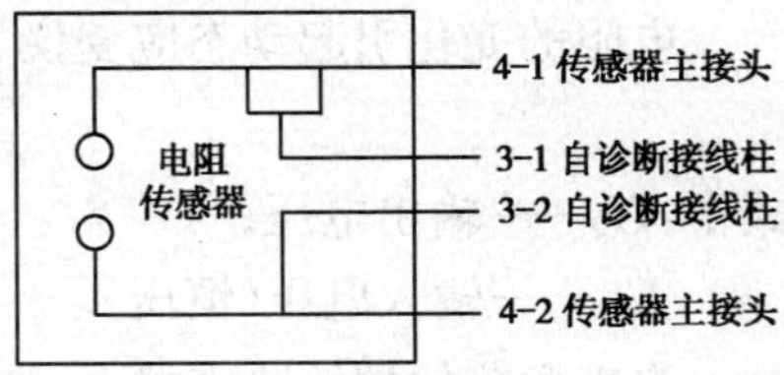

图 3-1-12　偏心锤式传感器的接线图

（三）安全传感器（水银开关式传感器）

水银开关式传感器是利用水银良好的导电性制成。一般作为防护传感器，用来防止系统在非碰撞状况引起气囊的误动作，安装在电子控制装置内。其结构如图 3-1-13 所示。当发生碰撞时，减速度产生的惯性力将水银按 F_1 的方向抛向传感器的电极，接通引爆管电路。

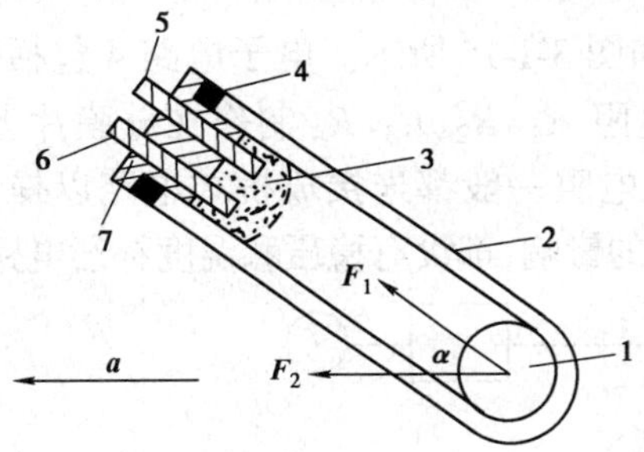

图 3-1-13　水银开关式碰撞传感器的结构

1-水银（静态位置）；2-壳体；3-水银（动态位置）；4-密封圈；5-电极（接点火器）；6-电极（接电源）；7-密封螺塞；a-减速度方向；F_1-水银运动方向分力；F_2-水平方向分力；α-水银运动方向与水平方向的夹角

水银运动方向与水平方向的夹角即传感器的安装角，可以由低速和高速碰撞的临界速度确定的减速度值计算，即：

$$\cos\alpha = g/a$$

式中：a——碰撞减速度；

g——重力减速度。

（四）中心安全气囊传感器（电子式传感器）

中心安全气囊传感器（也叫电子式加速度计）装在电子控制装置内，用来感知高速碰撞的信息，并将其输送到 ECU，引爆气囊引爆器，使气囊打开。同时前方的碰撞传感器也引爆了收紧器的引爆管，即安全带的收紧器和气囊同时起作用。有的前碰撞传感器有两对动、静触点，在低速碰撞时，第一对触点闭合引爆安全带收紧器；在高速碰撞时，第二对触点闭合，安全带收紧器与气囊一起动作。中心安全气囊传感器的作用是增加可靠性。

1．压电效应式碰撞传感器

如图 3-1-14 所示的电子式传感器是一个半导体压力传感器，它具有稳定性好、应变灵敏度系数高和压敏电阻效应好等特点。其电子控制装置有一套复杂的碰撞信号处理程序，能正确判断气囊是否需要打开。传感器的悬臂架 4 压在半导体应变片 3 的两端。当汽车发生碰撞时，悬臂的减速惯性力使半导体应变片发生变形，变形产生的压力使电阻改变，变化量为：

$$\Delta R/R_S = K\varepsilon$$

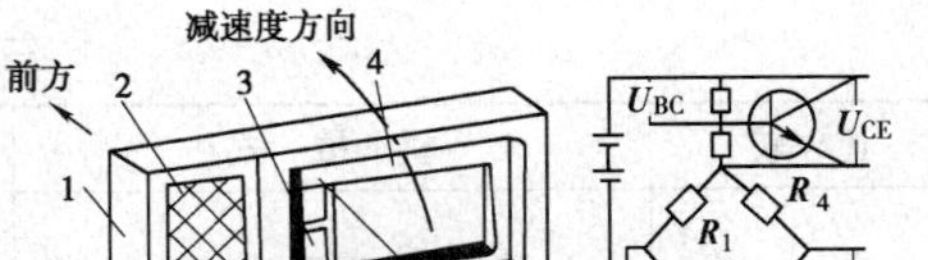

图 3-1-14　半导体压力传感器

1-传感器架；2-动态应变仪；3-半导体应变片；4-悬臂；5-悬臂支架

式中：ΔR——受压后半导体电阻值的变化量；

R_S——半导体在标准温度下的电阻值；

K——应变灵敏系数；

ε——应变量。

电阻的变化引起动态应变仪 2 输出电压的变化，其值为：

$$U_s = KU_{in}$$

式中：U_s——输出电压；

U_{in}——输入电压（恒压）。

汽车碰撞的初始速度越大，则碰撞后产生的减速度的惯性力也就越大，由此产生的半导体应变量也就越大，则输出的电压就越大。由于半导体元件的输出特性受温度的影响较大，故在传感器的输出电路中加一热敏晶体管，利用晶体管的基极—发射极间的电压 U_{BE} 的温度变化特性来消除温度对传感器输出特性的影响，使传感器有稳定的输出电压。由于输入信号直接影响到传感器输出电压的稳定性，因此在输入端设有稳压电路。

2. 电阻应变计式碰撞传感器

德国波许（BOSCH）公司的电阻应变计式碰撞传感器如图 3-1-15 所示。电子电路 4 包括稳压与温度补偿电路 W、信号处理放大电路 A。应变计的电阻 R_1、R_2、R_3、R_4 制作在硅膜片上。当膜片发生变形时，应变电阻的阻值就会发生变化。应变电阻一般都连接成桥式电路以提高检测精度。为避免电源电压的波动和温度变化对输出电压的影响，都设有稳压和温度补偿电路。

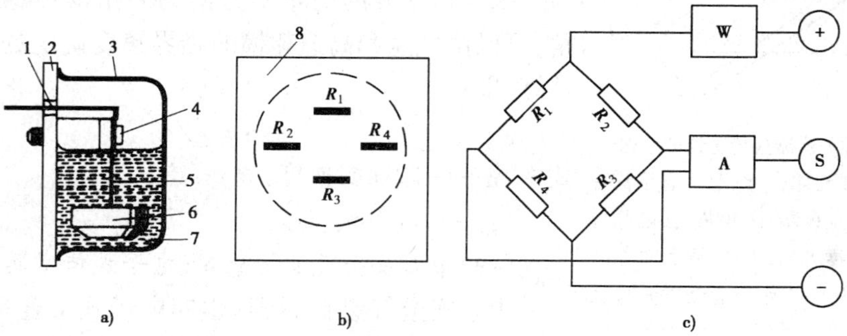

图 3-1-15　电阻应变计式碰撞传感器

1-密封树脂；2-传感器底板；3-壳体；4-电子电路；5-电阻应变计；6-振动块；7-缓冲介质；8-硅膜片

当汽车发生碰撞时，振动块振动，缓冲介质随之振动，应变计的应变电阻产生变形，阻值随之改变，传感器 S 端输出经过处理和放大后的发生变化的电压。ECU 根据传感器输出电压信号的强弱变化可判断碰撞的强烈程度，确定是否引爆气囊。

三种传感器的比较如表 3-1-1 所示

三种传感器的比较　　表 3-1-1

比　较	机　械　式	机　电　式	电　子　式
优点	结构简单，不需要电路，安装与更换方便，不需要安装空间	调整特性方便，只需改变传感器的数量和位置；能连续检查组件内部	结构简单，不需要安装空间可连续检查组件内部；调整特性方便，只需改变电脑程序
缺点	不能连续检查组件内部，为有效检测碰撞信号（特别是乘员席），需要附加装置	使用麻烦，需要有安装传感器电气部件的空间	需要对不同车型分别进行电脑编程，需要对不同车身结构进行特殊控制

二、安全气囊警告灯与安全气囊电源

1. 安全气囊警告灯

安全气囊警告灯位于组合仪表中，如图 3-1-16 所示。有的用图形显示，有的用字母显示。如系统的自诊断装置检测出故障信号，该警告灯就会点亮，提醒驾驶员该系统发生故障。当系统处于正常运行状态时，将点火开关由 LOCK 位置旋至“ACC”或“ON”，则警告灯会点亮 6～8s，然后自行熄灭。如一直点亮或闪烁不停，则说明系统有故障，应立即检查。

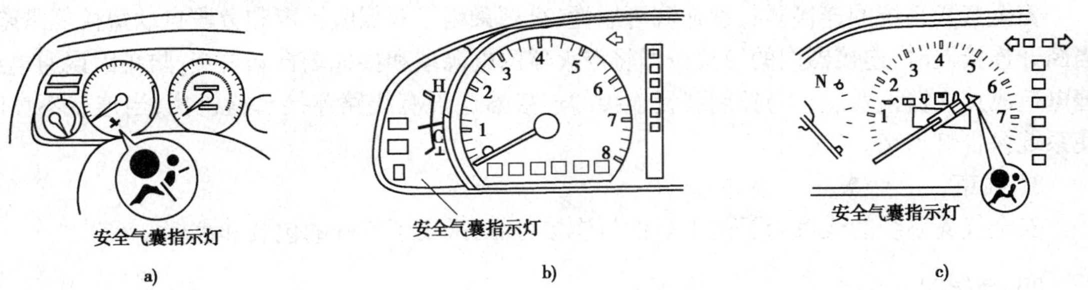

图 3-1-16　气囊系统警告灯

若控制装置出现故障，不能控制警告灯，警告灯就会在其他电路的直接控制下作出异常指示。如以下几种情况：控制器无点火电压或电源电压过低，警告灯长亮；控制器无内部工作电压；控制器未接通，警告灯经线束连接器的短接条接通。

2. 安全气囊电源

能给安全气囊引爆器提供电源的途径有两种：

(1)系统中的电容器(备用电源)。点火开关处于“ON”，发动机运转期间，系统内能存储装置(电容器)就会连续地充电。即使蓄电池没电(由于碰撞引起的线路断路)，此存电装置可以提供引爆气囊点火器的能量，电容器中所存的电量只能满足 6s 之内的断电需要，但能维持足够的电量，在蓄电池断电时使气囊展开。

(2)蓄电池。蓄电池作为一种供电设备，为安全气囊系统正常工作提供电源，通过电源输出导线把电送给安全气囊电子控制装置。

三、电气连接元件

安全气囊系统的电气连接元件包括线束、螺旋电缆(时钟弹簧)与连接器。

1. 螺旋电缆

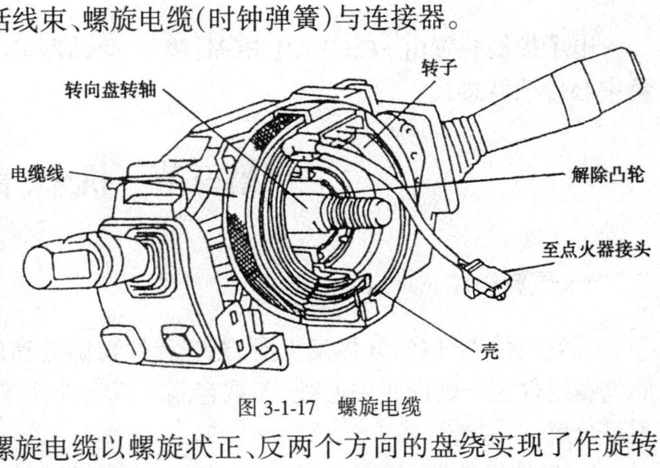

图 3-1-17　螺旋电缆

由于驾驶员侧的安全气囊是装在转向盘上的，为了实现静止端与活动端的电气连接，而不影响转向盘的转动，采用了螺旋电缆，如图 3-1-17 所示。螺旋电缆装在弹簧盘内，弹簧盘固定在转向柱顶部，螺旋电缆由转子、壳体、弹簧缆线和解除凸轮组成。转子与解除凸轮之间有连接凸缘与凹槽，转动转向盘时，两者互相接触，以一个整体旋转。螺旋电缆以螺旋状正、反两个方向的盘绕实现了作旋转运动的一端与固定端的连接。螺旋电缆的使用寿命应不低于 10 万次循环。

螺旋电缆作为电路的一部分，其电阻值是一个重要参数，因此对弹簧的材料及长度有严格的要求。弹簧片为密拉铜带（一面是铜，一面是聚酯薄膜），长度由转向盘最大旋转圈数和转向柱安装毂的最小内径决定。螺旋电缆的阻抗如果偏差过大会影响诊断装置对点火器故障的判断。

安全气囊在拆装过程中，应严格遵守操作规程，要保证螺旋电缆的盘绕中心与转向柱圆心的同心度，否则，可能导致螺旋电缆旋转过量而造成永久性伤害。螺旋电缆在正、反两个方向上都留出半圈的余量，以补偿安装造成的偏差。每次拆卸时均应做好标记，以确保能正确还原。

2. 连接器

安全气囊系统的连接器特别强调可靠性，全部采用了双保险锁定和分段自动短接等措施，当断开连接器时，连接器内的短接条即将点火器的电源端和接地端自动短接，防止因误通电或静电造成点火器误触发。与控制装置连接的连接器还设有线路连接自检机构，当连接不良时使系统警告灯点亮。

3. 线束

安全气囊系统的线束为了便于自检与连接可靠，采用了特殊的包装和色标。

四、存储器

中央控制装置有两种不同的存储器。

1. 随机存取存储器（RAM）

用于 ECU 在工作过程中存储中间结果并随机存取数据。例如把自检中发现的故障以代码的形式存放在 RAM 中，供随时提取。其特点是一旦电源切断，存放在其中的信息全部丢失。

2. 只读存储器

用来存放安全气囊系统运行的所有固有程序和一些不变的量。如自检程序及各元器件的故障编码等。其只能输出，而断电后信息不会丢失。

五、诊断监视器

诊断监视器即自诊断装置，它并不控制气囊的动作，只监视气囊系统的故障。诊断监视器有备用电源，即使蓄电池及其线路在传感器闭合前损坏，也能使气囊打开。每次接通点火开关，诊断监视器就开始工作，安全气囊警告灯点亮，若系统无故障，则警告灯亮 6s 后熄灭。

六、电子控制装置

电子控制装置由 ECU、RAM、ROM、接口、驱动器等组成。安装在图 3-1-1 所示的位置（即气囊中心传感器总成）。

第三节　机械部分

一、气囊组件

气囊组件由气囊、气体发生器（充气元件）、饰盖和底盘等组成，如图 3-1-18 所示。驾驶员侧气囊组件位于转向盘中心处；而乘客侧气囊组件位于仪表板右侧杂物箱的上方。气囊组件不可分解。

1. 气体发生器

气体发生器是气囊组件中非常重要而又复杂的一部分。该装置属于易燃易爆品，在极短的时间内可使其状态发生剧烈的变化。其结构组成如图 3-1-19 所示。

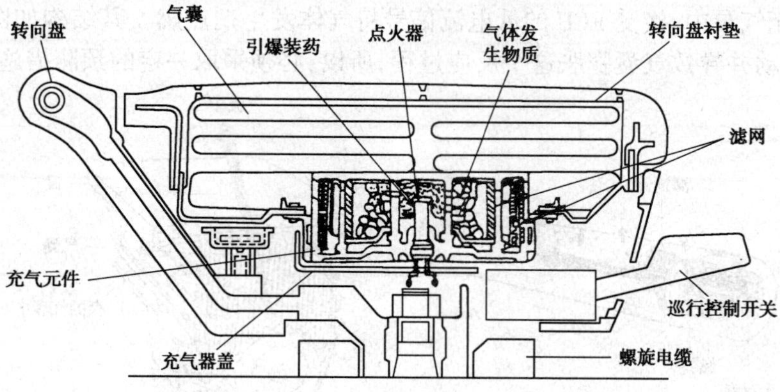

图 3-1-18 SRS 气囊组件

气体发生器通常分为固体燃料式和混合式两种。

固体燃料式气体发生器所产生的气体全部来自气体发生剂的燃烧，所以气体灼热。混合式气体发生器则是在储气缸中储有压缩气体和一小部分火药。工作时火药将储气缸阀门炸开，压缩气体冲出，并引起气体压力下降。利用燃烧的火药对冲出的气体加热，补偿失去的压力，以使气囊获得足够的工作压力。因此，混合式气体发生器和固体式气体发生器相比，气囊内气体的温度要低一些。但是对于人体来说，气囊的温度还是比较高。

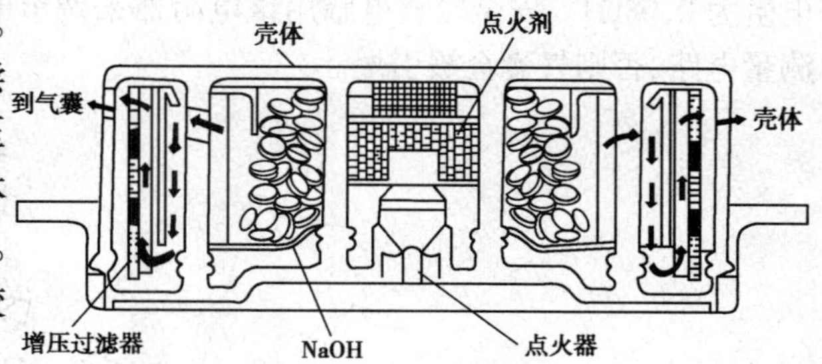

图 3-1-19 气体发生器的结构

气体发生器所用的发气剂主要是片状的氢氧化钠。点火器固定在充气泵的底面，点火器引爆时，发气剂受热生成气体使气囊打开。

气体发生器壳采用铝材冲压成型，壳底采用惰性气体焊接，出气口处有铝箔粘接封死。如充气泵被高温火焰包围，点火充剂可在充气泵壳烧坏之前点燃充气泵，防止充气泵自动打开。

发气剂目前主要为制成片状的氢氧化钠合剂，其装量决定了气体发生器的最高输出压力。氢氧化钠燃烧后产生氮气，为使氢氧化钠充分燃烧，需加入助燃剂。氢氧化钠的优点是，在高温时化学性能稳定，而且可以通过控制助燃剂的比例，较容易地调整火药的燃烧速度和燃烧后的杂质。

由于氢氧化钠合剂是有害的，所以人们致力开发用无毒化合物作燃料的气体发生器。这类化合物不需要催化剂，产生同样体积的气体所需的剂量也很小，所以这种气体发生器可以设计得很小。但是，这类气体发生剂在环境温度升高时，化学稳定性能不够好，其燃烧速度不容易控制，而且其爆炸力也比氢氧化钠大得多。长时间在较高环境温度下，气体发生剂的爆炸力将远远超过设计要求，使得气体发生器非常危险，有可能发生自爆，还有待进一步完善。因此，现在基本上还是采用氢氧化钠化合物作为气体发生剂；但由于其副产品有害，在清洗气囊展开的汽车时，一定要采取预防伤害的措施。

乘员侧气体发生器的结构与安装如图 3-1-20 所示。折叠后的气囊重心偏离气体发生器气流吹出方向，以利于气囊的迅速展开。

2. 点火器(电雷管)

点火器是一个引燃装置,作为安全气囊的一部分,封装在中间一个用铝箔封起的带孔的圆筒中,它装在充气泵中,接受 ECU 的低电流信号将气体发生剂点燃。其结构如图 3-1-21 所示。由于它负责启动并导致气囊膨胀这个反应过程,所以,必须采取一定的预防措施确保电流信号

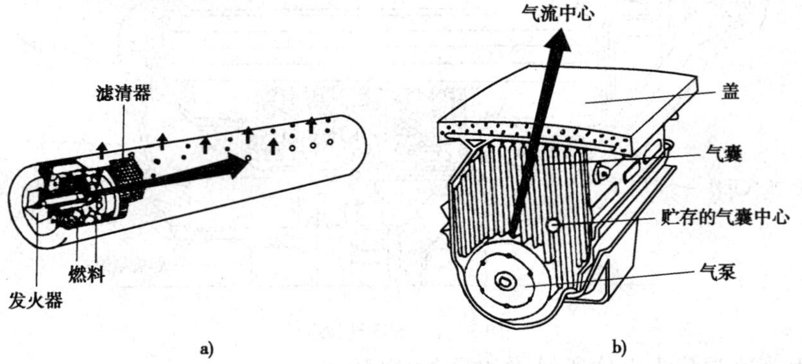

图 3-1-20 乘员侧气体发生器的结构

通过这个电路。在一个标准的点火器里面,安装着一个大约 2Ω 的电阻器(每个点火器的接点电阻为 0.08Ω)。安全气囊电脑用该电阻器来调节电路。修理时绝对不能用数字式万用表来测量电路,否则气囊会被引爆。

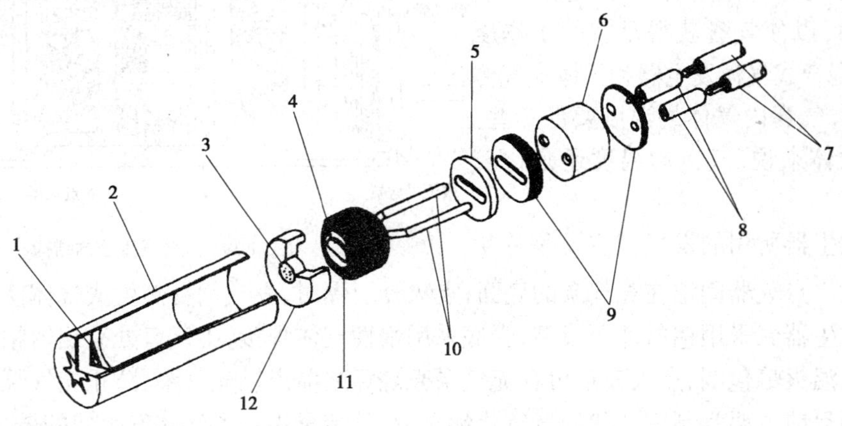

图 3-1-21 点火器的结构

1-引爆炸药;2-药筒;3-引药;4-电热丝;5-陶瓷片;6-永久磁铁;7-引出导线;8-绝缘套管;9-绝缘垫片;10-电极;11-电热头;12-药托

过滤器的作用一是使生成的气体冷却,二是滤去气体中的渣粒。一般采用金属纤维毡加陶瓷纤维作过滤介质。点火器由电雷管总成和尼龙壳体组成,电雷管由电热头、药托、药筒等组成。连接器中设有短路连接条,当连接器拆下或结合不完全时,短接条将引线短接,防止因静电、感应电造成气囊误打开。

点火器的工作过程如下:ECU 通过连接线把电加在点火器的引线端,电流通过电热丝,电热丝被加热点燃火药,火药爆炸生成的热量和压力冲破药筒将充气泵的气体发生剂点燃。

3. 复合式充气泵

图 3-1-22 为一复合式充气泵,它是将装有压缩氩气的容器与受 ECU 小电流信号触发的点火器合为一体。点火器在容器上炸开一个较大的孔,对压缩氩气加热升压,使气体迅速充入气囊内,降低了气囊的温度。

复合式充气泵的工作过程如图 3-1-23 所示。当汽车发生碰撞时,ECU 使点火器通电发热点燃推进剂,推进剂在容器炸开一洞口,同时加热逃逸的气体以补偿其快速冷却造成的气体压力下降。被加热的气体进入气囊,使其迅速膨胀打开。

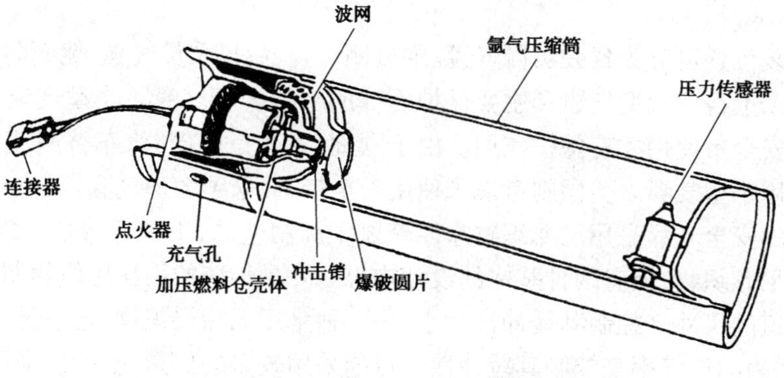

图 3-1-22　复合式充气泵的结构

气体发生剂在爆发的瞬间会产生相当大的压力,因此,气体发生器要具有足够的结构强度。为此,气体发生剂的燃烧速度、剂量以及所需产生的气体体积需要进行严格的计算和试验。通过台架或试验车模拟撞车试验,在乘员位置上放置假人,并在假人的头部、胸部以及下

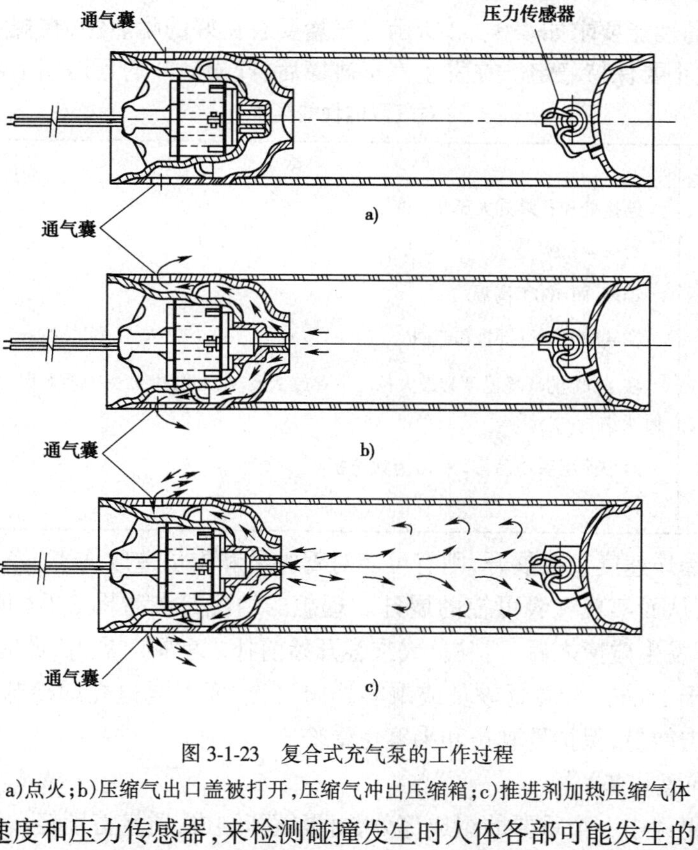

图 3-1-23　复合式充气泵的工作过程

a)点火;b)压缩气出口盖被打开,压缩气冲出压缩箱;c)推进剂加热压缩气体

肢等部位安装加速度和压力传感器,来检测碰撞发生时人体各部可能发生的损伤情况,再与最大允许损伤标准比较。因为撞击和气囊打开的过程非常短暂,用肉眼无法观察,所以在台架上安装高速摄影和摄像机,用来分析撞击结果。根据分析结果来调整气体发生剂的燃烧速度和剂量以调节气囊工作时的压力。一般来说,对于汽车前部刚度大的汽车结构,撞击时需要的气囊的压力较高,需要气体发生剂的剂量较大,燃烧速度也较快;反之亦然。

气体发生器的工作性能由气体发生剂的燃烧速度和气体生成量决定,必须满足其在常温、高温和低温情形下正常工作,以保证气体发生器在严冬和盛夏均可以产生适量的气体而正常工作,且寿命至少10年。

4. 气囊

气囊按安装位置可分为驾驶员侧气囊、乘员侧气囊、后排乘员气囊、侧面防撞气囊等;按大小分为保护整个上身的大型气囊和主要保护面部的小型护面气囊。小型气囊成本较低,但一定要配合座椅安全带使用才有保护作用。由于欧洲(尤其是德国)汽车普遍使用安全带,所以欧洲汽车多使用小型气囊。美国则考虑未使用安全带,而采了大型气囊。

早期使用的安全气囊是用尼龙织物涂以聚氯丁烯制造的,不具透气性。现在的气囊基底材料仍然采用尼龙织物,但有两种基本的设计构思。一是传统的用涂层织物制成的安全气囊,通过改变其气道的尺寸来控制其缓冲性大小;另一种是用无涂层织物,这一类气囊具有一定透气性,通过其精确的透气率来控制其缓冲性。目前采用较多的仍是前一类,采用了防裂性能好的聚酰胺织物,里面涂有聚氯丁乙烯。而后一种代表了气囊结构未来的发展趋势,因为气囊里面不带涂层,既减少了气囊的质量,还可以循环使用。这种不带涂层的气囊是由两部分组成,即密封的外壳织物和具有确定空气流量的两个侧向织物袋,后者起泄漏和滤清作用。这种气囊在乘员侧气囊系统已得到成功应用,也可用于驾驶员侧气囊系统。

对安全气囊的性能要求如表3-1-2所示。气囊要有良好的耐热性,在规定的温度变化范围内,性能和尺寸大小要保持稳定。在发生汽车碰撞后,气囊展开的延迟期不超过10ms。

对气囊的性能要求 表3-1-2

特　性	要　求
抗拉伸性能	连接处和孔眼处大于2.5kN
最大延展性	22%~32%
抗热能力	难燃,耐100℃高温
抗冷能力	在-30℃下可折叠和弯曲
抗老化能力	在100℃的环境温度和最大拉力下存放7天,在40℃和92%的相对湿度下存放6天不得有任何变化
抗弯折强度	对带涂层织物而言,为10万次弯折
更换期	15年

气囊如果以爆炸速度直接展开,则有可能对驾驶员和乘员造成伤害。为此,气囊的背面和侧面带有排气口,从而实现气囊可控的展开。理想的情况是参看图3-1-4所示SRS的动作时序,气囊应在汽车发生碰撞之后,驾驶员或乘客开始前扑之前瞬时展开,此时,驾驶员或乘客头部移动距离须小于15cm。接着驾驶员或乘客扑向气囊,而气囊也立即冷却和泄漏,在气囊收缩的同时吸收冲击能量,保护驾驶员和乘客免受伤害。

5. 衬垫(转向盘衬垫)

衬垫是气囊组件中一个重要的组成部分,由聚氨酯制成,质量特别轻。平时它作为转向盘的装饰盖,把气囊与外界隔开,既起到了保护作用,也起到了装饰作用。当气囊展开时,它在气体爆发力的作用下快速及时断开,并且不会对安全气囊展形过程形成阻碍。

当装有安全气囊系统的车辆报废或对带有安全气囊的转向盘进行拆解检修时,必须严格按照要求步骤进行,否则会相当危险。

6. 饰盖和底板

饰盖是气囊组件的盖板，上面有撕缝，以便气囊能冲破饰盖打开。

气囊和充气泵装在底板上，底板装在转向盘或车身上，气囊打开时，底板承受气囊的反力。

二、安全带预紧器

安全带预紧器安装在前排座椅的左右两外侧，它包括电雷管、气化剂、气缸活塞和导线等。当汽车发生低速碰撞时，电雷管由 ECU 控制接通电源引燃充气剂，活塞在膨胀气体作用下迅速下移，拉紧安全带，将驾乘人员向座椅靠背拉动，防止他们冲向汽车前方。

第四节　电子控制装置的控制原理

控制装置的主要作用，就是监测汽车的碰撞情况和系统故障情况，控制充气装置的激发。具体原理如下：

①连续检测汽车的纵向减速度以探测是否发生碰撞，如探测到强度高于预设阈值的减速度，便依照予设的程序给点火器送电，引爆气囊组件的充气装置；

②对控制装置的关键部分、线路连接、传感器及执行元件反复进行诊断测试；

③通过仪表板上的安全气囊警告灯向驾驶员提供气囊系统的工作情况；

④通过诊断通信接口或检查连接器以代码形式输出诊断数据，供装配检查与检修使用。

一、控制装置框图

如图 3-1-24 所示，控制装置主要由以下部件组成：

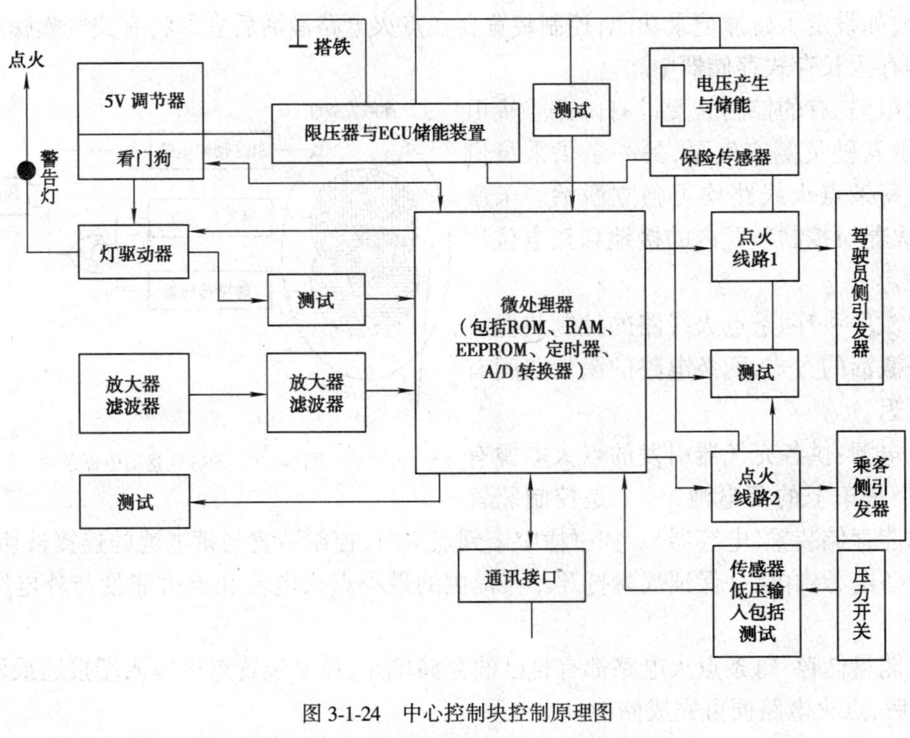

图 3-1-24　中心控制块控制原理图

过压保护电路，5V 线性电源，用以产生所需的内部工作电压。

电子加速度计，带信号放大和滤波电路，负责测量汽车正向加速度，以实现碰撞的单点传感。

微处理器，内带 A/D 转换器、串行接口、定时器、RAM、ROM 和 EEPROM，负责控制 SRS 控制装置的工作；监测加速度信号、确定点火时刻、判定是否需要打开及执行驱动程序。

储能电路，保证在电源切断后控制装置仍能在一定时间内(6s)保持正常功能，即使在碰撞事故中电源被切断，系统仍能使气囊打开。

点火电路，负责激活点火器。

点火电压生成电路和储能电路。

防止误打开的保险传感器。

警告灯驱动电路。

诊断通讯接口，供与外界装置双向通讯用。

工作电压检查电路。

监测微处理器的看门狗定时电路。

负责检测点火电路和引发器有关电路的故障状态的监测电路。

电子加速度计电路功能测试电路。

低压开关状态监测电路，用于复合式充气泵。

警告灯故障监测电路。

二、控制装置控制引发过程

为了保证 SRS 工作的可靠性，防止误引爆，只有在以下情况同时发生时(如图 3-1-25 所示)，控制装置才向充气泵中的点火器提供电流：即 SRS 侦测电路、防护(保险、触发)传感器和碰装传感器同时闭合；微处理器判定达到设定阈值。此时，控制装置发出指令将点火电路激活。另外，如设定了碰撞记录功能，控制装置会在点火电路激活后立即将有关气囊膨胀情况的有关数据存入长存式存储器中。

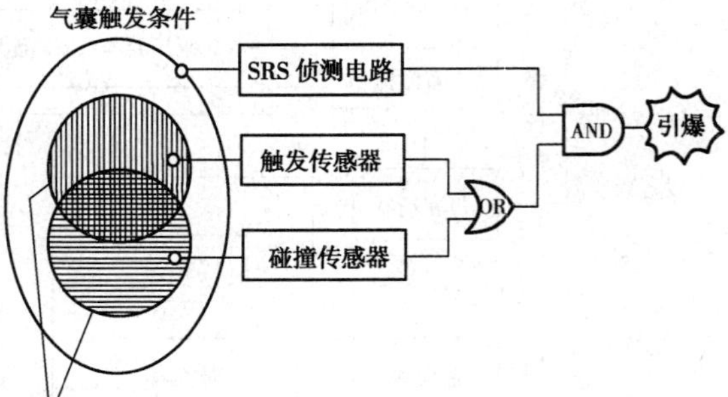

图 3-1-25　SRS 气囊的引爆条件

点火电路：有的控制装置设有两条点火电路，一条供驾驶员侧充气泵，另一条供乘员侧充气泵。每条点火线路均可独立激活。未激活时，点火器对控制装置内的接地和正电位均呈高阻抗。

点火次序：带两条点火线路的控制装置将采取顺序激活的方式，两条电路的激活之间有预定的延迟。

点火电源：供各充气器引发的点火电源有两个，一个是车上的蓄电池，一个是控制装置内部的内能存储装置(电容器)。如碰撞中未到点火时，控制装置与蓄电池的连接被切断，电容器作为后备电源供电，并保证气囊打开。其提供的最小点火电流和点火能量与外电路的阻抗有关。

点火能量储存：每条点火电路都有自己的存储单元，控制装置点火输入端接通最低工作电压 10s 之后，点火电路便可完成储能。

控制装置能量储存：除充气泵具有能量储存功能外，控制装置也有储能单元。接通点火开关 10s 后完成储能工作,控制装置撤去点火电压后最多还可维持 6s,之后就不能检测碰撞或支持气囊打开。

碰撞信息记录:气囊打开时,下列信息会存入控制装置的长存式储存器以备日后检索。

(1)警告灯状态。气囊展开时是亮还是灭,如灯亮,持续亮的时间;警告灯亮或灭时连续点火循环的次数(最多 100 循环)。

(2)碰撞信号处理程序提供的重要信息。碰撞信息记录中还包括控制装置记录的现存及原有的故障代码。如控制装置在尚未将所有的数据存入长存式储存器时发生断电,则碰撞信息记录可能保存不完整,一旦记录下碰撞信息后即不能再进行故障和碰撞记录,需要更换控制装置。

三、控制装置的诊断功能

每次接通点火开关,控制装置都要对气囊系统进行一系列测试,监控气囊系统是否处于正常工作状态。这些测试不会造成气囊的误触发,也不会妨碍气囊的正常触发。

如测试中发现了故障,控制装置会记下相应的故障代码,同时点亮警告灯。

接通点火开关,控制装置进行如下测试:ROM 测试;RAM 测试;A/D 转换器测试;电子加速度计功能测试;储能测试。运行当中还要检测如下内容:点火输入电压是否正常;点火器是否对地或对蓄电池正极短路;驾驶员侧或乘员侧点火器阻值是否超差;乘员侧充气泵低压开关电路是否正常;外界碰撞传感器有无故障;线路连接是否正常。

四、控制装置的故障处理功能

控制装置如检测出电子加速度计或微处理器(EEPROM 除外)有故障,为尽量减少气囊误爆的危险,就禁止气囊展开。但对于其他外部故障条件,控制装置不予理会,仍会容许气囊在需要时展开,但会省去一些测试,以免引起气囊误爆。控制装置在功能上保证单点故障,不管是控制装置内部还是控制装置外部的故障,均不会引起气囊误爆。

当控制装置检测出系统有故障后,就将相应的故障代码存入长存式储存器中。

当维修人员根据提取的故障代码对系统进行检查和检修后,并按程序清码,控制装置收到由串行接口传来的清除指令后,便清除所有的故障记忆,关掉提示灯,使故障显示历程计数器复零。若故障没有排除,或者有碰撞记录,控制装置将不执行清除指令。

1. 故障显示历程

系统控制装置存贮器中有两个负责记录故障显示历程的计数器,一个是灯循环计数器,一个是灯接通计数器。灯循环计数器在记录检查后使提示灯熄灭(无故障)或点亮(有故障),并记录所持续的点火循环数,最多 100 个循环。出现故障时,控制装置使提示灯点亮,同时使灯循环计数器复零。灯接通计数器记录提示灯显示故障的接通时间;无故障时提示灯熄灭,灯接通计数器复零。

安全气囊控制装置记录的系统故障可分为两类:现行故障,指目前存在的故障;陈旧故障,指上次排除故障后未进行清零而存的。现行故障消除后如经 250 个连续的点火循环未再测出,相应的陈旧代码即从控制装置中消除,在其他情况下,都要存在长存式储存器中直至接到清零命令为止。

所谓点火循环是指工作电压加到控制装置上达 5min 以上,然后撤除达 5s 以上所构成的循环。

2. 气囊系统故障表(表 3-1-3)

SRS 故障表 表 3-1-3

1	点火器电路	对地短路
2	点火器电路	对电源短路
3	驾驶员侧气囊点火器电路	电阻过大或开路
4	乘员侧气囊点火器电路	电阻过大或开路
5	驾驶员侧气囊点火器电路	电阻过小
6	乘员侧点火器电路	电阻过小
7	点火输入电路	电压过低
8	点火输入电路	电压过高
9	低压开关电路	线路对地或对电源短路
10	低压开关电路	开关打开(点火器故障),开路
11	安全气囊警告灯	对地或对电源短路、开路
12	安全气囊控制装置	电脑内部有故障(更换电脑)
13	安全气囊控制装置	存储器内有故障记录

五、保养提示灯的激活

1. 灯泡检查

接通点火开关,安全气囊控制装置输入端一接上工作电压便将保养提示灯接通进行灯泡检查。在这个初始阶段,如果系统不存在故障,提示灯接通闪烁 6s,然后熄灭。在初始阶段,控制装置只能自检而不能检测碰撞,在线路中的信号稳定之前禁止气囊打开。

2. 故障显示

控制装置查出系统有故障后,便点亮提示灯。碰撞之后,控制装置便使提示灯长亮,即使在随后的灯泡检查中,提示灯也长亮不熄,直到接到复位指令为止。

3. 控制装置失灵的情况下提示灯的激活

在某些故障情况下,控制装置失去对提示灯的控制作用,此时提示灯直接由相应电路激活。有如下几种情况:

(1)控制装置无点火电压或电源电压过低时,灯长亮;

(2)无内部工作电压时,灯长亮;

(3)控制装置不工作,看门狗电路使警告灯以 3Hz 频率闪亮;

(4)控制装置未接通,线束连接器中的短路条接通而使灯长亮。

六、安全气囊系统控制电路

1. 本田车系安全气囊系统控制电路

本田车系 SRS 的元件布置如图 3-1-26 所示。1994 年以前生产的本田车和本田雅阁(ACCORD)的自诊断系统只能进行故障警示,无故障码显示。诊断时,只能通过 SRS ECU 左侧配置的 16 针测试座测量电压进行诊断;1994 年起生产的车辆开始带有故障码输出功能。

本田车系 SRS 有两种形式:NEC 型 SRS 用于本田市民(CIVIC)车型;DE 型 SRS 用于本田雅阁(ACCOD)车型。如图 3-1-27、图 3-1-28 所示为本田市民车型的 SRS 的电路图。

在一般情况下,安全传感器动作所需的惯性力或减速度值比前碰撞传感器动作所需的惯性力或减速度值要小一些。当安全传感器动作时,将 SRS 的点火电路接通。只有当安全传感器与任意一只前碰撞传感器同时接通时,SRS 回路才能接通,使气囊动作。安全传感器的作用是防止因前碰撞传感器短路而造成气囊误爆。SRS ECU 根据安全传感器送出的信号确定是否发生碰撞。在安装或检查前碰撞传感器时,如不慎将其连接器的端子短路,就会引起气囊误爆,造成不必要的损失。设置安全传感器后,只要安全传感器的触点不闭合,气囊的点火电路始终开路,从而避免了气囊的误爆。

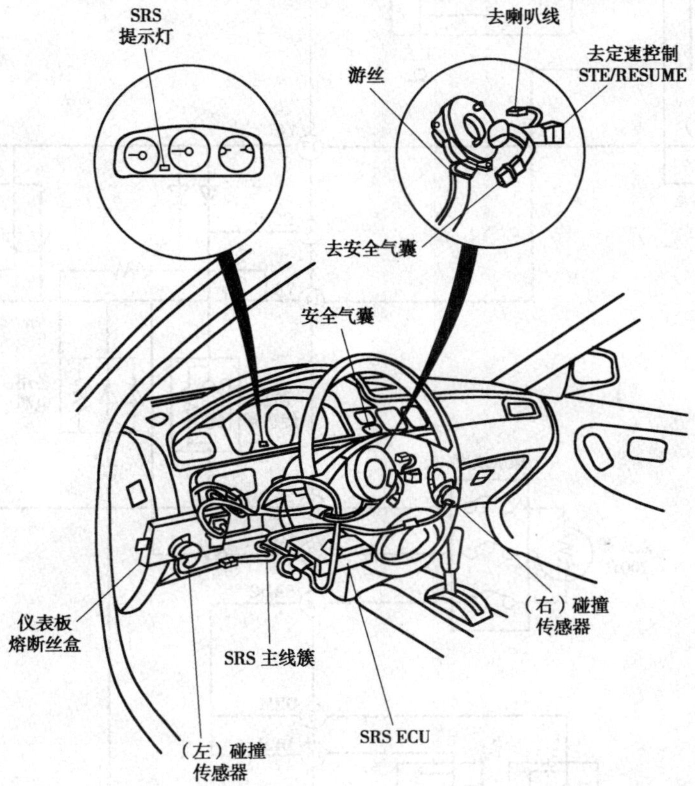

图 3-1-26　本田车系 SRS 元件布置图

在图 3-1-27 所示的电路中,气囊组件内的点火器电阻为 200Ω。当汽车遭受碰撞时,如果安全传感器的触点和任何一个前碰撞传感器的触点同时接通,SRS 电路接通,由蓄电池供电,其电路为:蓄电池正极→发动机舱盖下方熔断丝/继电器盒熔断器→点火开关→仪表板下方熔断丝/熔断器(NO:25 SRS 10A)→SRS ECU 13 端子→二极管→安全传感器触点→螺旋电缆(线束)→SRS 气囊点火器电阻(200Ω)→ECU 端子 7→左(或右)前碰撞传感器触点→搭铁→蓄电池负极。

2. 日产车系安全气囊系统控制电路

日产车系安全气囊系统采用三个前碰撞传感器,有的车型只有一个前碰撞传感器,安全传感器装在 ECU 外面。其安全气囊系统控制信号增加了车门开关信号,即只有在车门关闭状态时,气囊才有可能引爆。日产车系安全气囊系统元件位置如图 3-1-29 所示。控制电路如图 3-1-30所示。

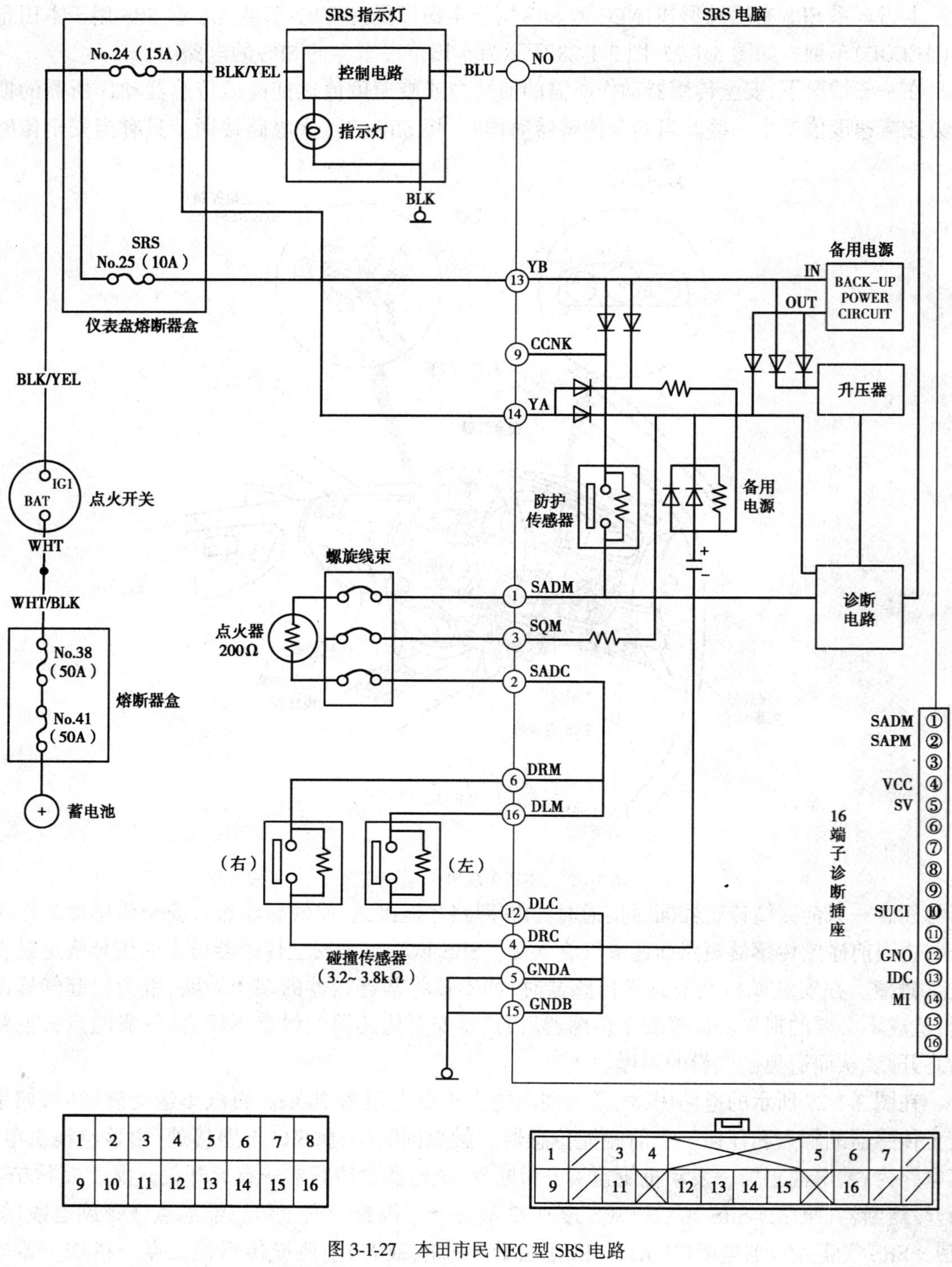

图 3-1-27　本田市民 NEC 型 SRS 电路

3. 奔驰车系安全气囊系统控制电路

与其他车系安全气囊系统最大的区别是，奔驰车安全气囊的引爆信号采用了驾驶员和右前乘客的安全带扣开关，这两个安全带扣开关相当于前碰撞传感器的功用。车辆发生碰撞时，只有在驾驶员和前乘客系好安全带的情况下。当安全带收紧并且安全带的拉力达到规定值时，安全带扣开关触点闭合，SRS ECU 接到信号并发出指令使气囊动作。在未系好安全带的情况下，气囊就不会引爆。其控制电路如图 3-1-31 所示。

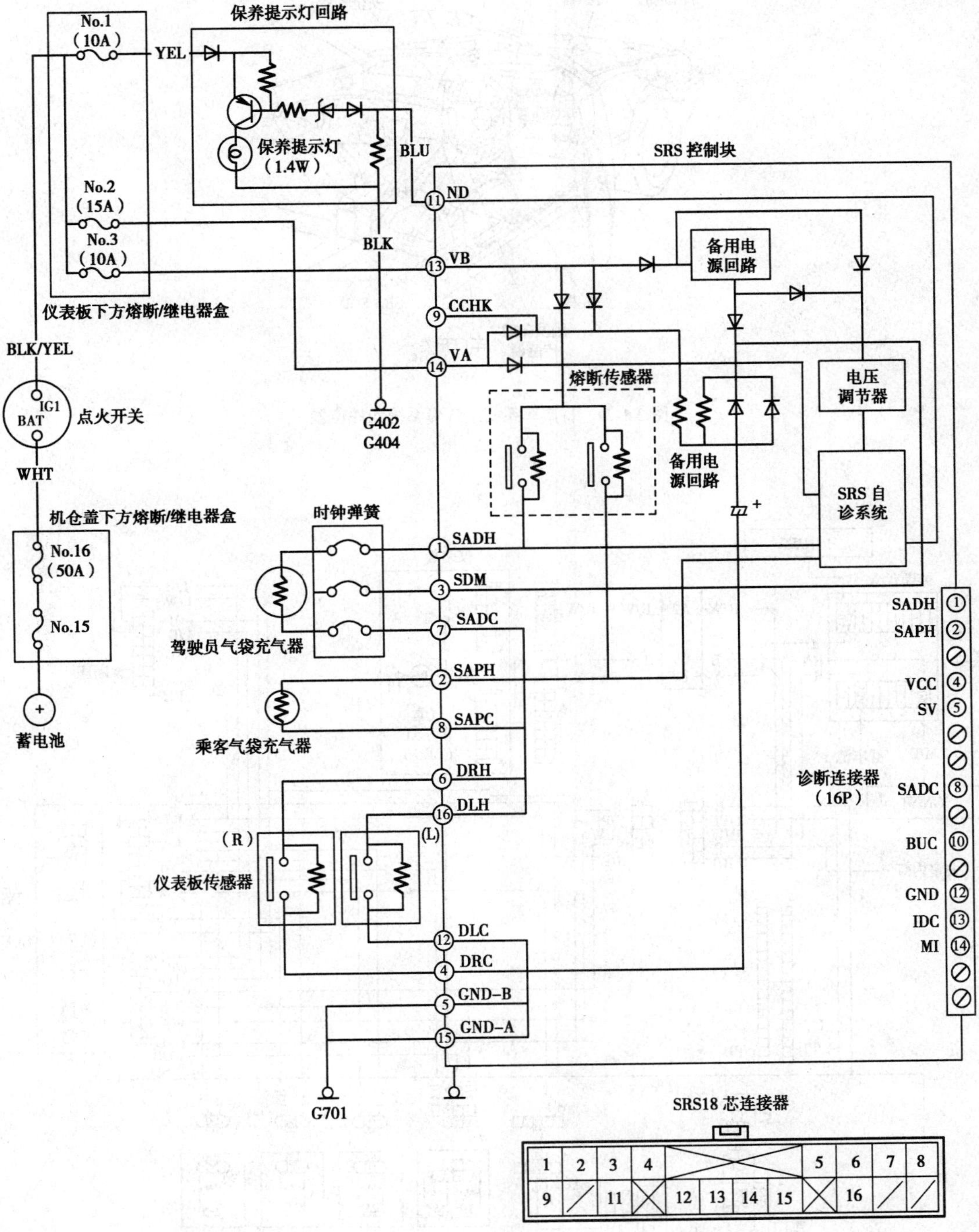

图 3-1-28　本田(ACCOD)DE 型 SRS 电路

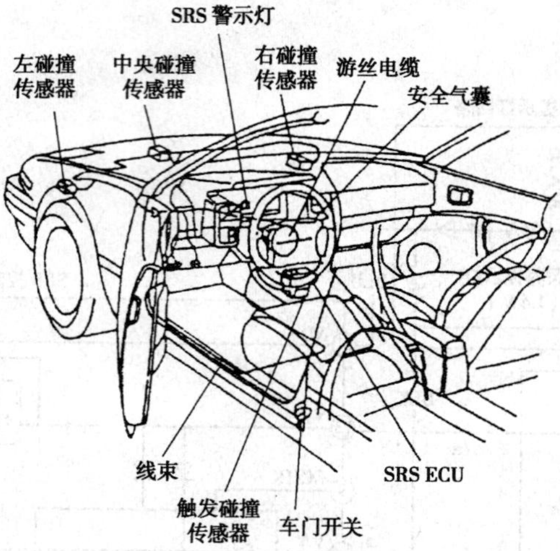

图 3-1-29　日产车系安全气囊系统元件位置

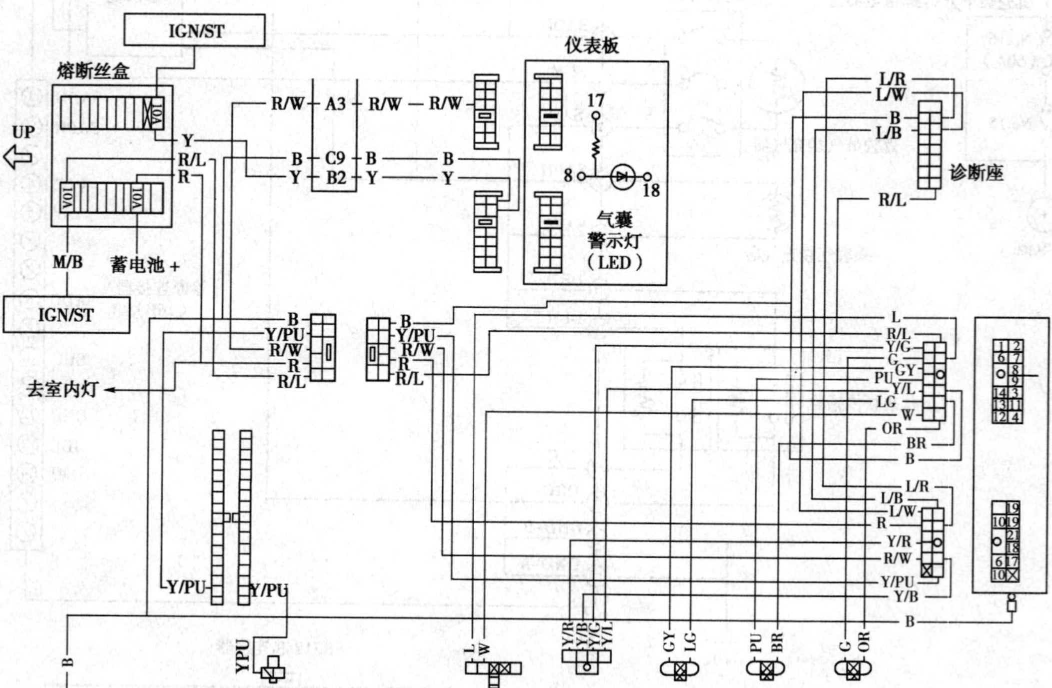

图 3-1-30　日产车系安全气囊系统电路图

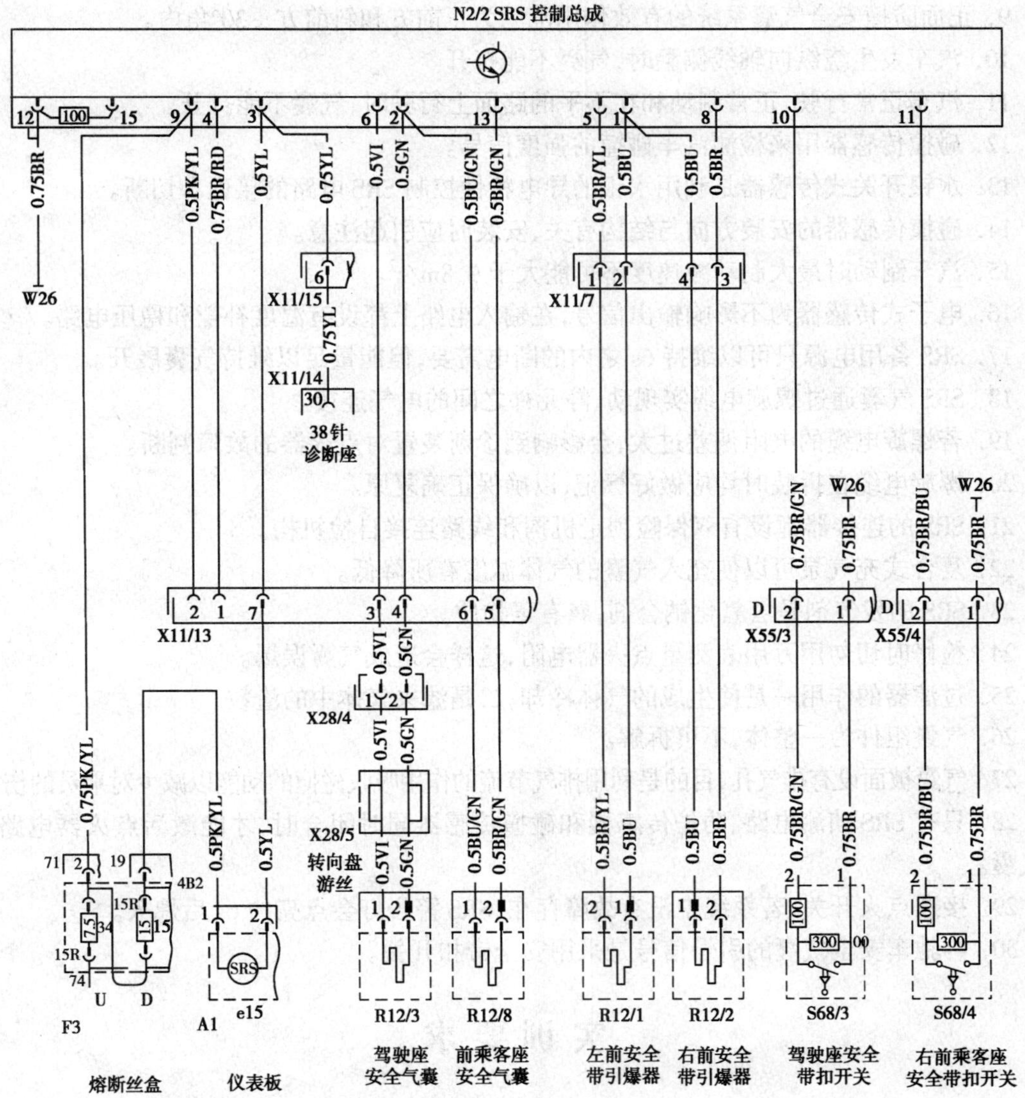

图 3-1-31　奔驰车系安全气囊系统控制电路

小　结

1．由于碰撞事故发生的突然性和意外性，只有采用被动安全保护装置来减少事故对人体的伤害。

2．安全气囊最早由日本的本田汽车公司于 1971 年装车试用。

3．进入 21 世纪，安全气囊系统将向着智能化方向发展。

4．气囊组件包括 SRS 气囊、气体发生器和点火器等。

5．气囊传感器包括前碰撞传感器、中央传感器和安全传感器，用来检测碰撞减速度、碰撞强度。

6．物体受到作用时间极短的力而改变其运动状态的现象叫碰撞。

7．由于碰撞造成主电源线断路，电源监控器自动启动系统备用电源引爆气囊。

8．安全气囊系统从开始充气到完全充满打开约需时间 30ms。

9. 正面防撞安全气囊系统的有效作用范围为正前方和斜前方±30°角内。

10. 汽车发生绕纵向轴线侧翻时,气囊不能打开。

11. 汽车正常行驶、正常制动和在不平的路面上行驶时,气囊不能打开。

12. 碰撞传感器用来检测汽车碰撞的强度信号。

13. 水银开关式传感器是利用水银的导电特性控制 SRS 电路的接通和切断。

14. 碰撞传感器的安装方向与结构有关,安装时应引起注意。

15. 汽车制动时最大制动减速度不可能大于 $9.8m/s^2$。

16. 电子式传感器为不影响输出信号,在输入电路上都设有温度补偿和稳压电路。

17. SRS 备用电源只可以维持 6s 之内的断电需要,但能量足以维持气囊展开。

18. SRS 气囊通过螺旋电缆实现动、静元件之间的电气连接。

19. 若螺旋电缆的电阻偏差过大,会影响到诊断装置对点火器的故障判断。

20. 螺旋电缆在拆装时均应做好标记,以确保正确复原。

21. SRS 的连接器都设有双保险锁定机构和线路连接自检机构。

22. 复合式充气泵可以使充入气囊的气体温度有所降低。

23. SRS 的发气剂是氢氧化钠合剂,属有毒物质。

24. 检修时切勿用万用表测量点火器电阻,这样会造成气囊误爆。

25. 过滤器的作用一是使生成的气体冷却,二是滤去气体中的渣粒。

26. 气囊组件为一整体,不可拆解。

27. 气囊被面设有排气孔,目的是利用排气节流的作用吸收碰撞的动能以减少对乘员的伤害。

28. 只有 SRS 侦测电路、防护传感器和碰撞传感器同时闭合时,才能激活点火器电路,引爆气囊。

29. 接通点火开关,若系统中没有故障存在,SRS 警告灯会点亮约 6s 后熄灭。

30. 奔驰车安全气囊的引爆信号是采用安全带扣开关。

实训要求

1. 实训内容

(1)SRS 各部件的结构、原理。

(2)SRS 元件的实车布置及线路连接。

(3)SRS 电路分析。

2. 实训目的与要求

(1)掌握 SRS 的组成及电路连接。

(2)掌握 SRS 各部件的构造和工作原理。

(3)掌握 SRS 电路及元件的检测方法和要求。

复习思考题

一、判断题

1. 安全气囊系统属于被动安全装置。 ( )

2. 乘员侧安全气囊一般比驾驶席安全气囊大。　（　）

3. 当碰撞事故引起蓄电池电源线脱开时系统备用电源可以维持气囊展开。　（　）

4. 防护传感器和碰撞传感器并联可以独立控制气囊引爆。　（　）

5. 安装前碰撞传感器时不必考虑其安装方向。　（　）

6. 系统配线的连接器的短接簧片是防止气囊误爆装置。　（　）

二、选择题

1. 欧式安全气囊一般按有安全带设计，其体积一般为　（　）

A.30L；　B.40L；　C.50L；　D.60L

2. 当断开蓄电池电缆线时，系统备用电源能维持　（　）

A.5s；　B.6s；　C.7s；　D.8s

3. 安全气囊前碰撞传感器的有效作用范围是汽车正前方±(　°)角。　（　）

A.30；　B.35；　C.40；　D.45

4. 汽车以50km/h的初速发生碰撞时，气囊的整个动作过程需要大约　（　）

A.100ms；　B.110ms；　C.120ms；　D.125ms

三、简答题

1. 简述安全气囊的分类。

2. 智能型安全气囊系统具有那些功能？

3. 简述安全气囊系统的基本组成及工作原理。

4. 试述碰撞传感器的分类及功用。

5. 螺旋电缆在拆装时应注意什么？

6. 控制装置的引爆条件是什么？

7. 简述气囊组件的组成及工作原理。

四、连线题

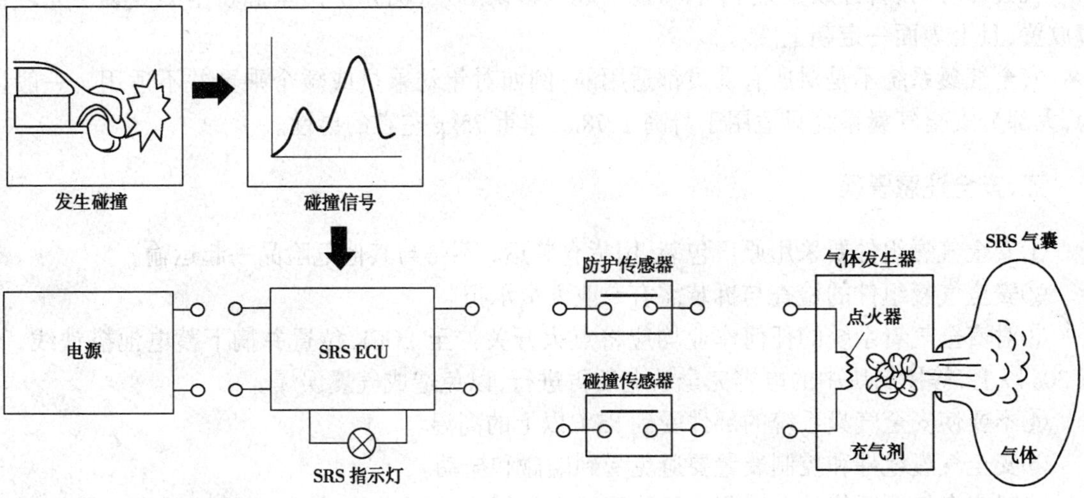

第二章　安全气囊系统的正确使用与处置

学习目标

1．掌握安全气囊系统的正确使用方法。

2．掌握 SRS 的检修注意事项及故障诊断方法。

3．学会如何处置废弃的安全气囊。

第一节　安全气囊系统的正确使用

一、安全气囊系统的正确使用

1．安全气囊系统应配合安全带使用

安全气囊系统属于辅助性乘员保护装置，其基本的前提是要佩带安全带。

2．安全气囊系统不得带故障运行

如果安全气囊系统带故障运行，则可能产生两种不良后果：一是当汽车发生碰撞需要安全气囊系统动作时，气囊不动作；二是安全气囊系统不该动作时，其却错误动作，引起误爆。前者将起不到安全气囊系统保护功能；后者将对乘员造成意外伤害，甚至导致事故。

3．切勿对气囊碰撞传感器进行人为冲击试验

在汽车维护作业中如有可能对传感器产生冲击，应将它拆下，待修理完毕后再按规定装复。

4．安全气囊系统的气囊保存要严格按规定执行

气囊保存时，若存放位置不当，可能引起气囊误触发，例如丰田皇冠轿车的气囊不允许竖直放置，且上表面一定朝上。

安全气囊系统不是对所有乘员都适用的，例如对年幼乘员或矮个乘员并不适用。一般认为，大部分安全气囊系统只适用于身高 1.78m，体重 75kg 左右的男性。

二、安全注意事项

①安全气囊组件要采用原厂包装，用货仓装运，不得与其他危险品一起运输。

②安全气囊组件的检查与拆装需有专业人员承担。

③对安全气囊系统的任何作业均应将点火开关拧至 LOCK 位置并摘下蓄电池搭铁线，等待 30s 以上，等控制块中的电容完全放电后再进行，以免造成气囊误爆。

④不要使安全气囊系统的部件受到 85℃以上的高温。

⑤安全气囊组件和控制装置要避免受到磕碰和振动。

⑥对安全气囊系统的电气测试要待系统安装好后才可进行，切不可用万用表测量气囊点火器的电阻，以免造成气囊误爆。

⑦不得擅自改动安全气囊系统的线路和元件。

⑧在转向盘和乘客侧气囊部位不可粘贴任何饰物或胶条。

三、系统功能解除与复原

对安全气囊系统进行检查和更换元件的作业之前,必须对系统进行功能解除处理,以避免发生气囊的误爆事故,程序如下所述。

(1)解除驾驶员侧气囊按①、②、③、④步骤进行,解除乘客侧气囊按①、⑤、⑥、⑦步骤进行。

①拆下蓄电池搭铁线。

②拆开驾驶员侧气囊组件线束的连接器。

③卸下气囊组件与转向盘的固定螺母。

④短接螺旋电缆与气囊组件的连接器端子,使系统仍保留有自诊断功能。

⑤打开杂物箱并完全翻下来。

⑥拆下乘客侧气囊连接器。

⑦短接线束侧的气囊连接器端子。

⑧重新接上蓄电池搭铁线。

(2)完成检查与修理后,按如下程序进行系统复原:

①拆下蓄电池搭铁线。

②除去螺旋电缆端子的跨接线,接上驾驶员侧气囊连接器。

③按维护手册的说明将驾驶员侧气囊组件装到转向盘上,调准位置并加以固定。

④除去乘员侧连接器上的跨接线。

⑤接上乘客侧气囊连接器,合上杂物箱。

⑥接上蓄电池搭铁线。

⑦检查气囊系统警告灯工作是否正常。

四、检修中的安全措施

(1)在安全气囊拆卸后,应将缓冲垫上表面朝上,上面不可叠置任何物品。气囊存放的地方温度不可高于93℃,湿度也不可过高。气囊不能用清洗剂清洗,不准涂润滑油,只能用布或湿布擦拭。

(2)多功能开关内的螺旋电缆是由两个载流的弹簧组成,切勿试图拆开修理该部件,如有故障请更换整个部件。往转向柱上安装转向盘时,要前轮回正,使H转向柱和螺旋电缆间的配对标记对正,而后安装。拆卸转向机构时,要将前轮回正并取下点火钥匙,否则有可能损伤螺旋电缆,或使气囊打开。安全气囊展开后,螺旋电缆要更换新件。

(3)为区别与其他系统线束,安全气囊系统的配线和连接器都采用特殊的黄色,并单独套有特殊颜色的套管。检修时不要损坏连接器。在进行电焊作业前,要拆开转向柱下多功能开关附近气囊组件的连接器,以防连接器失去安全功能。“现代”汽车的安全气囊系统的配线连接器中还带有短路条,拆开连接器时,短路条将气囊组件的电路短路,防止在进行气囊维护作业中使气囊错误打开。因此在检修“现代”汽车安全气囊系统时,不但要注意不能损坏连接器中的短路条,还需注意不要让油、水、酸、碱浸入。

(4)检修中不允许对控制装置进行敲击、跌落、振动,要防止酸碱、油、水的浸蚀。如发现有凹陷、裂纹、变形或生锈，务必更换新件。切勿在控制装置或附近使用欧姆表，只能用专用仪器。控制装置在安装时一定要与模块上的标定方向一致，拧紧力矩一定要符合标准。

五、故障检修程序

安全气囊系统的故障症状判断比较困难，因此，现代汽车为了便于查找故障，在控制装置中都设有故障自诊断系统，当系统出现故障时，以代码形式存储起来。所以在检修时要先调取故障码，然后根据故障码查明故障是否在传感器、执行机构、线路或连接器上，以便排除故障。检修工作必须在点火开关置于LOCK位置及蓄电池搭铁线拆去至少30s后才能进行。在维修好故障零件后，装回分解的零件。如果不按正确步骤进行，可能导致系统发生故障或造成气囊突然打开。所以在检修前，应仔细阅读注意事项，务必按正确操作方法进行检修。

当接通点火开关至ACC或ON位置时，安全气囊警告灯应亮约6s后熄灭。如此时灯不亮或常亮，应检查安全气囊警告灯及警告灯电路。

诊断读出故障码后，先将气囊组件连接器脱开。

负加速度传感器的阻值一般为0.5～1kΩ，用万用表检查其线路是否断路或短路。

检查负加速度传感器安装情况，如发现松动时，应加以坚固，并严格拧紧力矩。

当所有故障码相应的故障均被修复，必须清除故障码。然后再重复进行点火开关开—关操作，检查故障码，若输出正常码，则用模拟法进行证实试验；若仍输出故障码，再按故障码进行故障排除。

再次检查警告灯，确保所有的故障已被排除，如果警告灯显示不正常，再重新检查。

六、检修后进行电气检查

用一只12V的小灯泡代替气囊组件接入电路，检查时，以下情况小灯泡均不闪亮为正常：

①接通点火开关。

②启动发动机。

③汽车行驶至车速超过80km/h时，紧急制动。

④在崎岖道路上行驶或设置常见障碍，如路面有砖头等，高速驶过。

第二节　安全气囊系统的故障诊断

一、诊断注意事项

在维修、检测安全气囊系统时，要严格按正确顺序进行操作，否则，会使安全气囊系统在检修过程中意外展开而造成严重事故，或致使安全气囊系统不能正常运作。因此，在排除故障之前，一定要注意以下各点：

(1)由于安全气囊系统的故障征状难以确诊，所以故障码就成为故障排除时最重要的信息来源。因此在进行安全气囊系统故障排除时，脱开蓄电池之前，务必要检查故障码。

(2)检修工作务必在将点火开关转到LOCK位置并拆下蓄电池搭铁线30s或更长一些时间才能开始。这是因为安全气囊系统配有备用电源，如果检修工作在拆下蓄电池搭铁线后30s之内进行，就有可能使安全气囊打开。当拆下蓄电池搭铁线之后，时钟和音响系统的存储将会取消。所以，在工作开始之前，应将音响系统的内容记录下来。在工作结束之后，重新设置音响系统并调整时钟，当车辆装有电动倾斜和伸缩转向系统、电动座椅、电动车外后视镜及电动肩带系统装置时，这些机构均具有存储功能，不可能记录下其存储内容，所以在检修工作结束之后，应将这一情况告诉用户重新调整和设置存储。为避免删除各存储系统的存储内容，千万不可使用车外备用电源。

(3)即使只发生轻微碰撞而安全气囊未打开，也要对前气囊传感器和气囊组件进行检查。但绝对不可使用其他车辆上的安全气囊组件。如需更换，务必使用新零件。在检修过程中，如有可能对气囊传感器产生冲击，那么在修理之前应将气囊传感器拆下。

(4)中心安全气囊传感器总成含有水银。更换之后，不要将换下的旧零件随意毁掉，当报废车辆或只更换安全气囊中心传感器总成本身时，应拆下气囊中心传感器总成并作为有害废弃物处置。

(5)决不要试图拆卸和修理前气囊传感器、气囊中心传感器总成或气囊组件以供重新使用。如果前气囊传感器、气囊中心传感器总成或气囊组件跌落过，或在壳体、托架或连接器上有裂纹、凹陷或其他缺陷，应更换新件。不要将前气囊传感器、气囊中心传感器总成或气囊组件直接暴露在热空气和火焰面前。

(6)对电路进行检查时，要使用高阻抗(至少 10 kΩ/V)伏特/欧姆表来诊断电路系统的故障。

(7)手持安全气囊时，不要使气囊和盖指向身体，放置于工作台或其他表面时，要使装饰面朝上；展开安全气囊时，需戴手套和安全眼镜。因为安全气囊内表面可能残留有氢氧化钠，若接触到皮肤可用冷水冲洗。

(8)所有与安全气囊系统有关的检修工作，必须在安全气囊系统正确拆除后进行，安装气囊时不要试探任何连接处。如果在车上检修安全气囊系统，在气囊组件安全拆除前，不要坐在气囊附近。

(9)传感器安装方向是气囊系统发挥正常功能的关键，应将其恢复到原来位置。配线作业要十分小心，在作业前必须使气囊组件安全拆除。

(10)检修完成后，不能急于将气囊组件接入电路，应先进行电气检查，确认无误时，再将气囊组件接入。

(11)在安全气囊系统零部件的外表面上有说明标牌，必须遵照这些注意事项。

(12)安全气囊系统检修工作结束之后，进行安全气囊系统警告灯的检查。

二、故障诊断方法

安全气囊系统的故障诊断是比较难的，一般有三种方法来确定故障的部位。即安全气囊警告灯法、参数测量法和扫描仪法。诊断中充分利用电脑提供的故障代码，可使故障诊断的难度大为减小。

1. 从安全气囊警告灯读取(保养提示灯法)

(1)故障显示。当接通点火开关或启动发动机后，仪表板上的安全气囊(或 AIR-BAG)警告灯长亮不熄时，表明系统已检测到故障，应对安全气囊系统进行故障码检查(具体方法详见后面内容)。

(2)用户故障分析。利用用户故障分析对照表作为参考，向用户进行尽可能详细的故障查询。

(3)警告灯的检查。检查安全气囊警告灯的运作，如果灯一直亮，则表明在安全气囊控制装置中，存有一个或多个故障代码，进行下一步动作。如果安全气囊警告灯不亮，则气囊警告灯或警告灯电路有故障,当该警告灯有故障时,系统会显示代码,则进行相应代码的检查。

如果安全气囊警告灯电路出现断路,气囊警告灯就不会亮,故障码也不会输出。所以在进行下一步检查之前,首先要排除警告灯电路故障。

(4)故障码的检查及记录。检查故障代码,记录输出的任何故障代码。如果输出正常代码,则电源电路曾经有不正常现象或电源电压过低,因此要进行电源电压检查。

(5)在上一步检查中输出故障代码只能说明与该代码有关的电路曾经发生过故障,但不表明现在故障是否仍然存在或已消失。据此,有必要清除故障码后,再重新进行故障码检查以确定故障的现在情况。如果忽略这一步骤,而仅用上一步输出的故障代码进行故障诊断,会使寻找故障部件的工作更加困难且容易误诊。

(6)再一次进行故障码的检查及记录。如输出正常码,则表明系统曾发生过故障但现已排除;如输出故障码,则进行相应的电路检测。

(7)故障排除。将点火开关重复开-关(开等待 20s,关等待 20s)5 次后,检查故障码。如果有代码输出,则故障仍然存在,应对应故障代码表进行检查。对出现故障码的有关电路进行故障排除分析。在检修工作结束后,应用模拟法进行证实试验。

注意:在检查故障码和清除故障代码的工作中,拆下和连接蓄电池搭铁线时,必须在点火开关处于 LOCK 位置时进行。在接好蓄电池搭铁线后,必须在 2s 后才能将点火开关转至 ACC 或 ON 的位置。如果蓄电池搭铁线在点火开关位于 ACC 或 ON 位置时被连接,或在连接蓄电池电缆 2s 内转至 ACC 或 ON 的位置,就会造成自诊断系统工作不正常。

(8)故障代码表。下面列举了几种车型的故障代码表(见表 3-2-1 ~ 表 3-2-6),根据诊断系统输出的故障码按图 3-2-1 所示的连接顺序进行电路检查。

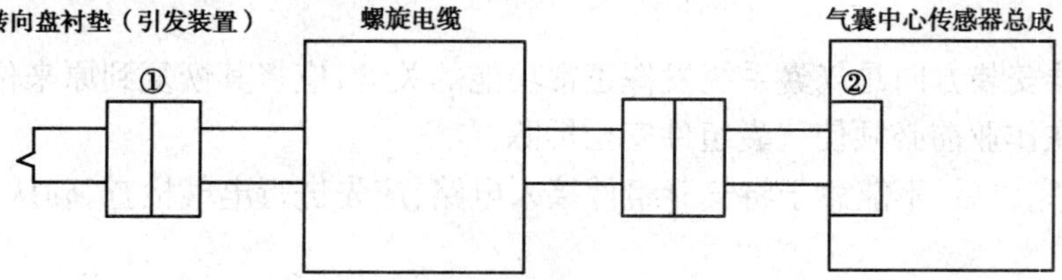

图 3-2-1 各部件连接顺序

日产车系 SRS 故障代码表 表 3-2-1

故障代码	故障内容	检查部位
0	SRS 灯不闪,系统正常	
1	触发传感器故障	检查触发传感器及线路
2	安全气囊故障	检查安全气囊及线路
3	触发传感器故障	检查触发传感器及线路
4	左碰撞传感器故障	检查左碰撞传感器及线路
5	右碰撞传感器故障	检查右碰撞传感器及线路
6	中心传感器故障	检查中心传感器及线路
7	SRS ECU 故障	检查或更换 SRS ECU
8	同时有两个以上的故障代码	进一步检查有关部位

本田车系 DE 型 SRS 故障代码表 表 3-2-2

故障代码	故障内容
无	SRS 警告灯故障
11	驾驶员侧安全气囊充气元件(内部)线路断路或电阻过大
12	驾驶员侧安全气囊充气元件(内部)线路短路或电阻过小
13	驾驶员侧安全气囊充气元件(电源)线路短路
14	驾驶员侧安全气囊充气元件搭铁线路短路
21	前乘员侧安全气囊充气元件(内部)线路断路或电阻过大
22	前乘员侧安全气囊充气元件(内部)线路短路或电阻过小
23	前乘员侧安全气囊充气元件(电源)线路短路
24	前乘员侧安全气囊充气元件搭铁线路短路
51	SRS ECU 故障
91	SRS 警告灯(不亮)及线路故障
92	SRS 电源电路不良
10-2	SRS ECU 更换号码

马自达车系安全气囊系统故障代码表 表 3-2-3

故障代码	故障部位	检查部位
灯一直亮	SRS ECU 故障或线路故障	检查 SRS ECU 及线路
3	SRS 电源线路接触不良	检查 SRS 电源及线路
4	触发传感器故障	检查触发传感器及线路
5	前碰撞传感器故障	检查前碰撞传感器及线路
6	安全气囊线路故障	检查安全气囊及线路
9	SRS ECU 与前碰撞传感器间线路故障	检查 SRS ECU 与前碰撞传感器间的线路
1 或 10	SRS ECU 故障或备用熔断丝断路	检查 SRS ECU 及备用熔断丝
灯不亮	AIR-BAG 指示灯泡损坏或线路接触不良	检查 AIR-BAG 指示灯泡及线路

装 8 孔诊断座的奔驰车 SRS 故障代码表 表 3-2-4

故障代码	故障内容	故障代码	故障内容
1	SRS 正常(没有故障记忆)	6	乘员侧安全带开关不良
2	SRS 电脑不良	7	乘员侧安全气囊保护电阻不良
3	驾驶员侧安全气囊线路不良	8	蓄电池电压过低(电源不稳定)
4	乘员侧安全气囊线路不良	9	SRS 警告灯线路不良
5	驾驶员侧安全带开关不良	10	SRS 电脑不良

奔驰 W140 车系 SRS 故障代码表 表 3-2-5

故障代码	故 障 内 容	检 查 部 位
1	系统正常	
2	SRS ECU 故障	检查更换 SRS ECU
3	驾驶员侧安全气囊线路故障	检查驾驶员侧安全气囊及线路
4	右前乘员侧安全气囊线路故障	检查右前乘员侧安全气囊及线路
5	驾驶员侧安全带扣开关故障	检查驾驶员侧安全带扣开关及线路
6	右前乘员侧安全带扣开关故障	检查右前乘员侧安全带扣开关及线路
7	右前乘员侧安全气囊保护电阻故障	检查保护电阻及线路
8	电源电压过低	检查蓄电池及发电机
9	SRS 警告灯线路不良	检查 SRS 警告灯及线路
10	SRS ECU 故障	检查 SRS ECU 及线路

通用车系 SRS 故障代码 表 3-2-6

故障代码	故 障 内 容
12	进入故障自诊断状态
13	需要使用专用故障代码诊断仪检查
21、22;23、24	SRS ECU 插座 A4、A6、A7、A10 脚电压异常;SRS 气囊插座 A、B 脚之间有故障
25、26	SRS 气囊插座 B 端子连线故障;限流电阻器 100Ω、430Ω 电阻不良
31、32	SRS ECU 插座 A2 端子导线不良;传感器故障
33、34	SRS ECU 插座 A2、A3、B3 端子电压异常,有关熔丝或线路有故障
35	乘员碰撞传感器线路故障
41、42	SRS ECU 插座 A2 脚线路故障
51	SRS 气囊处于触发状态
54	SRS 故障超过 4 个
61	SRS 气囊线路不良
71	系统控制器电压异常(A3、B3 端子输入电压小于 13V 或大于 19.6V;A2 端子输入电压高于 44V;系统电脑稳压电路故障)

2. 参数测量法

有的汽车的安全气囊系统没有故障代码,而是在控制装置上配有供故障诊断的测试接口,在进行故障诊断时,只需测出各接口之间的电压,与手册中的正常电压相比较,若某插脚的电压与标准电压不符,对照电压分析表即可查出异常电压值所对应的故障原因,进而进行排除。

下面我们以本田车系 NEC 型和 DE 型 SRS 为例介绍参数测量法。如图 3-2-2 所示为 NEC 型和 DE 型 SRS ECU 所配的 16 孔测试座。通过测量测试座上有关端子的电压即可进行故障诊断。表 3-2-7 为 DE 型电压测试分析表。

3. 扫描仪法

现代汽车基本上都用扫描仪诊断故障，当安全气囊系统故障警告灯提示系统存储有故障时，用扫描仪调取故障代码，再根据手册的指导进行具体的检查。接通点火开关时，故障警告灯如果亮约 6s 后不熄灭，说明系统有故障存在，如果警告灯根本不亮，说明故障警告灯线路中有故障。

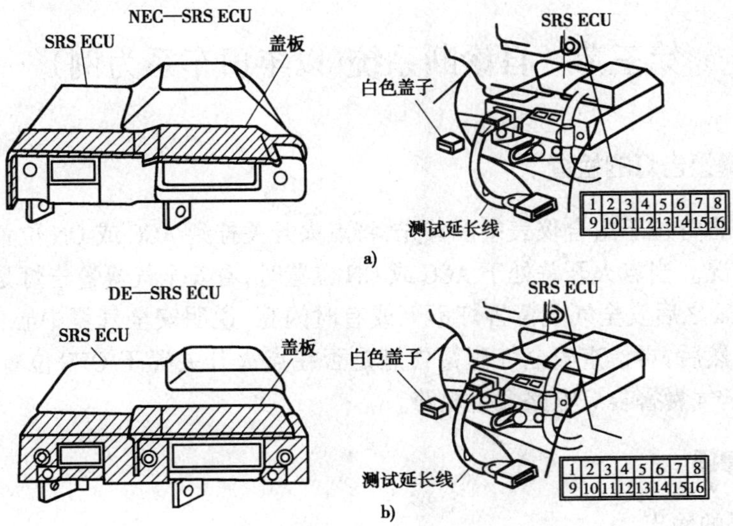

图 3-2-2　本田 SRS ECU 测试座

DE 型 SRS 电脑插脚电压测试分析表　　表 3-2-7

测试端子	1 SADH	4 Vcc	5 SV	10 BUC1	12 GND	13 IDC	14 M1	可能故障
标准值（V）	3.5～5.2	4.5～5.5	12～14	10.5～14.5	0	8.5～13	7.5～11	系统正常
实测值（V）	0	4.5～5.5	12～14	10.5～14.5	0	2.0～8.5	7.5～11	触发传感器断路或碰撞传感器短路
	7.5～11	4.5～5.5	12～14	10.5～14.5	0	2.0～8.5	7.5～11	触发传感器短路或碰撞传感器断路
	5.3～7.2	4.5～5.5	12～14	10.5～14.5	0	2.0～8.5	7.5～11	碰撞传感器断路
	7.5～11	4.5～5.5	12～14	10.5～14.5	0	2.0～8.5	7.5～11	安全气囊断路或螺旋电缆断路
	3.5～5.2	0	0	8.5～14.5	0	2.0～8.5	6～11	SRS ECU13No 端子无电源输入
	3.5～7.2	4.5～5.5	12～14	10.5～14.5	0	8.5～13	7.5～11	SRS 警告灯线路短路或断路

扫描仪检查程序为：

①将点火开关置于 OFF(断开)档；

②将扫描仪电源线插到点烟器座上；

③将扫描仪接到诊断通讯链路或检查连接器诊断插口上;

④接通点火开关;启动扫描仪检查故障码;

⑤断开点火开关进行故障排除分析,之后再接通点火开关,用扫描仪消去所存的故障代码;

⑥摘下扫描仪。

第三节 自诊断系统(以丰田车系为例)

一、安全气囊警告灯的检查

安全气囊警告灯位于组合仪表中。首先,将点火开关拧到 ACC 或 ON 位置,检查安全气囊警告灯的运作情况。当点火开关处于 ACC 或 ON 位置时,看安全气囊警告灯是否亮大约 6s 后熄灭,如果在约 6s 之后安全气囊警告灯不灭或有时闪亮,说明安全气囊中心传感器总成已探测到故障代码。然后,再检查安全气囊警告灯是否在点火开关置于 OFF 位置时也会亮,如果是,则可能是安全气囊警告灯电路发生短路。

二、检查故障码

1. 故障代码的输出

将点火开关转到 ACC 或 ON 位置并等待大约 20s,使用专用工具 SST,将诊断通信链路或检查连接器的端子 T_C 和 E_1 连接起来。注意,决不要接错端子,以免造成故障。

2. 故障代码的读取

安全气囊系统的故障代码由警告灯闪亮的次数所表示。正常代码的显示是警告灯闪亮每秒 2 次。一旦存储器存有故障,警告灯就会以代码形式输出,输出代码的第一个数就代表二位数故障代码的十位;经过 1.5s 的暂停,输出代码的第二个数,它就代表了二位数故障代码的个位数。如果有二个以上的代码输出,两个代码之间将会有 2.5s 的暂停。在所有的代码输出之后,停顿 4.0s 后将会重复输出。在有两个或多个故障代码的情况下,显示出的代码就会由小到大。

三、故障代码的清除

按读取的故障代码从各车的故障代码表中查出代码的内容、故障部位及修理方法,然后对故障部位进行检查并修复。

关断点火开关,断开安全气囊与电子控制装置的熔断丝或断开蓄电池搭铁线 30s,或按相应的清除程序,将安全气囊的电子控制装置中的代码清除。

再按调取代码步骤检查一次,若代码已消失,则故障已排除。

四、奥迪轿车安全气囊系统故障诊断

1. 系统结构特点及布置

奥迪车安全气囊系统的组成及布置如图 3-2-3 所示。

气囊组件安装在转向盘内具有特殊形状的缓冲垫(气囊饰盖)内,饰盖表面有撕缝,以便气囊展开。气囊组件通过螺旋电缆与系统线束连接,线束连接器设有短接片,以防气囊误爆。

当气囊引爆时，约有 80L 的气体充入气囊。气囊背面有 4 个排气孔，当驾驶员压向气囊时，允许气体向外排泄以缓冲碰撞的动能，防止驾驶员受伤。

依靠螺旋电缆完成气囊组件与转向盘的连接，拆卸转向盘时要对螺旋电缆定位，防止螺旋电缆移动。安装螺旋电缆时，一定要使汽车前轮朝向正前方，否则会引起干涉或转向沉重。

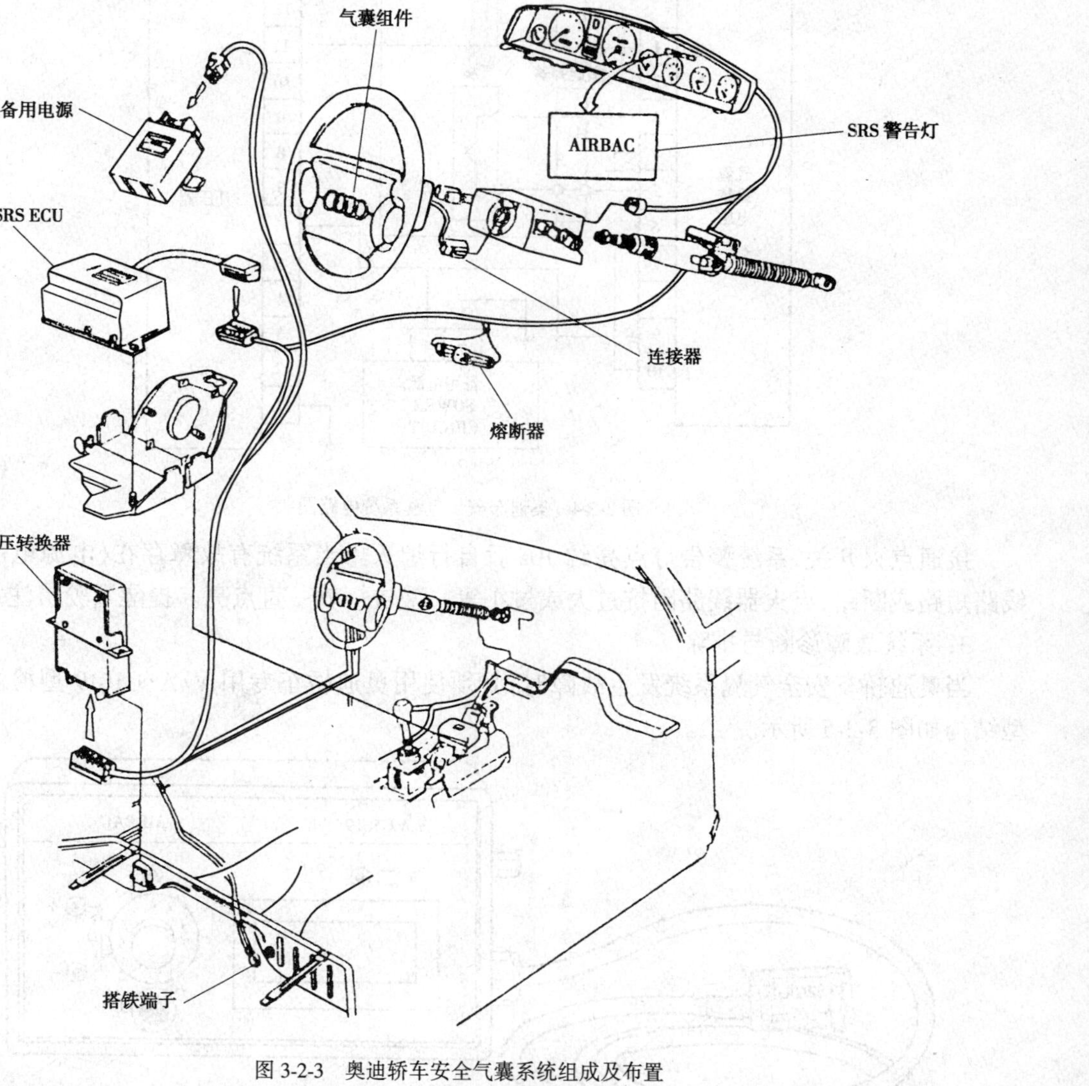

图 3-2-3　奥迪轿车安全气囊系统组成及布置

加速度传感器、安全(水银开关式)传感器和系统电脑组合在一起构成电脑组件。壳体上箭头朝向汽车前方安装。当加速度传感器检测到减速度大于 1.8g(17.64m/s^2)时，安全气囊系统电脑发出指令点燃点火器引爆气囊。

备用电源(储能装置)由控制电路和两只电容器组成，接通点火开关到 ON 位时，汽车电源变通过电压转换器向备用电源充电。如果碰撞导致车上电源与系统供电线路断开，备用电源支持系统工作。

电压转换器也叫升压器，在后排乘员座椅下面。当接通点火开关蓄电池电压低于 4V 时，升压器工作将电压升到 12V 向系统供电。

2. 奥迪车安全气囊系统电路

奥迪车气囊系统电路如图 3-2-4 所示。接通点火开关，蓄电池经点火开关向气囊系统电脑

1 端子和升压器 12 端子供电。通过升压器 6 端子给备用电源充电。

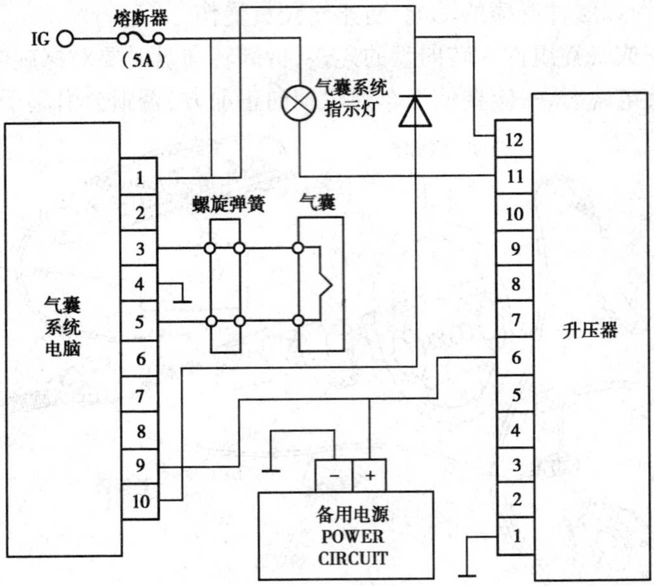

图 3-2-4　奥迪车安全气囊系统电路图

接通点火开关,系统警告灯点亮约 10s 后自行熄灭。当系统有故障存在(电源电压过低、线路短路或断路、点火器线路阻抗过大或过小等),警告灯就一直点亮。提醒驾驶员注意。

3. 系统故障诊断与排除

当奥迪轿车安全气囊系统发生故障时,必须使用奥迪轿车专用 V·A·G1619 型检测仪,外型结构如图 3-2-5 所示。

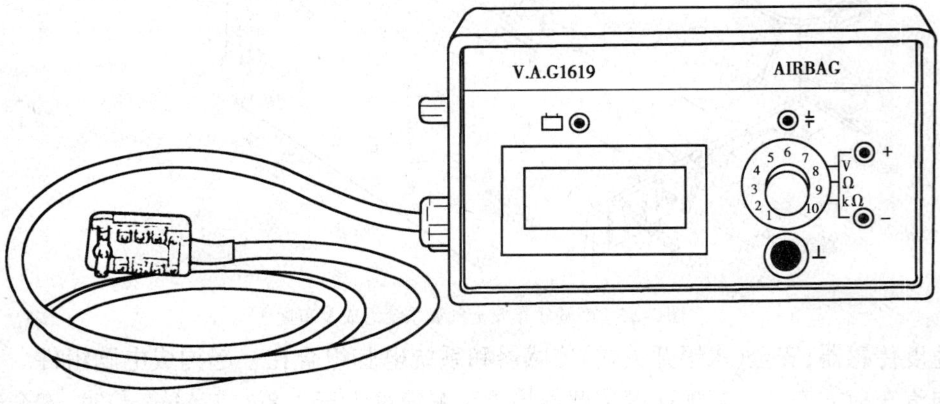

图 3-2-5　V·A·G 1619 型检测仪

安全气囊系统故障排除方法参见丰田佳美 CAMRY。要注意以下几项:

①在进行故障检查排除前,应先用 V·A·G 1619 检测仪调取故障码。

②切勿用万用表检测气囊组件电阻,否则会导致气囊误爆。

③在进行任何操作之前,都要拆下气囊组件。拆卸要求见丰田 CAMRY。

④系统在安装位置,只能用 V·A·G 1619 检测仪进行检测。

⑤报废气囊时要用 V·A·G 1619 检测仪引爆气囊。

⑥故障排除后应进行电气检测并清除故障码。

第四节 安全气囊的处置

当报废装有安全气囊车辆或处置带安全气囊的转向盘衬垫时，务必要按照正确的方法首先使气囊展开，决不要随意丢弃带有未展开安全气囊的转向盘衬垫。弃置碰撞事故中已经展开的转向盘衬垫时，也要按照安全气囊的回收与环保要求进行。

一、安全气囊处置的预防措施

①安全气囊展开时会发出相当大的爆炸声，所以操作必须在户外并且不会给附近的居民区造成公害的地方进行。

②在展开安全气囊时，一定要用规定的维修专用工具，操作要在远离电场干扰的地方进行。

③展开安全气囊时，操作地点要在离开转向盘衬垫至少 10m 的地方进行。

④在安全气囊展开时转向盘衬垫会变得很热，所以在展开之后 30min 内不要触摸它。

⑤在处理带有已展开安全气囊的转向盘衬垫时，要戴上手套和防护眼镜。

⑥操作结束以后，一定要用清水洗手。

⑦不要往已展开安全气囊的转向盘衬垫淋水或与其他液体接触。

二、安全气囊的处置

处理报废汽车(装有安全气囊系统)或弃置转向盘衬垫(带气囊)时，需要对气囊进行人为引爆。处理报废汽车时，安全气囊可以在车内引爆，处理废弃的转向盘衬垫需要在车外，引爆时声响很大，要尽量避开居民区，并提醒周围的人多加注意。此时会产生较大的烟尘，因此要选一个通风的场所，并避开有烟尘传感器的地方。

1．车内引爆(图 3-2-6)

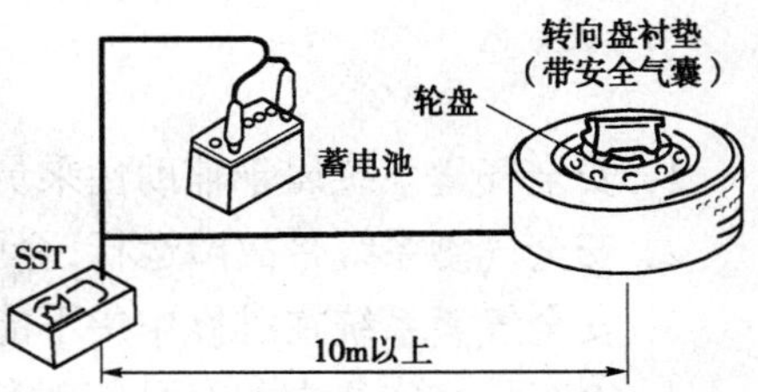

图 3-2-6 车内引爆

将车移到一个空旷的场所，打开所有车窗和车门，拆下蓄电池负极和正极电缆，然后将蓄电池搬出车外，注意摘下蓄电池电缆后等 30s 后再进行下一步工作。

拆下后控制台总成，拆开安全气囊中心传感器总成的连接器，拆开螺旋电缆的配线连接器，在气囊点火器端子各接一条 10m 长的电线，按图示接好维修专用工具。让在场人员退出 10m 之外，将电线触及 12V 蓄电池的正负极此时应能听到气囊爆炸的声音。

10min 后，等气囊冷却，烟尘散尽，人再过去。

2．车外引爆(图 3-2-7)

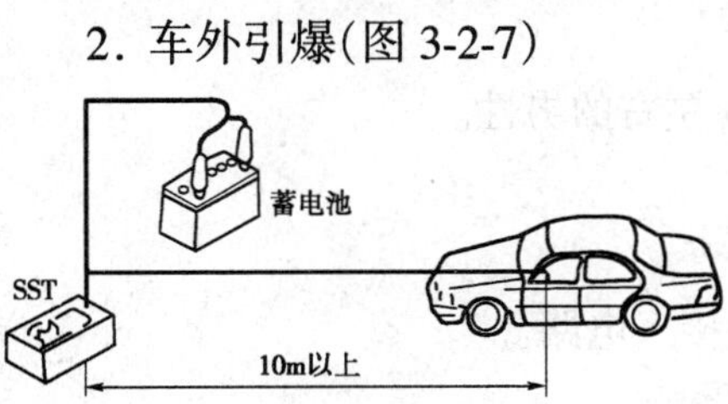

图 3-2-7 车外引爆

当弃置转向盘衬垫时采用车外引爆，按维护手册的说明将转向盘衬垫拆下取出，注意拆卸转向盘衬垫时一定要在点火开关置于 LOCK 位置，并拆下蓄电池搭铁线后。将气囊饰面朝上放在一块空旷的平地上，在气囊点火器端子上各接一条 10m 长的电线，让在场的人员退出 10m 之外，将电线触及 12V 蓄电池的正负极，此时应能听到气囊爆炸的声音。

等10min后，气囊冷却，烟尘散尽，人再过去。

安全气囊引爆后，在车内仪表表面会留下少量的NaOH粉末等粘附物，对人的眼、鼻、喉和皮肤有刺激作用。因此，在处理已爆炸的安全气囊时，一定要戴上橡胶手套、保护眼镜，穿上长袖衣服。

三、安全气囊的回收与环保

随着安全气囊的产量的增加，必须考虑环境的保护问题，需要开发气囊的回收新技术。

1. 金属的回收

气体发生器的壳体由钢板或铝合金冲压而成，过滤装置也是用金属或复合材料制成。对气体发生器的金属的回收有两种方法：一是加热熔化，但需要事先清除化学残余物；二是综合回收，仅将这些燃烧残余物当做熔渣清除，效率较高。

2. 氢氧化钠的回收

美国的TRW公司发明了独特的回收技术，将氢氧化钠通过再结晶的方法回收。

3. 塑料件及气囊的回收

安全气囊系统中的所有零件几乎都为塑料件，可经粉碎、机械及化学的方法再加工而变成热塑材料的原料。而尼龙织布气囊取出后，经粉碎、加热、挤压成型等工序制成颗粒，经与纯净的树脂及添加剂混合，用于注塑成型。

4. 安全气囊系统与环保

在人类居住环境日益被污染的今天，要求气囊中的气体发生物质的燃烧残余物及废旧气囊系统对环境不再增加污染，安全气囊系统在生产过程中也应符合环保要求，因此不仅要采用无污染材料，而且还能回收利用。

小　结

1. 安全气囊系统属于辅助性乘员保护装置，其基本前提是佩带安全带。

2. 安全气囊系统带故障运行，会引起错误动作。

3. 安全气囊系统在维修中决不能使用拆车件，需要换件时一定使用新件。

4. 汽车维修作业中如有可能对传感器产生冲击，应将它拆下待修理完毕后再按规定装复。

5. 安全气囊应视为易燃易爆物品运输和保存。

6. 对安全气囊系统进行检查和更换零件的作业之前，必须对系统进行功能解除处理。

7. 安全气囊系统的任何作业均应将点火开关拧至LOCK位，拆下蓄电池搭铁线，并等待30s以上。

8. 一般来说安全气囊只适用于身高1.78m，体重75kg左右的男性。

9. 安全气囊系统检修中不能损坏连接器的短接条。

10. SRS故障修复后，必须清除故障码，并进行电气检查。

11. SRS的电气检查是用一12V小灯泡代替气囊组件接入电路。

12. SRS检修工作结束后，要用模拟法进行确认检查。

13. 注意不要让油、水、酸、碱等物侵入连接器和气囊组件。

14. 当报废装有安全气囊的车辆和处置带有安全气囊的转向盘衬垫时，务必按正确的方法首先展开气囊。

15. 弃置的转向盘衬垫要按有毒废弃物处理回收。

实 训 要 求

1. 实训内容

(1)解除和复原 SRS 系统功能。

(2)进行故障自诊断,读取故障码和清除故障码。

(3)处置废弃气囊。

2. 实训目的与要求

(1)要求独立完成系统功能的解除和复原操作。

(2)要求独立完成人工、参数检测和用扫描仪对故障码的检测与清除。

(3)根据读取的故障码完成故障检查程序。

(4)掌握废弃气囊的弃置方法和环保要求。

复习思考题

一、判断题

1. 在对装备安全气囊的车辆进行钣金作业时,要拆下有关传感器的插接器。 (　　)

2. 在进行电气作业时,不能用万用表测量点火器电阻。 (　　)

3. 转向盘衬垫如固定不紧或有裂开可用胶带粘住。 (　　)

4. 转向轮的位置不会影响螺旋电缆的安装。 (　　)

5. 废弃的气囊组件和气囊中心传感器总成属有毒废弃物。 (　　)

二、选择题

1. 一般情况下大部分安全气囊只适用于身高(　　)体重 75kg 左右的男性。

A.165cm;　B.170cm;　C.178cm;　D.180cm

2. 对安全气囊系统的任何作业等拆下蓄电池搭铁线(　　)以上方可进行。

A.20s;　B.25s;　C.30s;　D.15s

3. 将一只 12V 灯泡代替气囊组件接入电路,当车速超过(　　)km/h 紧急制动时灯泡不应点亮。

A.70;　B.80;　C.90;　D.100

4. 当汽车减速度大于(　　)m/s^2 时,SRS 电脑发出指令引爆气囊。

A.15.50;　B.16.78;　C.17.50;　D.17.64

三、简答题

1. 安全气囊系统带病运行会产生什么后果?

2. SRS 解除和复原时应注意那些事项?

3. 螺旋电缆拆装时应注意什么?

4. 简述故障检修排除的一般程序。

5. 故障诊断时为什么要进行故障码的检查、清除再检查？

6. 故障码的读取方法有那几种？

7. 如何处置安全气囊？

第三章　机械式安全气囊系统和两次动作的安全气囊系统

学习目标

1．掌握机械式安全气囊的组成和结构特点。

2．知道机械式安全气囊的动作过程。

3．掌握机械式安全气囊功能的解除和复原的方法。

4．掌握两次动作安全气囊的结构和工作原理。

第一节　机械式安全气囊系统

一、机械式安全气囊系统的基本组成

日本丰田汽车最初采用了机械式安全气囊系统，机械式安全气囊系统没有电源、电子元器件和线路等，其碰撞程度的监测和点火器的引爆全部由机械动作完成。

机械式安全气囊系统由传感器总成(SENSOR ASSEMBLY)、气体发生器(又称充气泵 INFLATOR)和气囊组成，全部零部件都安装在转向盘饰盖内，传感器总成位于中心部位，如图3-3-1所示。

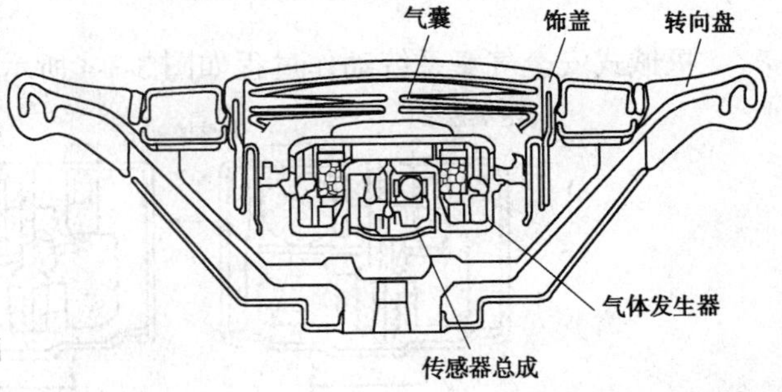

图 3-3-1　机械式安全气囊的结构

1．传感器

机械式安全气囊系统采用的传感器如图 3-3-2 所示，由传感球(SENSOR BALL)、点火销(FIRING PIN)、触发器(TRIGGER SHAFT)及偏心弹簧(BIAS SPRING)等组成。

触发轴的功用相当于杠杆，偏心弹簧压住轴的一端，传感球压在轴的另一端。触发轴上设有支撑块，支撑块位于点火销中部的凸缘上，相当于杠杆机构的支点。点火销凸缘下面安装有支承弹簧，当碰撞引起的减速力促使触发轴上的支撑块移动而离开点火销凸缘时，支承弹簧便迅速将点火销向上顶起，通过点火销撞击点火剂而将传火剂(引药)引爆。

当汽车发生碰撞时，传感球在减速力作用下向下移动，并带动触发轴绕支撑块转动。当减速力足够大时，致使支撑块转动一定角度，便与点火销凸缘分离，点火销在支承弹簧的弹力作用下，迅速向上冲击，撞击点火剂将引药引爆。

传感球对触发轴作用力的大小决定了安全气囊系统是否动作，这取决于偏心弹簧弹力大小。为了保证传感器可靠工作，在传感器内部设有两套传感球和触发轴等组成的传感机构。当其中一套机构发生故障时，另一套机构仍可动作。

机械式安全气囊系统用的机械式传感器为一整体结构，不能分解检修。

2. 气体发生器

气体发生器主要由点火剂、传火剂(引药)和气体发生剂(氢氧化钠)等组成。其结构如图 3-3-3 所示。

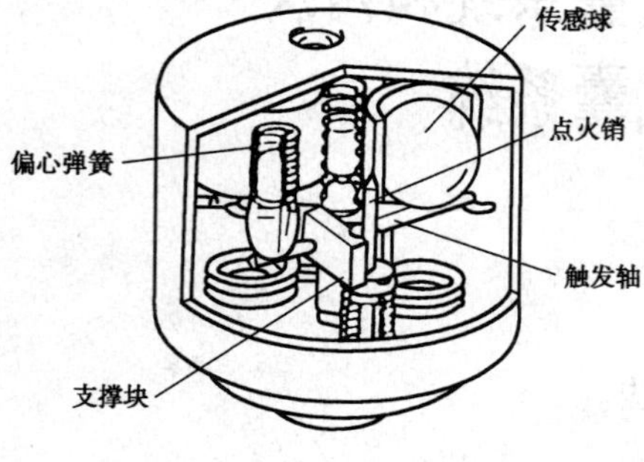

图 3-3-2 机械式安全气囊系统传感器的结构

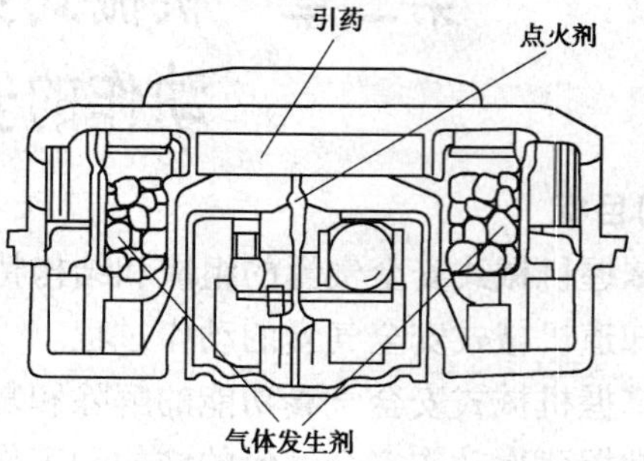

图 3-3-3 机械式安全气囊系统气体发生器的结构

当汽车发生碰撞时，减速度达到传感器动作要求时，点火销撞击点火剂将传火剂(引药)迅速引爆，引药释放大量热量，引燃气体发生剂，剧烈燃烧促使气体发生剂释放大量氮气使气囊展开。气体发生器也是一个整体结构，不能分解检修。

3. 气囊

气囊采用尼龙制成，在内表面涂布一层橡胶皮，折叠安放在转向盘饰盖内，在气囊背面设计有两个排气孔，利用排气节流作用吸收碰撞动能，以减轻对乘员的伤害。

二、机械式安全气囊系统动作过程

机械式安全气囊系统动作过程如图 3-3-4 所示。

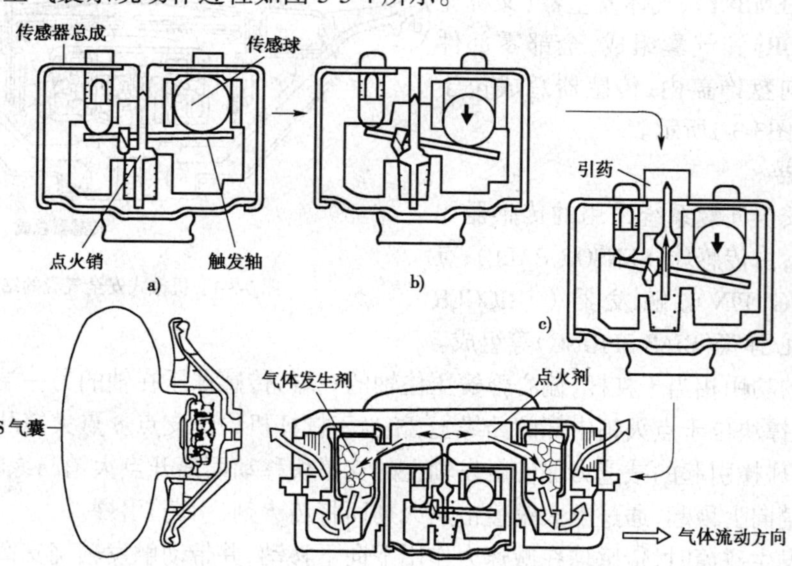

图 3-3-4 机械式安全气囊的动作过程

1. 静止状态

当汽车没有发生碰撞时，机械式安全气囊系统的传感器处于静止状态，传感器总成的传感球在偏心弹簧的弹力作用下，处在上部位置，点火销被触发轴上的支撑块压在下方，如图 3-3-4a)所示。

2．传感球移动

汽车发生碰撞时，传感器总成内的传感球在碰撞减速度的作用下向下移动，如图 3-3-4b）所示。与此同时触发轴支撑块脱离点火销凸缘，点火销在凸缘支承弹簧的弹力作用下，迅速向上弹起，撞击点火剂，如图 3-3-4c）所示。

3．点火引爆气囊

当点火销在支承弹簧的弹力作用下向上冲击而撞击到点火剂时，便将点火剂引爆。点火剂引爆引药（传火剂），产生大量热量，引爆气体发生剂（氢氧化钠药片）释放大量氮气，如图 3-3-4d）所示；气体迅速充入气囊使其展开充满，达到保护乘员的目的，如图 3-3-4e）所示。随后气体经气囊后面的排气孔排出，缓冲碰撞的动能。

三、机械式安全气囊系统的检修

机械式安全气囊系统的传感器、气体发生器、气囊及其饰盖为一整体结构，当气囊展开后，必须全部更换。

1．拆卸气囊系统注意事项

（1）解除气囊系统功能。机械式安全气囊系统有效动作范围与电子式安全气囊系统一样，当汽车车身受到的振动或冲击过大时，气囊就可能展开。因此在进行钣金作业、拆卸转向盘或其他有可能对车身造成较大振动的作业时，为了防止气囊误爆，必须首先解除气囊系统功能，即将传感器锁定机构锁定。

传感器的锁定机构由锁定轴、锁定杆、锁定销和解除螺钉等组成，如图 3-3-5 所示。

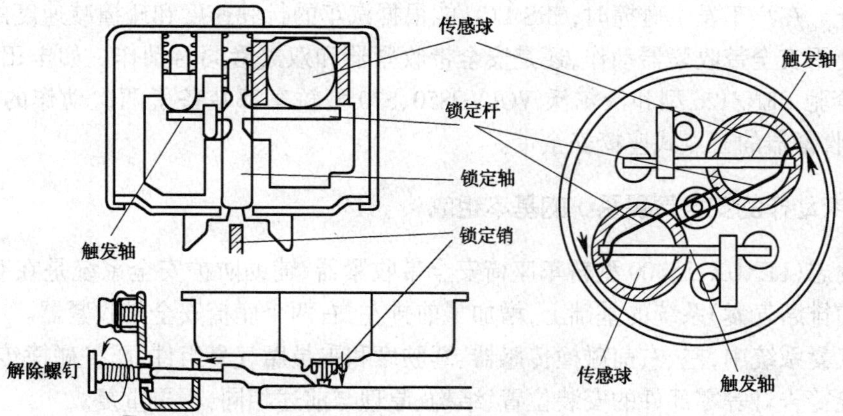

图 3-3-5　传感器锁定机构

解除螺钉位于安全气囊总成左边、传感器下面的防护盖内。当将解除螺钉沿逆时针方向旋出时，锁定销下移，锁定轴上部的弹簧伸长并压动锁定轴向下移，锁定杆一端嵌入锁定轴腰部直径较小处，另一端卡住触发轴不能移动，从而防止气囊系统误爆。

（2）正确拆卸气囊总成。拆卸安全气囊系统时，必须将转向盘摆正在中间位置，前轮朝向正前方，先解除气囊系统功能，然后拆下转向盘的防护盖，再用套筒扳手拆卸气囊总成的固定螺母。

（3）正确放置气囊总成。拆下气囊总成后，必须将带有撕缝的饰盖一面朝上。切勿将饰盖一面朝下，否则当气囊误爆时，有可能造成严重事故。

气囊总成不能重叠放置，应当放在箱体内，并用柔软填充物或泡沫等填满空间防止受到振动或冲击。

2. 安装气囊系统注意事项

将气囊总成安装到转向盘上后，切勿忘记拧入解除螺钉，恢复气囊系统功能。否则当汽车发生碰撞时，气囊无法引爆展开。

当沿顺时针方向拧入解除螺钉时，解除螺钉推杆前端的锥面便使锁定销向上移动，同时将锁定轴向上顶起，使锁定杆沿着锁定轴腰部的锥面径向移动到直径较大处，使触发轴能够自由移动，气囊系统功能得到恢复。

第二节 两次动作的安全气囊系统

一、概述

当汽车发生碰撞时，安全气囊系统对防止驾乘人员遭受伤害是十分有效的，因此，现代轿车上一般都装备了单气囊系统或双气囊系统，一些中高级轿车上还装备了双气囊和安全带收紧器系统。安全气囊系统属于一次性使用装备，且造价较高，每套双气囊约合人民币 1.2 万元。对于装备双气囊和安全带收紧器系统的车辆，如果发生碰撞事故时，不论车速高低，气囊和安全带收紧器都同时动作，势必造成低速碰撞时气囊的浪费，增加系统的维修费用。

两次动作双安全气囊系统很好地解决了这个问题，既达到了保护驾乘人员安全的目的，又降低了使用费用。装备了双安全气囊和安全带收紧器系统的中高档轿车即采用了两次动作安全气囊系统。在汽车发生碰撞时，SRS ECU 能根据汽车的行驶速度和碰撞减速度的大小，自动地选择只使用安全带收紧器动作，还是安全带收紧器和双气囊同时动作。如丰田车系的凌志 LS400 型、奔驰 BENZ126 型和沃尔沃 VOLVO850、S70 型轿车都装备了两次动作的安全气囊系统，配备带收紧器的三点式座椅安全带。

二、两次动作的安全气囊系统的基本组成

丰田凌志(LEXUX)LS400 型轿车座椅安全带收紧器、辅助防护安全系统是在双气囊(驾驶席气囊和前排席气囊)系统的基础上，增加了前排左、右两个座椅安全带收紧器。

在双气囊系统中，左、右前碰撞传感器、驾驶席和乘员席气囊组件、防护碰撞传感器以及安全气囊系统警告灯等零部件的安装位置、结构、原理与前述相同，不再重复。

座椅安全带收紧器又称安全带紧急张紧收缩器 ETR(EMERGENCY TENSIONING RERACTOR)，分别安装在前排座椅左、右两侧或前左、右车门立柱旁边。安全带收紧器由气体发生器、带轮、离合器、导管(又称为气缸)、自动安全带卷筒 ASRR(AUTOMATIC SEAT RETRACOR REEL)、活塞、缆绳(CABLE)等组成。气体发生器由充气泵和点火器(电雷管)等组成，结构原理与气囊组件的气体发生器基本相同；安全带缠绕在卷筒上；活塞安装在导管内；缆绳一端缠绕在带轮上，另一端固定在活塞上。

三、两次动作的安全气囊系统的工作原理

1. 收紧器工作原理

装备座椅安全带收紧器后。安全气囊系统的基本工作原理如图 3-3-6 所示。左、右前碰撞传感器 9、10 与安装在安全气囊电脑中的中心传感器相互并联，左右两个前碰撞传感器并联后

与左右安全带收紧器点火器、防护传感器串联，中心传感器与双气囊点火器、防护传感器串联，驾驶席气囊点火器7与乘员席气囊点火器8并联，右、右安全带收紧器点火器5、6并联。

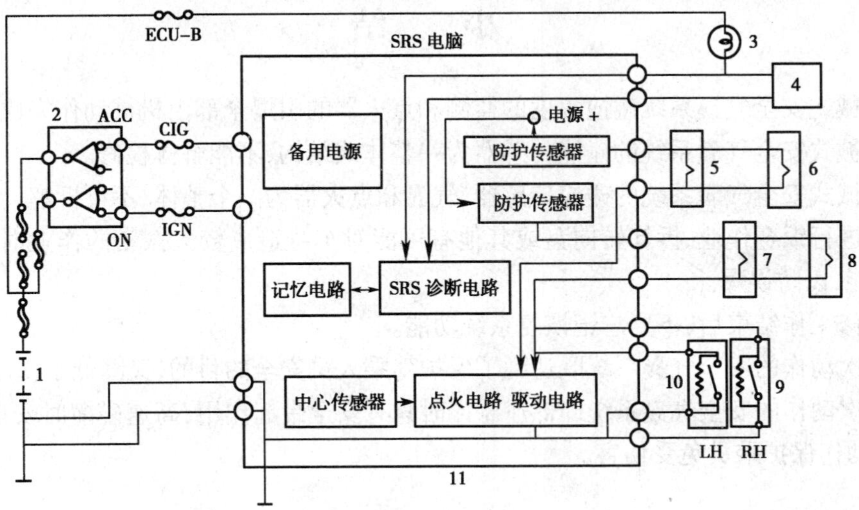

图 3-3-6 装备安全带收紧器的安全气囊系统工作原理

1-蓄电池；2-点火开关；3-安全气囊系统批示灯；4-诊断插座；5-左侧安全带收紧；6-右侧安全带收紧器；7-驾驶席气囊点火器；8-乘员席气囊点火器；9-右碰撞传感器；10-左碰撞传感器；11-安全气囊系统电脑

在安全气囊电脑中，设有两个相互并联的防护传感器，其中一个与收紧器5、6和安全气囊电脑中的驱动电路构成回路。另一个防护传感器与气囊点火器7、8和碰撞传感器9、10构成回路。收紧器的点火器5、6和气囊点火器7、8都受控于安全气囊电脑。

座椅安全带收紧系统气体发生器的工作原理与气囊系统气体发生器的工作原理相似。当收紧器的点火器接收到安全气囊电脑发出的点火指令时，点火器引爆电雷管，充气泵内的充气剂受热分解释放出大量的氮气。活塞在膨胀气体的推动下迅速在气缸内向上运动，同时带动缆绳运动并向带轮传递一个转动力矩，离合器将带轮与卷筒卡成一体并带动卷筒一起转动，将安全带收紧。在8ms内，能将安全带收紧10cm，减小了驾驶员和乘员向前移动的距离，从而避免其面部、胸部与转向盘、挡风玻璃或仪表台发生碰撞。

2. 系统工作原理

两次动作安全气囊系统的工作原理如下：在汽车行驶过程中，防护传感器、中心传感器和前碰撞传感器随时监测车速的变化信号，并将监测到的信号送到安全气囊系统电脑。安全气囊系统电脑按预先编制的程序对接收到的信号进行计算、分析、比较和判断，确定是否向收紧器点火器或气囊点火器发出点火指令，是使安全带收紧器单独动作，还是使收紧器与安全气囊同时作用。

当汽车行驶速度低于30km/h发生碰撞时，碰撞产生的减速度和惯性力较小，前碰撞传感器和与其串联的防护传感器、中心传感器同时将碰撞信号送到安全气囊系统电脑，电脑经过分析判断后发出指令引爆座椅安全带收紧器的点火器；而中心传感器传来的信号不能使电脑发出引爆安全气囊点火器的指令。所以，在低速碰撞时，只要安全带收紧器向后拉紧安全带，就足以保护驾乘人员免受伤害。

当汽车高速行驶(超过30km/h)时，碰撞产生的减速度和惯性力较大，前碰撞传感器、防护传感器和中心传感器同时将此碰撞信号送到安全气囊系统电脑，电脑经过分析比较，迅速作出判断后发出指令，同时引爆左右安全带收紧器点火器和双气囊点火器。在座椅安全带拉紧的同时,驾驶席气囊与乘员气囊同时展开,吸收碰撞产生的动能,达到保护驾驶员和乘员的目的。

小　结

1. 机械式安全气囊系统碰撞程度的监测和点火器的引爆全部由机械动作完成。

2. 机械式安全气囊系统的碰撞传感器为一整体式结构,不能解体检修。

3. 机械式安全气囊系统的碰撞传感器、气囊和点火器为一个整体,不可拆解。

4. 在进行钣金作业、拆卸转向盘或其他有可能对车身造成较大振动的作业时,一定要解除系统功能,以防误爆。

5. 检修工作结束后,不要忘记恢复系统功能。

6. 两次动作的安全气囊系统既达到了保护驾乘人员安全的目的,又降低了使用费用。

7. 两次动作的安全气囊系统即低速碰撞时只有安全带起作用,高速碰撞时安全带和安全气囊同时动作保护乘员免受伤害。

实训要求

1. 实训内容

(1)机械式安全气囊系统的结构。

(2)机械式安全气囊系统功能的解除和复原。

(3)两次动作安全气囊系统的结构和线路布置。

2. 实训目的与要求

(1)掌握机械式安全气囊系统的结构。

(2)能独立完成机械式安全气囊系统功能的解除和复原。

(3)准确叙述两次动作安全气囊的动作过程及线路布置。

复习思考题

一、判断题

1. 机械式安全气囊与电子式安全气囊的气体发生剂是一样的。　(　)

2. 机械式安全气囊无须任何电气连接部件。　(　)

3. 两次动作安全气囊系统低速碰撞只收紧安全带,高速碰撞时气囊与安全带同时动作。　(　)

二、选择题

1. 气囊组件拆下后放置时应使其上表面(　　)放置。

A. 朝上;　B. 朝下;　C. 侧放;　D. 随意

2. 安全带收紧器与气囊同时动作的速度界限为(　　)km/h。

A. 30;　B. 40;　C. 50;　D. 60

三、简答题

1. 简述机械式安全气囊系统的结构特点和工作原理。
2. 如何解除和恢复系统的功能?
3. 简述两次动作安全气囊系统的动作原理。

第四章　丰田佳美安全气囊系统的结构与检修

学习目标

1. 了解丰田车系安全气囊系统的基本组成及结构特点。
2. 掌握系统元器件的拆装方法及要求。
3. 掌握系统故障分析及排除方法。
4. 掌握系统元件及电路的检测要求及方法。

第一节　概　　述

1. 安全气囊系统检修要点

丰田佳美 CAMRY 汽车装有安全气囊系统。检修时务必按正确的程序进行操作,否则,可能导致其意外动作,也就可能导致严重事故。而且,对气囊系统检修操作时有误,则有可能在要求其动作时,它却不动作。

在进行检修操作之前(包括对零件进行检测与更换等),一定要仔细阅读有关说明,然后按修理手册所述正确步骤进行。

(1)由于安全气囊系统故障症状难于判明,故障码是故障排除最重要的信号来源。对系统进行故障排除时,务必在断开蓄电池之前,首先调取故障码。

(2)一定要在点火开关旋至 LOCK 位且拆下蓄电池负极导线 60s 之后才可进行检修操作。(因为安全气囊系统中装有备用电源,若在断电 60s 之内进行操作,气囊有可能启爆展开)。

在拆下蓄电池负极导线时,会清除时钟和音响系统的内容。所以在此之前要记录下其相应内容,以便在检修之后重新设置音响系统及时钟。有些车辆装有电动倾斜和电动伸缩式转向柱、电动座椅、电动车外后视镜、电动安全带扣,这些装置都具有存储功能,不可能全部记录下这些存储内容。所以,在检修工作结束后,应向车主解释,请其自行调整重新设置存储内容。

为避免删除各存储装置的内容,切勿使用车外电源。

(3)即使遇到轻微碰撞,未使气囊打开,也要对气囊前碰撞传感器及转向盘衬垫进行检查。

(4)切勿使用其他车辆的安全气囊系统的零件。如需更换零件,一定使用新件。

(5)在车辆维修工作中,如有可能使传感器受到振动,应先拆下传感器。

(6)切勿为了重新使用而拆修气囊前碰撞传感器、气囊中心传感器总成或转向盘衬垫。

(7)如气囊前碰撞传感器、气囊中心传感器总成或转向盘衬垫等部件曾摔过,或有裂纹、凹陷或其他缺陷,则应更换新件。

(8)不要将各传感器、转向盘衬垫等零件直接裸露在炎热空气中或靠近明火 。

(9)应使用高阻抗(至少 10kΩ/v)伏特/欧姆表检查电路故障。

(10)安全气囊系统各部件上都有标签资料,请严格按各部件标签说明进行操作。

(11)系统检修工作完成后,应检查安全系统警告灯的工作情况。

2．气囊前碰撞传感器

(1)对于发生过碰撞且气囊已展开的车辆，切勿再使用气囊前碰撞传感器(要将左、右传感器同时更换)。

(2)安装气囊前碰撞传感器时，应注意其上箭头朝向汽车前方。气囊前碰撞传感器的固定螺丝已做过防锈处理，当拆下传感器后需换用新螺丝。

(3)前气囊传感器中有电线连接检查机构。插接器连接时务必可靠锁紧，否则诊断装置会检测到故障。

3．螺旋电缆(位于组合开关中)

安装转向盘时，必须使螺旋电缆位于中间位置，否则会造成电缆脱开或其他故障。

4．转向盘衬垫(带气囊)

(1)拆卸或处理转向盘衬垫时，应将衬垫的顶部装饰面向上放置。此时，应将双锁式连接器的锁紧杆置于锁紧状态，并小心放置，以免损坏连接器。不要将转向盘衬垫重叠放置。(如将衬垫的金属面朝上放置，一旦意外充气则会引起严重事故。)

(2)切勿测量气囊点火器的电阻。这有可能造成气囊意外打开，这是非常危险的。

(3)不要在转向盘衬垫上涂油脂，也不能使用任何洗涤剂清洗。

(4)转向盘衬垫应存放在环境温度低于90℃和湿度不高的地方，并远离电气噪声。

(5)在进行电焊作业前，应先将转向柱下、组合开关附近的气囊连接器(黄色、双脚)脱开。

(6)在报废车辆或弃置转向盘衬垫时，应用专用工具先使气囊展开。操作时远离电器噪声。详见前面安全气囊的处置。

5．气囊中心传感器总成

(1)气囊一经碰撞而展开，切勿再次使用气囊中心传感器总成。

(2)检修工作(即使只是松开气囊中心传感器的固定螺栓)必需在点火开关旋至LOCK位置及脱开蓄电池搭铁线60s之后，才能进行。

6．配线及连接器

安全气囊系统(SRS)的配线与车辆的全车线总成汇集在一起。为区别起见，SRS配线全部装在一条黄色的波纹管内，其连接器均为标准黄色。若有脱开或破裂均应更换。

第二节　系统部件的位置及功用

一、部件位置

安全气囊系统及座椅安全带都是为了保护驾乘人员的安全。如发生正面碰撞，传感器便会检测出振动的程度，以确定是否引爆气囊。图3-4-1为系统各部件位置图；图3-4-2为系统线路图；图3-4-3为SRS-ECU端子；表3-4-1为各端子名称。

二、各部件的功能

1．气囊前碰撞传感器

气囊前碰撞传感器有两个，位于左右两侧前翼子板内侧。该传感器为机械式。当传感器检测到车辆的减速度高于设定极限时，传感器内的触点接通，并向气囊中心传感器总成发出信号。本传感器为不可拆式。

SRS ECU 端子符号及名称 表 3-4-1

序号	符号	端子名称	序号	符号	端子名称
1	—	—	8	E2	接地线
2	- SR	气囊右前碰撞传感器 -	9	LA	安全气囊系统警告灯
3	+ SR	气囊右前碰撞传感器 +	10	D -	气囊点火器 -
4	+ SL	气囊左前碰撞传感器 +	11	D +	气囊点火器 +
5	- SL	气囊左前碰撞传感器 -	12	Tc	诊断接口
6	+ B	蓄电池(电脑 + B 熔断丝)	13	E1	搭铁线
7	IG2	蓄电池(点火器熔断丝)	14	ACC	电源(辅助电气熔断丝)
A	—	电线连接检查机构	B	—	电器连接检查机构

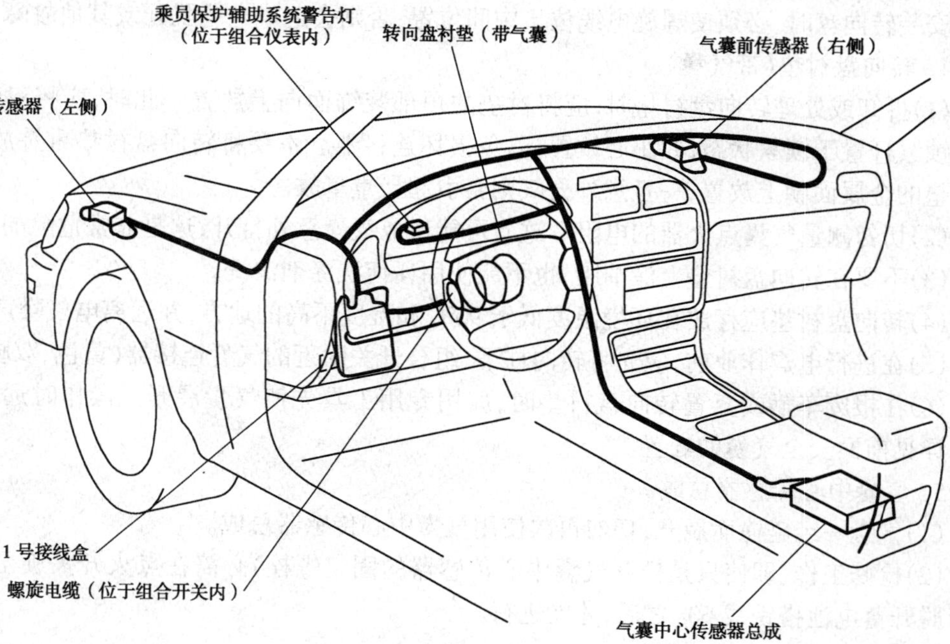

图 3-4-1 丰田 CAMRY 安全气囊系统部件位置图

2. 螺旋电缆

螺旋电缆作为一个电器接头,连接车身侧与转向盘间的配线。

3. 转向盘衬垫(带气囊)

SRS 的充气装置和气囊均置于转向盘衬垫中,绝对不可以拆解。充气装置有点火器、电雷管、气体发生器等组成,当车辆发生正面碰撞时使气囊充气展开。

4. SRS 警告灯

安全气囊系统警告灯位于组合仪表上。当系统的自诊断装置检测到鼓障信号,该灯变会点亮,提示系统发生故障。当系统正常时,将点火开关置于 ACC 或 ON 位时,则该灯亮约 6s 后,便自行熄灭。

5. 气囊中心传感器总成(SRS ECU)

该总成位于地板盒内,由气囊中心传感器、安全传感器、点火控制电路、驱动电路和诊断电路等组成。其功用是接收前碰撞传感器的信号、判断气囊是否需要展开并对系统运行情况进行检测,对系统故障做出诊断。

6. 配线连接器

为区别于其他系统,系统中所有连接器都是黄色的。连接器具有特殊功能,采用了经久耐用的镀金端子,以保证其工作可靠性,如图 3-4-4 所示。

用于“日电”(NIPPONDENSO)产品

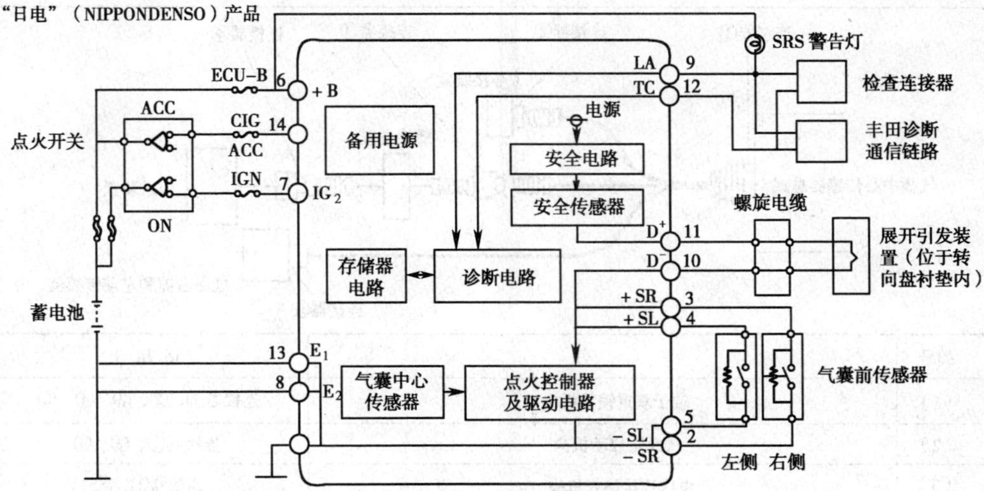

用于(美)汤普森–拉莫–伍尔德里奇公司(TRW TECHNAR)产品

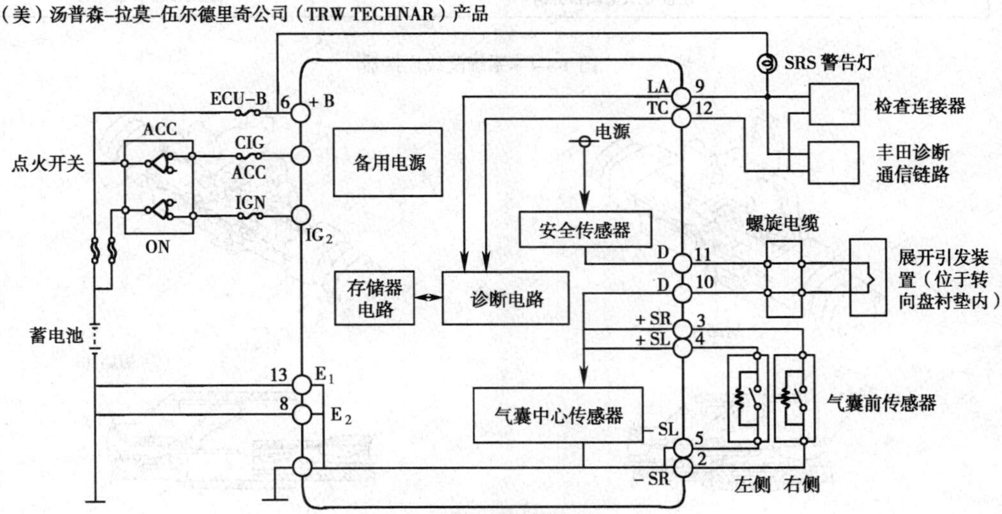

图 3-4-2　系统线路图

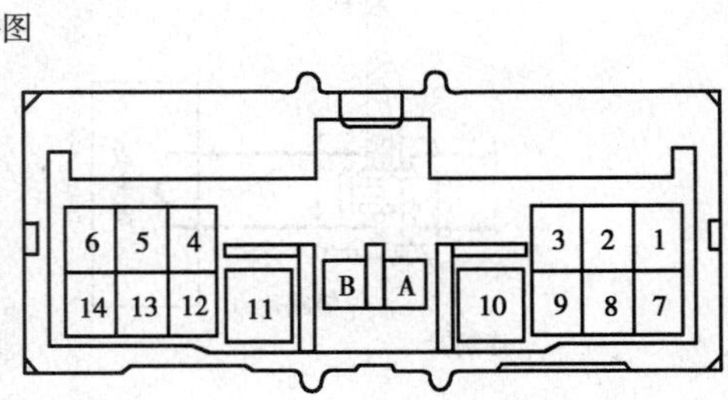

图 3-4-3　SRS ECU 连接器端子

(1)端子双重锁紧机构。每个连接器均为双件结构,包括外壳和垫块,确保连接可靠。

(2)气囊防启动机构。在图 3-4-4 的系统配线连接图中,连接器③和④内均有一铜质短接簧片。其作用是:在脱开连接器(或连接器未完全结合)时,弹簧片自动将气囊点火器一侧插头或插座的两个引线端子短接,以防止气囊误爆。原理如图 3-4-5 所示。

(3)电线连接检查机构。该机构用于检查连接器的连接是否正确及连接是否完全。前碰撞传感器的连接器及其与 SRS ECU 连接的连接器均采用了电线连接检查机构,如图 3-4-6 所示。在连接器插头(或插座)上,附加一个诊断销,并设置有两个诊断端子,端子上有弹簧片。其中一个诊断端子与前碰撞传感器的触点一端连接,另一个端子经过一个电阻(丰田车系此电阻阻值为 755 ~ 885Ω)与前碰撞传感器的另一端连接。

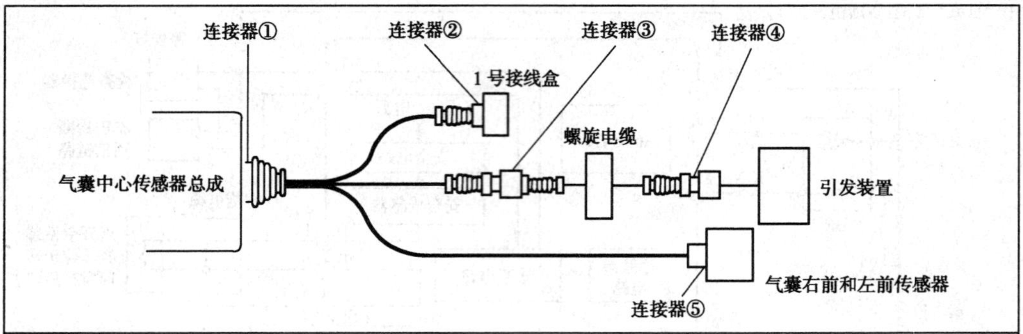

编号	元　　件	适 用 于
(1)	端子双重锁紧机构	连接器①、②、③、④、⑤
(2)	气囊防启动机构	连接器①、③、④
(3)	电线连接检查机构	连接器①、⑤
(4)	连接器双重锁紧机构	连接器②、③、④

图 3-4-4　系统配线连接器

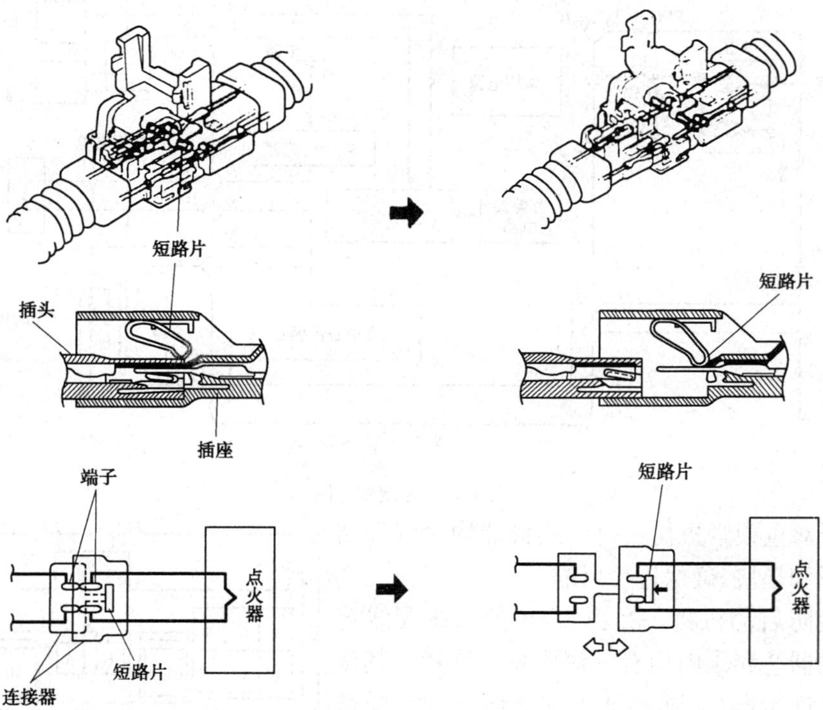

图 3-4-5　防止气囊误爆机构

a)连接正常时短路片与端子脱开;b)连接器拔开时短路片端子短接

因为前碰撞传感器触点为常开,当连接器未可靠连接时,诊断端子与诊断销未接触,如图3-4-6a),此时连接器“+”与“-”端子之间电阻为无穷大。当连接器可靠连接时,如图3-4-6b),诊断销和诊断端子可靠连接,电阻与前碰撞传感器触点形成并联连接。因此,当SRS ECU检测到电阻为无穷大时,即判断为故障;对于丰田车系,当检测到电阻值为755～885Ω时,即诊断为连接器连接可靠。

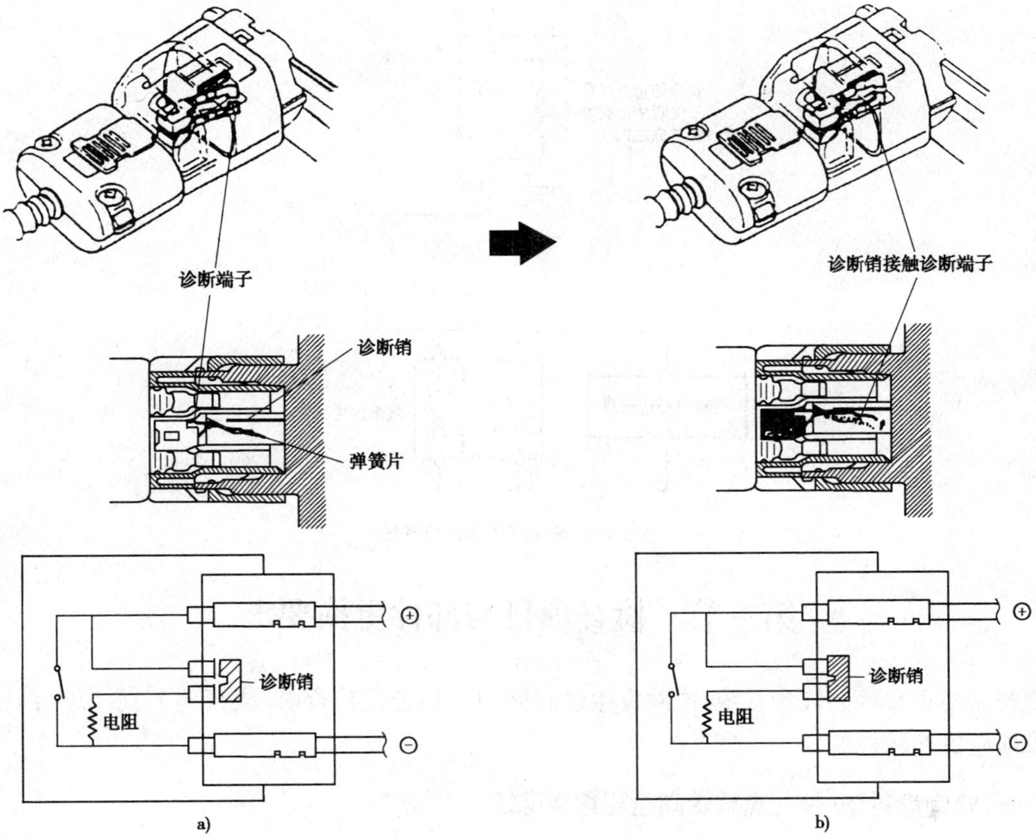

图 3-4-6　电线连接检查器

a)半连接时;b)可靠连接时

(4)连接器双重锁紧机构。此种连接器的插头及插座均有双重锁紧机构,使连接可靠(见图 3-4-7)。

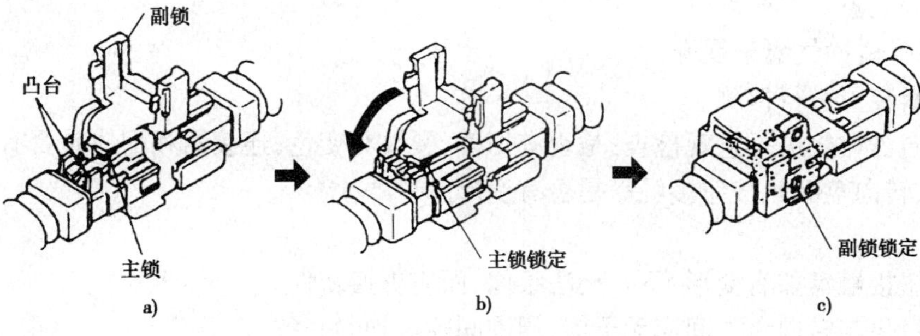

图 3-4-7　连接器双重锁紧机构

a)主锁打开,副锁打开;b)主锁锁定,副锁可以合上;c)双重锁定

当车辆发生正面碰撞时,且撞击力大于预定值,气囊自动展开。安全传感器的作用是当减速度小于前碰撞传感器和中心传感器的预定值时接通电路。当安全传感器、前碰撞传感器中的一个和中心传感器同时接通时,控制装置接通点火器电路展开气囊。如图 3-4-8 所示。减速力作用于传感器触发点火器,迅速产生气体打开气囊,充气的气囊冲破转向盘衬垫。随后充气结束,气体从排气孔泄出,气囊瘪掉。

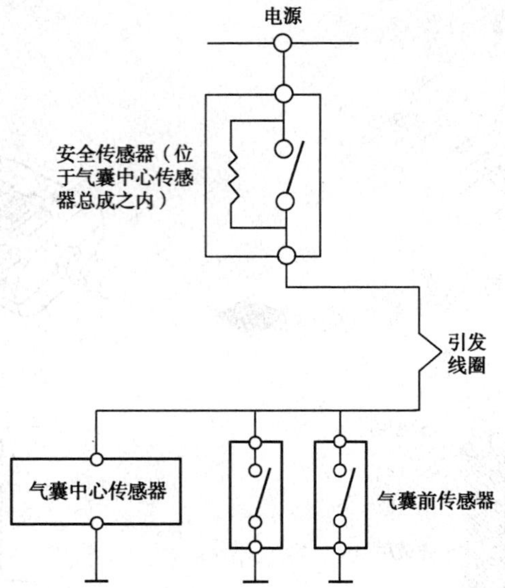

图 3-4-8　安全气囊动作原理图

第三节　检查项目与部件更换要求

若需检查车辆的气囊系统,或对发生过碰撞的车辆进行检查时,应按如下程序进行,发现故障即应更换新件。

一、转向盘衬垫(带气囊)、转向盘和螺旋电缆

1. 检测项目

(1)未发生碰撞的车辆:

①检查诊断装置。

②对转向盘衬垫(带气囊)进行直观检查。看其顶部表面及沟槽部分有无切痕、小裂纹或明显的变色等现象。

(2)已发生碰撞气囊未展开:

①对诊断装置进行检测。

②对转向盘衬垫进行直观检查:是否有切痕、裂纹和变色;连接器和配线是否有切口、裂纹和其他损坏;转向盘喇叭按钮接触盘是否有变形。

注意:

喇叭按钮接触盘如有变形,不要设法维修,而应更换新件。

转向盘衬垫与转向盘之间应无干涉,周围间隙应均匀一致。

拆装转向盘时,应严格按有关程序进行。

(3)发生碰撞气囊已展开

检测诊断装置并调取故障码。

拆下转向盘衬垫(带气囊)并进行直观检查:喇叭按钮接触盘有无变形;螺旋电缆连接器及配线有无损坏。

注意:

喇叭按钮接触盘如有变形,请更换新件;新的转向盘衬垫与转向盘之间应无干涉,周围间

隙要均匀一致。

2. 部件更换的要求

发生下列情况时,须更换转向盘衬垫、转向盘或螺旋电缆。更换时务必按正确的转向盘衬垫拆装方法进行。

(1)气囊已动作过。

(2)在故障排除分析过程中,发现转向盘衬垫或螺旋电缆有损坏现象。

(3)在1的(1)②、或(2)②项中,发现转向盘衬垫、转向盘或螺旋电缆有损坏。

(4)转向盘衬垫曾跌落过。

二、气囊前碰撞传感器

1. 检测项目

(1)未发生碰撞的车辆,对诊断装置进行检查并调码。

(2)车辆曾发生碰撞。

①对诊断装置检查并进行调码。

②如前翼子板或其周围部分损坏,即使气囊未展开,也要查看前碰撞传感器有无如下损坏:支架变形情况;支架油漆剥落情况;壳体出现裂纹、凹陷或碎裂现象;连接器是否有裂纹、凹陷或碎裂情况和刮痕;标签脱落或系列号码损坏等情况。

③如安装前碰撞传感器的车身部分损坏,要进行维修或更换。否则会造成SRS运作失灵。

2. 部件更换的要求

如有以下情况发生,就要更换气囊前碰撞传感器,安装时尖头朝前。

(1)在碰撞事故中气囊已展开。同时更换左、右气囊前碰撞传感器

(2)检查中发现气囊前碰撞传感器有损坏现象。

(3)在1.(2)②项中发现气囊前碰撞传感器有损坏现象。

(4)气囊前碰撞传感器曾摔过。

三、气囊中心传感器总成

1. 检查项目

(1)车辆未发生碰撞,进行诊断系统检查。

(2)发生过碰撞的车辆,若气囊未展开,只对诊断系统进行检查;若气囊已展开,则要更换气囊中心传感器总成。

2. 部件更换的要求

如发生下列情况,要更换中心传感器总成。请参阅"拆卸与安装"部分。

(1)在碰撞中气囊已展开过。

(2)检查中发现气囊中心传感器总成有损坏现象。

(3)气囊中心传感器总成曾摔过。

四、连接器及配线

1. 检测项目

(1)对未发生碰撞的车辆进行诊断装置的检查。

(2)发生碰撞的车辆:

①对诊断装置进行检测。

②检查配线及连接器是否有裂纹或碎裂现象。

2. 部件更换的要求

若发现配线及配线连接器有裂纹或碎裂现象,则要更换新件。如 SRS 配线有损坏,则要更换配线总成。前气囊传感器的连接器可以单独修理更换,但要使用专用的修理导线。

第四节　零部件的拆卸与安装

一、转向盘衬垫与螺旋电缆

按图 3-4-9 所示拆装转向盘衬垫和螺旋电缆。

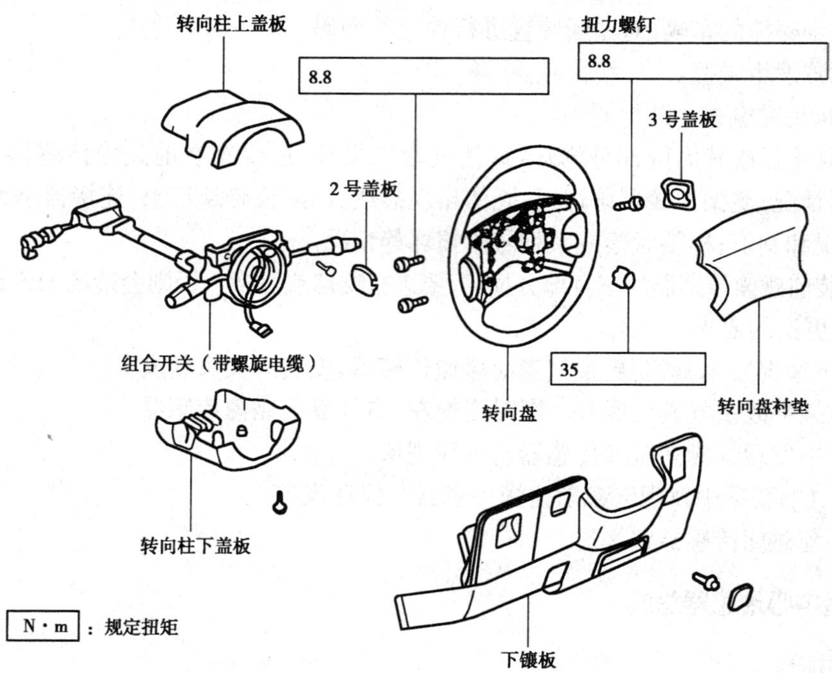

图 3-4-9　转向盘衬垫与螺旋电缆位置关系

拆装工作要在点火开关拧至 LOCK 位置及蓄电池负极电缆断开 60s 后进行。

注意:

点火开关在 ON 或 ACC 时,拆下系统配线连接器会记录下故障码;勿使用其他车辆上的气囊零件,请务必使用新件。

要点:

将点火开关置于 LOCK 位置及拆下蓄电池搭铁线 60s 后,方可进行拆卸和安装工作;更换零件时,务必使用新件。

1. 拆卸转向盘衬垫

①拆下蓄电池负极电缆。

②调整前轮朝向正前方。

③用专用或自制扳手松开固定螺栓。TMC 公司产品 3 枚,TMM 公司产品 2 枚。

④从转向盘上拆下转向盘衬垫并脱开气囊连接器。切记不要拉扯气囊配线;转向盘衬垫

顶面朝上放置;勿分解转向盘衬垫。

2. 拆卸转向盘

①拆开连接器。

②拆下固定螺母。

③在转向盘和主轴上作好装配记号。使用专用工具拉出转向盘。

3. 拆、装螺旋电缆(此项工作在组合开关上完成)

注意:

不要分解螺旋电缆或涂抹油脂。

①检查前轮是否朝向正前方。

②用手逆时针方向转动螺旋电缆,直至转不动为止。

③顺时针方向转动 3 圈左右,使红色记号对正。注:把电缆从中心向左右各转 3 圈左右。

4. 安装转向盘

①按拆卸时所做标记装上转向盘,并拧紧锁紧螺母(转矩:35N·m)。

②接好配线连接器。

5. 安装转向盘衬垫

①接好气囊连接器

②确保螺钉到位,装上转向盘衬垫。

③用扭力扳手拧紧(8.8N·m)。

注意:

务必按规定转矩固定好转向盘衬垫;若转向盘衬垫曾摔过,或有损伤则应更换新件;安装转向盘衬垫时,不要使配线和其他零件有干扰或被夹住。

6. 检查转向盘中心点位置。

二、气囊前碰撞传感器

气囊前碰撞传感器的装配位置如图 3-4-10。

将点火开关拧至 LOCK 位置及脱开蓄电池负极电缆 60s 之后才可操作。

注意:

点火开关在 ON 或 ACC 位时,脱开配线接头,会有故障码储存;更换气囊前碰撞传感器时,务必使用新件;发生碰撞且气囊已展开,前碰撞传感器绝对不可再次使用;切勿为了重新使用而维修传感器。

安装气囊前碰撞传感器时,应使上面箭头指向车辆前方。固定时务必按规定扭矩拧紧(25N·m);如传感器曾摔过或有损伤,则更换新传感器;传感器固定螺栓一定要更换新件;安装完后,摇动检查不应有松动;前碰撞传感器上设有电线连接检测机构,所以连接器一定要可靠锁紧,否则会有故障码储存。

三、气囊中心传感器总成

按图 3-4-11 所示拆、装。

1. 拆、装要点:

①拆、装工作一定要在点火开关拧至 LOCK 位及拆下蓄电池搭铁线 60s 之后进行。

②除非必要,否则不要拆开传感器的盖板和电脑元件的盒子,静电会损坏 IC 电路。

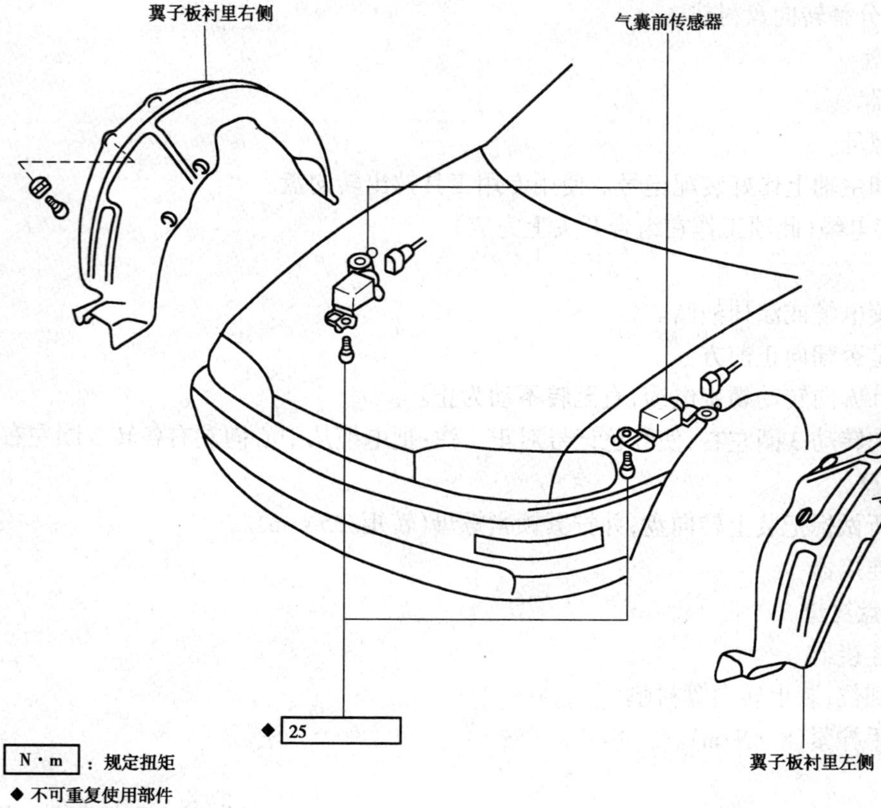

图 3-4-10　前碰撞传感器位置

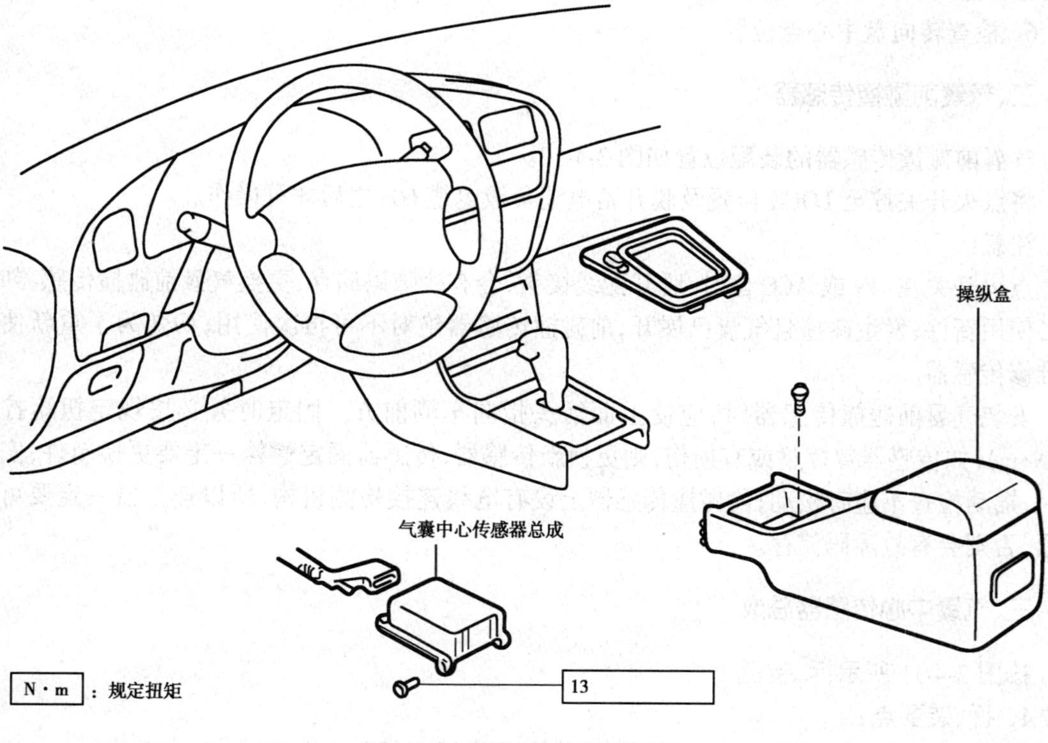

图 3-4-11　气囊中心传感器拆装图

③碰撞后气囊已展开的车辆，其气囊中心传感器总成不可再用。

④切勿使用其他车辆上的气囊零件，切勿为了重新使用而维修传感器。

2．拆卸和安装

①拆开或插上配线连接器。总成安装好后才可插上连接器。

②用扭力扳手拧紧或松开固定螺栓(转矩：13N·m)。

注意：

安装传感器总成时，务必按规定转矩；如曾摔过、有损伤或支架有变形，应更换新总成；注意配线不要和其他零件有干涉；安装完毕后，摇动传感器检查，应无松动。

四、更换气囊前碰撞传感器修理导线

为了修理事故中损坏的配线连接器，请使用专用修理导线和两条压力接触套管(套管为蓝色，也可单独购买)。

提示：

务必使用专用修理导线。

接头若松动应更换套管重来。

操作前，彻底清除灰尘及油污等。

沿接合处缠上硅胶带以防水，胶带表面不得有油污和灰尘等。

第五节　故障诊断与排除

一、如何进行故障排除分析

安全气囊系统的故障症状判断比较困难，因此，故障码就成为故障排除分析中的重要信息。具体故障排除分析程序如下：

1．听取车主故障分析

尽可能详细地向车主询问故障发生的细节。见图3-4-12车辆进厂故障分析程序图。

2．警告灯的检查

检查气囊系统警告灯。如灯长亮，则表明故障诊断系统已存储了故障信息，这时可以进行第三步。若警告灯不亮，表明系统警告灯电路有故障，应按故障码22进行故障排除。

提示：当气囊系统的警告灯电路出现故障时，诊断装置会记录下22号故障码；若警告灯电路开路，则警告灯不会亮。必须先修好这一故障，否则不可能输出故障码(包括故障码22)。

3．故障码检查和记录

检查故障码，并记录下所有输出的故障码。若输出正常码，可能是电源电路有故障或蓄电池电压过低，进行步骤7的检查。

4．故障码的清除

值得注意的是，在步骤3中所输出的故障码，只表明相应电路中曾发生过故障，而不能证明故障是否依然存在。因此，有必要先清除故障码，再次检查故障码，以确定当前故障状态。如忽视这一操作，仅根据步骤3中所输出的故障码进行故障分析，难以找出真正的故障原因，而造成误诊断。

5．故障码检查和记录

将点火开关连续通—断5次后(具体操作：通，等待20s；关断，等待20s)，检查故障码。如

仍有故障码输出，以步骤6为依据进行故障排除。

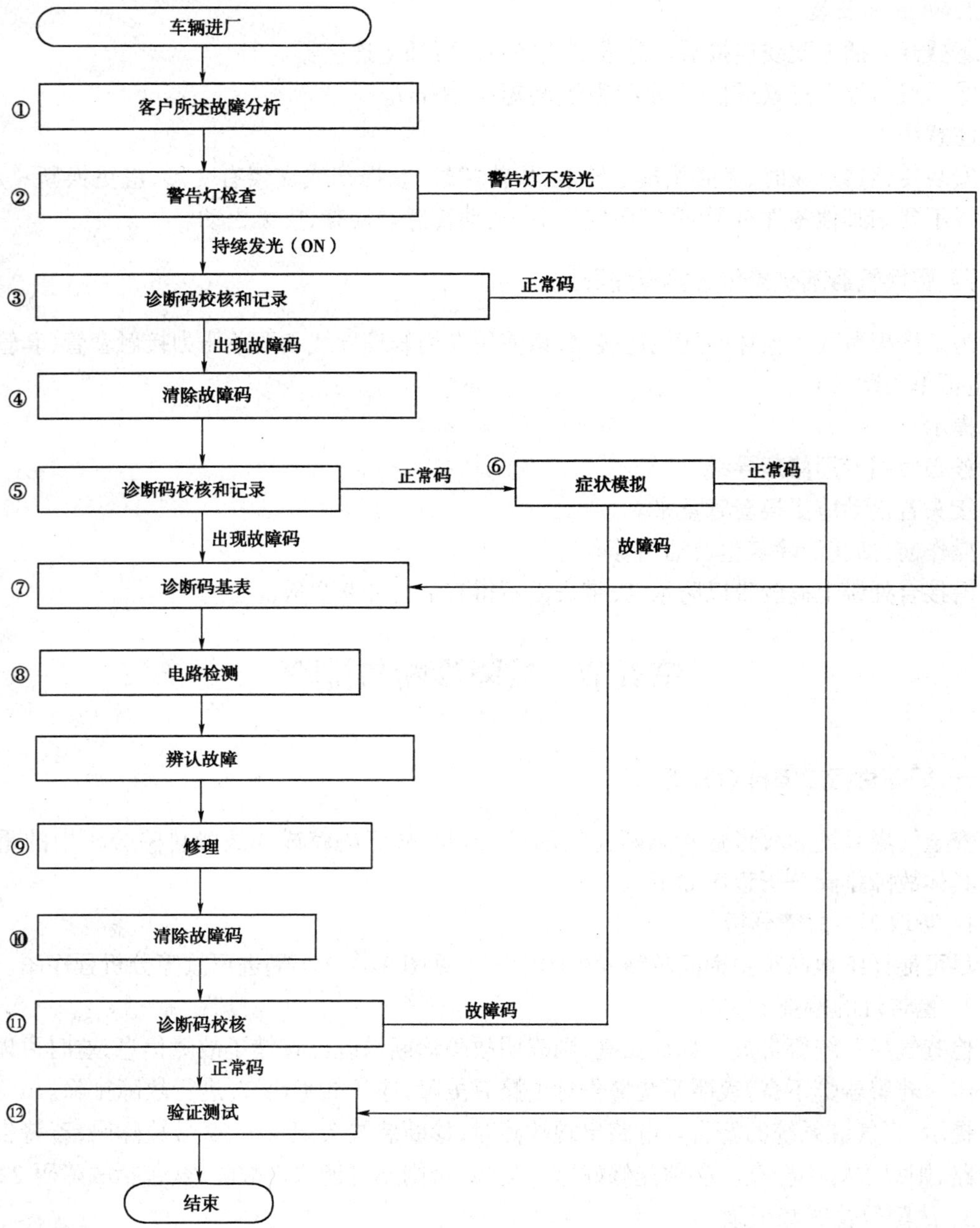

图3-4-12　车辆进厂故障分析程序图

如显示正常码，可能是曾发生过间歇性故障，而现已恢复正常。此时以第3步中所显示的故障码电路为重点检查。如有电路故障，则进行第6步；未发现电路故障，则进行第11步。

注意：清除故障码后，要把点火开关拧到LOCK位后，再接好蓄电池。否则会造成诊断装置不能正常运做。

接好蓄电池后，至少要等待2s后，才能将点火开关拧到ACC或ON位，否则会造成诊断装置失灵。

6. 故障码表(表3-4-2)

根据步骤5中检测到的故障码，按步骤7中的流程进行电路检查。

7. 电路检测(详见后面电路检测)

8. 检修

根据以上的操作判断故障发生的具体位置后,进行检修。完成检修工作之后重新接好各元件。检修工作要在点火开关置于 LOCK 位置及拆下蓄电池负极电缆线 60s 之后才能开始。

注意:要严格遵守正确的操作程序,否则会造成损坏和危险。请详细阅读总述及各项操作要求。

9. 故障码清除

当检修工作结束之后,清除故障码。详见二、诊断检测第 4 步。

10. 故障码的检查

按第 5 步的操作检查故障码。如显示正常码,进行第 11 步。若显示故障码,则返回第 6 步进行故障排除分析。

注意:

清除故障码后,要将点火开关至于 LOCK 位才能接蓄电池。至少要等待 2s 后方能将点火开关打到 ACC 或 ON 位。否则会造成诊断装置工作失常。

11. 确认检测

所有操作结束后,再次检查警告灯,以确认所有故障是否被排除。若警告灯有故障指示,则从第 2 步重新开始检查。

丰田 CARMY SRS 故障代码表 表 3-4-2

代码号	故障内容	故障部位	警告灯状态
正常码	安全气囊系统正常	—	灭
	蓄电池电压下降	蓄电池、气囊中心传感器总成	亮
11	点火器电路短路(接地) 前碰撞传感器故障 气囊中心传感器故障	转向盘衬垫(点火器) 前碰撞传感器 螺旋电缆 气囊中心传感器总成 配线束	亮
12	点火器电路短路(至 + B) 前碰撞传感器电路均开路	转向盘衬垫(点火器) 前碰撞传感器 螺旋电缆 气囊中心传感器总成 配线束	亮
13	点火器电路短路 (在 D+ 和 D- 配线之间)	转向盘衬垫(点火器) 螺旋电缆 气囊中心传感器总成 配线束	亮
14	点火器电路短路	转向盘衬垫(点火器) 螺旋电缆 气囊中心传感器总成 配线束	亮
15	前碰撞传感器电路开路	前碰撞传感器 气囊中心传感器总成 配线束	亮

续上表

代码号	故 障 内 容	故 障 部 位	警告灯状态
正常码	安全气囊系统正常	—	灭
	蓄电池电压下降	蓄电池、气囊中心传感器总成	亮
22	系统警告灯故障	安全气囊系统警告灯 气囊中心传感器总成 配线束	亮
31	气囊中心传感器总成故障	气囊中心传感器总成	亮
41	存储器中有故障储存	（气囊中心传感器总成）	亮

二、诊断检测

1．检查气囊系统警告灯

检查气囊系统警告灯运行是否正常，将点火开关拧至 ACC 或 ON 位置，警告灯应点亮约 6s 后自行熄灭。若持续发亮说明有故障码储存；若灯不时闪亮或关闭点火开关后灯仍亮，可能是警告灯电路有短路。若灯不亮表明警告灯电路开路。

2．检查故障码

(1)调取故障码。将点火开关拧至 ACC 或 ON 位置，等候约 30s；用维修专用工具或跨接线，将检查连接器的 T_C 与 E_1 端子连接。如图 3-4-13 所示丰田诊断通信链路和检查连接器。

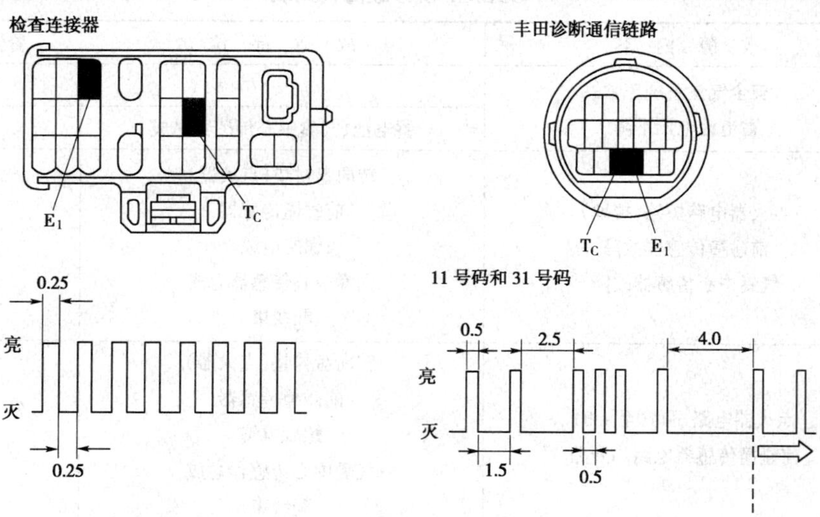

图 3-4-13 检查连接器和代码显示方式

注意：

切勿接错，否则会造成故障。

(2)读取故障码(根据气囊警告灯的闪烁次数)。

①正常码显示：警告灯每秒闪 2 次。

②故障码显示：如有故障储存，警告灯就会闪烁。说明如下：

丰田汽车气囊系统的故障码为两位数字。闪烁的第一个数字是故障码的十位数；间歇 1.5s后，出现码号的个位数。如果有两个以上的故障码，则两个故障码间的间隔为 2.5s。所有故障码显示完毕后，停顿 4s，重复显示全部故障码。

如有多个故障码，则从小到大依次显示；如不能输出故障码或连续不停地输出，则检查 T_C

端子电路。

3. 故障码表

提示：

若警告灯长亮但又输出正常码，表示蓄电池电压下降。诊断装置不存储该故障，电源电压恢复正常 10s 后，警告灯自动熄灭。

警告灯电路出现故障时 22 号码被储存。但警告灯电路开路时，灯不亮，须先排除此故障，否则无法输出故障码(包括 22 码)。

若显示上表未列出的故障码，表明气囊中心传感器总成有故障。

4. 清除故障码

(1)用修理导线连接诊断接口的 T_C 和 AB 端子。

(2)将点火开关拧至 ACC 或 ON 位，等约 6s。

(3)从 T_C 端子开始，按间隔 1.0 ± 0.5s，轮流将 T_C 端子和 AB 端子搭铁两次。最后将 T_C 端子固定搭铁。具体操作如图 3-4-14 所示，如间隔时间不在图示要求内，则不能清除故障码。

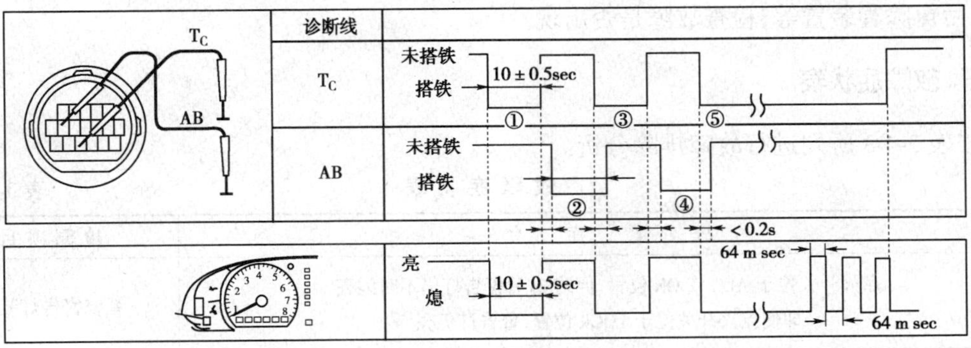

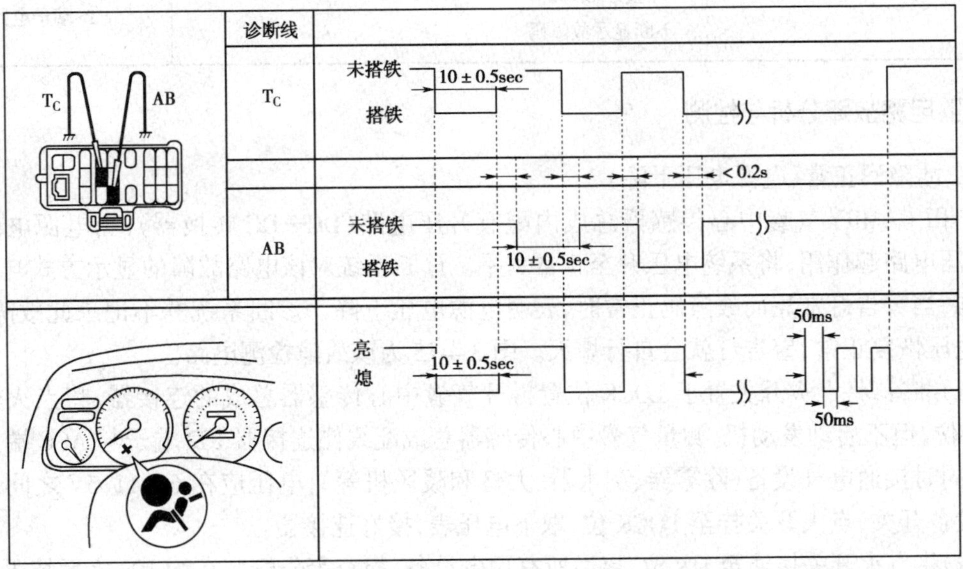

图 3-4-14　故障码清除方法示意图

(4)几秒钟之后，警告灯以 64ms 的周期闪烁，表明故障码清除工作完成。

5. 故障症状模拟法

客户经常抱怨的事是间歇性故障，往往这类故障到修理厂后就不在发生，以至无法确认。

这还包括警告灯反复无常的时亮时灭。即使断开点火开关,这些间歇性故障也已被诊断装置储存。因此,为了解决这类故障,可以采用元件震动、受热、受潮等方法模拟客户所述故障发生时的条件。

(1)振动法。当怀疑振动是造成故障的主要原因时,轻轻地上下左右晃动连接器,检查配线连接器是否太紧,端子是否脏污锈蚀,有否松动和接触不良。晃动线束检查接头结合点、振动支点或穿越车身的部位。对可疑的零件或传感器,用手指轻轻振动,看故障是否会出现。

注意:不可振动气囊中心传感器总成。

(2)加热法。当认为故障可能是因为有关零件受热引起的,用电吹风或类似工具对可疑零件加热,看故障是否会出现。

注意:加热温度不可超过60℃;不能对控制元件直接加热。

(3)淋水法。当故障发生在雨天或潮湿的天气时,给车辆淋水,看故障是否会出现。不可将水直接淋到电子元件上;对于有漏水的车辆,小心不要让水漏到电子元件上。

(4)其他方法。当认为故障原因可能是电负荷过大时,可接通全部电器设备,包括暖风机、大灯、后窗除雾装置等,检查故障是否出现。

三、故障症状表

按表3-4-3所列进行故障排除分析。

故障症状表

表3-4-3

故障症状	检测项目
点火开关位于ACC或ON位置,但约6s后警告灯仍不时闪亮 即使点火开关位于LOCK位置,警告灯仍亮	系统警告灯装置
不显示故障码 不断显示故障码	Tc端子电路

四、电路故障分析与检测

1．故障码正常(电源电压下降)

丰田CAMRY气囊中心传感器总成内配有升压电路(DC—DC转换器),当电源电压下降时,升压电路起作用,将系统电压升至正常水平。诊断系统对该电路故障的显示方式与其他电路不同,当警告灯常亮而故障码正常时,表明电源电压下降。诊断系统并不记录此故障,只要电源电压恢复正常,警告灯就会自行熄灭。图3-4-15为该故障检测电路。

(1)准备,将点火开关置于LOCK位置拆开气囊中心传感器总成的连接器,将点火开关拧到ON位,但不启动发动机,测量气囊中心传感器总成配线侧连接器IG2端子与ACC端子间的电压,同时接通电气设备(除雾器、刮水器、大灯和暖风机等),电压应在6~11.5V之间。关闭电气设备开关,点火开关拧至LOCK位,取下电压表,接好连接器。

(2)将点火开关接通至ON位,接通所有用电设备,检查警告灯应在约10s之后熄灭。

(3)如灯灭检查蓄电池和充电系统。

(4)若警告灯不灭,检查故障码,根据故障码进行故障排除分析。如输出正常码,更换气囊中心传感器总成。

2．故障码11(点火器电路短路、前碰撞传感器、中心传感器)

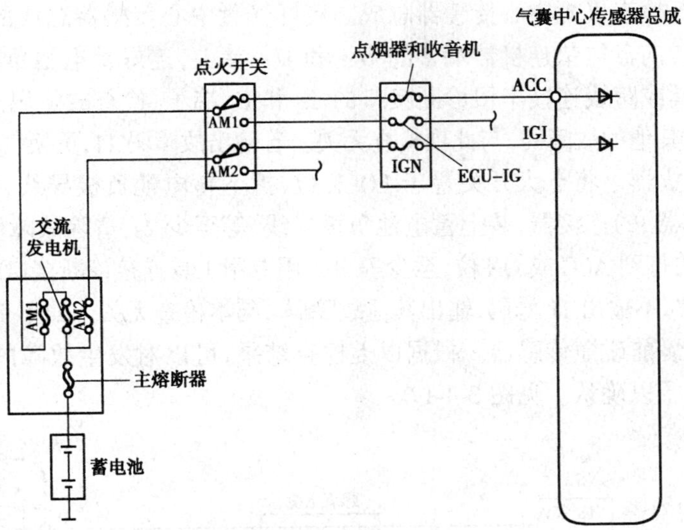

图 3-4-15　故障码正常时检测电路

点火器电路包括:气囊中心传感器总成、螺旋电缆、转向盘衬垫(点火器)。具备气囊展开条件时,使气囊展开(见图 3-4-16)。

当出现下列故障时,故障码 11 被记录下:

点火器线路短路(搭铁),点火器故障,前碰撞传感器 + S 配线短路(搭铁),前碰撞传感器故障,前碰撞传感器 + S 配线与 - S 配线之间短路,螺旋电缆故障,气囊中心传感器总成故障。

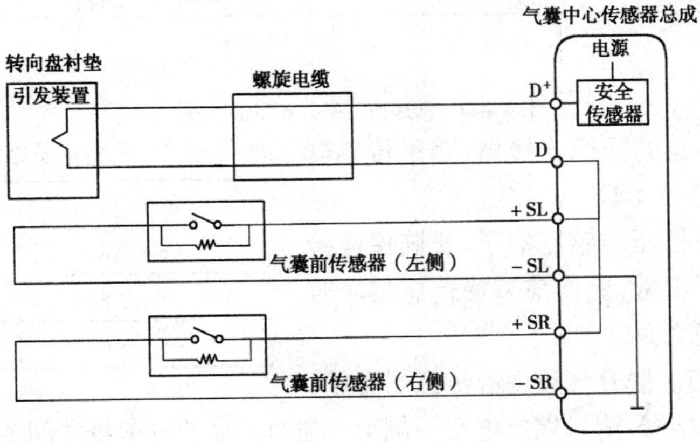

图 3-4-16　11 号故障码检测电路图

故障码 11 按如下程序进行故障排除分析:

(1)准备,拆下蓄电池负极接线,等待至少 60s 以上;拆下转向盘衬垫。注意转向盘衬垫上表面朝上放置。

(2)检查气囊前碰撞传感器电路(+ SR 与 - SR、+ SL 与 - SL 间的电阻)。脱开气囊中心传感器总成的连接器,测量配线侧端子 + SR 与 - SR、+ SL 与 - SL 间的电阻,应为 755 ~ 885Ω。若不正常,检查前碰撞传感器。

(3)如阻值正常检查前碰撞传感器电路,测量 + SR 和 + SL 端子与车身之间的搭铁电阻,应大于 1MΩ。若不正常,检修或更换中心传感器到前碰撞传感器之间的配线。

(4)若正常,检查点火器电路。测量螺旋电缆与转向盘衬垫之间的连接器螺旋电缆配线一侧 D + 和 D - 与车身之间的搭铁电阻,应大于 1MΩ。如不正常检查螺旋电缆。

(5)若正常,检查气囊中心传感器总成。接好气囊中心传感器总成的连接器,用维修导线将螺旋电缆与转向盘衬垫连接器端子的 D + 和 D - 接上,连好蓄电池负极电线,等待至少 20s 用维修专用工具或跨线连接丰田诊断接口的 T_C 和 E_1 端子,检查故障码。如正常,不输出故障码 11,可能输出其他的故障码,与此项检查无关。若输出故障码 11,更换气囊中心传感器总成。

(6)检查点火器。将点火开关置于 LOCK 位,拆下蓄电池负极导线,等待 60s 以上接好转向盘衬垫(点火器)的连接器,装上蓄电池负极导线,等至少 2s,清除故障码。

将点火开关打到 ACC 或 ON 位,至少等 20s,用专用工具连接诊断接口的 T_C 和 E_1 端子,检查故障码。如正常,不输出 11 号码,输出其他故障码 ,与本检查无关。如不正常,更换转向盘衬垫。

(7)检查气囊前碰撞传感器。根据以上检查结果,可以对发生故障的元件视为正常,可以用模拟法检查,予以确认。见图 3-4-17。

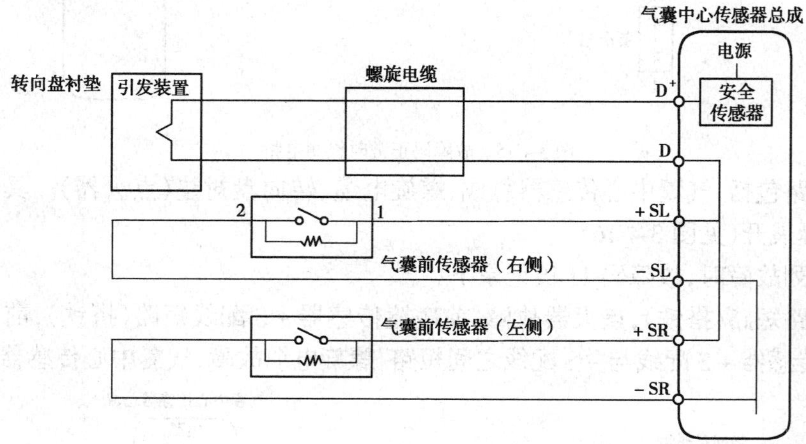

图 3-4-17　前碰撞传感器各端子位置

拆开前碰撞传感器的配线连接器,测量传感器各端子间的电阻,见表 3-4-4。

各端子之间电阻　表 3-4-4

端　子	电　阻
+S～+A	<1Ω
+S～-S	≥1MΩ
-S～-A	755～855Ω

检测时不得用力推压传感器端子,要确保连接器连接正确。阻值不正常,更换前碰撞传感器。若正常,检修或更换连接线束。

(8)检查螺旋电缆。脱开气囊中心传感器总成与螺旋电缆之间的连接器,测量螺旋电缆一侧 D + 和 D - 端子与车身之间的搭铁电阻,应大于 1MΩ。如不正常,修理或更换螺旋电缆。正常,检查或更换至中心传感器侧配线。

3. 故障码 12(点火器电路短路至 + B,左、右侧气囊前碰撞传感器均开路)

点火器电路包括气囊中心传感器总成,螺旋电缆及转向盘衬垫(点火器)。该电路中 + B 端子有短路现象时,诊断系统记录 12 号故障码。

可能的故障原因:点火器线路短路(至 + B),点火器故障,前碰撞传感器 + S 线短路至 + B,两个前碰撞传感器连线均开路,螺旋电缆故障,中心传感器故障。诊断程序如下:检测线路如图 3-4-18。

(1)准备。拆下蓄电池搭铁线,等待 60s 以上,拆下转向盘衬垫,转向盘衬垫外表面朝上放置。

(2)检查气囊前碰撞传感器电路(测量 + SR 与 - SR、+ SL 与 - SL 端子之间的电阻)。拆下气囊中心传感器总成的插接器,测量配线一侧 + SR 与 - SR、+ SL 与 - SL 端子之间的电阻,正常阻值为 755～885Ω。否则进行 15 号故障码检测。

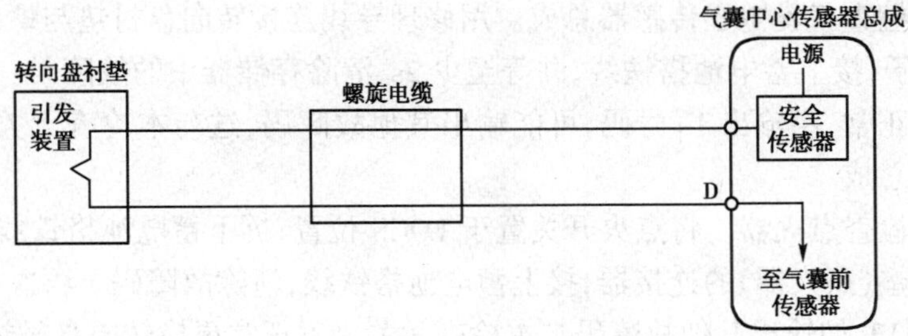

图 3-4-18　12 号故障码检测线路图

(3)若正常,检查前碰撞传感器电路 + SR 或 + SL 端子对地电压。接上蓄电池搭铁线,等待 2s 以上,接通点火开关至 ON 位,测量气囊中心传感器总成配线侧插接器 + SR 或 + SL 端子对地电压,应低于 1V。如不正常修理或更换气囊中心传感器总成到前碰撞传感器的配线或连接器。

(4)若正常,检查点火器电路。测量螺旋电缆与转向盘衬垫(点火器)配线连接器螺旋电缆侧 D + 端子的对地电压,应小于 1V。否则检修或更换螺旋电缆。

(5)若正常,检查气囊中心传感器总成。将点火开关至于 LOCK 位,拆下蓄电池搭铁线,接好气囊中心传感器总成的插接器,用修理导线连接转向盘衬垫与螺旋电缆连接器的 D + 和 D – 端子,重新接好蓄电池搭铁线,清除存储器中的故障码。重新执行故障码检查程序,正常情况下不输出 12 号故障码,若输出其他故障码与本检查无关。若不正常,更换气囊中心传感器总成。

(6)若正常,检查点火器。将点开关置于 LOCK 位置,拆下蓄电池搭铁线,等候 60s 以上,接好转向盘衬垫(点火器)的连接器,接上蓄电池搭铁线,等至少 2s,清除故障码。然后执行故障码诊断程序,如正常,不输出 12 号故障码,出现其他故障码与本检查无关。若不正常更换转向盘衬垫。

(7)根据以上结果,若都正常,可以把故障零件视为正常,用模拟方法确认。

(8)检查螺旋电缆。将点火开关关至 LOCK 位置,拆下气囊中心传感器总成与螺旋电缆之间的连接器,接通点火开关至 ON 位,测量螺旋电缆一侧 D + 端子对地电压,应为 0V。否则修理或更换螺旋电缆。若正常则检查系统配线总成。

4．故障码 13(点火器线路短路 D + 、D – 配线之间)

可能的故障原因:点火器 D + 线与 D – 线之间短路,点火器故障,螺旋电缆故障,气囊中心传感器故障。见图 3-4-19。诊断程序如下:

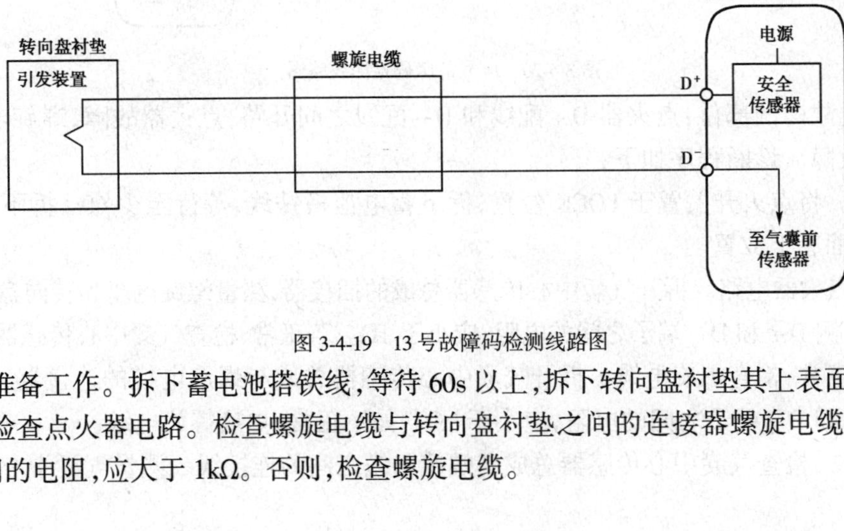

图 3-4-19　13 号故障码检测线路图

(1)准备工作。拆下蓄电池搭铁线,等待 60s 以上,拆下转向盘衬垫其上表面朝上放置。

(2)检查点火器电路。检查螺旋电缆与转向盘衬垫之间的连接器螺旋电缆侧 D + 与 D – 端子之间的电阻,应大于 1kΩ。否则,检查螺旋电缆。

(3)若正常,检查气囊中心传感器总成。用修理导线连接转向盘衬垫与螺旋电缆间连接器的 D+和 D-端子,接上蓄电池搭铁线,并等至少 2s,清除存储器中的故障码。然后,执行检查故障码程序。若正常,不输出 13 号码,可能输出其他故障码,这与本检查无关。不正常,更换气囊中心传感器总成。

(4)若正常,检查点火器。将点火开关置于 LOCK 位置,拆下蓄电池搭铁线,等待至少 60s,连接好转向盘衬垫(点火器)的连接器,接上蓄电池搭铁线,清除故障码。再次检查故障码。正常不输出故障码 13,如输出其他故障码与本检查无关。不正常更换转向盘衬垫。

(5)根据上述检查,如一直正常,可以把故障部件视为正常,用模拟法予以确认。检查螺旋电缆,拆开气囊中心传感器总成和螺旋电缆之间的连接器,松开连接器上的防启动机构,检查连接器螺旋电缆一侧 D+和 D-端子之间的电阻,应大于 1MΩ。否则,检修或更换螺旋电缆。

(6)若正常,检查气囊中心传感器总成与螺旋电缆之间的配线。拆下气囊中心传感器总成的插头,松开插头上的防启动机构,检查 D+和 D-端子之间的电阻,应大于 1MΩ。否则,检修或更换气囊中心传感器总成与螺旋电缆之间的配线。

(7)若正常,检查气囊中心传感器总成。插上气囊中心传感器总成的插头,测量传感器一侧 D+和 D-端子之间的电阻,应大于 1MΩ。否则,更换气囊中心传感器总成。若正常,进行模拟法测试。

注意:再故障排除分析过程中,如有指示要松开气囊防启动机构时,可以在端子与短弹簧片之间插入一与端子厚度相同的纸片。记住,纸片的厚度一定要与端子的厚度相同,否则,会损坏端子。切勿松开转向盘衬垫连接器上的防启动机构。没有特别指示,不要松开防启动机构。

5. 故障码 14(点火器开路),见图 3-4-20

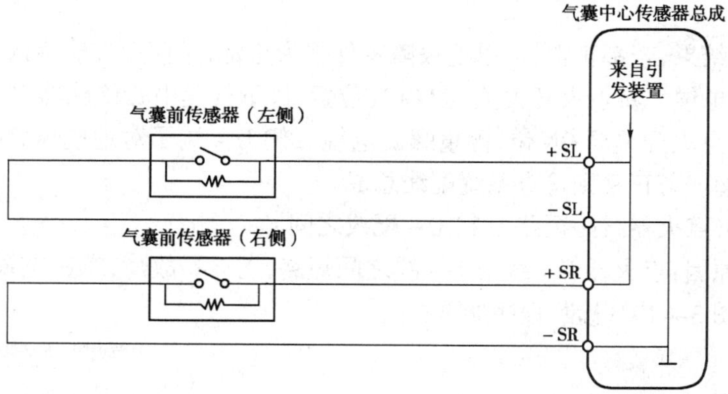

图 3-4-20　14 号故障码检测线路图

可能发生故障的部位:点火器 D+配线和 D-配线之间开路,点火器故障,螺旋电缆故障,中心传感器故障。诊断程序如下:

(1)准备。将点火开关置于 LOCK 位置,拆下蓄电池搭铁线,等待至少 60s,拆下转向盘衬垫,注意上表面朝上放置。

(2)检查点火器电路。拆开气囊中心传感器总成的插接器,测量螺旋电缆和转向盘衬垫连接器螺旋电缆一侧 D+和 D-端子之间的电阻,应小于 1Ω。若正常,检查气囊中心传感器总成。

(3)若不正常,检查螺旋电缆。拆开气囊中心传感器总成与螺旋电缆的连接器,检查螺旋电缆一侧 D+和 D-端子之间的电阻,应小于 1Ω。如不正常,更换螺旋电缆。

(4)若正常,检查气囊中心传感器总成与螺旋电缆之间的连接线。测量气囊中心传感器总成和螺旋电缆配线上 D + 与 D - 端子间的电阻,应小于 1Ω。否则,检修或更换气囊中心传感器总成和螺旋电缆之间的配线或连接器。

(5)若正常,检查气囊中心传感器总成。接好气囊中心传感器总成的插接器,气囊中心传感器总成和螺旋电缆间的连接器,用修理导线连接螺旋电缆与转向盘衬垫的连接器的 D + 和 D - ,接上蓄电池搭铁线,等待至少 2s,清除存储器中的故障码。然后,进行检查故障码程序。正常应不出现 14 号码,可能出现其他故障码,这与本检查无关。否则,更换气囊中心传感器总成。

(6)若正常,检查点火器。将点火开关置于 LOCK 位置,拆下蓄电池搭铁线,等候至少 60s,接好转向盘衬垫(点火器)的连接器,再接好蓄电池搭铁线,等待至少 2s。检查故障码,正常应不输出 14 号码,如输出其他故障码与本检查无关。否则,更换转向盘衬垫。

如以上检查都为正常,可以用模拟法进行检查确认。

6. 故障码 15(气囊前碰撞传感器开路),见图 3-4-21

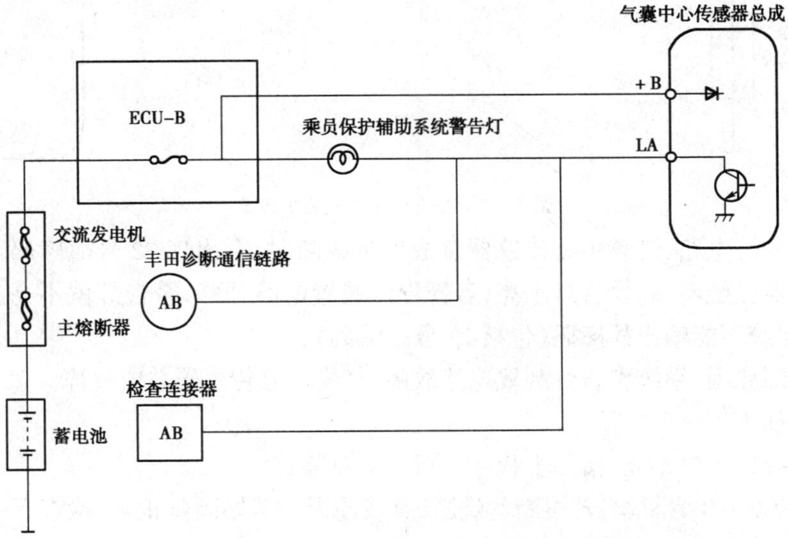

图 3-4-21 15 号故障码检测线路图

可能的故障原因:气囊前碰撞传感器的 + S 线或 - S 线开路,前碰撞传感器故障,电线连接检查机构故障,气囊中心传感器总成故障。诊断程序如下:

(1)准备。拆下蓄电池搭铁线,等待至少 60s,拆下转向盘衬垫,其上表面朝上放置。

(2)检查气囊前碰撞传感器电路(+ SR 与 - SR、+ SL 与 - SL 端子之间的电阻)。拆下气囊中心传感器总成的插接器,测量配线一侧 + SR 与 - SR、+ SL 与 - SL 端子之间的电阻,应在 755 ~ 885Ω 之间。否则,检查前碰撞传感器。

(3)若正常,检查气囊中心传感器总成。接好气囊中心传感器总成的插接器,用导线将转向盘衬垫与螺旋电缆的连接器的 D + 和 D - 连接好,接上蓄电池搭铁线,等至少 2s,清除存储器中的故障码。然后,检查故障码。正常则不出现 15 号码,出现其他故障码与本检查无关。否则,更换气囊中心传感器总成。

(4)根据以上结果,故障部件可以认为正常,可以用模拟法予以确认。检查前碰撞传感器,检查方法参见 11 号故障码第 7 步。

(5)若正常,检查气囊中心传感器总成与前碰撞传感器之间的连接线。拆下气囊中心传感器总成的插接器,用导线将配线侧的 + SR 和 - SR、+ SL 和 - SL 连接起来,测量前碰撞传感器连接器配线侧的 + SR 和 - SR、+ SL 和 - SL 端子之间的电阻,应小于 1Ω。否则,检修或更换该配线或连接器。

7. 故障码 22,气囊系统警告灯装置电路,见图 3-4-22

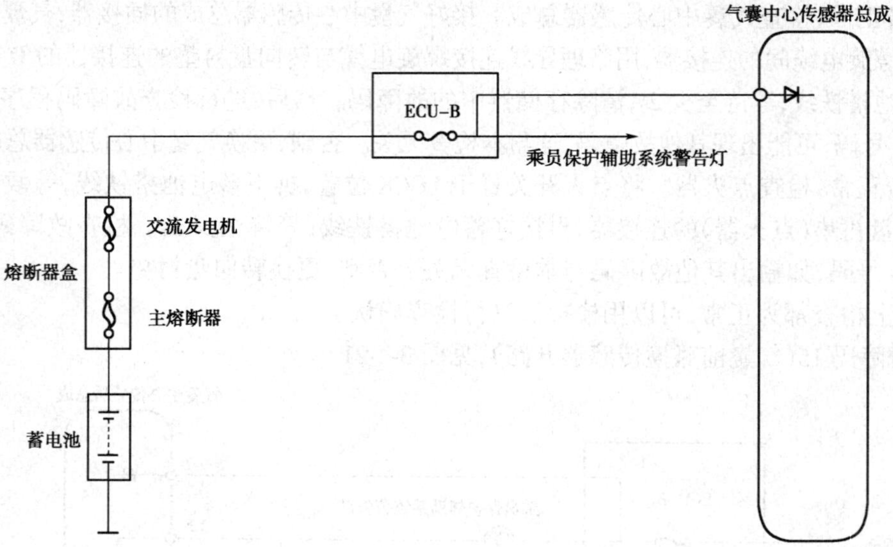

图 3-4-22　22 号故障码检测线路图

当系统警告灯电路、气囊中心传感器总成发生故障时,会出现 22 号故障码。气囊中心传感器总成插接器接触不良,警告灯不亮;若警告灯装置电路开路,警告灯就不亮。在排除此故障之前,诊断系统不能输出故障码(包括 22 号故障码)。

可能的故障原因:系统警告灯装置电路故障,气囊中心传感器总成故障。

诊断程序如下:

若气囊系统警告灯不亮,按如下程序进行故障排除:

(1)检查 ECU - B 熔断丝,若熔断丝烧断,查找原因。若熔断丝正常,检查下一步。

(2)检查气囊中心传感器总成插接器的连接情况,有问题进行修理。若正常,进行下一步。

(3)拆下蓄电池搭铁线,等至少 60s,拆下转向盘衬垫,上表面朝上放置。

(4)检查警告灯电路。拆下气囊中心传感器总成的插接器,接好蓄电池搭铁线,接通点火开关至 ON 位,测量气囊中心传感器总成插接器配线一侧 LA 端子的电压,应在 10 ~ 14V 之间。否则,检查警告灯电路。

(5)若正常,再检查警告灯是否亮。拆下蓄电池搭铁线,插好气囊中心传感器总成插接器,然后接上蓄电池搭铁线,接通点火开关至 ACC 或 ON 位,检查警告灯运作是否正常。若不正常,检查气囊中心传感器总成的 LA 端子及电线连接检查机构。如果警告灯正常,可以把发生故障的部件视为正常,可以用模拟法进行确认。

(6)检查新熔断丝是否又烧断。如又烧断,检查连接导线。如未烧断,用模拟法重现故障。

如果输出 22 号故障码,进行如下检查:清除故障码,将点火开关置于 LOCK 位置,等候至少 2s。再次检查故障码。如又输出故障码,更换气囊中心传感器总成。不再输出故障码,用模拟方法再现故障。

8. 故障码 31(气囊中心传感器总成故障)

安全气囊中心传感器总成包括:中心传感器,安全传感器,点火控制和驱动电路,诊断电路等元件。当中心传感器发生故障时,故障码 31 变被记录下来。若同时出现其他故障码,需要先排除 31 号码以外故障码所代表的故障。然后检查故障码 31 是否再次出现，如不出现，用模拟法重现故障症状；如仍出现 31 号码，则更换气囊中心传感器总成。

9．故障码 41(存储器中储存有故障码)

如果安全气囊系统(SRS)发生故障，系统警告灯就会点亮，说明存储器可能存储了 11～31 号故障码。排除故障后，拆下蓄电池搭铁线，11～31 号故障码便会被清除。但 41 号故障码又会输出。所以，如果不从存储器中清除故障码，41 号码就会一直存在存储器中，警告灯就一直点亮，见图 3-4-23。

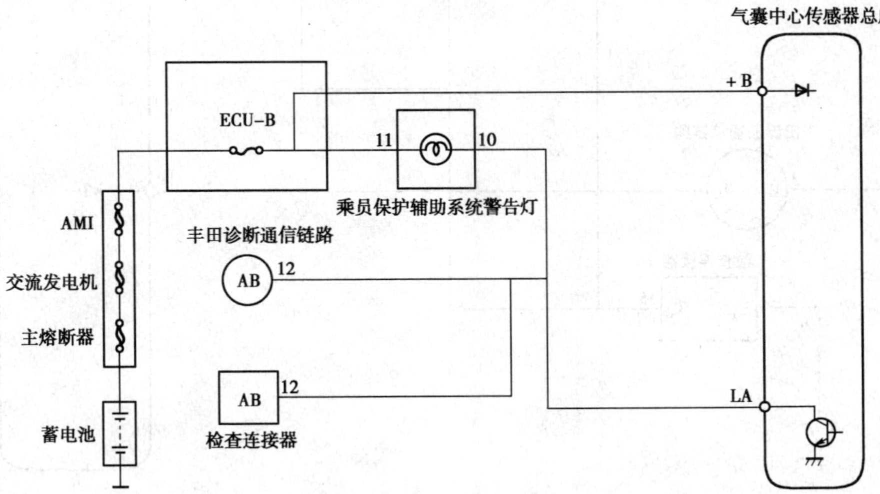

图 3-4-23　41 号故障码检测线路图

故障原因：存储器中有故障储存，气囊中心传感器总成有故障。

排除程序如下：

(1)检查警告灯的工作是否正常。清除存储器中的故障码，将点火开关置于 ACC 或 ON 位置，警告灯应亮约 6s 后自行熄灭。如正常表明 SRS 运作正常。

(2)若不正常，检查 41 号故障码是否再次出现。如仍输出 41 号故障码，检查 ECU—B 的熔断丝到气囊中心传感器总成的连接线。如一切正常，则要更换气囊中心传感器总成。如输出其他故障码，根据所输出的故障码进行故障排除分析。

10．安全气囊系统(SRS)警告灯(点火开关在 LOCK 位置后)长亮

系统警告灯位于组合仪表上，当系统正常时，关闭点火开关至 LOCK 位，警告灯应熄灭；将点火开关由 LOCK 位拧到 ACC 或 ON 位后，灯亮约 6s 后 熄灭。当系统有故障时，灯点亮以提醒驾驶员注意。连接诊断通讯接口的 T_C 与 E_1 端子，可以通过警告灯的闪烁显示故障码，见图 3-4-24。

诊断程序如下：

按如下程序检查警告灯是否熄灭：

将点火开关置于 LOCK 位置，拆下蓄电池搭铁线，拆下气囊心传感器总成的插接器，接上蓄电池搭铁线，检查警告灯是否还亮。若不亮，检查警告灯电路或诊端连接器的 AB 端子电路。如仍亮，则更换气囊中心传感器总成。

11．检查 T_C 端子电路

将丰田诊断通讯链路或检查连接器的 T_C 端子与 E_1 端子连接，变可经过系统警告灯的闪烁显示故障码。如果某一故障码检查程序使系统警告灯持续亮起，或不显示故障码或未经故

障码检查程序就有故障码输出，应先确定故障症状，检查 T_C 端子电路，然后再选用合适的故障排除分析程序。

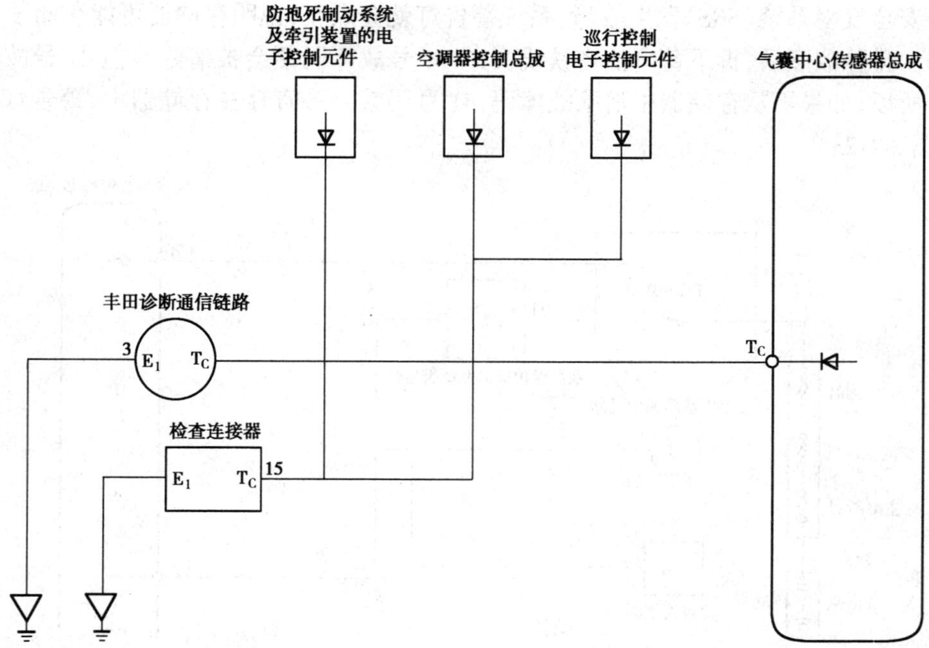

图 3-4-24　SRS 警告灯持续亮起检查线路图

诊断程序如下：

(1)检查诊断接口端子 T_C 与 E_1 之间的电压，将点火开关接通到 ACC 或 ON 位置，测量 T_C 与 E_1 端子的电压，应在 10～14V 之间。如正常，检查气囊中心传感器总成。

(2)如不正常，检查诊断接口 T_C 端子的对地电压，应为 10～14V。若正常，检查 E_1 端子接地电阻，应为 0Ω。

(3)若不正常，检查气囊中心传感器总成。将气囊中心传感器总成插接器的 T_C 端子直接搭铁，检查警告灯是否亮。若亮，检修诊断接口与气囊中心传感器总成的连接线；若不亮更换气囊中心传感器总成。

若故障码连续显示，进行如下检查：将点火开关置于 LOCK 位置，拆下气囊中心传感器总成的插接器，检查 T_C 端子与车身的接地电阻，应大于 1MΩ。否则，修理或更换连接线。若正常，更换中心传感器总成。

五、气囊故障诊断与排除实例

1. 丰田佳美车 SRS 警示灯长亮

车型：丰田佳美(CAMRY)2.0，93 款。

故障症状：驾驶员反映，最近该车 SRS 警示灯一直闪亮，不知原因。

诊断与排除：SRS 警示灯一直亮，表明系统有故障纪录或电脑曾记忆过故障码。按第四章、第五节故障诊断与排除所述的方法进行故障码的读取，现实故障码为 41 号故障码。表明系统曾有故障记忆，但故障排除后没有按规定方法清除故障码。按上述章节所述故障码清除方法清除故障码，再次调取故障码，41 号故障码不再出现，SRS 警示灯也不再长亮。

2. 丰田子弹头 SRS 警示灯长亮不熄

车型:丰田子弹头(PREVIA),95 款。

故障症状:修理时拆下了转向盘,装复后,接通点火开关仪表板上的 SRS 警示灯就长亮不熄。

诊断与排除:装有安全气囊的汽车,在修理时如拆下转向盘,就要断开转向盘衬垫与螺旋电缆间的插节器,电脑会记忆这个现象,并使 SRS 警示灯闪亮。因此,修理工作完毕后,一定要清除故障码。

且要注意,连接蓄电池前,一定要将点火开关拧至 LOCK 位置。否则,会使诊断系统失灵。

3. 克莱斯勒协和 SRS 警示灯长亮

车型:克莱斯勒协和,95 年型。

故障症状:该车 SRS 警示灯亮。自动空调有故障,主要是除霜器不工作;风扇电机超速;所有的仪表指示为零。

诊断与排除:怀疑安全气囊诊断模块有故障。

首先用红盒子 MT2500 电脑解码器和相应的软件测试仪表板下的 CCD(克莱斯勒防撞检测系统)总线接口,发现总线接口有问题(显示"NO CCD COMMUNICATION"信息),拆下蓄电池搭铁线,拔下熔断丝盒上的 7 号和 9 号熔断丝,然后重新接好蓄电池,插上熔断丝,观察结果,所有不正常故障现象消失。

4. 奔驰 600 安全气囊警示灯长亮

车型:奔驰 600

故障症状:安全气囊警示灯长亮。

诊断与排除:用 OB15 仪器进行故障码诊断。显示驾驶座安全气囊点火电路不良。按如下步骤检测电路:

(1)将点火开关转到 OFF 位置,拆下蓄电池搭铁线,并等待 60s 拆下系统电路接头。拆下转向盘衬垫。

(2)检查驾驶座螺旋电缆电阻,用万用表的欧姆档测量端子 3 和 5 间的电阻,测的组织为 3.3Ω,在正常范围(2~5Ω)之内。

(3)左右转动转向盘,检查螺旋电缆的接地电阻,正常为无穷大。测得 5 号端子为无穷大;而 3 号端子不是无穷大。表明螺旋电缆有短路现象。

更换螺旋电缆后,故障消除。

小　结

1. 在进行安全气囊系统检修操作之前,一定要认真阅读有关说明,然后按修理手册所述正确步骤进行。

2. 故障码是安全气囊系统进行故障排除的重要信息来源。

3. 检修 SRS 时切勿使用车外电源,以免删除各存储装置的内容。

4. 一旦因碰撞而造成气囊展开,一定要更换前碰撞传感器和气囊中心传感器总成。

5. 气囊前碰撞传感器配线连接器可以单独修理或更换,但一定要使用专用修理导线,并严格操作规程。

6. 为与车辆的全车总线区别，SRS 配线与连接器均使用了特殊的色标(标准黄色)。

7. 更换转向盘衬垫、前碰撞传感器和气囊中心传感器总成时，一定要严格拧紧力矩。

8. 为找出真正的故障原因，在两次故障代码读取之间，必须完成故障码清除这一操作。

9. 故障检修完成后，一定要清除 41 号码。

10. 警告灯系统有故障时要检修 T_C 段子电路。

实 训 要 求

1. 实训内容

(1)丰田或其他车系 SRS 元器件的拆装。

(2)SRS 故障码的读取。

(3)系统故障分析和排除。

(4)系统元件和电路的检测。

2. 实训目的与要求

(1)能够准确无误的完成系统各元器件的拆装。

(2)掌握正确的故障码检查程序。

(3)准确完成系统故障的分析与排除。

(4)正确进行元件与电路的检测操作。

复习思考题

一、判断题

1. 一旦汽车发生碰撞，即使气囊未打开也要检查碰撞传感器和转向盘衬垫。 (   )

2. 为节省费用，检修安全气囊系统时可以使用未损坏的拆车件代替新件。 (   )

3. 为检测气囊点火器的好坏可以使用万用表测量点火器的电阻。 (   )

4. 如需更换系统配线，一定使用专用修理导线。 (   )

二、选择题

1. 佳美的前碰撞传感器安装时箭头应该(   )。

A. 朝前； B. 朝后； C. 朝上； D. 朝下

2. 气囊前碰撞传感器的正常阻值为(   )Ω。

A. 550 ~ 655； B. 655 ~ 755； C. 755 ~ 885； D. 835 ~ 925

3 . 安全气囊警告灯常亮而输出正常码，则表示(   )。

A. 电路故障； B. 电源电压低； C. 诊断系统故障； D. 电脑故障

三、简答题

1. 系统的配线连接器具有什么功能？

2. 如何更换气囊前碰撞传感器修理导线？

3. 如何清除故障码？

4. 为什么在两次故障码检查中间要进行一次故障码清除？

5. 在什么情况下才允许松开连接器的防启动机构，如何完成？

6. 怎样完成故障排除分析？

第四篇　汽车巡航控制系统

第一章　汽车巡航控制系统的组成及工作原理

学习目标

1. 掌握汽车巡航控制系统的作用与基本工作原理;
2. 掌握汽车巡航控制系统各组成元件的作用及工作原理;
3. 能正确使用汽车巡航控制系统。

许多汽车上都装有巡航控制系统,汽车巡航控制系统又称为“汽车恒速控制系统”、“车速控制系统”或“汽车巡驶控制系统”

第一节　汽车巡航控制系统的作用与基本原理

一、汽车巡航控制系统的作用

汽车的巡航控制系统(英文为 CRUISE CONTROL SYSTEM 缩写为 CCS)实质上是一种自动恒速控制系统。这个系统主要的作用是减轻驾驶人员的负担,提高汽车行驶时的舒适性,可使汽车燃料的供给与发动机功率之间处于最佳配合状态,节省了燃料,减少了有害气体的排放,在长途行驶和在高速公路上适合于使用巡航系统。巡航系统可以自动地调节汽车发动机的动力,适应路面状况以及其他阻力的变化,以恒速方式运行。当一旦出现人为干预的情况,巡航系统确保驾驶人员的操作优先;当车辆的速度超出人为设定的范围及其他情况,巡航系统便自动地停止工作,以确保车辆行驶的安全。

当驾驶员将汽车的行驶状态变成巡航控制之后,驾驶员不用踩加速(油门)踏板就可以自动地保持车速,使车辆以固定的速度行驶。采用了这种装置,当在高速公路上长时间行车时,驾驶员就可以不用再去控制加速踏板,减轻了疲劳,同时减少了不必要的车速变化,可以节省燃料。

巡航控制系统主要具有下列优点:

(1)提高汽车行驶时的舒适性。特别是在郊外或高速公路上行驶,这种优越性更为显著。另外,当汽车以一定的速度行驶时,减少了驾驶员的负担,使其轻松驾驶。

(2)节省燃料，具有一定的经济性和环保性。在同样的行驶条件下，对于一个有经验的驾驶员来说，可节省燃料15%。这是因为在使用了这一速度控制装置后，可使汽车燃料的供给与发动机功率之间处于最佳的配合状态，并减少了废气的排放。

(3)保持汽车车速的稳定。汽车无论在上坡、下坡、平路上行驶，或是在风速变化的情况下行驶，只要在发动机功率允许的范围内，汽车的行驶速度就保持不变。

二、汽车巡航控制系统的基本原理

汽车巡航控制系统，主要经历了四个阶段：机械控制系统、晶体管控制系统、模拟微型计算机控制系统和数字微型计算机控制系统。1981年起，数字微型计算机开始应用到巡航控制系统，目前广泛应用的是数字微型计算机形式的巡航控制系统。

数字微型计算机为控制主体的巡航控制系统的电路方框图如图4-1-1所示。

驾驶员利用控制开关，就可以把设定恒速、减速、恢复原速和加速等命令传递给计算机。当驾驶员操纵设定恒速开关时，计算机就记下设定后的车速，开始进行恒速行驶控制。

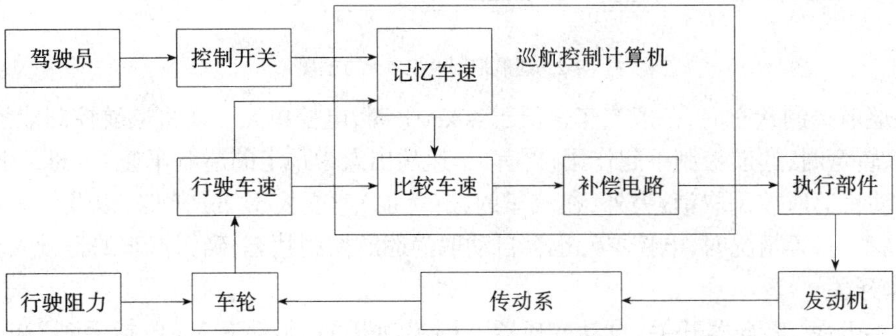

图4-1-1　汽车巡航控制系统框图

记忆车速与实际的行驶速度都输入到计算机(单片机)的比较电路中，比较电路的输出信号经过补偿电路、巡航执行部件(节气门开度控制装置)、发动机和传动系后，就可以控制汽车的驱动力，进而就保持了汽车的恒速行驶。巡航控制系统中由专用的单片机和专用的IC等模块构成，单片机完成车速运算、记忆、比较、补偿、保持和异常诊断等信号处理，专用的IC模块具有处理微机的再起动、输入、输出与电源通断和自我诊断等功能。本章介绍的汽车巡航控制系统，主要是指数字微型计算机形式的巡航控制系统。

第二节　汽车巡航控制系统各组成元件的作用及其工作原理

一、汽车巡航控制系统主要组成元件的作用、原理

1．电控单元(CCS ECU)

由处理器芯片、A/D、D/A、IC及输出隔离驱动和保护电路等模块组成。电控单元又称巡航主控制器或电子调节器，它是一个计算机系统，也有人称之为巡航电脑板。电控单元通常是装在一个金属薄板制成的封闭壳体内，封闭的金属壳体起电磁屏蔽和机械保护作用。

电控单元的主要作用是，将所有输入的信号(车速、节气门位置、节气门控制摇臂位置、操作开关指令、执行机构的反馈信号)进行处理，在车速偏离人为设定的巡航车速时，给执行器一

个电信号，控制执行器的动作，使实际车速与人为设定的车速相一致。图 4-1-2 是美国摩托罗拉公司以单片机为主体的巡航控制电控单元的方框图。

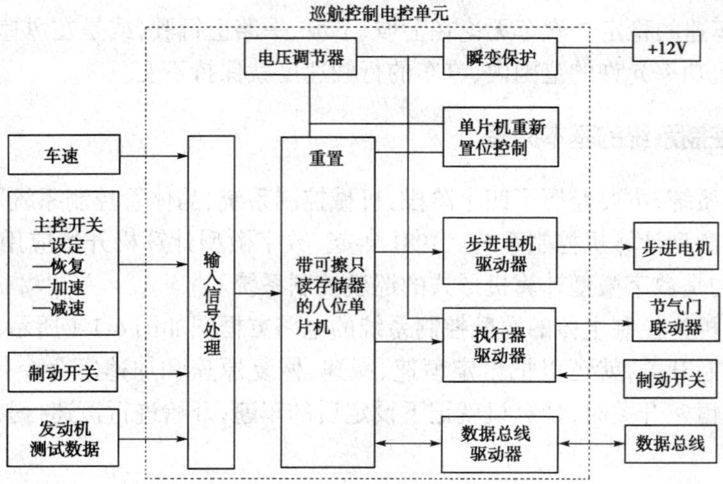

图 4-1-2 巡航控制电控单元方框图

汽车在巡航控制状态时，一般当车速低于 40km/h 时，电控单元自动将巡航控制取消，这样使汽车在制动、转弯时，巡航控制不起作用；再有，车速超出人为预定的巡航车速 6 ~ 8km/h 以上时，电控单元自动将巡航控制取消；另外，在汽车的减（负加）速度大于 $2m/s^2$ 时，以及汽车的制动灯开关动作（制动时）等情况时，电控单元也会自动取消巡航控制状态，确保汽车的行驶安全。

2．操作开关

包括主控开关、离合器开关、自动变速器空档起动开关、制动开关（包括手刹）和电源开关（点火开关）等。

（1）主控开关：它的作用是控制巡航系统的起动、关闭、控制调节巡航工作状态。图 4-1-3 是凌志（LEXUS）巡航控制的主控开关操作手柄的外形图。操作手柄安装在转向盘的下方，操纵手柄朝下扳动接通巡航速度的设定/减速开关（SET/COAST）；向后扳动（图中箭头 1 所指方向）则接通巡航速度取消开关（CANCEL）；朝上方扳起接通恢复/加速开关（RES/ACC）；操纵手柄的端部（图中箭头 2 所指方向）是按钮式主开关（MAIN），第一次按下为接通，再次按下为切断。

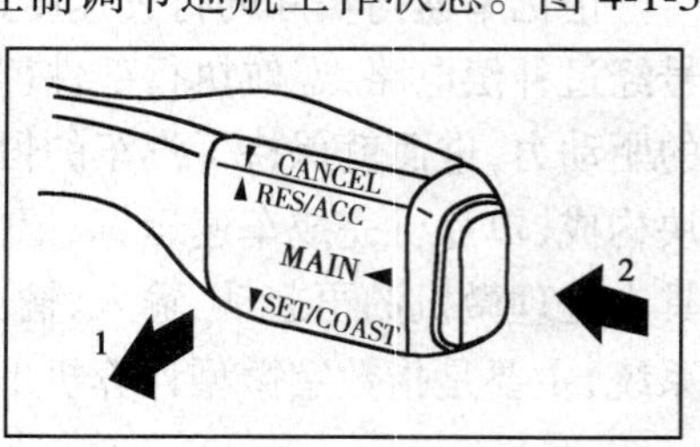

图 4-1-3 凌志（LEXUS）巡航控制的主控开关的操作手柄的外形图

（2）离合器开关（仅对安装手动变速器车辆）：它的作用是当汽车在巡航行驶状态时，若出现驾驶员干预，如变换变速器档位等情况，驾驶员踩下离合器踏板，离合器开关由断开变为闭合，离合器开关的闭合，使电控单元立即自动中断巡航工作状态。离合器开关装在驾驶室离合器踏板臂的上部，靠驾驶员踩下离合器踏板的机械动作使其闭合。

（3）变速器空档起动开关（仅对安装自动变速器车辆）：它的作用与离合器开关类似。空档起动开关安装在变速器外壳的一侧，并与变速器操纵杆联动，当变速器操纵杆置于空档时，空档起动开关由断开变成闭合，这时就中断了巡航工作状态。

（4）制动灯开关：它的作用是当驾驶员踩下制动踏板时，在制动灯（接通）亮的同时，将控制节气门动作的摩擦传力元件电磁离合器断电分离，使节气门迅速关闭，退出巡航控制的工作状态。在制动灯开关中原来长开触点的基础上，增加了与之联动的长闭触点，当驾驶员踩下制动踏板、制动灯亮的同时，长闭触点断开，电磁离合器断电，节气门不再受巡航系统控制。

(5)手拉制动开关：它的作用与离合器开关、自动变速器空档起动开关类似，安装位置紧靠手拉制动操纵杆并与手控制动操纵杆联动，当拉紧手制动时，此开关由断开变为闭合。

(6)点火开关：它的主要作用是通断蓄电池和发电机提供给巡航控制系统的工作电源。

3. 传感器

主要有车速传感器、节气门位置传感器和节气门控制摇臂位置传感器等。

(1)车速传感器：它的作用是提供一个与汽车实际车速成比例的信号，电控单元将此信号进行处理。车速传感器输给电控单元的电信号，是一个振荡的脉冲信号。车速传感器的类型有磁脉冲式、霍尔式、光电式等。该车速传感器就是发动机电控系统所用的车速传感器，在此不再赘述。

(2)节气门位置传感器：它的作用是对电控单元提供一个与节气门位置成比例变化的电信号。节气门位置传感器与发动机电控系统的传感器共用，在此不再赘述。

(3)节气门控制摇臂位置传感器：这是巡航控制系统专用的传感器。它的作用是对电控单元提供节气门控制摇臂位置的电信号，目前应用较多的是滑动电位计式。当节气门控制摇臂转动时，电位计与之随动，便输出一个与控制摇臂位置成比例的、连续变化的电信号。

4. 执行器

其作用是将电控单元输出的电流或电压信号转变为机械运动，进而控制节气门的开度，最终达到控制车速的目的。执行器有两种形式：即气动式和电动机式。

(1)气动式：气动式多采用由进气歧管真空度控制的气动活塞式结构。气动控制节气门结构的组成如图 4-1-4 所示。

执行器的活塞连杆与节气门控制摇臂相连，当活塞连杆对节气门控制摇臂无拉力时，弹簧力使节气门关闭。当执行器的输入信号 Ve 给电磁线圈通电时，电磁吸力使压力控制阀芯克服阀弹簧力下移，使执行器气缸与进气歧管连通。进气歧管内的真空使执行器气缸内的压力迅速下降，执行器活塞带动节气门控制摇臂向左运动，从而使节气门平顺渐进地打开。活塞上的作用力随气缸中平均压力的变化而变化，而气缸中的平均压力则通过快速通断压力控制阀来控制。执行器的输入信号 Ve 是一个占空比脉冲信号，当 Ve 电位为高时，电磁线圈通电；当 Ve 电位为低时，电磁线圈断电。因此气缸中的平均真空度或节气门开度与压力控制阀控制信号 Ve 的占空比成正比。

选择节气门执行器时，应使节气门执行器的频率响应与车速传感器的频率响应基本一致，以保证整个巡航控制的协调运行。

(2)电动机式：电动机式的节气门执行器的工作，是利用电动机的转动带动控制摇臂摆动，再使节气门的开度变化。主要有电磁离合器、直流电动机等。直流电动机连续运转的速度与电控单元供给它的电压平均值有关；它的运转和停止，由电控单元输出的电压“有”或“无”来决定；它的运转方向由电控单元输出的电压方向决定。

电磁离合器的作用是，当电磁离合器通电时，电动机的轴与节气门控制摇臂结合在一起，当电磁离合器断电时，电动机与节气门控制摇臂分离，使节气门受到电动机及电磁离合器的双重控制，工作更可靠。

5. 指示及检测装置

包括巡航控制指示灯，检测连接器等。

6. 与发动机电控系统 ECU 的通讯联络部分

7. 工作电源及稳压、保护电路等

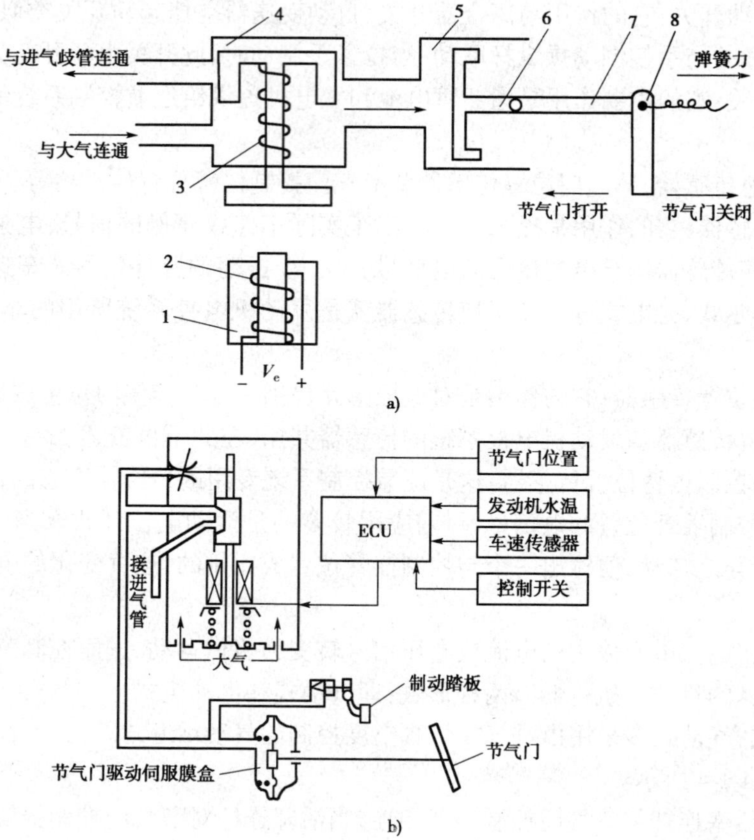

图 4-1-4　气动控制节气门结构示意图

1-电磁铁；2-电磁线圈；3-阀弹簧；4-压力控制阀；5-气缸；6-活塞；7-连杆；8-节气门控制摇臂

二、汽车巡航控制系统的基本工作原理

对于电动机式巡航控制系统，它先利用蜗轮、蜗杆减速机构进行直流电动机的减速，再利用齿轮减速机构进一步降低直流电动机的转速，并通过电磁离合器带动控制摇臂摆动，控制摇臂再拉动传动索缆及节气门臂，以最终实现对节气门开度大小的控制。

图 4-1-5 所示是电动机式巡航控制装置与发动机节气门的联动关系。通常情况下，加速踏板（油门）与节气门利用拉索进行机械连接，与加速踏板的动作相配合，节气门轴臂转动，带动节气门的开与闭。

执行器的控制摇臂把电动机的旋转运动变换为摇摆运动并传送出去。在电动机与控制摇臂之间装有电磁离合器，只有在进行巡航控制时离合器才通电接合，将电动机的力矩传送给节气门；当解除巡航控制后，或发生某种异常情况，电脑首先使电磁离合器断电分离，节气门在回位弹簧的作用下立即关闭，同时电动机断电停转。

一般在车速大于 40km/h 后，驾驶员就可以利用巡航开关，使汽车以恒速行驶。驾驶员也可改变恒速度值，驾驶员操纵加、减速开关使车速变化后，当放松加、减速开关时，巡航控制系统就记下了新的车速，并以此新车速恒速行驶。

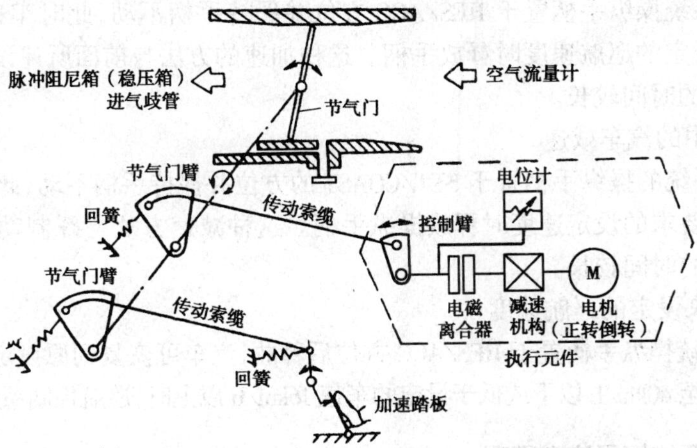

图 4-1-5　电动机式巡航控制装置与发动机节气门的联动关系示意图

第三节　汽车巡航控制系统的使用

一、一般巡航控制系统的使用方法

现以电子巡航控制系统的使用为例说明巡航控制系统的使用方法。一般巡航控制系统的操纵手柄有四个开关的位置,手柄的端部有按钮,这个按钮是巡航控制系统的总开关(CRUISE ON—OFF),按下按钮时,仪表板上的巡航控制系统的 CRUISE 指示灯亮,表示巡航控制系统可转入运行状态;如再按一下,则按钮弹起、指示灯灭,表示巡航控制系统处于关闭状态。操纵手柄朝下扳动是巡航速度的设定/减速开关(SET/COST);向后扳则是巡航速度取消开关(CANCEL);朝上扳起是恢复/加速开关(RES/ACC)。巡航控制系统的使用方法如下:

1. 设定巡航速度

为确保行车安全,巡航控制系统的低速控制值一般为 40km/h,也就是说车速低于 40km/h 巡航系统不工作。设定巡航速度的方法是:第一,按下 CRUISE ON—OFF 按钮,开启巡航控制系统,踩下加速踏板,使车辆加速。第二,当车速达到预想设定值时,将巡航控制系统手柄向下压置于 SET/COAST 方位并释放,这就进入了自动行驶状态,驾驶员可将加速踏板松开,巡航控制系统会根据汽车行驶时阻力的变化,自动调节节气门的开度,使车速保持在设定的范围内。若驾驶员想加速,如需超越前方的车辆时,只要踩下加速踏板即可。超车完毕后再释放加速踏板,汽车便又恢复到原设定的巡航速度行驶。

2. 取消设定巡航速度

需取消设定的巡航速度时,有几种方法可供选择:第一,将巡航控制系统操纵手柄置于 CANCEL 方位并释放;第二,踩下制动踏板使汽车减速;第三,装备 MT(手动变速器)的汽车,踩下离合器踏板即可;装备有 AT(自动变速器)的汽车,将选挡杆置于空挡。

当汽车的行驶速度低于 40km/h,则设定的巡航速度将自动取消;而如汽车减速后车速比设定的巡航车速低时,巡航控制系统也将自动停止工作。

此外,汽车行驶时设定的巡航速度如不是由上述原因而自动取消,或仪表板上的巡航控制 CRUISE 指示灯出现闪烁现象,则表明系统出现故障。

3. 巡航行驶中的汽车加速

将巡航控制系统操纵手柄置于 RES/ACC 方位并保持手柄不动,此时车速将逐渐加快,当车速达到要重新设定的巡航速度时释放手柄。这种加速的方法与前面所述设定巡航速度的操作方法相比,所用的时间较长。

4. 巡航行驶中的汽车减速

将巡航控制系统的操纵手柄置于 SET/COAST 的方位并保持手柄不动,此时车速将逐渐减慢,当车速降至所要求的设定速度时释放操纵手柄。这种减速方法与踩制动踏板减速后再重新设定相比,所用的时间较长。

5. 恢复到原来设定的巡航速度

将巡航控制系统操纵手柄置于 RES/ACC 方位后释放,汽车可恢复到原设定的速度做巡航行驶。除非车速已降至 40km/h 以下或低于设定的车速 16km/h 以上时,巡航控制系统自动停止工作。

二、巡航控制系统使用注意事项

巡航控制系统在使用中应注意以下几个问题:

①为了让汽车获得最佳控制,遇交通拥堵的场合,或在雨、冰、雪等湿滑路面上行驶及遇上大风天气时,不要使用巡航控制系统。

②为了避免巡航控制系统误工作,在不使用巡航控制系统时,务必使巡航控制系统的控制开关(CRUISE ON—OFF)处于关闭状态。

③汽车行驶在陡坡上若使用巡航控制系统时,则会引起发动机转速变化过大,所以此时最好不要使用巡航控制系统。下坡驾驶中,须避免将车辆加速。如果车辆的实际行驶速度较设定的正常行车速度高出太多,则不要使用巡航控制系统,应将变速器换成低档,利用发动机制动使车速得到控制。

④汽车巡航行驶时,对装备 MT(手动变速器)的汽车,切记不能在未踩下离合器踏板的前提下,就将变速杆移置空档,从而造成发动机转速骤然升高。

⑤使用巡航控制系统时,要注意观察仪表板上的"CRUISE"指示灯是否闪烁发亮,若闪烁就表明巡航控制系统是在故障状态。发现故障状态时,应停止使用巡航控制系统,待排除故障后再使用巡航控制。

小　结

1. 汽车巡航控制系统又称为汽车恒速控制系统,英文缩写为 CCS。
2. 巡航系统确保驾驶人员的操作优先。
3. 变为巡航控制之后,驾驶员不用踩加速踏板就可以自动地保持车速。
4. 驾驶员利用控制开关,就可以把保持恒速、减速、恢复原速和加速等命令送给巡航电脑。
5. 汽车在巡航控制状态时,一般当车速低于 40Km/h 时,电脑就自动将巡航控制取消。
6. 汽车巡航控制系统的主要传感器有:车速、节气门位置和节气门控制摇臂位置传感器。
7. 巡航执行器有两种形式,一是气动式(真空拉力器式),二是电动机式。

实训要求

1. 实训内容

(1)在实车上观察汽车巡航系统的组成元件及各元件的实际布置及连接情况；

(2)巡航系统主要元件的结构研究；

(3)巡航系统的作用与操作。

2. 实训的目的和要求

(1)通过实车观察，掌握巡航系统各元件在车上的安装、布置及连接情况；

(2)通过对巡航系统各元件的拆装，掌握各元件的结构及作用；

(3)通过对巡航控制开关的操作，掌握汽车巡航系统正确的使用方法。

复习思考题

一、判断题

1. 正确使用巡航系统可节省汽车的燃料。 ( )

2. 汽车在各种车速下都可以使用巡航系统。 ( )

3. 巡航系统中的设定和减速使用同一个开关位置。 ( )

4. 巡航系统中的恢复和加速使用的是两个独立的开关位置。 ( )

5. 对于巡航系统中气动式执行器，当执行器内的真空度越高，则节气门开度越大。 ( )

6. 汽车在上、下陡坡时可照常使用巡航系统。 ( )

二、选择题

1. 甲说：在巡航行驶中，若需紧急制动，则制动距离会有所延长；乙说：踩下制动踏板，巡航系统会立即停止工作，不会延长制动距离。 ( )

A.甲正确；　B.乙正确；　C.甲乙均正确；　D.甲乙均不正确

2. 甲说：巡航系统的节气门位置传感器与发动机燃油喷射系统的传感器是共用的；乙说：节气门控制摇臂位置传感器是巡航系统专用的传感器。 ( )

A.甲正确；　B.乙正确；　C.甲乙均正确；　D.甲乙均不正确

三、简答题

1. 说明汽车巡航控制系统的作用。

2. 说明汽车巡航控制系统的组成及工作原理。

3. 说明汽车巡航控制系统各操作开关的作用及使用方法。

4. 说明汽车巡航控制系统的使用方法和使用注意事项。

第二章　丰田凌志、佳美巡航控制系统的结构及工作过程

学习目标

1．掌握丰田凌志、佳美巡航控制系统的组成与作用；
2．掌握丰田凌志、佳美巡航控制系统的电路工作原理；
3．掌握丰田凌志、佳美巡航控制系统各元件的结构与原理；
4．掌握丰田凌志、佳美巡航控制系统的基本工作过程。

第一节　丰田凌志、佳美巡航控制系统的组成与结构

丰田公司凌志 LS400 型轿车、佳美(CAMRY)轿车等均配备有电子控制巡航控制系统。其巡航控制系统的功能是：一旦设定所需车速，发动机的节气门位置(开度)便会自动调节，以保持汽车以设定的速度行驶。巡航控制系统主要由传感器、电控单元(ECU)、执行元件、操作开关和故障自诊断装置等组成。

图 4-2-1 为凌志、佳美巡航控制系统的线路图及连接器图，其连接器端子代号及名称见表 4-2-1。

凌志、佳美巡航控制 ECU 连接器代号及名称　　表 4-2-1

编　号	代　码	端　子　名　称
1/10	ECT	发动机和变速器 ECU
2/10	OD	发动机和变速器 ECU
3/10	L	安全电磁离合器
4/10	MO	巡航驱动电动机(上端)
5/10	E/G	发动机和 ECT ECU
6/10	Pi	CRUISE 指示灯
7/10	Tc	TDCL(诊断连接器)
8/10	CCS	巡航控制开关
9/10	IDL	节气门位置传感器
10/10	MC	巡航驱动电动机(下端)
1/12	B	电源(点火开关控制)
2/12	STP +	停车灯开关(+)
3/12	STP -	停车灯开关(-)
4/12	N&C	空档起动开关或离合器开关
5/12	PKB	驻车制动开关

续上表

编　号	代　码	端　子　名　称
6/12	BATT	电源(未经任何开关)
7/12	SPD	车速传感器
8/12	CMS	巡航总开关
9/12	GND	接地
10/12	VR3	控制摇臂位置传感器 3 端
11/12	VR2	控制摇臂位置传感器 2 端
12/12	VR1	控制摇臂位置传感器 1 端

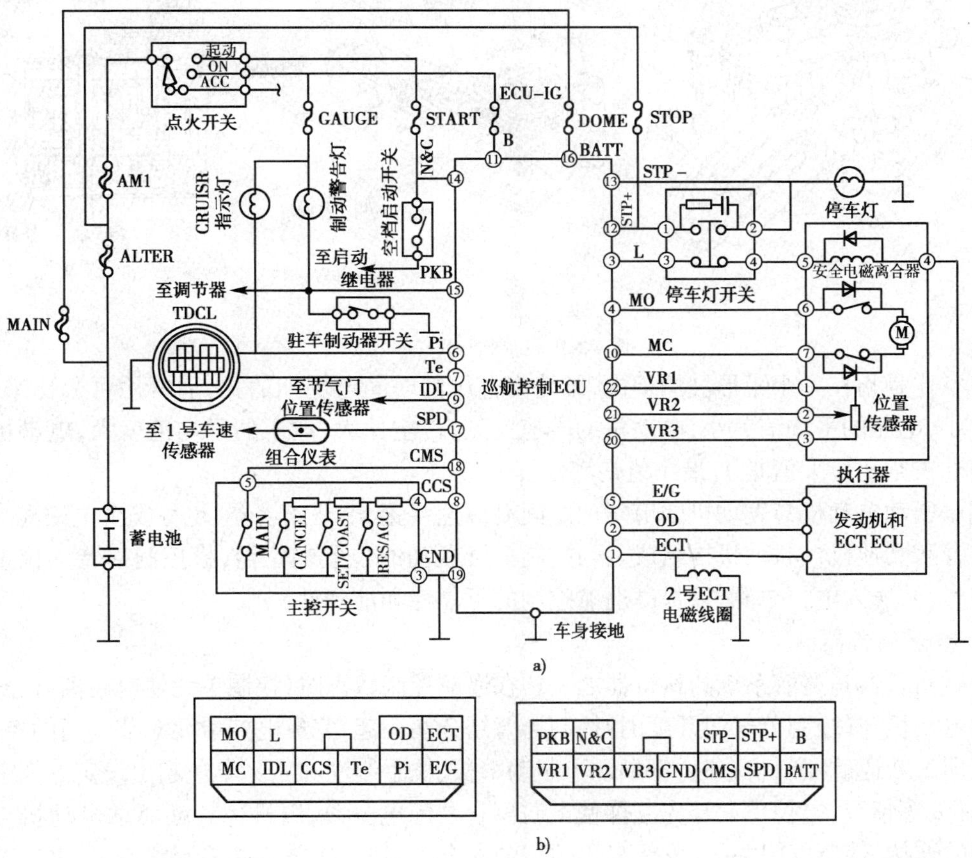

图 4-2-1　凌志、佳美巡航控制系统线路及连接器图

一、执行元件

巡航控制系统是靠主控开关、车速传感器、节气门位置传感器、巡航控制 ECU 以及巡航执行元件共同组成的。巡航执行元件装于发动机室右侧，安装高度与节气门体接近，它与节气门之间用钢绳联系，用一圆形 7 针插接件与线束联接，如图 4-2-2 所示。

巡航执行元件由伺服(驱动)电机、安全电磁离合器、控制摇臂位置传感器等三部分组成，如图 4-2-3 所示。

1．伺服驱动电动机

伺服驱动电动机是巡航控制系统的执行器之一。该电动机根据巡航系统电控单元发出的信号运转,进而改变发动机节气门的开度、实现保持车速不变的调节过程。该电动机采用永磁直流电动机结构,可通过改变电动机电源的极性改变其转动方向;电控单元还可实现对电动机的转速控制,电控单元提供给电动机的电源是占空比可调的矩形波电压,电动机的转速随占空比的改变而改变。有的技术资料将占空比叫作负载比。

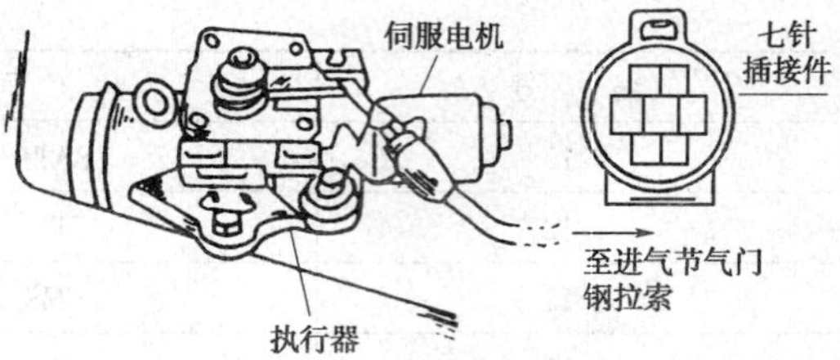

图 4-2-2 巡航执行元件

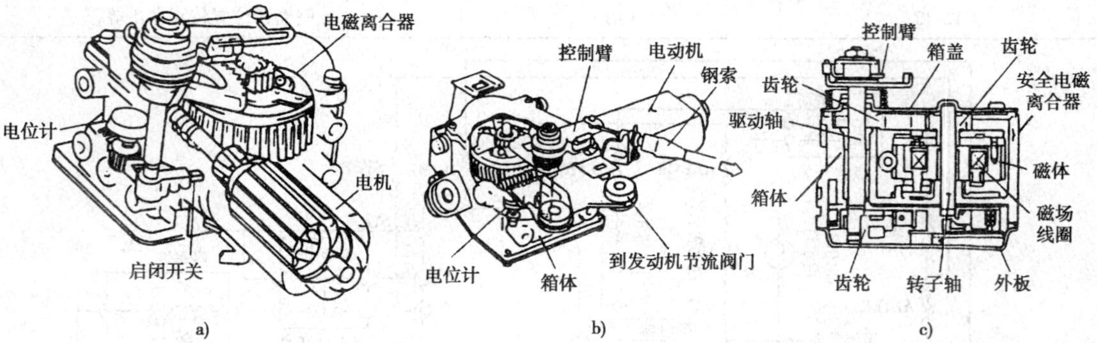

图 4-2-3 巡航执行元件的结构

占空比是指在一个矩形波周期内,维持高电压的时间与周期的比,通常用百分比来表示。占空比小,电压的平均值就小,电动机的转速就低;占空比大,电压的平均值就大,电动机的转速就高。占空比最大值是 1,最小值是零。

伺服驱动电动机与发动机的节气门之间有减速装置、电磁离合器(也称安全电磁离合器)、控制摇臂和其他机械联动机构组成。与控制摇臂联动的位置电位器,将控制摇臂的位置转换成电信号,并送入电控单元,以提高巡航控制的可靠性和准确性。

2. 电磁离合器

电磁离合器是巡航系统的执行器之一。在巡航控制状态时,控制单元使电磁离合器通电,将驱动电动机与(控制节气门开度的)控制摇臂结合在一起,完成电控单元对节气门的控制;在需要立即中断巡航控制状态时,例如踩下制动踏板、拉手制动和实际车速超出设定的巡航车速为 15km/h 等情况,电控单元首先立即使电磁离合器断电分离,以迅速切断驱动电动机与节气门之间的连接,使节气门关闭,确保车辆的行驶安全。当然,在非巡航控制状态下,电磁离合器也是在断电分离状态。

3. 控制摇臂位置传感器

控制摇臂位置传感器用来监测伺服驱动电动机控制的控制摇臂的旋转角度,即动态反映了节气门的开度情况,随时将反馈信息输入巡航控制 ECU。

4. 巡航执行元件

巡航执行元件的电路图如图 4-2-4 所示。当执行元件从巡航控制 ECU 接收到信号时,接合电磁离合器,接通伺服驱动电动机,伺服驱动电动机移动控制摇臂,从而改变发动机节气门位置。控制摇臂位置传感器将反馈信号输入巡航控制 ECU。

当伺服驱动电动机正向通电(顺时针)旋转时,通过电磁离合器、齿轮使驱动轴旋转,在驱动轴上固定安装的控制摇臂拉动与节气门连接的钢索,使节气门开度增大;当伺服驱动电动机反向通电(逆时针)旋转时,控制摇臂也以反方向旋转,回送钢索,在节气门回位弹簧的作用下,使节气门开度减小。

二、操作开关及传感器

1. 主控开关

主控开关由四个开关组成,通过操纵手柄控制。除总开关外,其他每个开关都为自动回位开关,即手用力时开关接通,手放松时开关断开。

①操纵手柄的端部有个按钮,这个按钮是巡航控制系统的总开关(CRUISE ON—OFF),按下该按钮时,仪表板上的 CRUISE(巡航)指示灯亮,表示巡航控制系统可转入运行状态;如再按一下,则该按钮弹起、CRUISE 指示灯灭,表示巡航控制系统处于关闭状态。

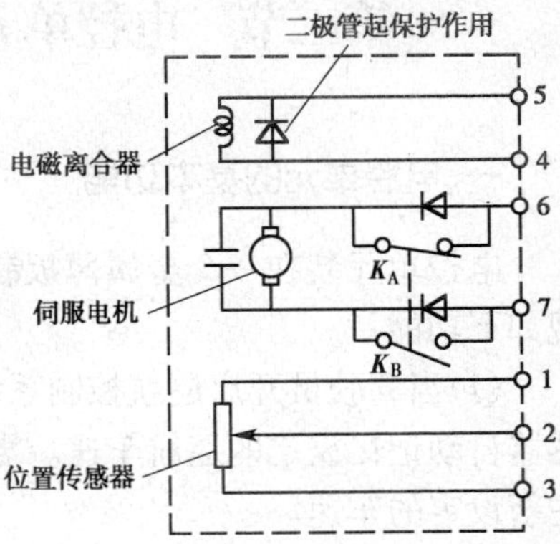

图 4-2-4 巡航控制系统执行元件电路图

②操纵手柄向下扳动是巡航速度的设定/减速开关(SET/COAST)。

③操纵手柄向上扳起是恢复/加速开关(RES/ACC)。

④操纵手柄向后扳则是巡航速度取消开关(CANCEL)。

2. 车速传感器

车速传感器的安装位置在变速器的输出轴上,巡航控制与发动机的电控系统共用一个车速传感器。车速传感器为电磁式,它将车速(变速器输出轴的转速)信号转变成为电信号,电控单元把得到车速信号进行记忆、比较、计算,作为控制节气门开度大小的依据。

3. 中断巡航控制的外部开关

(1)停(制动)车灯开关:由两个联动开关组成,其中长开的开关与制动灯相连,当踩制动踏板时,长开的开关闭合、制动灯亮;另一个长闭的开关与电磁离合器相连,当踩下制动踏板时,长闭的开关断开、电磁离合器断电,伺服驱动电动机与节气门分离。保证制动时,迅速中断巡航控制,确保行车安全。

(2)离合器开关:手动变速器的汽车才设置此开关,自动变速器的汽车将接此开关的位置用导线短接。对手动变速器的汽车来说,当驾驶员踩离合器踏板时,与离合器踏板联动的离合器开关闭合,通过起动继电器的线圈、使电控单元的 14 号端口(见图 4-2-1)获得一个接地的零电位信号,从而中断巡航控制状态。

(3)变速器空档开关:自动变速器的汽车才设置此开关,手动变速器的汽车将此开关的位置用导线短接。对自动变速器的汽车来说,当驾驶员将变速器的换档杆移至空挡时,与换档杆联动的空挡开关闭合,通过起动继电器的线圈、使电控单元的 14 号端口(见图 4-2-1)获得一个接地的零电位信号,从而中断巡航控制状态。

(4)驻车制动开关:也称手刹车开关,当拉手刹车杆时,与之联动的手刹车开关闭合,使电控单元的 15 号端口(固 4-2-1 中的 PKB 端口)获得一个接地的零电位信号,从而中断巡航控制状态。

4. 驱动电动机的限位开关

限位开关有两个,分别装在节气门控制摇臂的两个极限(最大加速和最大减速)位置上,可防止控制摇臂到了极限位置后,驱动电动机仍向原方向转动。

此外,还有故障码检测连接器、巡航指示灯等。

第二节　电控单元的基本功能及巡航系统的工作过程

一、电控单元的基本功能

电控单元装在一个金属薄板制成的封闭壳体内，由电控单元内部的电路设计决定，可以实现如下功能：

(1)当驾驶员开启巡航控制系统，进入巡航状态并设定巡航车速后，电控单元通过车速传感器自动记忆设定的巡航车速。当重新设定巡航车速时，电控单元将原设定的车速消除并记住新设定的车速。

(2)在巡航控制状态，电控单元不断地将汽车行驶各个时刻的车速进行监测，并和它记忆中的人为设定车速比较运算，从而作为调节控制的基础。

(3)电控单元的输出接口中，有能输出大小可调节的、方向可改变的直流电压接口，以便对驱动电动机实现转矩和正反转控制。驱动电动机通过机械联动装置，控制发动机节气门的开度大小。

(4)当实际车速低于设定的车速时，电控单元使驱动电动机向节气门开度增大的方向转动，使车速提高；当实际车速高于设定的车速时，电控单元使驱动电动机向节气门开度减小的方向转动，使车速降低；当实际车速低于或高于设定的车速时，电控单元不仅使驱动电动机转动改变节气门开度，还根据车速的减速度或加速度值的大小，使驱动电动机的转速随之改变，即节气门的开度能实现较迅速或较缓慢的变化。

(5)电控单元能对节气门的(开度大小)位置进行监测，通过节气门位置传感器将节气门位置的电信号输入电控单元后，电控单元可以实现内部的双重闭环控制，以提高控制的精度和可靠性，另外，位置传感器还可以提供节气门的极限位置信号，以提供控制起止点数据，避免失控。巡航控制状态下能够使节气门开度变化的控制摇臂上，装有一个控制摇臂位置传感器(随动电位器)，同样可以实现类似节气门传感器的作用。

(6)电控单元能够在人为干预时，例如脚踩制动、手拉制动、变速器挂空档和踩离合器踏板等情况下，迅速中断(通过电磁离合器断电、切断与节气门机械装置的联动)巡航控制状态。这种控制方式对保证车辆行驶的安全非常重要。

(7)电控单元有故障自检功能，并设有检测插口(又称检测连接器)，以备检修用。

(8)电控单元与发动机燃油喷射控制单元(只有发动机在运转状态下巡航控制系统才工作、只有发动机的转速在经济转速附近巡航控制系统才工作、发动机高速运行持续时间不超过预定值时巡航控制系统才工作)、与仪表板(发动机的转速信号和巡航工作指示灯)等均有数据相互传输。

二、巡航控制系统的基本工作过程

1. 主控开关的操作

巡航操纵手柄端部的按钮是巡航控制系统的总开关(CRUISE ON—OFF)，按下按钮时，仪表板上的巡航控制 CRUISE 指示灯亮，表示巡航控制系统可转入运行状态；若再按一下，则按钮弹起、该指示灯灭，表示巡航控制系统处于关闭状态。

闭合总开关，电控单元的 18 号端口通过总开关得到零电位信号(或称为搭铁)，电控单元处于预备状态；由于18号端口得到零电位信号，电控单元使其6号端口也变为零电位，仪表板上的巡航控制(CRUISE)指示灯亮。

操纵手柄朝下扳动接通巡航速度的设定/减速开关(SET/COAST)；向上扳则接通恢复/加速开关(RES/ACC)；向后扳则接通巡航速度取消开关(CANCEL)；这几个开关的通断变换，可以改变电控单元的8号端口流出的电流大小，电控单元通过识别8号端口电流及电位的大小，确定巡航控制的状态。

2. 设定功能

接通总开关后，使汽车行驶在巡航车速控制范围内(40km/h ~ 200km/h)，将控制开关向下扳到SET/COAST并松开，巡航控制ECU储存此时车速并以此车速稳定行驶。

3. 减速、加速功能

当汽车以巡航控制方式行驶时，将控制开关扳到SET/COAST(或RES/ACC)侧时，执行元件的伺服驱动电动机将关小(或开大)节气门，汽车不断减速(或加速)。当松开开关的瞬间，EGU储存这一瞬时的车速并以此车速稳定行驶。

4. 恢复功能

如在行驶中巡航控制被暂时取消，若将控制开关向上扳到RES/ACC，可恢复巡航控制方式并以原设定速度行驶。使用恢复功能前的车速须大于40km/h，否则应踩加速踏板再重新设定。

5. 速度下限控制功能

速度下限是巡航控制能设定的最低车速(如40km/h)。当汽车以巡航控制方式行驶时，若汽车的行驶速度低于这个速度，巡航控制将被自动取消，存储器中的速度设定值也被清除。

6. 速度上限控制功能

速度上限是巡航控制能设定的最高车速(如200km/h)。巡航控制不能设定比该车速更高的速度。

7. 快按降速功能和快按升速功能

在汽车以巡航控制方式行驶中，每次快速按动SET/COAST或RES/ACC开关(0.6s内)，设定的车速下降或增加约1.6km/h。

8. 安全电磁离合器控制功能

下坡行驶时，若车速比设定的车速高15km/h，巡航控制ECU将切断安全电磁离合器降低车速。当车速降到比设定的车速高出不到10km/h时，安全电磁离合器再次接通，恢复巡航控制。

9. 人为取消功能

汽车以巡航控制方式行驶时，如果下列信号中任一信号送到巡航控制ECU，则安全电磁离合器被断电分离，使节气门关闭，巡航控制方式也相应地被取消：

(1)停车灯开关接通(踩下制动踏板)，巡航控制ECU的13号端口得到电源正极的电位；

(2)驻车制动灯开关接通(踩下驻车制动踏板)；

(3)空档起动开关接通(自动变速器换档杆挂入空档位置)；

(4)取消开关(CANCEL)接通；

(5)对手动变速器的汽车，踩下离合器踏板，与之联动的离合器开关闭合。

10. 自动取消功能

在巡航控制行驶期间，若出现伺服驱动电机或安全电磁离合器晶体管驱动电流过大、伺服驱动电动机始终朝节气门打开方向转动等情况，则存贮器中设定的车速被清除，安全电磁离合器断电，巡航控制方式取消。

在巡航控制行驶期间，如果出现车速下降低于 40km/h、实际车速低于设定的车速 16km/h 以上、巡航控制系统的电源中断时间超过 5ms，巡航控制也被取消。

11. 巡航控制的工作过程

当设定/减速（SET/COAST）开关设定车速后，首先，电控单元的 3 号端口发出高电位，经制动灯开关使电磁离合器通电，将驱动电动机和节气门控制摇臂结合；其次，电控单元从控制摇臂的位置传感器（电控单元的 20 号，21 号，22 号端口）感知控制摇臂的初始位置，并将此初始位置作为控制的依据；另外，电控单元也将此时的车速信号由 17 号端口记录，作为控制的依据。

平时控制摇臂的两个限位开关应均闭合，只有控制摇臂到达最大加速或最大减速位置时才分别对应断开，与限位开关并联的二极管是为了在最大的加速或减速位置即限位开关断开时，保证驱动电动机能够通电退出。

当实际车速低于设定的巡航车速时，电控单元能够使 4 号端口输出较 10 号端口高的电位，驱动电动机正向转动，使控制摇臂向沿节气门开度增大的方向摇转，从而提高车速；当控制摇臂达到控制单元计算（或储存）的摇动角度时，电控单元将 4 号、10 号两端口之间的电位差取消，驱动电动机停转（蜗轮不能带动蜗杆转动，故锁住）。如果电控单元发现车速仍未达到设定车速时，它将继续使驱动电动机正向转动，控制摇臂再增加一次摇转的角度。

当实际车速高于设定的巡航车速时，电控单元能够使 10 号端口输出较 4 号端口高的电位，驱动电动机转动方向与上述相反，从而降低车速，并重复以上过程。

小　结

1. 巡航系统中的驱动电动机，是由电脑供给其占空比电压来工作的。

2. 对于巡航系统的主控开关，除总开关外，其他每个开关都为自动回位开关，即手用力时开关接通，手放松时开关断开。

3. 在巡航控制状态时，电脑使电磁离合器通电，将驱动电动机与节气门的机械控制摇臂结合在一起。在非巡航控制状态下，电磁离合器在断电分离状态。

4. 车速传感器装在变速器的输出轴上，与电控发动机系统共用一个车速传感器。

5. 电脑可使巡航驱动电动机正、反双向转动或停转，从而驱动节气门开度发生增大、减小、不变三种动态。

6. 使用巡航恢复功能前的车速须大于 40km/h，否则无法恢复。

实训要求

1. 实训内容

（1）在丰田凌志或佳美汽车上进行巡航控制系统的组成与连接研究；

（2）丰田凌志、佳美汽车巡航系统各组成元件的拆装与构造研究；

（3）丰田凌志、佳美汽车巡航系统在实车上的使用与操作。

2. 实训的目的和要求

（1）掌握丰田凌志、佳美汽车巡航系统各元件在实车上的安装、布置及各元件之间线束的连接情况；

(2)掌握丰田凌志、佳美汽车巡航系统各组成元件的构造及拆装方法；

(3)掌握丰田凌志、佳美汽车巡航系统在实车上的使用与操作方法。

复习思考题

一、判断题

1. 丰田汽车巡航系统使用的驱动电机为永磁式直流电动机。（ ）

2. 永磁式直流电动机与起动机一样，当正、反向通电时，其转动方向不变。（ ）

3. 在巡航行驶时，若直接踩下制动踏板，则丰田巡航执行元件中的电磁离合器立即断电分离。（ ）

4. 若丰田巡航执行器中的电磁离合器线圈断路，则巡航系统将无法工作。（ ）

5. 丰田巡航执行元件中的驱动电机是直接驱动节气门正、反向旋转的。（ ）

6. 在巡航行驶时，若驾驶员再踩下加速踏板则不起作用。（ ）

二、选择题

1. 甲说：巡航系统的主控开关由四个开关组成；乙说：这四个开关都是自动回位开关。（ ）

A.甲正确；　B.乙正确；　C.甲乙均正确；　D.甲乙均不正确

2. 甲说：主控开关送给巡航电脑的电位指令在各种状态下都是稳定不变的；乙说：除总开关(CRUISE ON—OFF)外，其他开关送给巡航电脑的电位只是瞬间的。（ ）

A.甲正确；　B.乙正确；　C.甲乙均正确；　D.甲乙均不正确

3. 甲说：与限位开关并联的二极管是起续流保护作用的；乙说：该二极管真正的作用是在限位开关切断后起导通作用，否则驱动电动机不能通电退出。（ ）

A.甲正确；　B.乙正确；　C.甲乙均正确；　D.甲乙均不正确

4. 甲说：当制动灯开关上的电插头脱落后，ABS将不起作用；乙说：若该电插头脱落后，巡航系统也不工作。（ ）

A.甲正确；　B.乙正确；　C.甲乙均正确；　D.甲乙均不正确

三、简答题

1. 说明丰田凌志、佳美巡航系统各执行元件的组成、使用及工作过程。

2. 说明巡航系统主控开关的使用方法。

3. 说明丰田巡航系统的各种控制功能。

4. 对照丰田巡航系统电路图，说明该巡航系统的工作过程。

第三章　丰田凌志、佳美巡航控制系统的检修

学习目标

1. 掌握丰田巡航系统故障代码的读取与清除方法；
2. 掌握丰田巡航系统各执行元件的检修方法；
3. 掌握丰田巡航系统电路的检查及故障诊断方法。

第一节　故障代码的读取与清除

1. 巡航系统状态指示的检查

巡航控制系统的状态指示是通过仪表面板上的 CRUISE 指示灯的闪烁来判别。

(1)将点火开关转到 ON 的位置；

(2)当巡航控制的总开关(按下操作手柄端部的按钮)接通时，指示灯应亮；总开关关断时，指示灯应灭。若指示灯本身不正常，应及时修好。

(3)若巡航控制系统出现故障时，电控单元除自动中断巡航控制外，指示灯会闪烁 5 次，指示灯通电的时间约 0.5s，断电间隔约 1.5 s。电控单元将故障代码自动储存，并可调出。

2. 巡航控制系统故障代码的读取

(1)将点火开关转到 ON 的位置；

(2)用短接线将诊断连接器中的端子 Tc 和 E_1 短接，如图 4-3-1 所示；

(3)从仪表板上 CRUISE 巡航指示灯的闪烁读出故障码；

(4)系统故障码的数据及故障内容见表 4-3-1；

(5)完成检查后，脱开端子 Tc 和 E_1，关断点火开关。

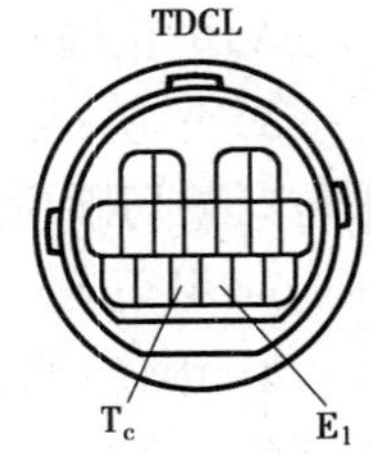

图 4-3-1　诊断连接器

3. 系统故障码的消除

系统的故障代码及内容　　表 4-3-1

故障代码	故　障　内　容	故障代码	故　障　内　容
均匀连续闪烁	正常	23	汽车的实际车速低于设定的车速 16km/h 以上
11	驱动电动机或安全电磁离合器电路不正常	31	控制开关电路不正常
12	安全电磁离合器电路不正常	32	控制开关电路不正常
13	驱动电动机或控制摇臂位置传感器不正常	34	控制开关电路不正常
21	车速传感器不正常		

说明：当指示两个或两个以上的代码时，按代码由小到大顺序显示；当汽车在上坡车速降低时，车速可重新设定，这不属于故障。

(1)在完成修理后，可通过关断点火开关、拆下继电器盒内 DOME 熔断管 10s 或更长的时

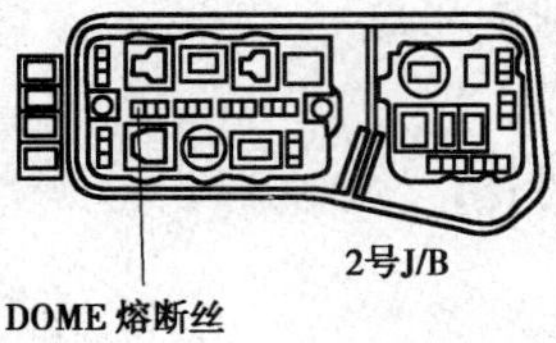

图 4-3-2　取下 DOME 熔断管

间，见图 4-3-2，清除被保留的系统故障码；

(2)接上熔断管，再重新读取，应显示正常的代码。

在表 4-3-1 中，若无故障码，指标灯的闪烁方式是：指示灯连续闪烁，通电 0.25s、断电 0.25s；在故障状态，指示灯的闪烁方式是：故障码的第一位(即十位)，指示灯通、断电间隔 0.5s，显示完第一位后，再断电间隔 1.5s，显示第二位码(即个位)，显示的通断电间隔与第一位码相同。当第一个故障码显示完成后，如还有第二个故障码需显示，再断电 2.5s，然后显示第二个故障码。

第二节　巡航系统执行元件的检修

一、巡航控制系统常见的故障

巡航控制系统的整个执行元件的电路如图 4-3-3 所示。当巡航控制系统出现以下故障：

①车速控制系统不能设定。

②动作不良，如设定时车速有较大波动，或车速出现上升、下降。

③当开关接通加速(RES/ACC)位时，汽车不加速；处于减速(SET/COAST)位时，汽车不减速。

④当开关接通恢复(RES/ACC)位时，车速不能恢复到原有的巡航车速。

此时，极有可能是巡航控制系统的执行元件出现故障造成的，应重点检查执行器的工作情况。

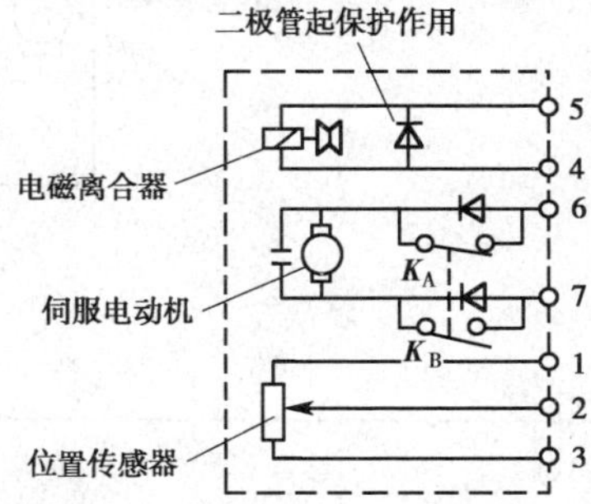

图 4-3-3　巡航控制系统执行器电路图

二、巡航系统执行元件的检修

1. 安全电磁离合器的检修。

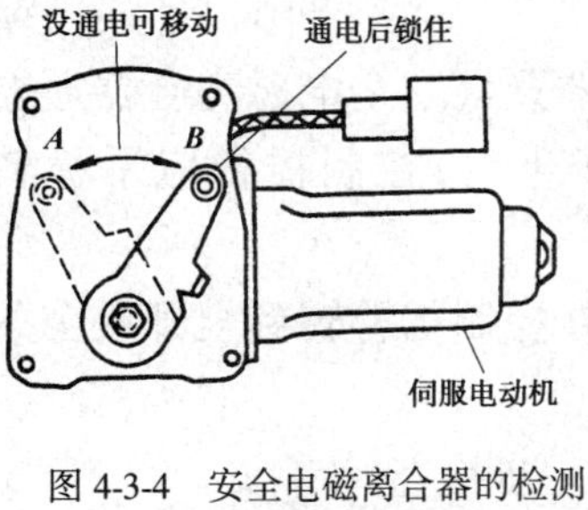

图 4-3-4　安全电磁离合器的检测

(1)检测电阻。4 脚与 5 脚间的电阻值应为 38Ω，即离合器线圈的直流电阻值。

(2)没有通电前，扳动控制摇臂应能转动。当 5 脚接电源正极，4 脚搭铁时(检测时极性不可接反，否则烧毁二极管)，控制摇臂应为锁止状态，此时不能人为扳动控制摇臂(蜗轮不能带动蜗杆转动)，如图 4-3-4 所示。

2. 伺服驱动电动机的检修。

保持安全电磁离合器的通电状态(5 脚接电源正极，4 脚搭铁)，再按表 4-3-2 所示给伺服驱动电动机通电，控制摇臂应在极限位置 A 与 B 的范围内转动(见图 4-3-4)。

伺服驱动电动机的通电检查　表 4-3-2

电动机转动方向	电源 +	电源 −	执行器接线端 6	执行器接线端 7
加速方向	○		○	
		○		○
减速方向		○	○	
	○			○

3. 控制摇臂位置传感器的检修

如图 4-3-3 所示，不通电时检测 1 脚与 3 脚间的电阻值应为 2kΩ；当用手慢慢转动控制

摇臂从 $B \rightarrow A$ 时(图 4-3-4),2、3 脚间的电阻值应平滑地由 0.5kΩ 增加到 1.8kΩ。

第三节　巡航系统电路的检查及故障诊断

一、伺服驱动电动机电路

1. 电路的连接

执行器伺服驱动电动机根据 ECU 供给的信号电压运转,ECU 供给的加速和减速的信号电压是通过不同的负载比(占空比)的形式传输的。所谓负载比(占空比)是指每循环内导通时间与周期的比值。执行器伺服驱动电动机电路图如图 4-3-5 所示,该故障代码的具体解释见表 4-3-3。

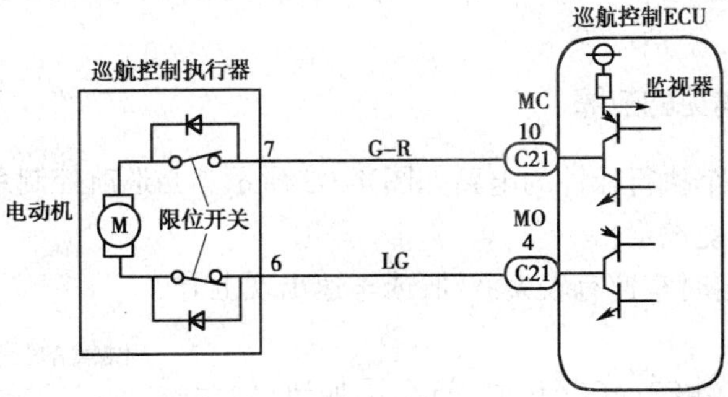

图 4-3-5　伺服驱动电动机线路图

故 障 代 码 表　　　　表 4-3-3

代码	诊　　断	故 障 部 位
11	100%负载比输出至伺服驱动电动机加速侧伺服驱动电动机电路中电流过载(短路)	巡航(或巡驶)控制执行器 执行器与 ECU 之间的配线或连接器
13	伺服驱动电动机运转时,位置传感器信号值不变化	

2. 故障的检查与排除:

(1)脱开执行器连接器,检查执行器伺服驱动电动机。

①将蓄电池正极连接至执行器连接器的端子 5,负极连接至端子 4(安全电磁离合器通电吸合);蓄电池电压加到执行器连接器(见表 4-3-2)的每个端子上时,控制摇臂应平稳转动。

②在伺服驱动电动机按照上述规定转动时,伺服驱动电动机在控制摇臂转到全开或全关位置时应被限位开关停止转动。

若以上检查不正常,则更换执行器;正常,则进到步骤(2)作进一步检查。

(2)检查巡航(或巡驶)控制 ECU 与执行器之间的配线或连接器。若不正常,则修理或更换配线或连接器。

二、安全电磁离合器电路

1. 电路的连接

本电路根据接自 ECU 的信号,在巡航控制执行阶段接通执行器中的安全电磁离合器。若在执行巡航控制阶段执行器或车速传感器内发生故障,ECU 则使安全电磁离合器断电分离,伺服驱动电动机与控制摇臂之间的连接即脱开。安全电磁离合器的线路如图 4-3-6 所示。

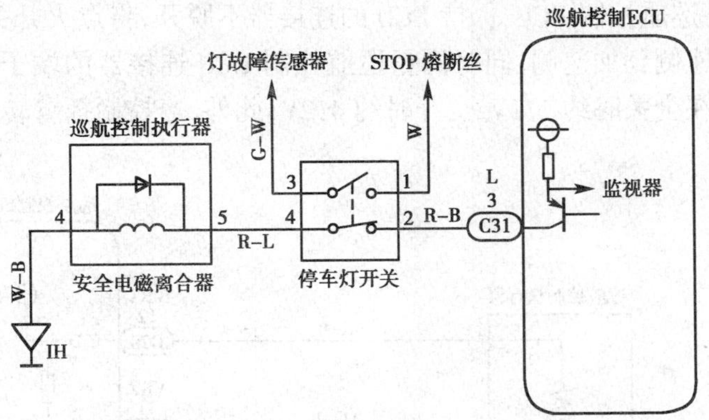

图 4-3-6　安全电磁离合器线路图

当踩下制动踏板时，停车灯开关接通，电源通至停车灯，同时，停车灯开关内的长闭触点断开，安全电磁离合器断电分离。当在下坡路段行驶时，若汽车速度超出设定车速 15km/h，ECU 会自动使安全电磁离合器断电分离。若汽车速度后来降至设定车速以上 10km/h 以内，则原设定车速的巡航控制功能恢复。其故障代码表见表 4-3-4。

故障代码表　　表 4-3-4

代码	诊　断	故障部位
11	由于短路使 ECU 供给安全电磁离合器的电流超载	·巡航控制执行器(安全电磁离合器) ·ECU 与巡航控制执行器之间的配线或连接器 ·巡航控制执行器与车身接地之间的配线或连接器
12	安全电磁离合器电路内开路	

2. 故障的检查与排除：

(1)脱开巡航控制 ECU 配线侧连接器，将欧姆表负孔连接至巡航控制 ECU 配线侧连接器端子 3，正孔连接至车身接地，测量电阻，检查端子 3 与车身接地之间导通状况。

若正常，即电阻约为 40Ω，则进到下一电路检查；如果测量电阻为 0 或∞则表示有故障，则应进到步骤(2)。

(2)脱开执行器连接器，用手转动控制摇臂，控制摇臂应能转动(电磁离合器断电分离时)；再将电源正极连接至执行器连接器端子 5，负极连接至执行器端子 4，用手转动控制摇臂，控制摇臂应不能转动(电磁离合器通电接合时)。

若不正常，则更换执行器；正常，则进到步骤(3)。

(3)脱开停车灯开关连接器，检查该开关端子之间的导通状况，其正常结果应是：

踩下制动踏板时，开关的 1、3 号端子间接通；放松制动踏板时，开关的 2、4 号端子间应接通。

若正常，则检查和修理巡航控制 ECU 与停车灯开关、停车灯开关与执行器、执行器与接地之间的配线和连接。

三、控制摇臂位置传感器电路

1. 电路的连接

本电路(如图 4-3-7 所示)用来检测执行器控制摇臂的转动位置，并将信号输给 ECU。其故障代码解释见表 4-3-5。

2. 故障的检查与排除：

(1)从车上拆下巡航控制 ECU,保持 ECU 的连接器不脱开,将点火开关转到 ON,用手慢慢拨动控制摇臂从减速侧到加速侧,同时测量巡航控制 ECU 连接器的端子 VR2 与 VR3 之间的电压。其正常电压在全关时约 1.1V,全开时约 4.2V;此外,当控制摇臂转动时,电压应逐渐增加,不应有中断。

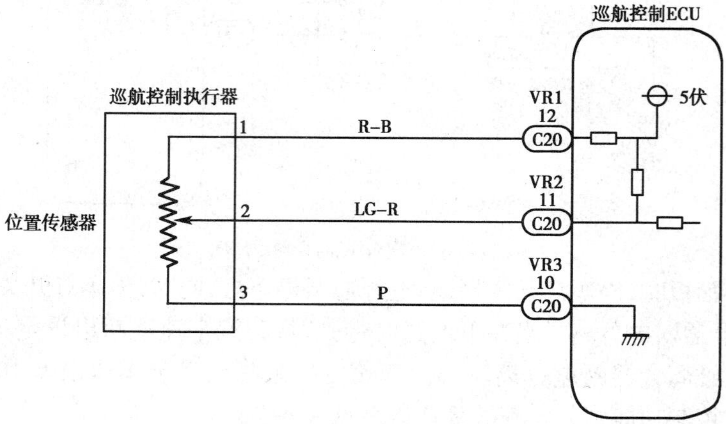

图 4-3-7 控制摇臂位置传感器电路图

故 障 代 码 表

表 4-3-5

代码	诊 断	故 障 部 位
13	控制摇臂位置传感器检测出不正常电压 伺服驱动电动机转动时,控制摇臂位置传感器信号电压不变	·巡航控制执行器(控制摇臂位置传感器) ·巡航控制执行器与 ECU 之间的配线或连接器 ·ECU

若正常,则进到下一电路检查;不正常,则进到步骤(2)。

(2)脱开执行器连接器,检查执行器位置传感器。首先测量执行器端子 1 与 3 之间的电阻,其电阻应为 2kΩ;然后,再用手慢慢拨动控制摇臂从减速侧到加速侧,并测量执行器连接器的端子 2 与 3 之间的电阻。其正常电阻值在全关时应为约 530Ω,全开时约为 1.8 kΩ;此外,当控制摇臂转动时,电阻应逐渐增加而不应有中断。

若不正常,则更换执行器;正常,则进到步骤(3)。

(3)检查巡航控制 ECU 与执行器之间的配线和连接器。若不正常,则修理或更换配线或连接器;正常,则检查和更换巡航控制 ECU。

四、车速传感器电路

1. 车速传感器的工作过程

车速传感器的转子轴由变速器的齿轮驱动。转子轴每转一转,转速传感器输出 20 个脉冲信号给组合仪表。该信号经组合仪表内转换为 4 个脉冲信号输送至巡航控制 ECU。ECU 根据该信号频率计算出汽车速度。其故障代码表见表 4-3-6。

2. 故障的检查与排除：

(1)顶起汽车,启动发动机,挂档加速;

(2)将巡航控制开关扳到设定/减速(SET/COAST)位置(即向下压);

(3)按下总开关,使 CRUISE 指示灯接通;

故障代码表　　表 4-3-6

代码	诊　断	故障部位
21	巡航控制设定后,车速信号不输入给 ECU	·车速传感器 ·组合仪表 ·车速传感器与组合仪表之间的配线或连接器 ·组合仪表与 ECU 之间的配线或连接器 ·ECU

(4)检查车速在 40km/h 以上和 40km/h 以下行驶时指示灯的工作情况。正常结果应为车速高于 40km/h,指示灯闪烁;车速低于 40km/h 时,指示灯一直亮。

若正常,则进到下一电路检查;不正常,进到步骤(5)。

(5)检查车速表电路。若不正常则修理或更换配线、连接器或组合仪表总成;正常,则检查和更换巡航控制 ECU。

五、巡航控制开关电路

1. 电路的连接

本电路(如图 4-3-8 所示)将巡航控制开关信号传递给 ECU。其故障代码表见表 4-3-7。

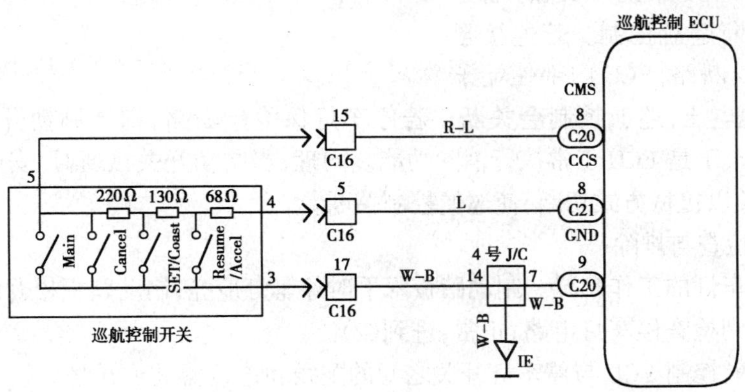

图 4-3-8　巡航控制开关电路图

故障代码表　　表 4-3-7

代码	诊　断	故障部位
31	总开关接通时,RESUME/ACCEL 信号一直输入给 ECU	·巡航控制开关 ·巡航控制开关与 ECU 之间的配线和接连器 ·ECU
32	控制开关电路内部短路	
34	SET/COAST 和 RESUME/ACCEL 信号同时输入	

2. 故障的检查与排除:

(1)拆下方向盘中心衬垫,脱开控制开关连接器,控制开关接通时测量控制开关连接器的端子 3 与 4 之间的电阻。正常如下表 4-3-8 所示。

巡航控制开关在不同位置时的电阻值　　表 4-3-8

开关位置	电阻(Ω)	开关位置	电阻(Ω)
各开关均在切断(放松)位置	∞(不导通)	压向 SET/COAST 位置	约 200
压向 RES/ACC 位置	约 70	压向 CANCEL 位置	约 420

若不正常，则更换控制开关；正常，则进到步骤(2)。

(2)检查巡航控制 ECU 与控制开关之间的配线和连接器。若不正常，则修理或更换配线或连接器；正常，则检查和更换巡航控制 ECU。

六、停车(制动)灯开关电路

1. 电路的连接

图 4-3-9 为停车(制动)灯开关线路图。

当踩下制动踏板时，停车灯开关向 ECU 输出信号，ECU 接到该信号后即消除巡航控制。由于设置了失效保护功能，即使停车灯信号电路发生故障，消除功能仍正常，消除条件为：①在端子 STP-处为蓄电池电压；②在端子 STP+处为 0V。

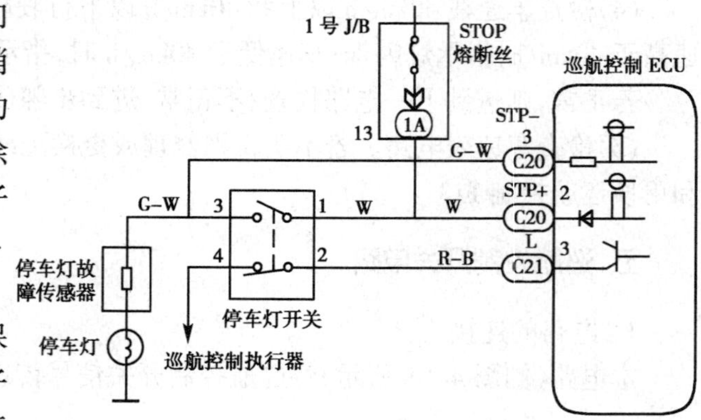

图 4-3-9　停车灯开关电路图

制动时，蓄电池电压通过停车灯保险丝和停车灯开关加到 ECU 的端子 STP-上，ECU 关断巡航控制。若连接至端子 STP-的配线断路，ECU 内部使端子 STP-仍为蓄电池电压，巡航控制会关断。若停车灯保险丝断路，则当制动开关接通时，端子 STP+会接近 0V，于是 ECU 正常执行消除功能。同理，当制动开关接通时，安全电磁离合器电路被停车灯开关以机械方式切断，使巡航控制关断。

2. 故障的检查与排除：

(1)检查停车灯的工作状况。制动踏板踩下时停车灯应亮；制动踏板松开时应灭。

若不正常，则检查停车灯电路；正常，进到(2)。

(2)检查巡航控制 ECU 与停车灯开关之间的配线和连接器是否开路。

若正常，则检查和更换巡航控制 ECU；不正常，则修理或更换配线或连接器。

七、巡航系统故障检修实例

实例 1：

车型：佳美轿车。不能设定巡航系统，即按 SET 钮，车速控制系统不起作用。检测执行器是电磁离合器的二极管短路(见图 4-3-3)，造成电磁线圈无法吸合，不能锁住拉索所致。这个二极管是起保护作用的，当安全电磁离合器线圈断电瞬间会产生自感电动势，较易击穿 ECU 的功率元件，损坏 ECU。二极管起续流作用，能吸收较高的自感电动势，保护 ECU。

实例 2：

车型：凌志轿车。由于巡航控制系统执行元件的控制摇臂位置传感器在检修时过分扳动，造成电位器接触不良，使传输给 ECU 的反馈信号电压不稳定，往往按 ACC 加速开关不能平顺加速，按 COAST 减速开关，不能平顺减速。经更换新件后，巡航系统工作正常。

实例 3：

车型：凌志轿车。能设定巡航，但使用恢复功能后，就以高于原设定车速运行，不能恢复原车速，只得取消巡航重新设定。经检修是伺服驱动电动机的可逆回路中，开关 K_A 接触不良，处于断路状态,只允许升速通路(见图 4-2-4),降速则断路,ECU 信号无法使电动机逆转降速,经用清洁剂处理后巡航恢复正常。

小 结

1. 当巡航控制的总开关接通时,巡航指示灯应亮;总开关切断时,巡航指示灯应灭;当巡航系统出现故障时,巡航指示灯会闪烁。

2. 当巡航控制系统出现故障,而又调不出故障码时,应注意检查执行器拉索、故障诊断电路及巡航电脑。

3. 若巡航系统出现故障后,应优先读取故障码,再按故障码内容排除故障。

4. 巡航执行器的安全电磁离合器电磁线圈的电阻值为 38Ω,因该线圈与保护二极管并联,测量电阻时要注意万用表两试棒的极性。

5. 巡航执行器中有三个二极管及一个电容器,测量电路时应注意其断、短路对电路的影响。

6. 当巡航执行器中的电磁离合器线圈未通电时,控制摇臂可人为扳动(摆动);当该线圈通电时,则控制摇臂被锁住,不能人为扳动。

7. 巡航执行器中控制摇臂位置传感器的总电阻为 2kΩ,当控制摇臂摆动时,滑片电阻的变化范围为 0.5kΩ ~ 1.8kΩ。对此检查方法与发动机的节气门位置传感器相同。

实 训 要 求

1. 实训内容

(1)在实车上进行巡航系统故障代码的读取与清除;

(2)在实车上进行巡航系统各元件的检查、测试与维修;

(3)在实车上进行巡航系统电路的检查及故障诊。

2. 实训的目的和要求

(1)通过在丰田各车上的实际操作,清楚诊断接口的位置,掌握人工及解码器读取与清除巡航系统故障码的方法;

(2)掌握利用万用表等测试、检查与维修巡航系统各元件的方法;

(3)掌握通过各种测试仪表在实车上测试、检查巡航系统电路的方法。

复习思考题

一、判断题

1. 在接通点火开关、连接诊断接口中的 T_C 和 E_1 后,同时出现了巡航故障灯及 ABS 故障灯的闪烁,这肯定是电脑的自诊断系统出现了故障。 (　　)

2. 对于丰田车系,拆下 DOME 保险丝或拆下蓄电池负极线都可以清除巡航系统的故障码。 (　　)

3. 巡航 ECU 的自诊断功能完全可以诊断巡航 ECU 本身的故障。 (　　)

4. 当巡航执行器拉索出现故障后，巡航 ECU 的自诊断系统也可诊断出其故障。 (　　)

5. 当巡航电脑的备用电源(电脑上一直通电的火线)断路后，会无法保存故障代码。 (　　)

6. 巡航执行器中的二极管短路故障比断路故障更严重。 (　　)

二、选择题

1. 甲说：巡航伺服驱动电动机的电流方向改变后，电动机的转动方向也随之改变；乙说：所有直流电动机的电流方向改变后，其转动方向都会改变。 (　　)

A. 甲正确；　B. 乙正确；　C. 甲乙均正确；　D. 甲乙均不正确

2. 甲说：用万用表测量巡航执行器电磁离合器线圈的电阻时，不用考虑万用表试棒的极性；乙说：测量时应考虑万用表试棒的极性。 (　　)

A. 甲正确；　B. 乙正确；　C. 甲乙均正确；　D. 甲乙均不正确

3. 甲说：巡航执行器中的限位开关在极限位置时可自动切断；乙说：在未到达极限位置时，两限位开关应该都是闭合的。 (　　)

A. 甲正确；　B. 乙正确；　C. 甲乙均正确；　D. 甲乙均不正确

4. 甲说：巡航控制开关是通过串入电脑不同的电阻来实现不同的控制功能的；乙说：在稳定的巡航行驶中，巡航控制开关全部为切断状态，控制开关串入电脑的电阻为无穷大。(　　)

A. 甲正确；　B. 乙正确；　C. 甲乙均正确；　D. 甲乙均不正确

三、简答题

1. 说明丰田汽车巡航系统故障代码的读取和清除方法。
2. 说明丰田汽车巡航系统安全电磁离合器的检修方法。
3. 说明丰田汽车巡航系统伺服驱动电动机的检修方法。
4. 说明丰田汽车巡航系统位置传感器的检修方法。
5. 说明丰田汽车巡航系统伺服驱动电动机电路的检修方法。
6. 说明丰田汽车巡航系统电磁离合器电路的检测方法。
7. 说明丰田汽车巡航系统位置传感器电路的检测方法。
8. 说明丰田汽车巡航系统车速传感器电路的检测方法。
9. 说明丰田汽车巡航系统控制开关电路的检测方法。
10. 说明丰田汽车巡航系统停车灯开关电路的检测方法。

第五篇　汽车电子控制动力转向系统

概　述

学习目标

1. 了解转向系统的分类方法及种类；
2. 掌握电控动力转向系统的基本构成；
3. 掌握电控动力转向系统的基本特点。

汽车的转向系统是一套通过控制转向轮偏转角而实现转向的机构。

汽车转向系统按照转向能源的不同分为机械转向系统和动力转向系统两大类。

机械转向系统是以驾驶员的体力作为转向能源，其所有的传力件都是机械的。机械转向系结构简单、工作可靠且易于维护，但所需施加在转向盘上的转向力较大，用于重型车时常常造成转向困难，也难以满足小轿车转向轻便灵活的要求。

动力转向系统是在机械转向传动机构中增加了加力装置，在驾驶员的控制下，借助于液压或电动装置的驱动力来实现转向，可使转向轻便灵活，在各种汽车上得到了广泛的采用。

传统动力转向系统一般采用液压加力装置，在机械转向系统的基础上加装油泵、转向控制阀和动力缸等装置构成，具有操作轻便灵活，能吸收行驶时路面对转向车轮的冲击等优点。但是由于加力装置对加在转向盘上的转向力具有固定的放大倍率，其特性难以同时满足低速时转向轻便和高速时保持一定路感的要求。即如果按低速转向阻力较大工况设计了较大的转向力放大倍率，可使低速时转向轻便，但在高速转向阻力较小工况时就会使转向盘上所需的转向操纵力过小，路感较差，不利于高速时的方向控制；反之如果按高速时较小转向阻力工况设计了较小的转向力放大倍率，使高速转向时保持一定的转向操纵力，从而产生较好的路感，则在低速转向工况时所需的转向操纵力就较大，使转向操纵吃力。

电子控制动力转向系统的英文名称为 Electronic Control Power Steering，简称 EPS，它是在机械转向系统的基础上加装了转向力放大倍率可自动调节的液压或电动加力装置构成的。转向时，电子控制装置根据转向和车速信号将加力装置的放大倍率调节至最佳值。因此，在低车速转向阻力较大工况时可获得较大的放大倍率，从而使转向轻便灵活；而在高速转向阻力较小工况转向时，可适度减小转向力放大倍率，保持一定的转向盘转向操纵力，从而使汽车具有较好的转向“路感”。

电子控制动力转向系统的形式较多，目前有控制前轮动力转向的前轮转向系统和控制前、后轮动力转向的4轮转向系统。它们有的可以获得最优化的转向力特性和回正特性，改善行驶的稳定性，降低能耗；有的主要是为了提高转向能力和转向响应性；有的主要是用来改善高速行驶时的转向稳定性。目前，电子控制前轮动力转向系统的应用较为普及，它可以通过控制不同车速时的转向力，保证汽车低速行驶时转向轻便，高速转向时有较好的转向"路感"，确保行车安全。4轮动力转向系统是轿车动力转向的发展趋势。4轮转向系统，也称4WS(4wheel steering)系统，可使转向时后轮也能发生偏转。其特点是汽车作轻微转向、缓慢转向或高速改变行驶路线时，后轮偏转方向与转向盘的转动方向一致，使行车摆动小，稳定性好；在车辆出入库、大角度转向或调头时，后轮的偏转方向与转向盘的转动方向相反，可减小汽车的转弯半径和"内轮差"，提高机动性；电子控制装置主要是根据驾驶工况调节后轮转向角大小和方向的，以达到改善转向特性和转向响应性，提高机动性和高速行驶稳定性的目的。

根据加力装置力源的不同,电控动力转向系统又可分为液压电控动力转向系统(液压EPS)、电动动力转向系统(电动 EPS)和电液动力转向系统(电液式 EPS)三大类。

小　结

1. 按照能源的不同,转向系统分为机械转向系和动力转向系两大类；

2. 以控制方式的不同，动力转向系分为液压动力转向系和电子控制动力转向系两大类；

3. 电控动力转向系统由机械转向系统加装电子控制转向力放大倍率自动调节的液压或电动加力装置构成；

4. 按控制转向轮的不同，电控动力转向系统可分为电控前轮转向系统、电控四轮转向系统；

5. 根据加力装置力源的不同,电控动力转向系统分为液压式电控动力转向系统、电动式动力转向系统和电液式动力转向系统三类；

6. 电控动力转向系统的基本特点是加力放大倍率可随行驶工况自动调节。

复习思考题

一、简答题

1. 按照能源的不同,转向系统可分为哪几类?
2. 按加力装置力源的不同,电控动力转向系统可分为哪几类?
3. 电控动力转向系统的基本特点是什么?

二、连线题

1. 将右、左侧类型相符的转向系统连起来：

机械转向系统	4WS 系统
液压动力转向系统	无加力装置转向系统
电控动力转向系统	由液压转向阀控制液压加力装置的转向系统

2. 将左、右相关的转向系统连起来：

液压式电控动力转向系统	由电动机驱动动力转向油泵的转向系统
电动式动力转向系统	带有转向加力电动机和电磁离合器的转向系统
电液式动力转向系统	液压动力转向系统加装加力倍率电控装置构成的转向系统

第一章　传统液压动力转向系统的结构、工作原理与检修

学习目标

1. 进一步掌握液压动力转向系统的组成及各元件的作用；

2. 了解液压动力转向系统的结构形式；

3. 在复习各种液压式转向控制阀工作原理和工作过程的基础上，进一步掌握液压转向系统随动转向原理、路感形成原理和液压助力失效时的安全保护方法；

4. 掌握液压动力转向系统的使用注意事项和检查维护方法；

5. 能进行动力转向器常见泄漏故障的检查与维修；

6. 能通过动力转向系统压力试验检查发现故障；

7. 能正确进行整体转阀循环球式动力转向器的拆检；

8. 能正确进行整体转阀循环球式动力转向器的装配和调整；

9. 能根据故障现象进行液压动力转向系统常见故障的诊断与排除。

液压式电控动力转向系统是在传统液压动力转向系统的基础上增设电子控制装置构成的。因此，本章主要讲解传统液压动力转向系统的组成、构造与工作原理，转向电子控制装置将在以后章节中讲解。

第一节　传统液压动力转向系统的组成、工作原理与分类

一、传统液压动力转向系统的组成与工作原理

液压式动力转向系统的组成与工作原理分别如图 5-1-1 和图 5-1-2 所示。它主要由转向油泵、动力缸、转向控制阀、机械转向器和转向传动机构构成。

1. 转向油泵

转向油泵是液压动力转向系统的动力源，它由发动机带动工作，在转向时向动力油缸提供高压液压油使其产生机械推力。

转向油泵的常见形式有齿轮泵、转子泵和叶片泵等。

2. 动力缸

动力缸是一个双向作用油缸，它的作用是在转向控制阀的控制下，将转向油泵提供的液压力转变为机械力，以帮助推动转向轮偏转或回正。

动力缸常根据动力转向系统的结构形式和不同的布置要求而单独设置或与机械式转向器制成一体。图 5-1-2 中为单独设置式。

3. 转向控制阀

转向控制阀是一个在驾驶员的操纵下,控制动力油缸输出动力大小、方向与助力行程的液压随动阀。

转向控制阀依其结构与工作原理的不同,可分为滑阀式(直线行程随动阀)、转阀式和瓣阀式(角行程随动阀)几种形式。图 5-1-2 中为滑阀式。

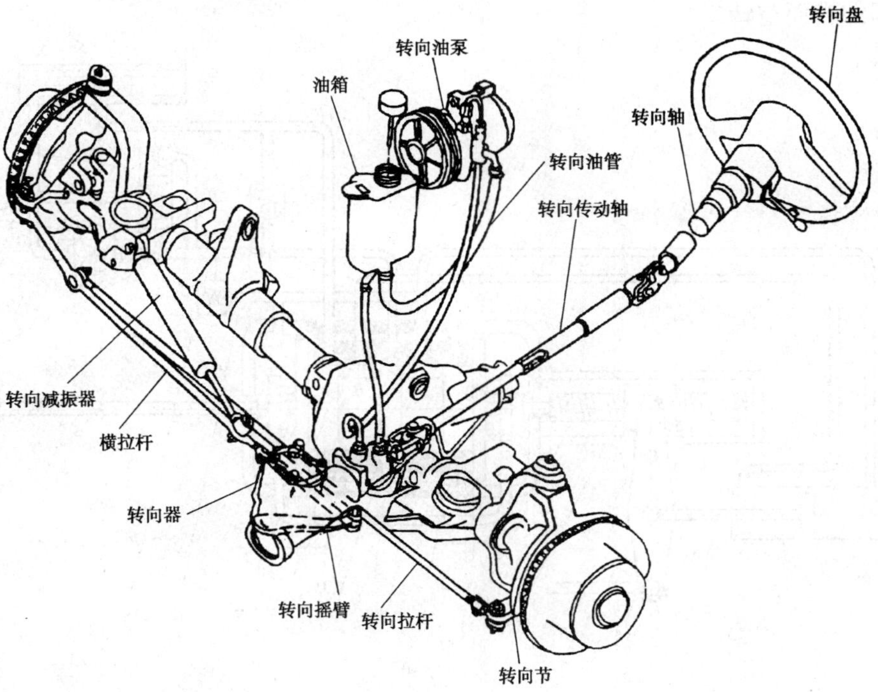

图 5-1-1　BJ213 越野车液压式动力转向系统的组成

4. 安全装置

在动力转向系统工作时,动力活塞的移动速度除随转向盘的转动速度(控制阀的开度)变化外,还取决于油泵的供油量。如果油泵供油不足,会使转向动力活塞的移动速度变慢,转向沉重;当油泵供油量过大时,又会使转向助力过分灵敏,使转向“发飘”。油泵的供油量受发动机的转速影响较大。当发动机怠速时,油泵应有足够的供油量,以满足转向助力的需要;但当发动机高速运转时,则需对油泵的供油量进行必要的限制。为此,如图 5-1-2 所示,在转向油泵的出油口处装有由量孔 4 和溢流阀 2 组成的限流装置,当油泵的排油量过大时,溢流阀打开,使一部分工作油经溢流阀返回油泵进油口,以维持油泵供油量的稳定。

在行车时,一旦转向油泵失效或发动机突然熄火,为保证汽车的安全行驶,应能以人力顺利实现转向。为此,在系统的高、低压油路间还装有一个强制转向单向阀 5,在正常情况下,单向阀 5 是关闭的。在油泵不能正常工作的情况下转向时,单向阀 5 在进、回油管路压差的作用下打开,形成动力油缸左、右腔小循环通路,保证动力油缸左、右腔顺利排油和充油,减小液压阻力。

安全阀 6 的作用是限制系统的最高压力,以防止机件过载损坏。

液压动力转向系统中均应设置上述安全装置,以确保行车安全。

二、传统液压动力转向系统的结构形式

液压式动力转向系统按其液流形式、控制阀、动力缸和转向器的结构位置关系不同可分为

以下几种类型：

1. 按液流形式不同分为常压式与常流式

常压式动力转向系统是指汽车不转向时，液压系统内的工作油总是保持高压，控制阀总是关闭的。常压式动力转向系统需设置蓄能器，油泵排出的高压油储存在蓄能器中，达到一定压力后油泵即卸载而空转。

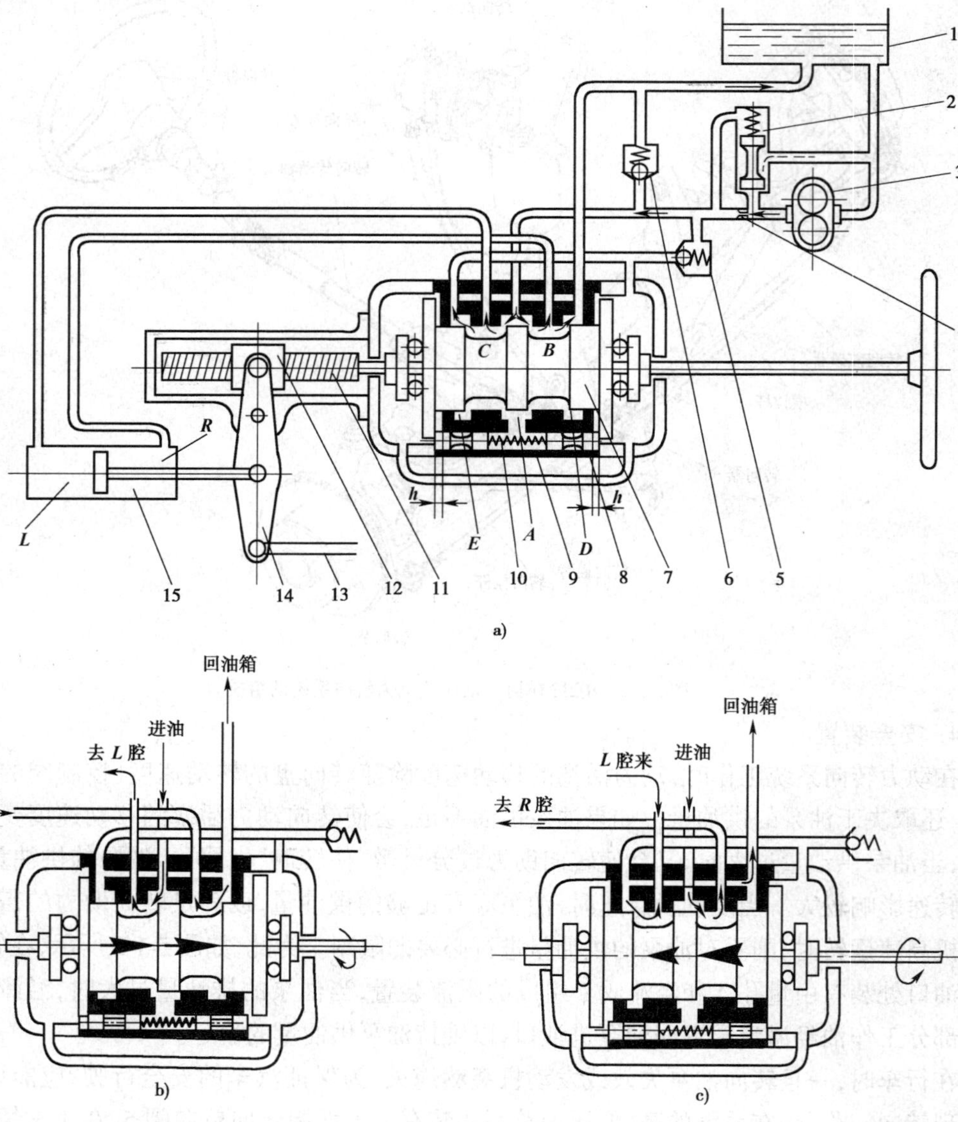

图 5-1-2　常流式液压动力转向系工作原理

1-油罐；2-溢流阀；3-油泵；4-量孔；5-单向阀；6-安全阀；7-滑阀；8-反作用柱塞；9-分配阀；10-定中弹簧；11-转向螺杆；12-转向螺母；13-纵拉杆；14-转向摇臂；15-动力缸

常流式动力转向系统是指汽车不转向时，控制阀中的滑阀(或转阀)总是处于中间位置，进油阀和回油阀均处于打开状态，高、低压油路保持畅通，液压系统一直处于“短路”的低压常流状态。目前汽车上，特别是中小型车辆上使用的动力转向系统多为常流式。

2. 按动力缸、控制阀与转向器的结构关系不同分为整体式、半整体式和分开式三种

转向控制阀和转向器合制为一个整体的称为整体式；动力缸、控制阀和转向器三者为独立

结构并分开布置的称为分开式;动力缸与转向控制阀合制为一体,而与转向器分开布置的称为半分开式。非整体式动力转向系统多用于大、重型车辆。三种型式如图 5-1-3 所示。

3. 以转向控制阀的结构和工作原理不同,动力转向系统可分为滑阀式、转阀式和瓣阀式。具体结构特点将在后面的章节中详述。

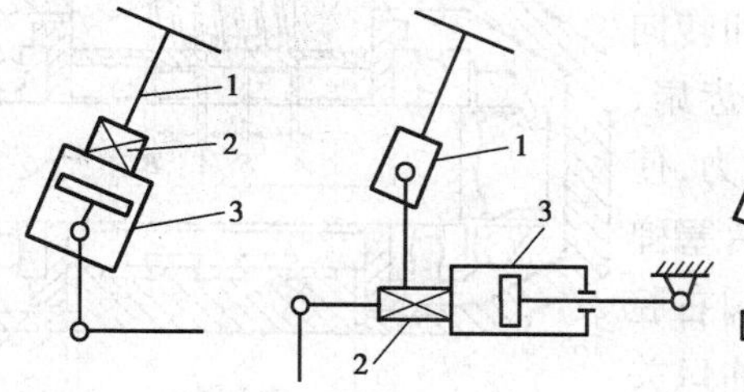

图 5-1-3 液压式动力转向系的结构布置形式

a)整体式;b)半分开式;c)分开式

1-转向器;2-转向控制阀;3-转向动力缸

第二节 液压动力转向系统的构造与工作原理

通过转向控制阀实现转向时动力缸的随动加力控制是液压式动力转向的核心,本节将以转向控制阀为核心讲述各种液压动力转向系统的构造与工作原理。

一、整体滑阀式液压动力转向系统

如图 5-1-4 所示,整体滑阀式液压动力转向系统主要由油泵、油箱和制成一体的循环球式转向器、转向控制滑阀、动力缸组成。动力缸与转向器外壳制成一体,动力缸活塞与转向器螺母制成一体;滑阀的构造见图 5-1-5,带有回转槽的滑阀通过推力轴承安装在转向螺杆上,阀体与转向器外壳制成一体。滑阀两端设有导向板,导向板与阀体两端保持很小的轴向间隙 X,在滑阀阀体的四周对称布置有反向作用柱塞。自由状态下,反作用柱塞在其缸筒内反作用弹簧(滑阀定中弹簧)的作用下压紧在滑阀导向板上,使滑阀位于阀体的中间位置。反作用柱塞缸筒通过油道与滑阀的高压油腔相通,使助力油压同时作用于反作用柱塞,滑阀的定中力与助力油压成正比,在转向盘上形成与转向阻力矩成正比的转向"路感"。

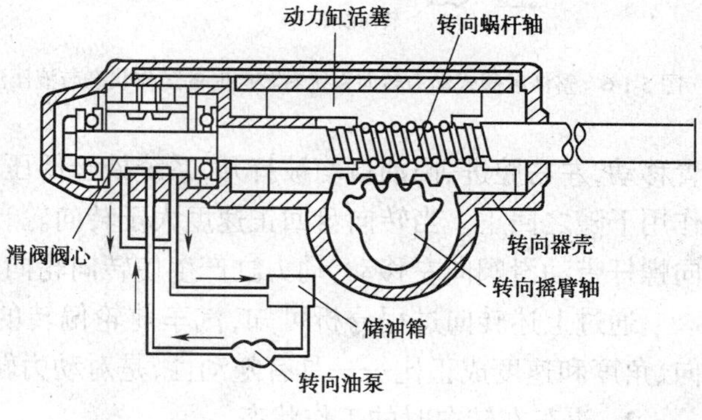

图 5-1-4 整体滑阀式液压动力转向系统

1. 汽车直行时的工作状态

如图 5-1-5 所示,当汽车处于直行状态时,转向盘保持中间位置且不受转向力矩的作用;汽车转向轮在前轮定位的作用下处于自然直行位置。此时,反作用柱塞弹簧(亦称为定中弹簧)的弹力使反作用柱塞从前后两端同时压紧转向器外壳和滑阀两端的导向板,使滑阀和转向螺杆同时处于中间位置,位于滑阀中间位置的进油口和两侧位置的回油口均处于开启状态,由转向油泵进入控制阀的高压油直接回流到油箱,动力缸的左右腔均处于低压状态,系统处于不工作状态，转向油泵也处于卸荷状态，转动阻力很小。

2．汽车右转向时的工作状态

如图 5-1-6 所示，当汽车右转向时，驾驶员在转向盘上施加右转向操纵力矩，通过螺杆向右推动齿条螺母，而此时车轮回正力矩和转向阻力矩经转向传动件回传到转向摇臂轴齿扇，形成阻止转向器齿条螺母向右运动的阻力，使转向螺杆受到向左的反力而克服反力活塞弹簧弹力带动滑阀相对于阀体左移，使滑阀右腔进油口关闭回油口开大的同时，左腔回油口关闭进油口开大，高压油充入动力缸左腔推动动力活塞右移产生右转向加力作用，使前轮向右偏转。在转向盘继续转动过程中，上述加力作用一直存在，实现右转向。

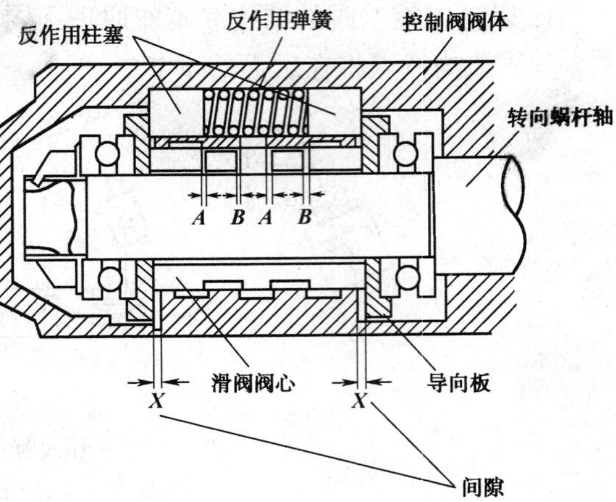

图 5-1-5　整体滑阀式液压动力转向器控制滑阀构造（直行状态）

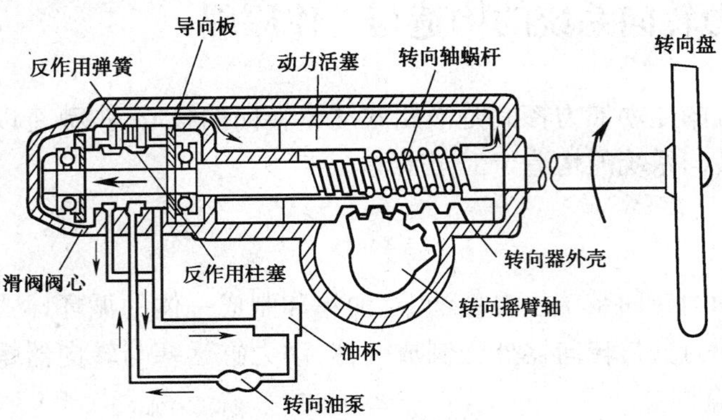

图 5-1-6　整体滑阀式动力转向系统右转向时的工作状态与液压流向

当转向盘停止转动时，转向螺杆不再推动螺母继续右移。但动力活塞在油压的作用下继续向右移动，带动螺母、螺杆和滑阀一起向右移动，使左腔进油口开度减小，并适度打开左腔回油口，使部分液压油回流，流向动力缸左腔的油压减小，油缸推力与转向轮回正力矩保持平衡。此时，动力活塞停止移动，实现保持固定转向角转向。

在转向回正时，驾驶员回转转向盘使转向螺杆带动滑阀进一步向中间位置移动，左右腔进、回油口均被打开，系统处于低压状态，加力作用消失，转向轮在回正力矩的作用下随之回正。当转向盘回正速度大于转向轮自动回正速度或转向轮回正受到阻碍时，转向螺杆带动滑阀向左移动，动力缸产生使转向轮向左偏转的加力作用，强制转向轮回正。

通过上述转向过程分析可知，汽车前轮偏转的方向、角度和速度完全与转向盘转动的方向、角度和速度成正比——具有随动性，是对动力转向的普遍要求之一。

3．汽车左转向时的工作状态

当驾驶员进行左转向操作时，向转向盘施加左转向力矩，控制滑阀和动力缸随之产生与右转向相反的动作，实现左转向加力。左转向的加力、保持和回正过程、工作原理与右转向时相似，在此不再重复叙述。

值得强调的是：不论转向盘处于直行还是转向位置，当转向轮受到路面干扰而发生偏转时，都将通过机械传动反馈作用于转向控制阀上，使动力缸产生与车轮偏转方向相反的加力作用而阻止其偏转，从而使汽车保持行驶方向的稳定。——这是汽车装备动力转向系统后获得的又一个重要性能改进。

4．转向“路感”的形成

所谓“路感”就是转向系统把转向阻力情况成正比例反映到转向盘上的特性，整体滑阀式动力转向系统工作时也会产生“路感”。工作时，反作用弹簧的压缩弹力和加力油压推力经反力活塞共同作用在导向板上(相当于增加了反作用弹簧的刚度)，使转动螺杆所需的力矩与转向阻力大小成正比例，回传到转向盘上即使驾驶员产生转向“路感”——具有“路感”是对动力转向的普遍要求之二。

5. 液压助力失效时的安全工作状态

在液压助力失效的情况下转向时，转向螺杆首先在转向摇臂轴阻力作用下产生轴向移动，使导向板与转向控制阀间的轴向间隙消失，随即螺杆被轴向定位，继续转动转向盘时即靠机械力直接带动转向螺母作轴向移动实现转向——具有失效安全保护是对动力转向系统的普遍要求之三。

不过在液压助力失效转向时，因无助力作用需施加在转向盘上的转向力矩较大，转向较为沉重。此时设在动力转向器上的强制转向阀将被打开，使动力缸左右腔联通，以减小动力油缸产生的液压阻力，防止转向过于沉重。

二、整体瓣阀式液压动力转向系统

1. 系统的构造组成

与整体滑阀式的主要区别在于集成于动力转向器内的转向控制阀结构不同，其构造如图 5-1-7 所示。

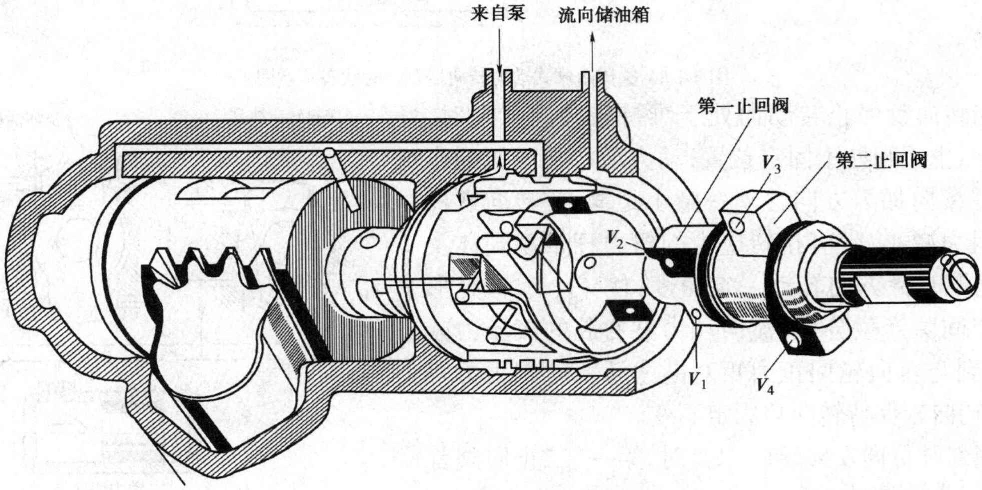

图 5-1-7　整体瓣阀式动力转向器构造

动力油缸、控制阀与机械转向器制成一体。瓣阀共分为两组，其阀体与转向螺杆固定装配成一体，两组可在阀体内作一定角度转动的止回阀则与扭力杆的外端(后端)固定连接，扭力杆的内端(前端)与转向螺杆固定连接；转向轴通过花键与扭力杆的外端相连。

2. 汽车直行时工作状态

两组瓣阀控制着动力缸左、右两腔的进油、回油两组通道，如图 5-1-8 所示。

当转向盘处于中间位置无转向力矩时，扭力杆使两组止回阀均处于中间位置，动力缸左右腔的进、回油油路均处于打开状态，两腔油压同时处于低压状态而不产生加力作用；转向油泵也处于卸荷状态。

3. 汽车右转向时的工作状态

汽车右转向时的工作状态如图 5-1-9 所示。

转向盘向右转动时，扭力弹簧产生顺时针方向扭转变形，两组瓣阀同时相对于阀体产生转动，使右转向助力腔进油阀 V_2 打开、回油阀 V_4 关闭(或开度减小)，左转向助力腔进油阀 V_1 关闭(或开度减小)、回油阀 V_3 打开，右腔增压、左腔排油产生助力作用。

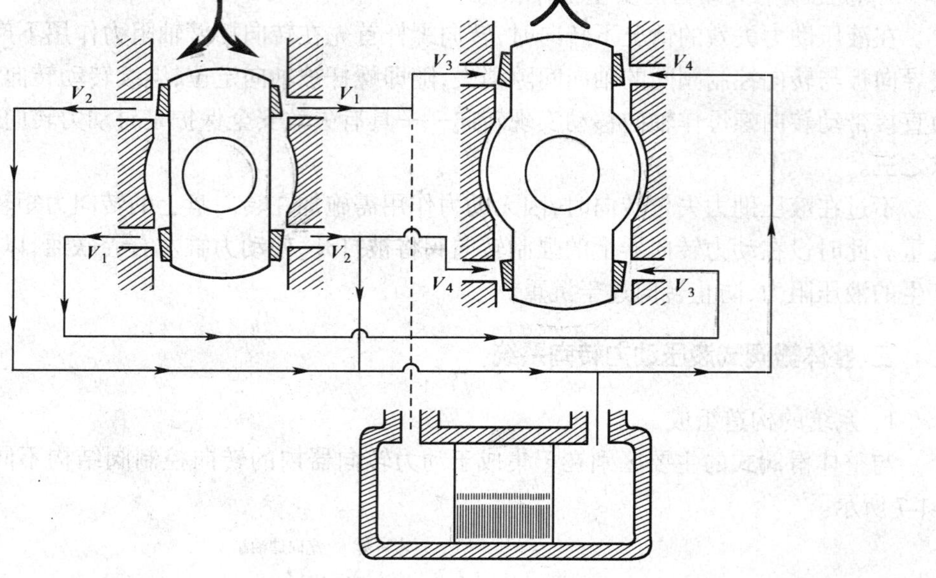

图 5-1-8　整体瓣阀式动力转向器直行时状态示意图

当转向盘停止转动而处于维持转转向状态时，第一、二止回阀处于固定位置，动力活塞在油压的作用下继续向加力方向移动一微小距离，使转向螺杆所受阻力减小，带有扭转应力的扭力杆带动阀体及螺杆向顺时针方向转动一定角度，使 V_1、V_4 口处形成一定间隙产生分流，流向动力缸右腔的液压力减小，直到与转向轮回正力矩对助力活塞的作用力相平衡，转向轮保持转向角固定不变。

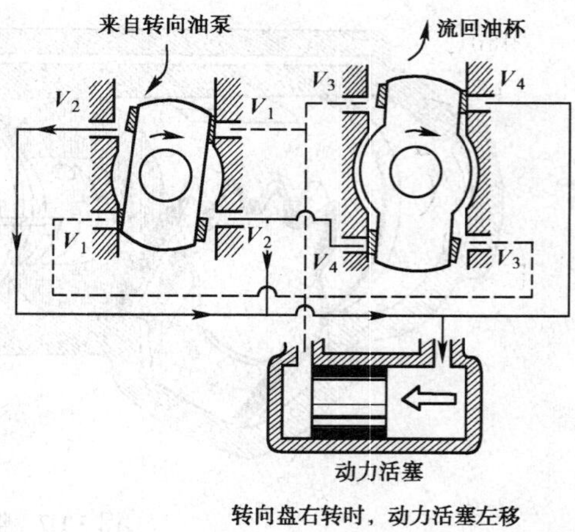

图 5-1-9　整体瓣阀式动力转向系在右转向时的状态示意图

当驾驶员向左回转转向盘时，第一、二止回阀首先相对于阀体作逆时针转动，使 V_1、V_4 口开度增大，V_2、V_4 口开度减小(或关闭)，转向轮受到回正力矩作用而回正或动力缸产生左转向推力使转向轮克服回正阻力而回正。

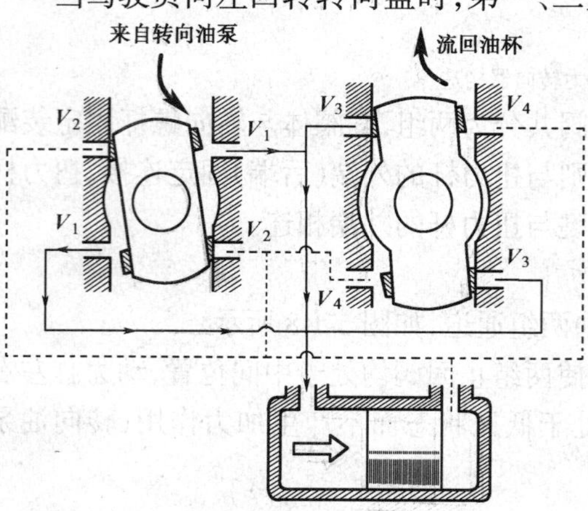

图 5-1-10　整体瓣阀式动力转向系在左转向时的状态示意图

4. 汽车左转向时的工作状态

汽车左转向时的加力过程与右转向时相同，只是方向相反。如图 5-1-10 所示。

5. 转向“路感”的形成

在转向过程中,扭力杆受转向盘上转向力矩作用而产生的扭转变形量取决于转向轮受到的偏转阻力的大小,助力腔产生的油压大小正好与扭力杆的变形量成正比。因此,驾驶员可从转向盘上获得转向“路感”。

图 5-1-11 所示为作用于转向臂的转矩与施加在转向盘与的转矩之间的关系。虚线表示机械转向装置的特性,其输入转矩与输出转矩成正比关系。实线表示动力转向装置的特性,由于在 0A 段之间不形成助力油压,所以表现出与机械转向相同的特性;控制阀从 A 点开始打开在动力缸内形成油压,当输入转矩继续增加时,作用于转向臂的转矩显著上升;当系统油压继续上升达到安全阀的设定油压(约 8MPa)时,由于油压不再继续上升,特性曲线又到与机械转向装置特性相同的斜率。实际上由于系统摩擦的存在而使特性曲线发生本图所示的位移,图中转向特性曲线为 *abc*,回正特性曲线则为 *dea*。

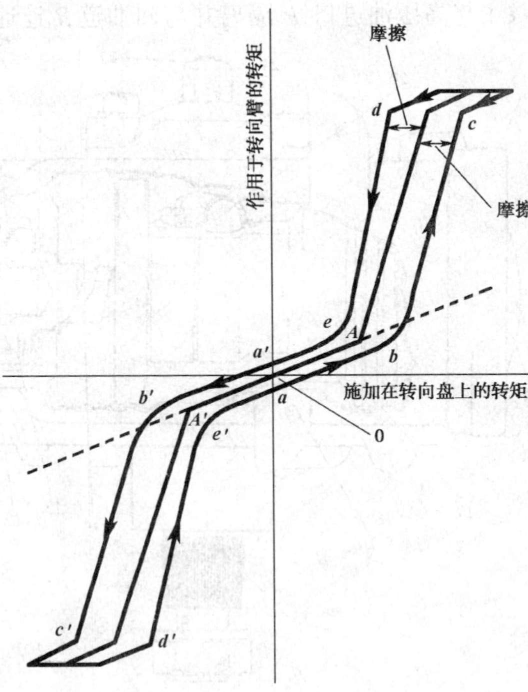

图 5-1-11 整体瓣阀式动力转向系统转向操纵力与作用于转向臂的转矩关系

6. 液压助力失灵时的安全工作状态

当转向油泵等发生故障不能产生助力油压时,动力转向装置将与人力转向系统一样工作。转动转向盘时扭力杆受扭变形使止回阀碰触阀体,并带动它与螺杆一起转动,实现人力转向以保证汽车正常行驶,不过操纵转向盘所需的转向力要大些。

三、整体转阀式液压动力转向系统

1. 系统的构造组成

整体转阀式动力转向系统应用广泛,如图 5-1-12 所示为北京切诺基整体转阀式动力转向器构造图。其控制阀主要由阀体 12、阀心 11 和扭力杆等元件组成。阀体通过前端定位缺口和螺杆上的定位销与转向螺杆连为一体,阀心在前端通过定位销与转向枢轴连为一体,扭力杆前端与转向螺杆(即阀体)用柱销连接,后端与转向枢轴即阀心用柱销连接,然后与转向轴相连。

2. 汽车直行时工作状态

图 5-1-13 为转阀的横剖面图。

从图中可以看出,在阀体内圆柱表面和阀心的外表面分别制有 4 组 8 条沟槽,阀体径向对称开有 4 条高压进油油道 *P* 和 4 条通向动力缸右腔的油道 *C*1、4 条通向动力缸左腔的油道 *C*,阀心径向对称开有 4 条回油道 *R*。

当扭力杆不受力(即转向盘处于直行位置)时阀心与阀体处于图示的压力油道进油道 *P*、动力缸油道 *C*1、*C* 和回油道 *R* 互通的“三口互通”状态,从油泵进入控制阀的液压油经回油道 *R* 直接流回油箱,动力缸的两腔均处于压力相等的低压状态,不产生助力作用。此时由于“三口互通”,整个系统也处于低压卸荷状态。

3. 汽车右转向时的工作状态

当向右转动转向盘(或转向轮受路面向左偏转力干扰)时,扭力杆受到顺时针方向扭力并发生扭转变形,阀芯即与阀体相对转动产生角位移,“三口互通”关系发生改变,动力缸左腔油道 $C1$ 与高压油进口 P 隔离并与回油道 R 连通,同时动力缸右腔油道 C 与回油道 R 隔离并与

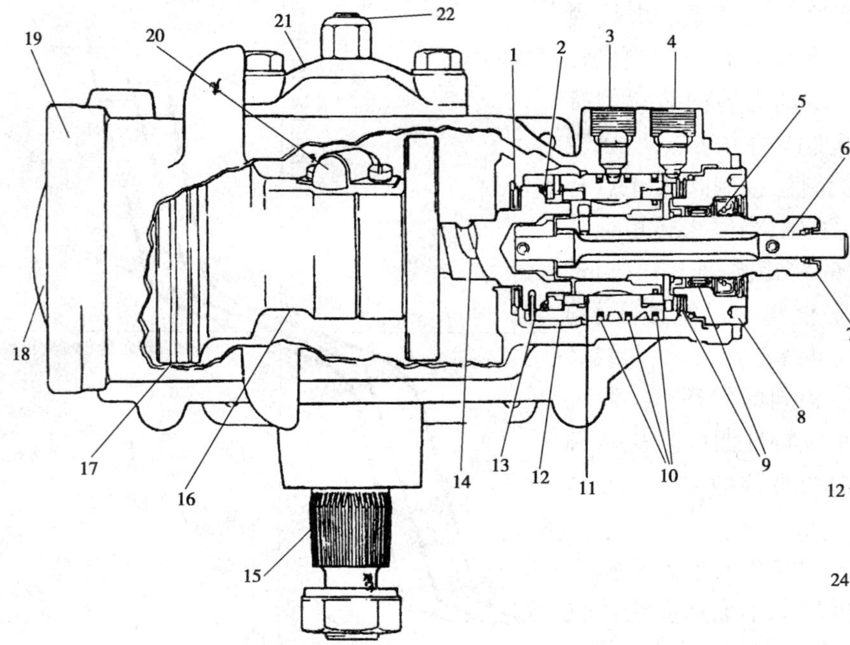

北京切诺基转向器整体构造

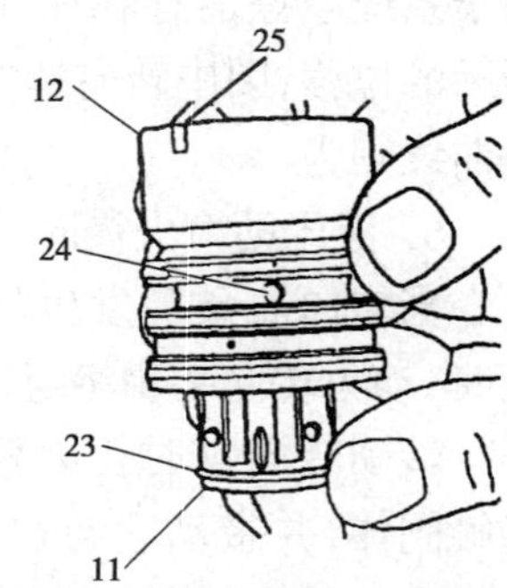

转阀的构造

图 5-1-12　切诺基整体转阀式动力转向器构造

1-止推轴承;2-密封圈;3-进油口;4-出油口;5-油封;6-扭力杆;7-枢轴;8-调整螺塞;9-轴承;10-阀体密封圈;11-阀心;12-阀体;13-定位销;14-螺杆;15-转向摇臂轴;16-齿条活塞;17-齿条活塞密封环;18-端盖;19-壳体;20-循环球导管;21-侧盖;22-调整螺栓;23-密封圈;24-限位拨销孔;25-安装定位缺口

进油道 P 连通。此时,动力缸右腔充入高压油产生助力作用,左腔低压油则经回油道 R 排回油箱,产生右转向助力作用。随着转向盘的继续转动,这种助力作用也将持续存在。

当转向盘停止转动而处于维持转向状态时,转向输入轴的位置被固定,动力活塞在油压的作用下继续向加力方向移动一微小距离,使转向螺杆所受阻力减小,受扭力杆扭力的带动,阀体向顺时针方向转动一定角度,使高压油进口 P、动力缸右腔油道口 C 与回油道 R 处形成一定间隙,使工作油分流,流向动力缸右腔的液压力减小并与转向轮回正力矩保持平衡,转向轮保持转向角固定不变。

当驾驶员向左回转转向盘时,阀心首先相对于阀体作逆时针转动,使 P、C 口与 R 口间的开口度增大,右助力腔泄压,转向轮即可在回正力矩作用下随即回正;如转向盘回转较快或转向轮回正遇到阻力时,扭力杆即在转向盘回正力作用下产生逆时针扭转变形,动力缸右腔油道 C 与进油口 P 隔离,左腔油道 $C1$ 与 R 隔离并与 P 连通,使动力缸左腔产生助力而带动转向轮克服回正阻力矩回正。

4. 汽车左转向时的工作状态

汽车左转向时的工作原理与过程与右转向时相似，只是方向相反。

5. 转向“路感”的形成

在汽车转向时，控制阀扭力杆受转向力作用产生的变形量（即阀芯与阀体的相对转动量，亦即动力缸助力腔进油通道的大小）取决于转向轮上的转向阻力，动力油缸受到的油压的大小正好与扭力杆变形量成正比。故驾驶员可从转向盘上获得“路感”。

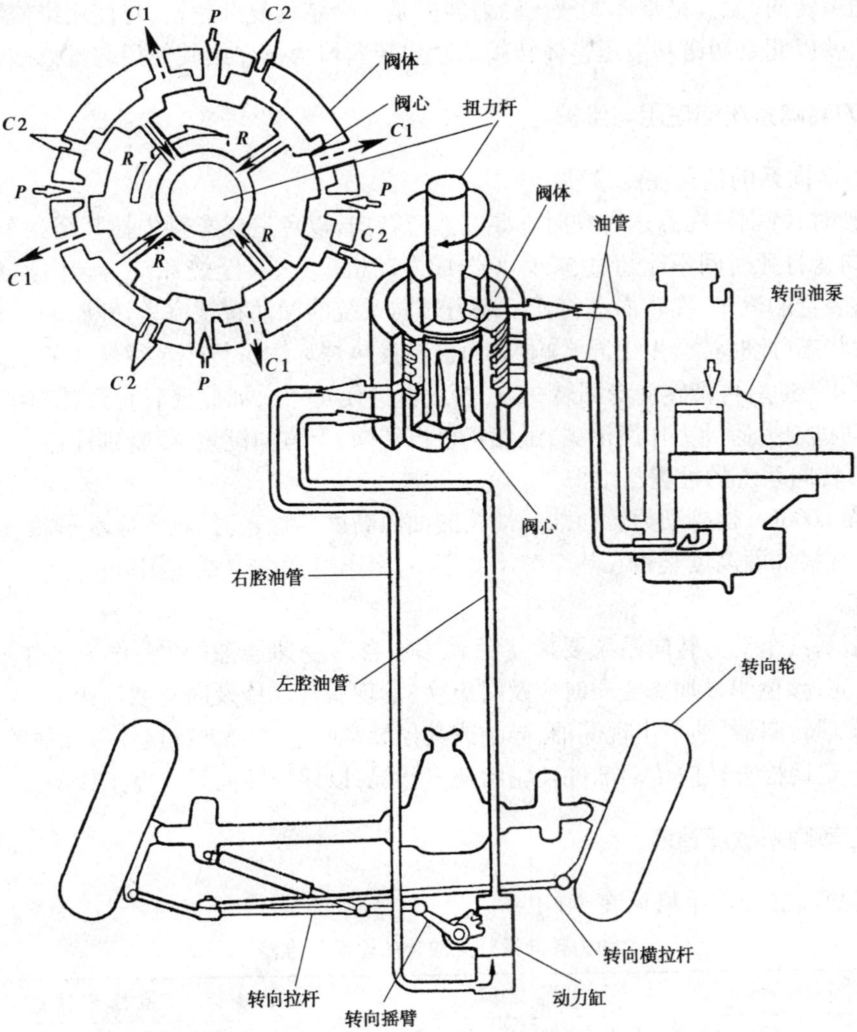

图 5-1-13 转阀横剖面示意图

归纳前述几种型式液压动力转向系统的“路感”形成可以看出：液压动力转向系统的“路感”与路面转向阻力和扭力杆的刚度成正比，与系统液压油的压力成反比。

6. 液压助力失灵时的安全工作状态

整体转阀式动力转向器控制阀常采用的失效安全保护结构是在转向枢轴（又称转向阀杆）的前端与转向螺杆间制有较大啮合侧隙的花键或扇形凸缘，其作用有三：首先是较大的啮合侧隙可允许阀心与阀体间作相对角位移，实现转向液压助力控制；二是当转力矩过大使扭力杆变形达到极限时，花键或扇形凸缘的侧隙消而失产生啮合作用，使转向枢轴上的扭力直接传给螺杆，防止扭力杆过载损坏；三是当液压系统出现故障而不产生助力时，花键或扇形凸缘啮合部分可直接将转向盘上的转向力矩传给螺杆实现转向。

当液压系统出现故障而不能产生转向助力时，将造成“转向沉重”；当扭力杆断裂时，会突然失去转向“路感”。

第三节　液压动力转向系统的使用与维修

液压动力转向，尤其是整体式液压动力转向是一个结构复杂精密、对使用维修要求较高的系统。下面就以北京切诺基液压整体转阀式动力转向器为例介绍其使用与维修知识。

一、动力转向系统的使用与维护

1. 动力转向系的使用注意事项

(1)行驶时，特别是在高速行驶时不要突然急转向，以免造成车辆失控甚至翻车。

(2)转向盘打死时间不能超过5s，以免造成发动机熄火，甚至烧坏动力转向油泵。对于具有动力转向装置的汽车，在转向盘打死后动力转向系统的回油将被完全切断，动力转向油泵处于溢流过载状态(此时常会发出异常响声)而极易发热烧坏。进行小半径转弯的正确方法是把转向盘打死4～5s后再把转向盘回转一点，然后再打死4～5s，如此反复直到转向结束。

(3)发动机熄火后助力作用消失，虽然仍可以转向，但方向沉重，要特别注意。

2. 动力转向系统的检查与维护

(1)每隔6000km检查动力转向油泵油箱的油面高度。检查时，汽车应水平放置，拨出油箱盖上的油尺观察油面高度是否在热车时不高于H，冷车时不高于C。当冷车油面低于ADD时，应及时添加。

(2)切诺基汽车动力转向系统要求使用和添加自动变速器油(ATF)作为工作液。使用中如发现有沉淀、颜色明显加深变质时应及时更换；发现有泡沫应及时查明原因。

(3)当发现转向器、油泵出现漏油、异响或其他异常时应及时进行检修排除故障。

(4)注意定期检查转向传动部件及轮胎技术状况，以保证转向系可靠工作。

二、动力转向系故障诊断

1. 常见故障诊断与维修见表5-1-1

动力转向系常见故障的诊断与维修　　表5-1-1

故障现象	可能原因	检修方法
行驶时转向系有机械异响(喀喇或咯咯声)	1.转向器固定螺栓松动。	1.检查转向器紧固螺栓。松动时，以规定的88Nm力矩紧固，必要时采取防松措施。
	2.转向传动机构松动。注意在转向或不平路面行驶时，悬架横向稳定杆松动时也会出现类似响声。	2.检查各拉杆接头处是否磨损、松动，必要时调整或更换。
	3.转向摇臂轴间隙过大。此间隙在规定范围时有轻微响声是正常的，不允许将此间隙调整到规定值以下消除响声。	3.按规定调整摇臂轴间隙。
	4.转向摇臂松动	4.按规定紧固转向摇臂螺母
转向时发出严重嘶嘶声	当转向盘打死或原地转向时会出现嘶嘶声，但如果这种异响严重或正常转向时也出现则为不正常现象，可能为转向控制阀性能故障	系统出现轻微嘶嘶声为正常，严重时应更换转阀修理

续上表

故障现象	可能原因	检修方法
转向回正过度	1.转向液压系统有空气。 2.转向器松动。 3.转向传动杆系松动。 4.转向螺杆止推轴承预紧力不够。 5.转向器齿条齿扇啮合副间隙过大	1.向油箱中加注动力转向油并放气。 2.按规定力矩紧固转向器。 3.调整、紧固或更换拉杆接头。 4.拆下转向器,调整止推轴承预紧力。 5.拆下转向器,调整啮合副间隙
转向沉重	1.转向助力泵皮带松动,运转不良。 2.油箱油面太低(会造成油泵噪声过大)。 3.转向轴下连接法兰与转向器调整螺塞碰擦。 4.轮胎气压不足。 5.转向控制阀发卡。 6.转向油泵磨损过度,油压不足或漏油。 7.转向器内漏严重(转阀、动力缸)	1.调整皮带紧度。 2.加注动力转向油并检查有无泄漏。 3.松开夹紧螺栓调整转向轴下法兰位置。 4.调整轮胎气压。 5.必要时拆检。 6.应进行压力与泄漏测试诊断,必要时拆检修理。 7.拆检更换油封
发动机工作转向时转向盘振动,原地转向时尤其严重	1.油箱液面低。 2.转向皮带松动。 3.在转向极限位置时,转向杆件碰擦发动机油底壳等处。 4.油泵压力不足。 5.转向油泵流量阀卡住	1.按要求加注动力转向油。 2.按规定调整皮带紧度。 3.调整杆件与油底壳间隙。 4.检查油泵泵压。如安全阀损坏时,更换。 5.检查流量阀有无粘着和损坏,必要时更换
工作时油箱内动力转向液产生泡沫、助力作用不好	1.转向液压系统内有空气或液面过低。 2.液压系统有渗漏	1.检查系统有无渗漏,并对系统进行排气。 2.如果液面不低时仍有泡沫,应拆下助力泵检查壳体有无裂纹,螺塞有无松动,并进行必要的修理
突然失去转向“路感”	扭力杆断裂或扭力杆端部定位销剪断	更换扭力杆或定位销
转向油泵有嘶嘶声或啸叫声,四轮驱动时更明显	助力泵皮带过松	按规定紧度调整皮带
转弯回正时转向器有尖叫声	转向控制阀的O形密封圈断裂	分解转向器,更换O形圈

续上表

故障现象	可能原因	检修方法
转向后方向不能回正到直行位置	1.轮胎气压过低。 2.转向杆系及球节处润滑不良或卡滞。 3.转向轴下连接法兰与转向器调整螺塞碰擦。 4.直行时转向器啮合副不在中间位置。 5.前轮定位不正确。 6.转向盘或轴与外罩磨擦。 7.悬架转向节球节或轴承过紧、润滑不良。 8.转向器转阀调整过紧或内部有卡滞。 9.回油软管扭曲阻塞	1.按规定调整轮胎气压。 2.润滑并调整杆系球节处,必要时更换球节。 3.松开夹紧螺丝,调整法兰位置。 4.从转向器上拆下摇臂轴,调整直行时齿条、齿扇啮合中间位置。 5.检查、调整前轮定位。 6.校正转向盘轴或外壳。 7.润滑并调整球节和轴承紧度,必要时更换。 8.按要求调整转向器后端枢轴处的调整螺塞。无效时,分解检查转阀与阀体是否卡滞,必要时更换转阀。 9.检查更换回油软管
直行时跑偏	1.前轮定位不准。 2.转向控制阀不稳定。注意此时在水平路面上作转向试验,在偏驶方向上转向力很轻,而在相反方向上转向力正常或稍大	1.按规定值检查调整前轮定位。 2.更换转向控制阀
转向时转向力突然增大	1.油箱液面过低。 2.助力泵皮带打滑。 3.转向油泵内泄漏量过大	1.按要求加注动力转向液。 2.调整或更换皮带。 3.检查油泵压力,必要时修理

2. 系统泄漏检查

泄漏是动力转向系统的常见问题。检查时应先起动发动机,并左右转动转向盘到极限位置若干次(注意每次在极限位置的停留时间不超过5s)。然后在转向泵管路接头和转向器上检查有无泄漏。转向系统易泄漏部位及修理方法如图 5-1-14 所示。

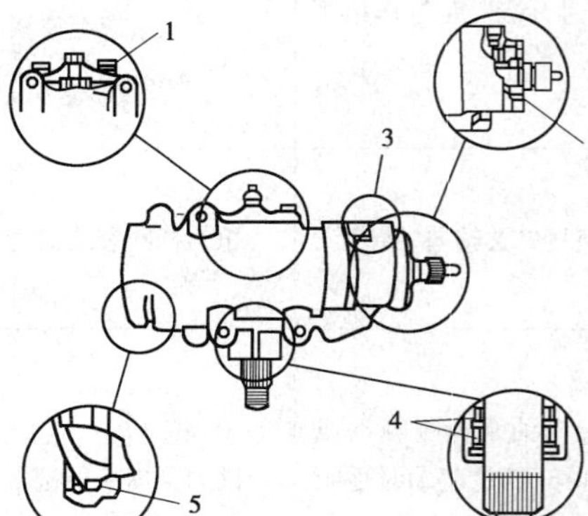

图 5-1-14 动力转向器常见泄漏点的检修;
1-侧盖泄漏,用 60Nm 的力矩拧紧侧盖,如果还漏则需更换侧盖;2-调整螺母处泄漏,更换调整螺母油封;3-压力软管接头泄漏,拧紧力矩为 27Nm;4-转向摇臂油封漏油,应更换油封;5-端盖油封漏油,应更换端盖油封

3. 系统压力试验

压力试验是动力转向系统故障诊断的基本方法之一。进行压力试验时,先将专用压力表按图 5-1-15 所示连接好,并完全打开截止阀;然后起动发动机并使之怠速预热到正常水温。此时观察压力表的读数应低于规定值,否则应检查管路是否有阻塞现象。

完全关闭截止阀 4~5s(不得超过 5s)然后打开。如此反复进行三次,并记录每次压力表的最大读数。三次的压力表读数均应超过怠速时的规定值,且三次读数差值不应大于 345kPa,否则应更换或修理助力泵。

三、整体转阀式动力转向器的修理与调整

1. 转向器的拆检

(1)整体转阀式动力转向器的分解应从前端盖的拆卸开始。先把转向器的摇臂轴朝下，用台钳夹住转向器壳体的未加工部位，用冲头冲出前端盖挡圈；然后逆时针转动输入枢轴靠活塞的推力取出前端盖。

(2)拆卸齿条活塞时，应先将拆卸专用工具的前端插入活塞的中心孔内，直到顶住螺杆的端部；然后逆时针转动输入轴将专用工具、齿条活塞和循环钢球作为一个整体从壳体内取出。注意要拿稳，切勿出现跌落。如图 5-1-16 所示。

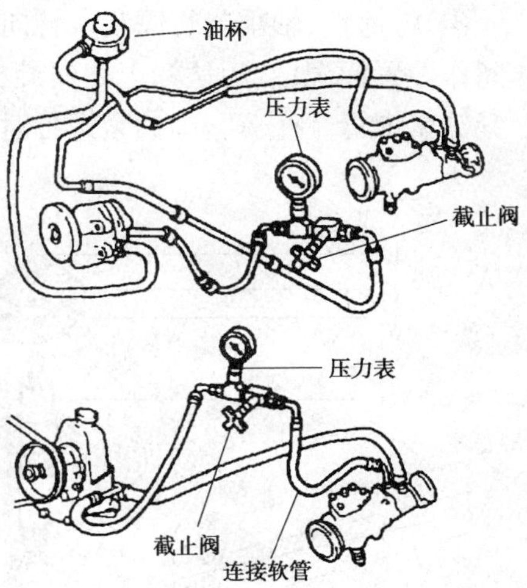

图 5-1-15 两种转向油泵压力试验的连接方法

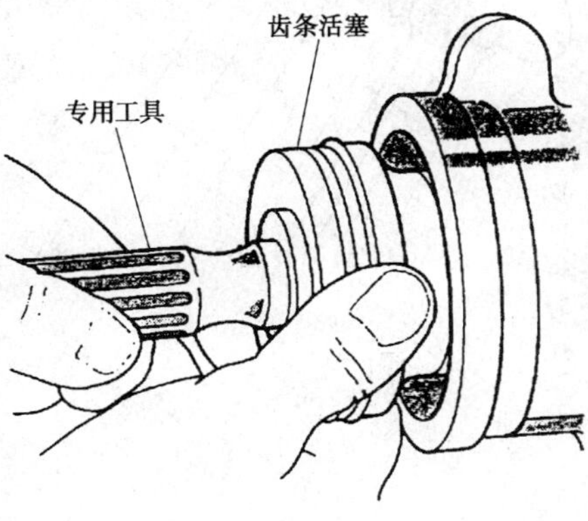

图 5-1-16 齿条活塞的拆卸

(3)拆卸调整螺母时应使用专用工具。注意拆卸前应检查螺母与壳体间的位置标记，没有时应自作标记。

(4)转阀的检查。转阀与阀体是精密偶件，其配合间隙仅约为 0.008mm，且经过液压和机械平衡，拆卸时不得磕碰，也不得随意擦拭，应放置在清洁处。

应重点检查阀体中部的定位销孔和定位销有无裂纹和严重磨损，转阀在阀体内能否自如转动(应在高度清洁状态检查)。如有问题应更换转阀总成。

(5)输入轴加工表面应无磨痕和毛刺，否则应更换。

(6)转向摇臂轴应重点检查齿扇的齿形表面有无磨损凹痕及裂纹，油封轴颈表面有无磨痕。严重时应更换。侧盖有裂纹或严重变形时应修理或更换。

(7)转向器壳体有裂纹或大孔有严重磨损、擦伤时应更换，轻微擦痕可用砂纸打去毛刺后继续使用。

软管接头螺孔损伤应进行修理，无法修理或有裂纹时应更换壳体。

(8)转阀轴承应仔细检查，有损伤时应更换。

油道球堵凸出或漏油时应用冲头堵装好，并用 Loctite290 或类似密封胶密封后固化 2 小时。

2. 动力转向器的装配

(1)装配前所有零件均应彻底清洗干净，用压缩空气吹干；所有密封胶圈均换用新件；所有零件和胶圈在装配前需涂动力转向油润滑。北京切诺基动力转向器各机件如图 5-1-17 所示。

(2)安装循环球时，应先将螺杆插入活塞齿条中心孔中，然后将黑色钢球和银色钢球交替装入，最后把 6 颗钢球交替装入导管中，并将导管装在活塞齿条上用 14N·m 力矩拧紧导管夹。

装完钢球后，须把专用工具从活塞齿条的前端插入活塞中心孔，并顶住螺杆，然后逆时针转动螺杆将螺杆退出(注意专用工具要始终紧随螺杆的退出向里插到底，以防钢球掉出)。

(3)组装螺杆与阀体时，要注意把阀体上的缺口与螺杆上的定位销对正，并装好扭力杆销和转阀上的定位销。

(4)将螺杆、轴承与转阀装入转向器壳体,用专用工具调整螺塞的预紧力为 27N·m,并与壳体间作位置标记;然后从标记处向旋松方向转动螺塞 13mm(圆周距离);最后以 115N·m 力矩上紧锁紧螺母。注意紧固锁紧螺母时要防止调整螺母一起转动。

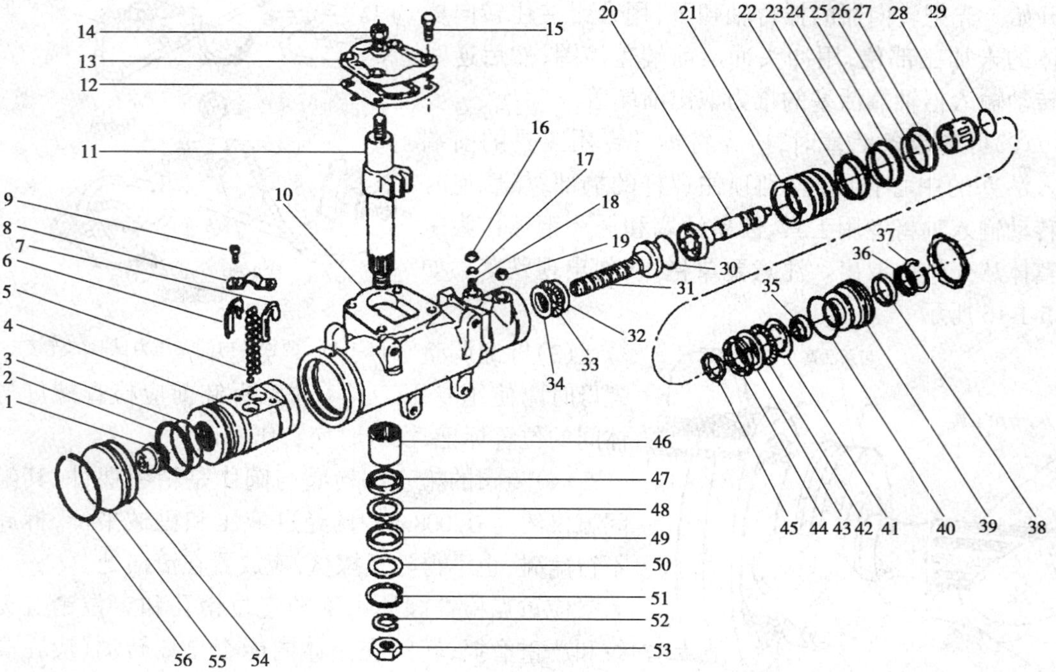

图 5-1-17 切诺基动力转向器的组成

1-活塞端堵;2-聚四氟乙烯环;3-O 型密封圈;4-齿条活塞;5-黑色和银色球;6、7-钢球导管;8-管夹;9-管夹螺栓;10-转向器壳体;11-摇臂轴;12-侧盖衬垫;13-侧盖;14-锁紧螺母;15-螺栓;16-软管接头;17-单向阀;18-单向阀弹簧;19-软管接头座;20-输入轴总成;21-阀体;22-输入轴;23-聚四氟乙烯环;24-密封圈;25-聚四氟乙烯环;26-O 型圈;27-聚四氟乙烯环;28-阀芯;29-O 型圈;30-O 型圈;31-螺杆轴;32-锥形轴承座圈;33-止推轴承;34-锥形轴承;35-滚针轴承;36-防尘密封圈;37-弹簧卡环;38-油封;39-调整螺塞;40-O 型密封圈;41-大止推挡圈;42-小止推轴承;43-小止推挡圈;44-隔圈;45-卡圈 46-滚针轴承;47-单唇油封;48-支承挡圈;49-双唇油封;50-支承挡圈;51-弹簧卡环;52-弹簧垫圈;53-固定螺母;54-O 型密封圈;55-壳体前端盖;56-卡圈

(5)装配活塞总成时,先将活塞连同专用工具一同装入助力缸内,待活塞与螺杆啮合后顺时针转动输入轴将活塞拉入,直到活塞密封环进入缸筒后将专用工具取出。

安装摇臂轴时应保证将齿扇中间齿装入齿条的中间齿槽;侧盖用 18N·m 力矩紧固。

3. 动力转向器的调整

转向器的调整内容有两项,一项是调整转阀预紧度;二是调整齿条与齿扇的啮合间隙。必须在调整好转阀预紧度后方可调整齿条齿扇啮合间隙。

(1)转阀预紧度的调整(略)。

(2)齿条齿扇啮合间隙的调整。

①先把输入轴从一极限位置转动总转动圈数的一半,使齿条齿扇处于中间啮合位置。

②逆时针转动摇臂轴调整螺丝,直到向外拧到底,然后顺时针回转一整圈;在输入轴端垂直方向用扭力扳手检测向左、右各转动 45°角时的最大阻力矩。

③顺时针拧入摇臂轴调整螺丝,直到输入轴的转动阻力矩比②步骤所测力矩增加 0.6 ~ 1.2N·m 时,用 27N·m 力矩拧紧锁止螺母。

小　结

1. 液压动力转向系统是在机械转向系统的基础上加装转向油泵、转向动力缸、转向控制阀和安全装置构成的；

2. 转向油泵多为叶片式或齿轮式，是系统的动力源；

3. 活塞式转向动力缸是系统的加力工作装置，在转向控制阀的控制下将液压力转变为机械推力实现转向助力；

4. 转向控制阀是对转向助力进行随动控制的核心元件，可分为滑阀式、瓣阀式和转阀式等形式，较常用的是转阀式；

5. 安全装置由转向控制阀上的机械传力装置、强制转向单向阀和转向油泵上的限压、限流装置组成，其的作用分别是保证在液压助力失效时使汽车顺利实现人力转向和防止因油压过高烧坏油泵、供油量过大造成转向“发飘”；

6. 转向随动性主要是由转向传动机构和加力油泵对转向控制阀的机械和液压反馈作用形成的；

7. 滑阀式转向控制阀转向“路感”主要是靠转向时驾驶员克服反作用弹簧弹力和反作用柱塞的液压反馈力形成的；转阀式转向控制阀“路感”则主要是靠转向时驾驶员克服扭杆弹簧弹力形成的；

8. 动力转向系统的使用要点是转向用力不可过猛和避免长时间将方向“打死”；

9. 动力转向系的维护要点是及时检查、加注转向液，按规定用油要求使用转向液，并保持车轮定位和机械传动装置技术状况良好；

10. 液压动力转向系统常见故障的诊断可根据故障现象、结构特点与工作原理进行，必要时应进行检查试验；

11. 油泵驱动、管路连接、泄漏检查和系统压力试验是基本检查内容；

12. 整体转阀循环球式动力转向器拆检的重点是转阀、循环球装置、活塞密封件等；

13. 零件清洁与润滑、循环球与活塞的安装、转阀的组装与安装是整体转阀循环球式动力转向器装配的关键性工作；

14. 整体转阀循环球式动力转向器的主要调整内容是转阀预紧度的调整和齿条齿扇啮合间隙的调整。

实训要求

一、实训内容

1. 液压式动力转向系统常见故障的诊断；

2. 液压式动力转向系统泄漏的检查与维修；

3. 油泵皮带预紧度的调整；

4. 转向液压系统压力试验；

5. 整体转阀循环球式动力转向器的拆检、装配与调整；

6. 液压动力转向系统的检查与维护；

7. 液压动力转向系统的部件安装与管路连接。

二、实训要求

1. 能正确诊断液压式动力转向系机械异响、转向回正过度、转向回正不足、转向沉重、转向“发飘”、液压系统异响等常见故障;

2. 能正确判断液压系统泄漏的原因,并进行正确维修;

3. 能正确检查、调整转向油泵皮带预紧度;

4. 能正确连接压力表,就车进行系统压力试验;

5. 能正确对整体转阀循环球式动力转向器进行拆检、修理和装配、调整;

6. 能正确进行动力转向系统的检查与维护;

7. 能正确安装液压式动力转向系各部件及进行管路连接。

复习思考题

一、判断题

1. 当动力转向油泵突然停止泵油时,汽车将不能转向。（　　）

2. 汽车动力转向系统工作液一般使用液压传动油。（　　）

3. 在安装转向摇臂之前要先进行转向器的“对中”。（　　）

4. 转向助力不良且转向泵油箱内有泡沫现象很可能是液压系统内有空气或油箱液面过低造成的。（　　）

5. 动力转向器装配时除要做好零件的清洁工作外,还要在所有零件特别是密封件上涂工作液进行润滑。（　　）

6. 进行动力转向系统机件拆检后,所有橡胶密封件均更换新件。（　　）

7. 当动力转向系统转向“路感”下降,出现“发飘”现象时应检查系统油压是否过高。（　　）

二、选择题

1. 液压动力转向汽车在原地或低速打方向时,造成发动机熄火的可能原因是:（　　）

A.发动机怠速过低;　B.打方向过猛;

C.发动机动力不足;　D.发动机负荷自调装置故障

2. 当汽车保持固定转向角转向时,转向控制阀的状态是:（　　）

A.动力缸的进、排油口均关闭;　B.动力缸的进油口打开,排油口关闭;

C.动力缸的进、排油口均打开,但开度不同;　D.动力缸的排油口打开,进油口关闭

3. 转阀式动力转向系统的转向“路感”突然消失,则可能的原因是:（　　）

A.油泵皮带断裂;　B.油管断裂;

C.油泵溢流阀卡住造成油压过高;　D.转阀扭杆弹簧断裂;

4. 如果转阀(转向螺杆)预紧度调整过大,则有可能造成:（　　）

A.转向回正过度;　B.转向回正不足;　C.转向沉重;　D.方向“发飘”

5. 在下列情况中,动力转向起加力作用的是:（　　）

A.缓慢转向时；　　B.直行时；

C.汽车直行转向轮遇到偏转力矩干扰时；　D.快速回正时

三、简答题

1. 对汽车动力转向系统的基本要求是什么？
2. 液压式动力转向系统的基本构成是什么？
3. 转向控制阀的作用是什么？
4. 转向控制阀是怎样实现转向助力“随动”控制的？
5. 液压动力转向系统的转向“路感”是怎样产生的？
6. 液压动力转向系统采用了哪些安全装置或结构？其主要作用是什么？
7. 液压动力转向系统的主要使用注意事项是什么？
8. 液压动力转向系统的主要检查维护内容是什么？
9. 动力转向器循环球的安装方法和注意要点是什么？
10. 转阀的检查要点和注意事项是什么？
11. 动力转向器的调整内容是什么？调整顺序有什么要求？
12. 动力转向系统油压过高的危害是什么？
13. 使用动力转向系统的汽车转向盘“打死”时间为什么不能过长？
14. 与普通机械转向系统相比,动力转向系统的主要优点是什么？

第二章 液压式电子控制动力转向系统

学习目标

1. 掌握液压式电控动力转向系统的构成特点；
2. 了解液压式电控动力转向系统的类型及特点；
3. 掌握流量控制式 EPS 的组成与工作原理；
4. 掌握旁路电磁阀及旁通流量阀的作用、结构、工作原理与系统油路；
5. 掌握车速传感器构造原理及作用；
6. 掌握电子控制单元的作用、功能及系统电路；
7. 了解控制模式选择开关及作用；
8. 掌握反力控制式 EPS 的组成及工作原理；
9. 掌握反力控制式转向阀的构造特点、作用与作用原理；
10. 掌握反力控制式 EPS 系统油路、电路和分流阀、电磁阀、电子控制单元的作用原理；
11. 掌握阀增溢控制式 EPS 的组成与工作原理；
12. 了解阀增溢控制式 EPS 控制转阀的构造特点、系统油路和电磁阀作用原理；
13. 了解流量控制式、反力控制式和阀增溢控制式 EPS 的性能特点。

液压式电控动力转向系统是在传统液压式动力转向系的基础上增设转向助力电子控制装置构成的。与传统液压动力转向系统相比，其主要优点是：在低速转向时可以减轻转向力以提高汽车的转向操纵性；在高速时则可适当增大转向力，以改善“路感”，提高汽车的转向操纵稳定性。根据液压式电控动力转向系统的控制方式不同，可分为流量控制式、反力控制式和阀增益（灵敏度）控制式三种类型。流量控制式电控动力转向由于存在转向响应性较差的缺点，已较少采用；反力控制式动力转向系统是一种通过车速传感器和电子控制装置操纵电磁阀，进而控制转向控制阀反力室油压，从而改变转向输入、输出增益倍率的系统，其转向刚度大，具有较大的转向力选择自由度，“路感”好；可变阀灵敏度控制式动力转向系统是采用车速传感器和电子控制装置操纵电磁阀，直接控制转向阀油压增益倍率的系统，具有结构简单，转向力选择自由度大，“路感”自然和转向特性好的优点。

第一节 流量控制式 EPS

一、系统组成与工作原理

流量控制式 EPS 主要由整体式液压动力转向器、动力转向油泵及管路、电磁阀、车速传感器和电子控制单元（俗称动力转向电脑）等组成。电磁阀安装在动力转向器（或动力缸）的高、低压油道之间。当电磁阀完全开启时，高压油即被旁路泄压，使助力油缸失去助力作用——此时的“路感”最强，但转向也最沉；当电磁阀部分开启时（常用占空比控制），高压油道即被部分旁路，高压油道被部分分流泄压，使动力缸的助力作用减小——此时转向略沉，但“路感”增强。电脑根据车速传感器提供的车速信号，按预设程序确定电磁阀的开度(即旁路流量)，并向电磁阀发出占空比信号控制旁路流量。一般情况下，车速越高，转向阻力越小，电脑控制的电磁阀通电占空比越大，转向助力作用也越小；反之，使转向助力增强。

通常情况下，流量控制式 EPS 还设有转向角速度传感器，以便使电脑感知汽车急转弯或连续转弯工况，并对该工况实施较大助力增益控制，提高汽车的转向操纵性。

二、丰田凌志轿车电控动力转向系统

丰田凌志轿车电控动力转向系统为流量控制式，丰田公司称之为 PPS。

1. 系统组成与工原理

系统组成与工原理如图 5-2-1 所示。

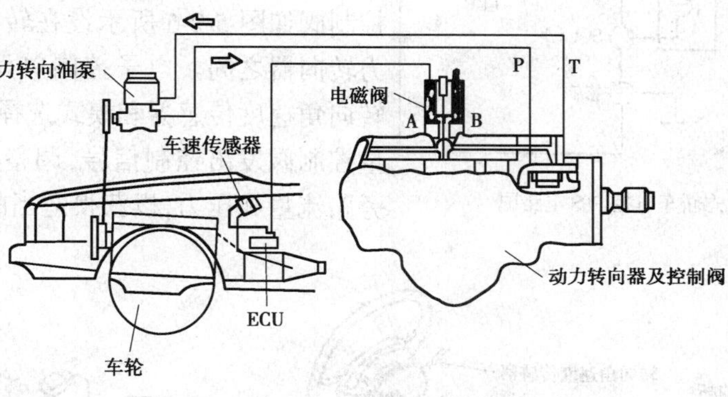

图 5-2-1　凌志轿车流量控制式电控动力转向系统

旁路电磁阀安装在液压整体式动力转向器控制阀通向动力油缸左、右两腔的油道与回油道之间。当电磁阀开启时，动力缸的高压油道就被旁路；车速信号则取自于车速里程表。转向时，动力转向 ECU 就根据车速信号改变电磁阀通电占空比，从而控制旁路流量，改变转向助力的增益倍率，使转向盘上获得合适的转向力(“路感”)。车速越高时，电脑使流过电磁阀的平均电流越大，旁路流量越大，动力缸的助力作用越小，转向盘上的“路感”随之增大。

2. 主要元件的构造与工作原理

(1)旁路电磁阀。旁路电磁阀是主要执行元件，其构造如图5-2-2所示。

旁路电磁阀是一个开关型电磁阀，主要由针阀、弹簧和电磁线圈组成。当线圈通电时，针阀受磁力作用而升起，使阀打开；断电时，针阀受弹簧作用关闭。电磁阀的驱动信号由动力转向 ECU 提供，图5-2-3所示为固定频率的脉冲电流信号，其占空比随车速的提高而增大，使流过电磁线圈的平均电流增大，电磁阀的平均开度也随之增大，旁路分流量增加，助力油缸的加力作用减小。

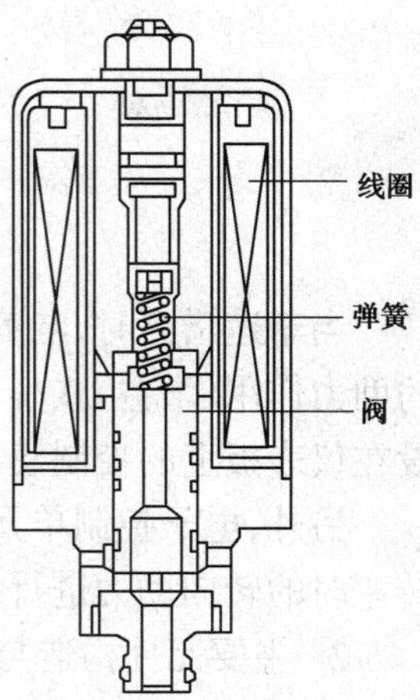

图 5-2-2　电磁阀的构造

当控制电路发生故障致使电磁阀不能通电时，旁通电磁阀将关闭，使系统处于最大转向助力状态——与普通液压助力系统一样。

(2)动力转向 ECU。动力转向 ECU 是 PPS 的核心控制元件。它根据车速传感器提供的车速信号，通过改变旁通电磁阀驱动信号占空比的方式调节转向力。

3. 系统电路与工作原理

凌志轿车电控 PPS 的电路如图 5-2-4 所示，其电路受点火开关控制，由电源电路、速度传感电路、电磁阀控制电路和搭铁电路组成，总体构成与工作原理都比较简单。

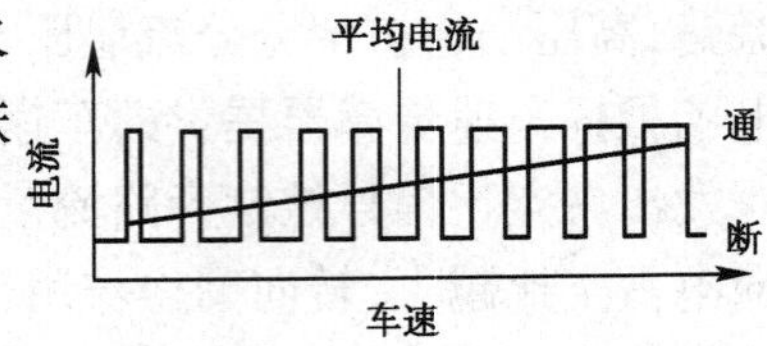

图 5-2-3　电磁阀驱动信号

三、日产蓝鸟轿车 EPS

1. 系统组成与工原理

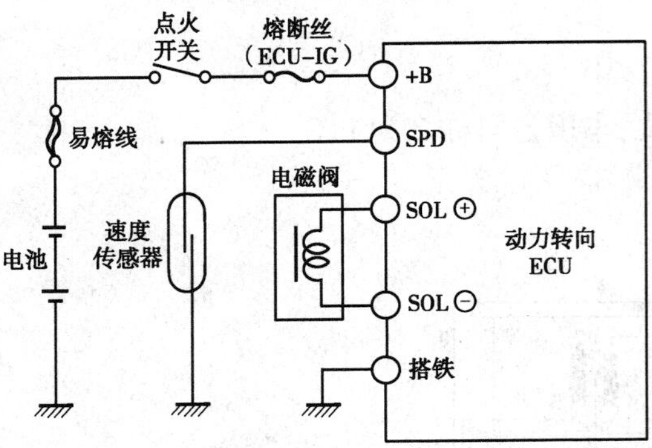

图 5-2-4　凌志轿车电控 PPS 电路图

图 5-2-5 为日产蓝鸟轿车使用的流量控制式动力转向系统。它是在一般齿条式液压动力转向系统的基础上增加旁通流量控制阀、车速传感器、转向盘转向角速度传感器及增幅器、电子控制单元和模式选择开关等构成的。其旁通管路和旁通控制阀如图 5-2-6 所示设在转向油泵与整体式动力转向器之间。电子控制单元根据车速传感器、转向角速度传感器和模式选择开关信号向旁通流量控制阀发出控制信号，调整动力转向器的供油旁路流量和压力，以获得适当的转向路感。

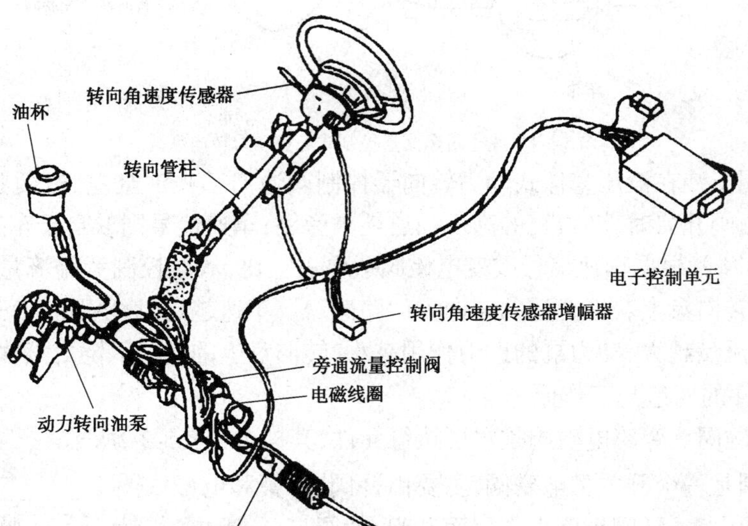

图 5-2-5　蓝鸟轿车电控动力转向系统

当车速增高时，电脑使分流阀的分流量增加，转向器的供油压力感小，动力转向助力油缸的助力作用(增益)减小，转向力增加，“路感”增强。在不同的行驶条件下，驾驶员还可以利用设在仪表板上的控制模式选择开关选择合适的控制模式。

另外，电子控制单元还可通过转向角速度传感器信号感知汽车的特殊转向工况，对汽车急转弯时的转向助力进行最优控制。

2. 主要元件构造与工作原理

(1)旁通流量控制阀。旁通流量控制阀是该系统的主要执行元件，其构造与工作原理如图 5-2-7 所示。

该阀主要由受电磁线圈控制的主滑阀、稳压滑阀和流量调整螺钉组成。电磁线圈不通电时主滑阀处于常闭状态；当电磁阀上施加脉冲控制信号时，主滑阀的开度随信号占空比的增大而增加，以改变旁通流量；转动调整螺钉可以调整旁通流量的大小；稳压阀的作用是保持主滑阀量孔前后压力差的稳定，使旁通流量与主滑阀的开度成正比。从图 5-2-7 中可以看出，稳压滑阀的开度取决于其左端弹簧的弹力和右端主滑阀高压侧的液压力。如果因转向负荷或发动机转速变化而引起主滑阀量孔前后压差变化(量孔后端压力恒为零，前端压力变化)时，稳压滑阀右端油压将使左端弹簧压缩或伸张而使滑阀移动，靠节流作用调节主滑阀量孔前端油压使其保持稳定，从而使主滑阀控制的旁通流量与其开度(或控制信号占空比)成正比。

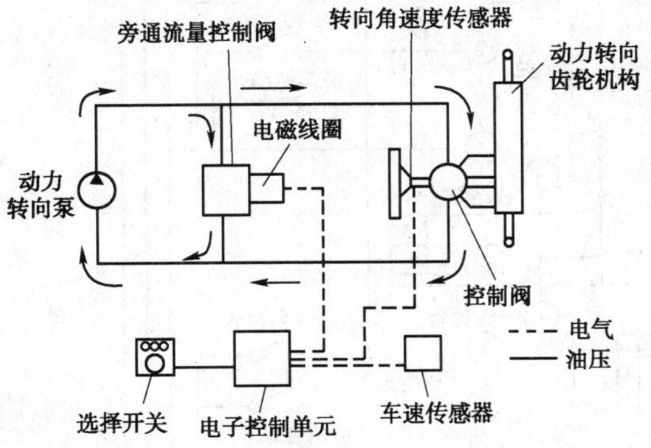

图 5-2-6 蓝鸟轿车电控动力转向系统组成原理

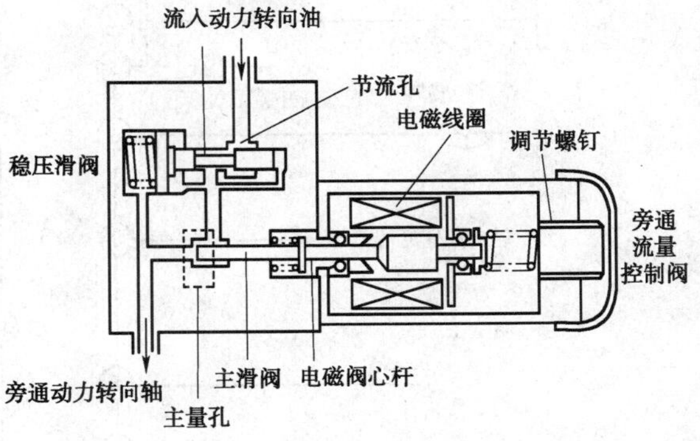

图 5-2-7 旁通流量控制阀的结构与工作原理

当电控系统失效时，旁通流量滑阀将因电磁线圈上无控制信号而处于常闭状态，旁通流量为零，系统变为普通液压助力转向系统。

(2)EPS 电子控制单元(ECU)。本系统电子控制单元的作用是通过接收车速传感器和转向角速度传感器信号判定转向工况，并在综合模式选择开关信号后，向旁通流量控制阀电磁线圈输出控制信号，控制转向助力作用的大小，确保最佳的转向“路感”。同时还具有故障自诊断和故障存储功能，可通过读码进行系统故障诊断。

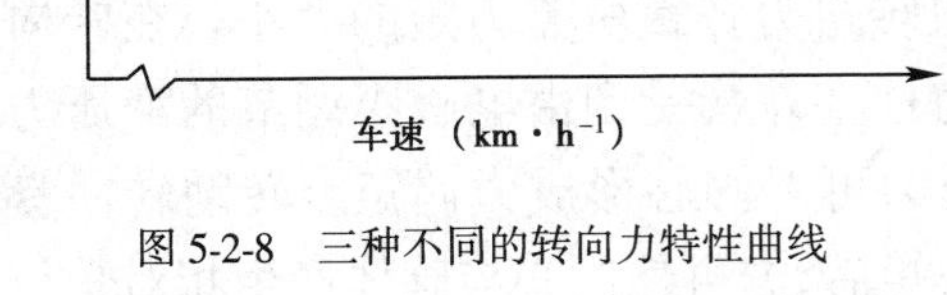

图 5-2-8 三种不同的转向力特性曲线

(3)控制模式选择开关。是一个与转向 ECU 相连的三位开关，可根据驾驶需要拨动开关选择高路感(H，低加力)、标准路感(N，标准加力)和低路感(L，高加力)三种控制模式。三种控制模式的转向力特性如图 5-2-8 所示。

3. 系统电路与工作原理

系统电路及工作原理如图 5-2-9 所示。

四、流量控制 EPS 工作性能与失效分析

流量控制式 EPS 是一种利用电子控制单元和旁通电磁阀根据车速信号调节液压动力转向系统供油量和压力，从而改变动力油缸加力程度，以控制转向力，获取较好转向“路感”的系统。它是在原液压动力转向系统的基础上增加压力油流量(压力)控制装置构成的，所以结构简单、成本低。在电控装置失效后，可自动转变为普通液压动力转向，使用安全性好。但在较高车速下动力转向系统油压降到极限时，会产生快速转向助力不足，响应较慢等缺点，使它的使用受到一定限制。

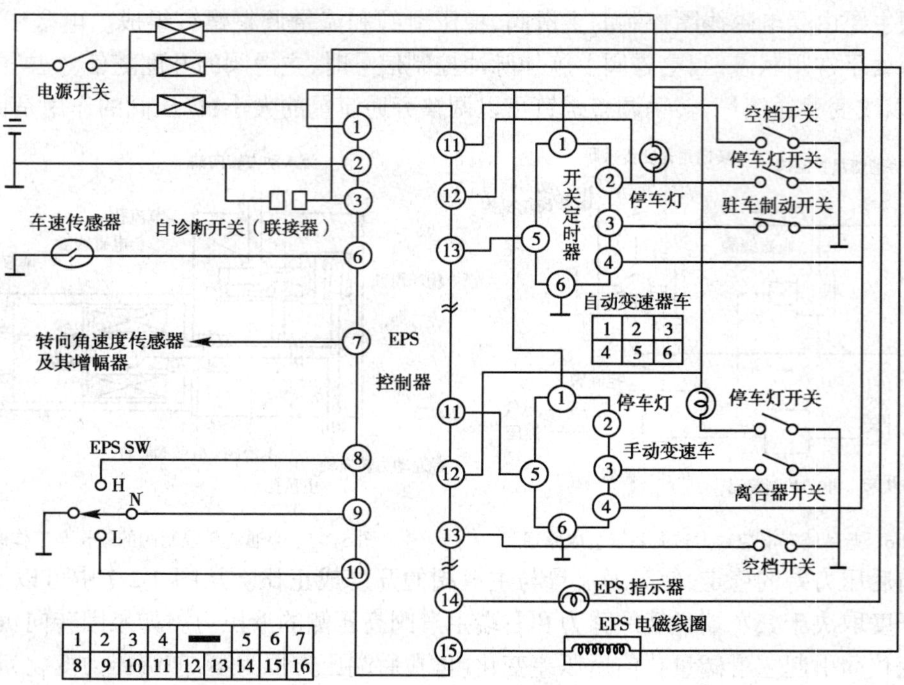

图 5-2-9　蓝鸟牌轿车电子控制动力转向系统电路图

第二节　反力控制式 EPS

一、系统组成与工作原理

反力控制式 EPS 的组成与工作原理如图 5-2-10 所示。主要由转向控制阀、分流阀及固定节流小孔、电磁阀、动力油缸、转向油泵、车速传感器和电子控制单元(ECU)等组成。它的主要结构特点是在转向控制转阀阀芯的前端加装了两对反力柱塞。

我们知道,转向控制转阀的阀体与阀心间装有扭力弹簧,在转向时施加在转向盘上的转向力矩引起扭力弹簧的变形,使阀心与阀体发生相对角位移而改变油路,实现对转向加力的控制。此时,所需施加在转向盘上的转向力大小取决于扭转扭力弹簧所需力矩的大小。在转向控制阀阀心前端加装反力柱塞后,两组对称布置的反力柱塞外端受到由电磁阀调节的液压力作用,而内端顶压在阀心前端的"一"字形翼板上,其压力可对阀心形成力偶矩。转动转向盘时,需克服扭力弹簧的扭力矩和反力柱塞力偶矩的合力矩后,方可使阀心与阀体产生相对角位移,实现转向液压助力。

在图 5-2-10 所示系统中,固定节流小孔和分流阀向电磁阀和反力柱塞一侧分配一股稳定的液压油流量;电磁阀则在 ECU 脉冲信号占空比的控制下调节反力柱塞一侧的液压油回流量,从而控制反力柱塞反作用力的大小。当汽车停驶或行驶速度较低时,ECU 使通过电磁阀线圈的平均电流增大,电磁阀的平均开度增加,分流液压油的回流量增加,作用于反力柱塞的背压减小,转向时只需较小的转向力矩即可克服扭力弹簧弹力和反力柱塞的合力矩使控制阀的扭力弹簧产生扭转变形而实现转向助力——低速时轻便转向。当汽车行驶速度较高时,ECU 使通过电磁阀线圈的平均电流减小,电磁阀的平均开度减小,分流液压油的回流量减小,作用于反力柱塞的背压增加，转向时需较大的转向力矩才能克服扭力弹簧弹力和反力柱塞的合力矩使控制阀的扭力弹簧产生扭转变形而实现转向助力——高速时形成较强的转向“路感”。

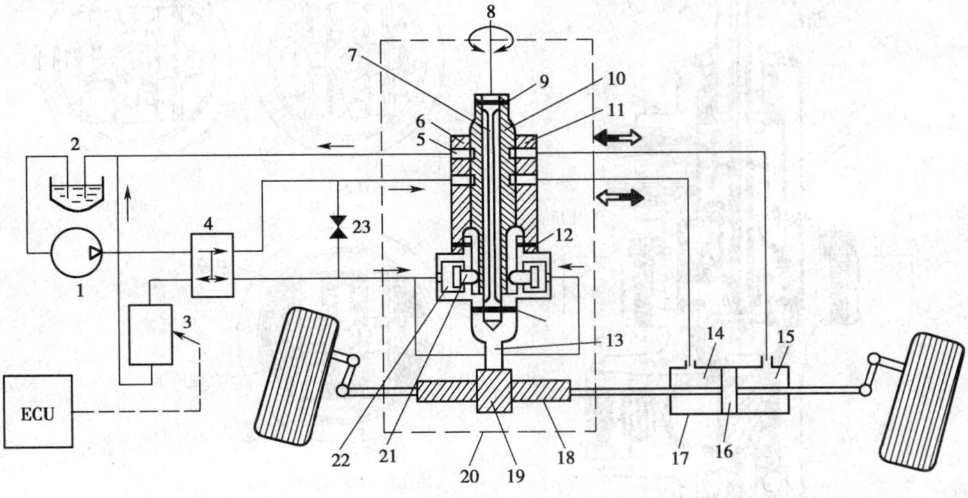

图 5-2-10　反力控制式动力转向系的组成与工作原理

1-油泵；2-油箱；3-电磁阀；4-分流阀；5-油孔；6-油孔；7-扭力弹簧；8-转向盘；9-销子；10-控制阀阀心；11-控制阀阀体；12-销子；13-小齿轮轴；14-动力缸右室；15-动力缸左室；16-活塞；17-动力缸；18-齿条；19-小齿轮；20-转向器 21-反力柱塞；22-油压反力室；23-阻尼孔

二、主要元件构造与工作原理(以丰田马克Ⅱ型为例)

图 5-2-11 为丰田马克Ⅱ型车用反力控制式动力转向系结构图。请注意反力柱塞的设置部位和分流阀、固定节流小孔、电磁阀与转向控制阀进油口油路的关系。

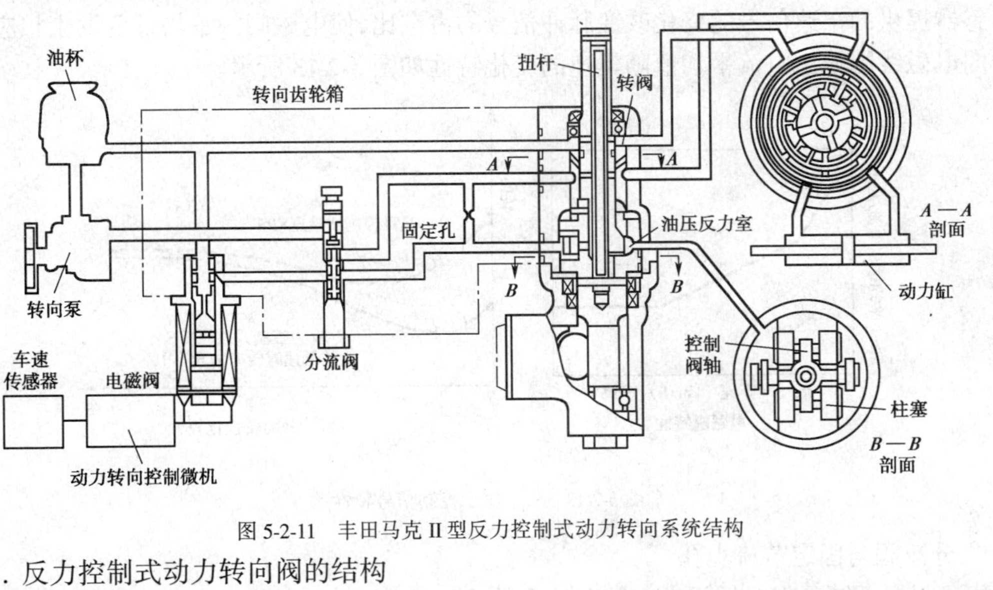

图 5-2-11　丰田马克Ⅱ型反力控制式动力转向系统结构

1．反力控制式动力转向阀的结构

反力柱塞和结构与作用情况如图 5-2-12 所示。控制转阀阀心的前端制有“一”字形翼板用于承接反力柱塞的反力；油压反力室、反力柱塞与阀体和转向螺杆轴连为一体(如转向器机械部分为齿条式，则与转向小齿轮连为一体)，柱塞外端受到由电磁阀调节的液压力，内端顶压在阀心的“一”字形翼板上，其压力可在阀心上形成力偶矩。当直行时，扭力弹簧弹力和对称布置的两对柱塞作用合力使阀心处于居中位置；当转向时，则有一对柱塞的反作用力偶附加作用在阀心上，相当于增加了扭力弹簧的刚度，使转向力增加。

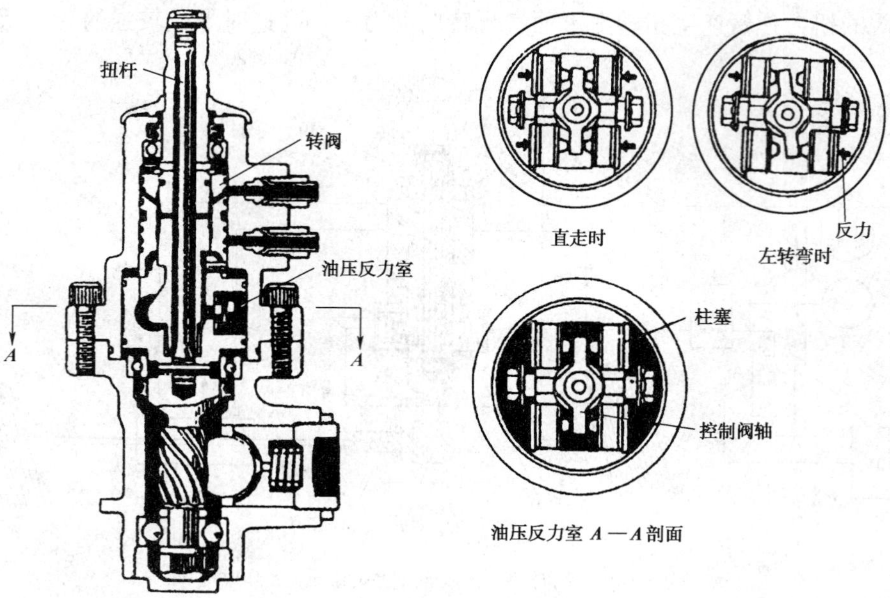

图 5-2-12 丰田马克Ⅱ型反力控制式转向阀结构

2. 电磁阀

系统使用的电磁阀为一开关型电磁阀，受电脑提供的占空比脉冲信号控制，其开度与通过线圈的平均电流成线性关系。

3. 电子控制单元(ECU)

电子控制单元工作时 ECU 向电磁阀线圈发出固定频率的脉冲控制信号，并根据接收到车速传感器提供的车速信号的变化改变脉冲信号的占空比，使电磁阀的平均开度发生相应变化。ECU 向电磁线圈输出电流平均值随车速的变化特性如图 5-2-13 所示。

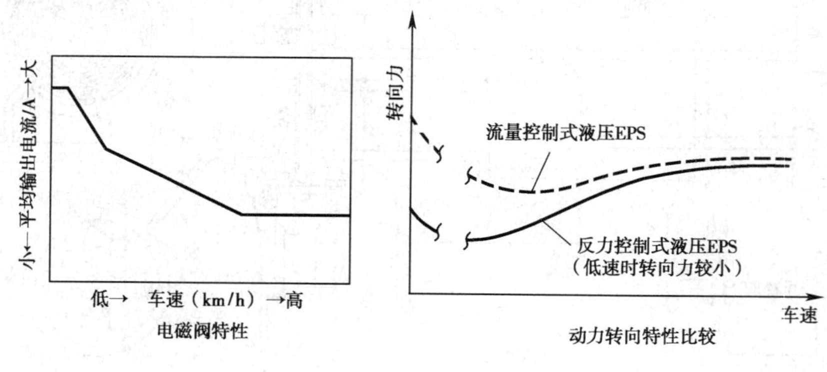

图 5-2-13 ECU 输出控制信号特性

4. 分流阀与固定节流小孔

分流阀在系统工作时根据动力转向油泵的输出油压，按一定比例向反力室油路分配稳定的液压油流量，以形成反力室油路的主油压。在中高速转向时，由于反力柱塞的作用力增大而使扭力弹簧的等效刚度增加，控制阀的开度减小，从而使控制阀进口一侧的油压较高。此时从固定节流小孔流向反力柱塞一侧的流量将有所增加，在分流阀提供的液压油流量油压的基础上进一步增大了反力柱塞的背压力，使高速转向"路感"进一步增强。

三、工作性能与失效分析

从图 5-2-10 和 5-2-11 所示的系统工作原理和结构可以看出,反力控制式动力转向系统在电控装置失效时的情况不同于流量控制式动力转向系统。流量控制式 EPS 在电控装置失效而使电磁阀上无控制信号时,将变为普通液压动力转向系统,使高速转向时的“路感”下降;而反力控制式 EPS 在电控装置失效而使电磁阀上无控制信号时,将会保持最大的转向“路感”,使低速转向时方向较为沉重。

反力控制式动力转向系统的主要优点是可以在较大车速范围内获得良好的转向“路感”。但其主要缺点是结构复杂,价格相对较高。

第三节　阀增益(灵敏度)控制式 EPS

一、系统组成与工作原理

下面以 89 地平线轿车所采用的阀灵敏度控制式动力转向系统为例来说明其构造和工作原理。系统构成如图 5-2-14 所示。

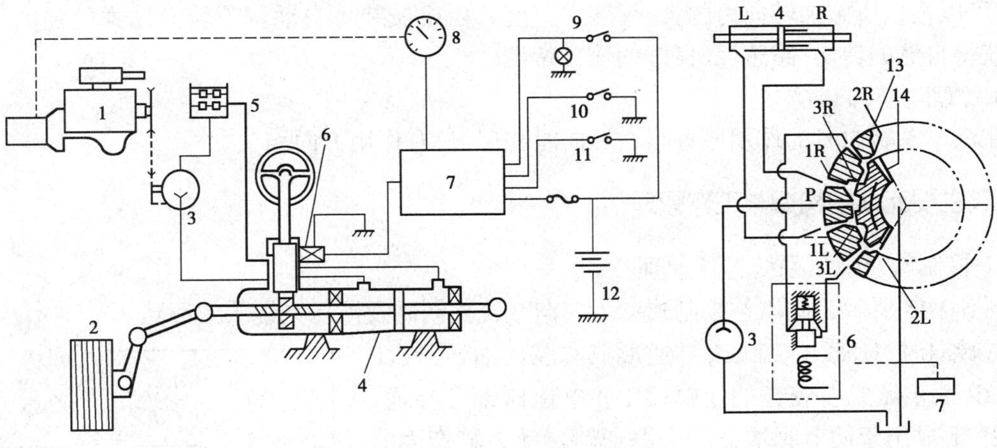

图 5-2-14　89 型地平线轿车电子控制动力转向系统

1-发动机;2-前轮;3-转向油泵;4-转向动力缸;5-储油箱;6-电磁阀;7-电子控制单元;8-车速传感器;9-车灯开关;10-空档开关;11-空档开关;12-蓄电池;13-转阀阀体;14-转阀阀心

该系统是在对转阀式动力转向控制阀进行了局部改造的基础上加装了电磁阀、车速传感器和电子控制单元后构成的。如图中所示,该转阀在普通转阀结构的基础上,在阀体通向动力油缸左、右腔油孔 1R 和 1L 的外侧增加了高速专用泄油孔 3R 和 3L。高速专用泄油孔 3R 和 3L 经过外油道相互连通,并在连通油道上装置了开关电磁阀 6。电脑根据车速信号控制电磁阀 6 的开度,控制进入控制阀内液压油的分流量,直接改变动力转向控制阀的油压增益(又可称为灵敏度),进而控制动力缸的助力强度,获得较好的转向“路感”。

系统的工作原理过程如下:

1. 汽车直行时

控制阀处于直行状态时,控制阀进油口 P、1R、动力缸油口 1L 和高速专用泄油口 3R、3L 均与阀心上的回油口 2R 和 2L 连通,系统处于低压卸荷状态,动力缸不产生助力作用。

2. 汽车右转向时

当汽车右转向时,阀心在转向力矩的作用下与阀体产生顺时针方向相对角位移,阀心上的凸齿首先将阀体上通向动力缸左腔的油口 1L 与进油口 P 隔离,并使 1L、高速泄油口 3L 与阀心上的左腔回油口 2L 连通;同时,使阀体进油口 P 与通向动力缸右腔的油口 1R 之间的开度加大,1R 与高速泄油口 3R 间的开度减小,3R 与阀心上的右腔回油口 2R 隔离。此时,由转向油泵经控制阀进油口 P 进入控制阀的液压油分为两路从阀内流出:第一路经动力缸右腔油口 1R 流向动力缸右腔,产生助力推力;另一路则经过 1R 和 3R 间的缝隙、3R 口、电磁阀 6 和 3L 口,最后经阀心上的左腔回油口 2L 流回油箱,形成旁路流量。

在上述过程中,动力油缸助力作用的大小取决于由 1R 与 3L 之间缝隙形成的高速专用泄油孔的开度和电磁阀的开度两个因素。可分两种情况加以说明:一是在电子控制单元的控制下,车速较低时,电磁阀的开度较小,旁路流量小,助力作用强,转向轻便;随着车速的提高,电磁阀的开度也线性增大,旁路流量增加,动力缸的助力作用减小,使高速行驶时的转向"路感"增强。二是当车速不变时,施加在转向盘的力越小(轻柔转向时),阀心角位移越小,高速专用泄油孔的开度越大,转向助力作用就越小;施加在转向盘上的力越大(快速转向时),高速专用泄油孔的开度就越小,助力作用就越大。

由此可见,阀增益控制式动力转向系统不仅可由电脑根据车速的高低调节转向助力的强度,还可以根据所施加转向力的大小(转向速度),由机械装置自动调节转向助力的强度,使驾驶员获得自然的转向"路感"和良好的速度特性。

3. 汽车左转向时

在汽车左转向时的作用原理与右转向时相似,只有作用方向相反。

二、主要元件的构造与工作原理

1. 控制阀及液压系统工作原理

图 5-2-15 所示为阀增益控制式动力转向系统控制阀及液压系统等效回路。

右转向时,1L 截止,3L、2L 导通形成左腔回油通路;1R 导通、2R 截止形成右腔充油通路;3R 和电磁阀部分导通,并经 2L 形成用于调节阀增益的旁路通路。动力缸产生的助力强度取决于高速专用回油孔 3R 的开度和电磁阀的开度。

左转向时的情况略。

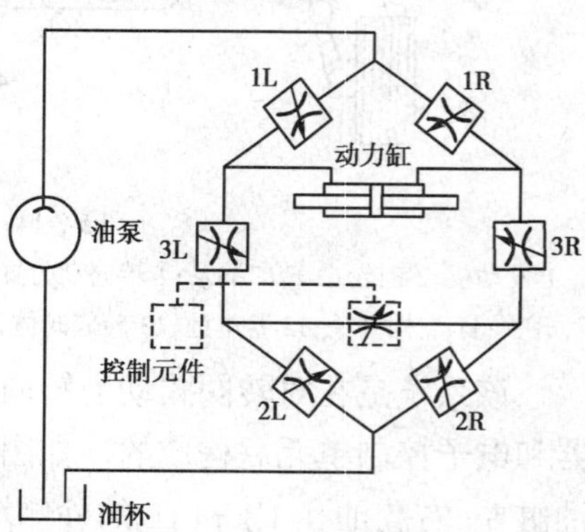

图 5-2-15　控制阀及液压系统等效回路

2. 电子控制单元与电磁阀

电磁阀为开关型电磁阀,其开度随控制信号平均电流的增加而增大;电子控制单元从车速表处接收车速信号,并随车速的增加向电磁阀输出占空比增加的脉冲控制信号,控制电磁阀的平均开度,进而控制转向控制阀的转向助力增益(灵敏度)。

三、阀增益控制 EPS 工作性能与失效分析

阀增益控制 EPS 采用直接改变动力转向控制阀油压增益的方法调节转向助力的强度,以获得自然的转向"路感"和良好的转向速度特性,具有结构简单,部件少和价格相对较低的特点。

从系统工作过程可以看出，当系统的电控装置失效而使电磁阀线圈无电流通过时，该系统将回归为一普通液压动力转向系统。

小　结

1. 液压式电控动力转向系统是在传统液压动力转向系统的基础上增加转向助力电子控制装置构成的；

2. 液压式电控动力转向系统以控制方式不同可分为流量控制式、反力控制式和阀增溢控制式三种类型，其中以阀增溢控制式效果最好；

3. 流量控制式 EPS 的电子控制单元根据车速变化，利用旁路电磁阀直接调节转向控制阀高、低压油路间的旁路流量，从而降低高速转向时的加力倍率，提高高速转向时的“路感”；

4. 流量控制式 EPS 电子控制单元根据车速传感器信号向旁路电磁阀输出占空比控制信号，车速越高控制信号占空比越大，电磁阀开度越大，旁路流量越大，加力倍率越小，转向路感增强；

5. 通过拨动与电子控制单元相连的模式开关可进行标准路感、低路感和高路感选择；带有转向角速度传感器的系统还可自动对急转弯等特殊工况进行最优化控制；

6. 反力控制式 EPS 电子控制单元根据车速变化，通过电磁阀控制转向阀反力油压来调节转向路感；

7. 反力控制式 EPS 中，反力室反力油压受电子控制单元和电磁阀控制并与车速相关，反力油压通过反力柱塞作用在转阀阀心（即转向轴）上形成与转向方向相反的阻力矩，从而实现对转向路感的调节；

8. 反力控制式 EPS 电子控制单元向电磁阀输出的控制信号电流随车速提高而减小，使反力室油压升高，转向路感增强；

9. 阀增溢控制式 EPS 在控制转阀上增加了带电磁阀高速泄油孔，电子控制单元根据车速信号控制电磁阀的开度，直接控制转向转阀的油压增益，以获得好的路感；

10. 阀增益控制式 EPS 的转向控制转阀进行改进，转向路感不仅受电子控制单元的控制，还可由转阀根据转向盘上的转向力大小进行自动调节，所以使用效果好；

11. 在电控装置失效而使电磁阀无电流时，流量控制式可自动转换为普通液压动力转向系统，反力控制式则会保持最大转向路感，而阀增益控制式也会自动变为普通液压动力转向路感，它们都具有良好的安全性。

实训要求

一、实训内容

1. 系统构成、电路与工作原理认识；
2. 系统元件结构与工作原理认识；
3. 反力控制式转向器的构造认识；
4. 阀增益控制式转向器的构造认识。

二、实训目的与要求

1. 认识并掌握 2～3 种类型液压式电控 EPS 的组成，并认识元件作用、外形、安装部位与正确拆装方法；认识并掌握其实际电路连接与工作原理；

2. 认识并掌握旁路电磁阀、旁通流量控制阀、车速传感器、转向角速度传感器的构造和工作原理；

3. 认识并掌握反力控制式转向器的构造特点与工作原理；

4. 认识并掌握阀增益控制式转向器的构造特点和工作原理。

复习思考题

一、判断题

1. 在各种液压式电控动力转向系统中，阀增益控制式是使用效果最好的。 （ ）

2. 在各种液压式电控动力转向系统中，流量控制式是最复杂和成本最高的。 （ ）

3. 由于在各种液压式电控动力转向系统中增加了电子控制装置，结构更为复杂，所以使用中的可靠性和安全性要低于液压动力转向系统。 （ ）

4. 在液压式电控动力转向系统的电控装置失效时，通常会造成转向沉重。 （ ）

5. 三种类型的液压式电控动力转向系统所使用电磁阀为同一种类型，即在断电后 均呈关闭状态。 （ ）

6. 液压式电控动力转向系统在保留了液压动力转向系统所有优点的基础上改善了高速行驶转向时的路感。 （ ）

二、选择题

1. 液压式电控动力转向系统电子控制单元所使用的主要传感器信号是： （ ）
A. 转向角信号； B. 转向角速度信号； C. 系统油压信号； D. 车速信号

2. 电控动力转向改善转向路感的效果主要体现在： （ ）
A. 低速行驶转向时； B. 中高速行驶转向时； C. 原地转向时； D. 急转弯时

3. 液压式电控动力转向系统电控装置的主要执行元件是： （ ）
A. 电磁阀； B. 车速传感器； C、转向控制阀； D. 动力缸

4. 流量控制式电控 EPS 电控装置失效时，一般会造成： （ ）
A. 电磁阀关闭； B. 高速转向路感减小； C. 电磁阀全开； D. 低速转向沉重

5. 反力控制式电控 EPS 电控装置失效时，一般会造成： （ ）
A. 电磁阀关闭； B. 高速转向路感减小； C. 电磁阀全开； D. 低速转向沉重

三、简答题

1. 流量控制式 EPS 是如何提高高速时转向路感的？

2. 反力控制式 EPS 是如何提高高速时转向路感的？

3. 阀增益控制式 EPS 是如何提高高速时转向路感的？

4．液压式电控动力转向系统电磁阀的作用是什么？

5．液压式电控动力转向系统车速传感器的作用是什么？

6．液压式电控动力转向系统电子控制单元的作用是什么？

7．液压式电控动力转向系统转向角速度传感器的作用是什么？

8．液压式电控动力转向系统中控制模式选择开关与什么元件相连？作用是什么？

9．流量控制式 EPS 是如何改善路感的？

10．反力控制式 EPS 是如何改善路感的？

11．反力控制式转向控制阀的结构特点和工作原理是什么？

12．阀增益控制式 EPS 是如何改善路感的？

13．阀增益控制式转阀的结构特点和工作原理是什么？

14．一般情况下，使用液压式动力转向系统的汽车出现转向沉重故障时，故障部位通常在液压及转向传动系统还是在电控系统？为什么？

四、连线题

连接凌志轿车电控 PPS 电路图：

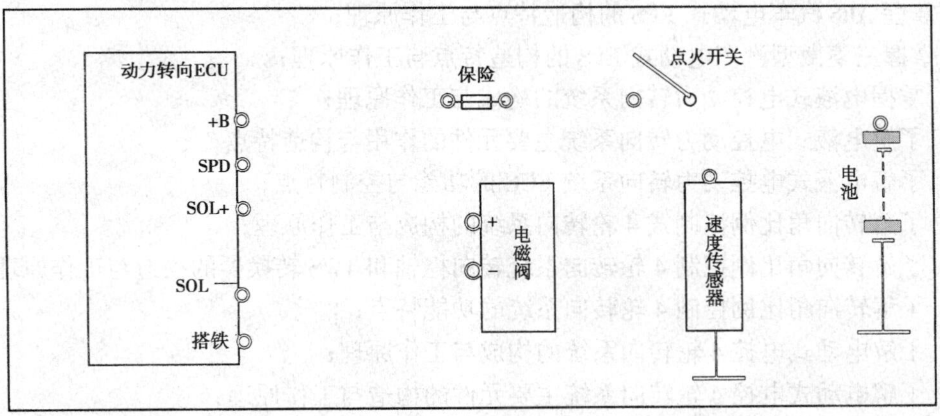

第三章　电动式电子控制动力转向系统

学习目标

1. 了解电动式电控动力转向系统优点与形式；
2. 掌握电动式 EPS 的组成与工作原理；
3. 掌握转矩传感器的作用；
4. 掌握电磁感应式、有刷滑动电阻式、无刷滑动电阻式和光电式转矩传感器的构造、工作原理与信号特性；
5. 掌握电动式 EPS 电动机的性能特点和正反向及转矩控制电路原理；
6. 掌握电磁离合器构造与工作原理；
7. 掌握电动式 EPS 电子控制单元的控制功能与控制方式；
8. 掌握 Alto 汽车电动式 EPS 的构造特点与工作原理；
9. 掌握三菱微型汽车电动式 EPS 的构造特点与工作原理；
10. 掌握电液式电控动力转向系统的构成与工作原理；
11. 了解电液式电控动力转向系统主要元件的作用与构造特点；
12. 了解电液式电控动力转向系统 ECU 的功能与控制特点；
13. 了解转向角比例控制式 4 轮转向系统的构成与工作原理；
14. 了解转向角比例控制 4 轮转向系统转向枢轴和 4WS 转换器的构造与工作原理；
15. 了解转向角比例控制 4 轮转向系统的功能特点；
16. 了解电动式电控 4 轮转向系统的构成与工作原理；
17. 了解电动式电控 4 轮转向系统主要元件的构造与工作原理；
18. 了解电动式电控 4 轮转向系统的主要功能与控制特点。

近年来随着计算机在汽车上的广泛应用，出现了电动式电子控制动力转向系统，简称为电动 EPS。与传统的液压式动力转向和液压式电控动力转向系统相比，电动式 EPS 具有工作灵敏度较高、结构简单紧凑、功率消耗低、不易产生泄漏和转向力易于有效控制、“路感”好等优点。

目前电动式电控 EPS 主要有电机直接驱动式（简称电动式）和电液式两类。

本章还将介绍四轮转向系统。

第一节　电 动 式 EPS

一、电动式 EPS 的组成与工作原理

电动式 EPS 通常是在机械式转向系统的基础上加装转向转矩传感器、车速传感器、电子控制单元（ECU）、加力电动机、电磁离合器和蜗轮蜗杆传动装置构成。其组成原理如图 5-3-1 所示。

电动式 EPS 以直流电动机作为助力源，电子控制单元根据车速和转向参数控制电动机通

电电流强度，调节加力电动机工作力矩，进而控制转向助力强度。

当汽车处于直行状态，转向盘上无转向力矩时，装在转向轴上的扭力传感器向电子控制单元输出无转向信号，车速传感器则不断向电子控制单元输送车速信号。此时，电子控制单元使电动机、电磁离合器处于不通电的“待机”状态，一旦从转矩传感器接到转向信号即可随时投入工作。

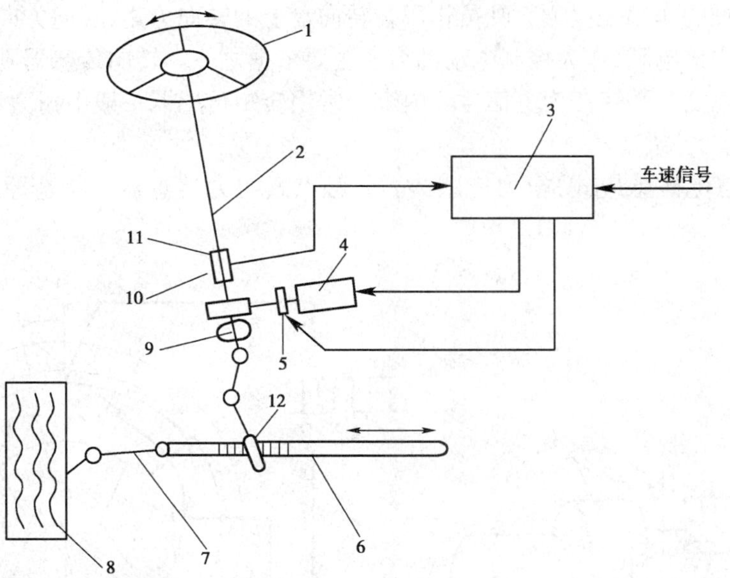

图 5-3-1　电动式 EPS 的组成

1-转向盘；2-输入轴（转向轴）；3-电子控制单元；4-电动机；5-电磁离合器；6-转向器齿条；7-横拉杆；8-转向轮；9-输出轴；10-扭力弹簧杆；11-转矩传感器；12-转向齿轮

当转动转向盘时，转矩传感器即向电脑发出带有转向力和转向方向信息的转向信号，电脑立即根据输入的车速和转向信号确定所需转向助力的方向和大小，并选定电动机的通电电流和转动方向，给电动机和离合器通电。电动机产生的转矩经由电磁离合器传给减速机构，减速增扭后施加在转向机构上，实现转向助力。

电动式动力转向系统中装置了转矩传感器，所以在工作时与液压式动力转向系统一样，也具有随动作用。随动作用表现在其转向助力的转向和强度随着转向盘上转向力的转向和强度而变化。当右转向时，在连续向右转动转向盘的过程当中，电脑根据转矩传感器上的扭力信号，以一定的电流强度使电动机产生右转向助力转矩；随着转向的到位，转向盘停止转动处于维持转向状态时，转矩传感器上的扭力信号将逐渐减小到某一值，电脑也逐渐减小电动机的电流到相应值，以较小的助力作用维持转向状态；在转向回正过程中，电脑根据回正过程中转矩传感器上的转矩信号变化情况控制电动机的通电方向和电流值。当因回正速度较快或转向轮回正受到路面阻力，在转向盘上施加回正力矩时，电脑也将使电动机的电流方向（转动方向）和大小发生相应改变，产生回正助力作用，帮助转向轮回正；当汽车直线行驶中转向轮受到路面干扰而发生偏转时，偏转干扰力将会通过转向传动系统反馈到扭力传感器而引起电脑反应，使助力装置产与转向轮偏转方向相反的力矩，以抵抗偏驶。

电动式 EPS 的助力作用受电脑控制，在低速转向时的助力作用最强，随着车速的升高助力作用逐渐减弱；当车速达到 42 ~ 52km/h 时电脑停止向电动机供电，并使电磁离合器分离，转向变为完全由驾驶员人力操纵。

由此可以看出，电动式 EPS 在低速转向时，可获得比较轻便的转向特性；而在高速转向时，则可获得完全的转向“路感”，具有优越的控制特性。

二、电动式 EPS 的主要元件构造与工作原理

1. 转矩与转向传感器

转矩传感器械的作用是检测驾驶员作用在转向盘上的转向力矩、转向方向等参数，并将其转变为电信号输送给电脑，作为控制电动助力的主要依据之一。转向传感器则可把转向方向、转向角度和转向速度参数转变为电信号等内容。常用转矩传感器一般由扭力元件(扭力弹簧)和电测元件组成。

(1)无触点式(电磁感应式)扭力传感器。无触点式扭力传感器的构造原理如图 5-3-2 所示。

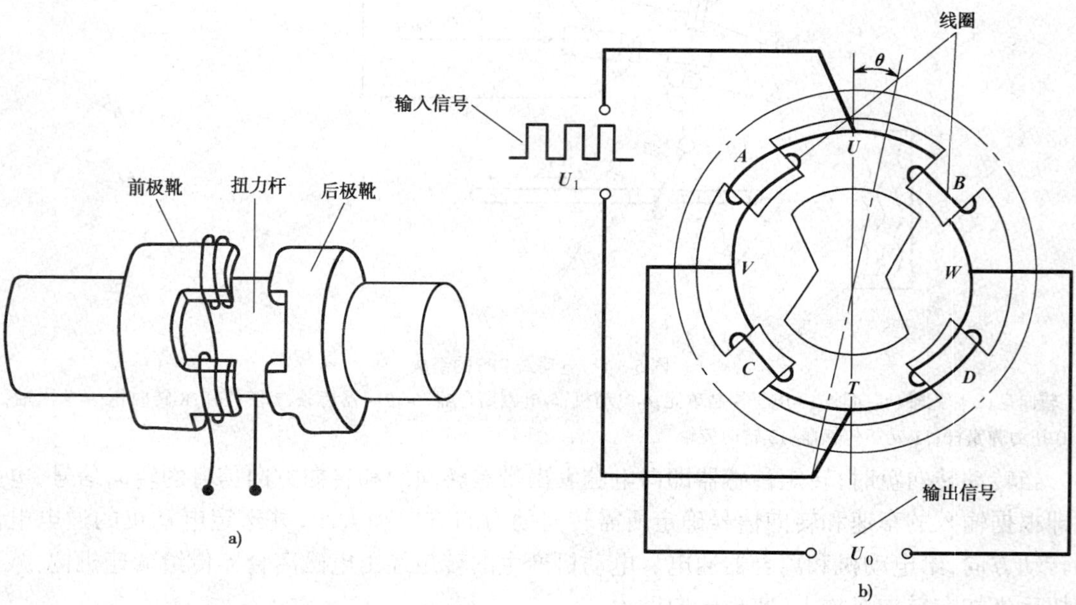

图 5-3-2 无触点式扭力传感器

如图所示，在扭力杆前端处于对称位置的两对极靴上对称绕有 *ABCD* 四个线圈，当转向盘处于中间位置时，与扭力杆后端(上端)相连的铁芯对称面正好处于与极靴 *AB*、*CD* 对称面相重合的位置。此时，在两组线圈的 *U*、*T* 两端输入连续脉冲信号 *Ui* 时，将在左右两组线圈中感应出对称的电动势，在两组线圈的的信号输出点 *V*、*W* 处将具有相等的感应电动势，检测到的输出电压信号 $Uo = 0$。

当右转向时，由于扭力杆的扭转变形，使铁芯相对于极靴产生顺时针方向角位移，极靴 *A*、*D* 间的磁阻增加，使 *W* 点的电位下降；而极靴 *B*、*C* 间的磁阻减小，使 *V* 点的电位升高。于是在 *V*、*W* 间即可检测出电压信号 *Uo*，且该信号的方向为 $V \rightarrow W$，其电压值与扭力杆的扭转角 θ(转矩)和输入脉冲信号电压 *Ui* 成正比。如果由电磁感应特性所决定的感应系数为 *K*，则有：

$$Uo = KUi\theta$$

当输入脉冲信号保持恒定时，*Uo* 的大小和方向就反映出施加在转向盘上转向力矩的大小和方向的变化。

左转向时的信号电压产生原理相同，只有信号电压 *Uo* 的方向为 $W \rightarrow V$。

在输入电压 Ui 不变的情况下，通过测量 V、W 两端的电压及其方向即可测出转向盘上转向力矩的大小和方向，电脑即可据此对转向助力电动机的工作电流大小和方向实施控制。

(2)有刷滑动电阻式转矩传感器。图 5-3-3 为有刷滑动电阻式转矩传感器，它实际上是一个滑动电阻式分压器。其滑动电阻固定在与扭力杆后端相连的支承毂上，而滑动触头则与扭力杆的前端相连，标准的输入参考电压从滑动电阻片的两端加在滑动电阻片上，在滑动触头处形成分压器的分压点。

转向盘处于直行位置时，从滑动触头接柱输出一标准中性电压信号，电压值一般为标准输入电压的一半；右转向时，触头在滑动电阻片上滑动改变分压比，输出一个较高电压信号；左转向时，则会输出一个较低电压信号。

传感器的输出电压信号经电刷和信号线束传给电脑，电脑可据此信号判定转向力矩的方向和大小，用于控制转向助力电动机的工作。

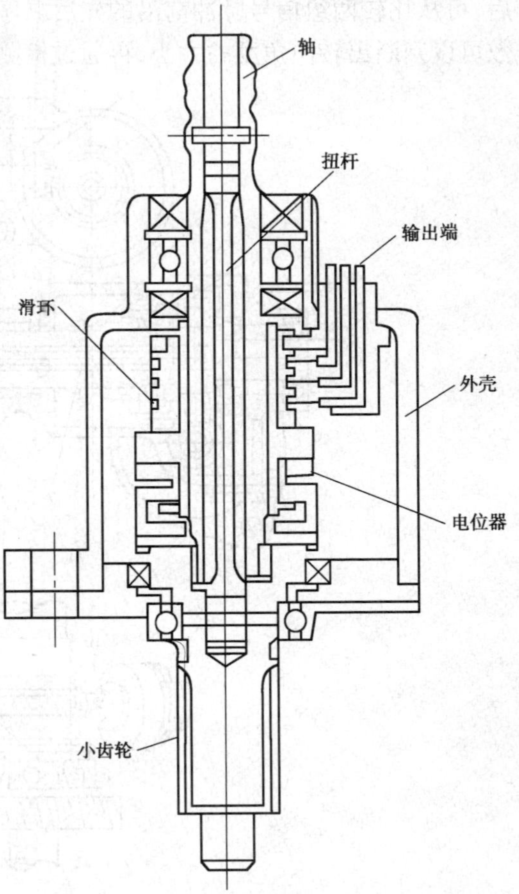

图 5-3-3 有刷滑动电阻式转矩传感器结构

(3)无刷滑动电阻式转矩传感器。图 5-3-4 为无刷滑动电阻式转矩传感器结构图。在与扭杆弹簧前端相连的 6-输出轴的后端制有一个带有内螺旋键槽的 4-环座，而在向前延伸并与扭力杆后端相连的 8-输入轴毂的前端制有一个可以沿轴向移动，并带有外螺旋键槽的 3-滑套，滑套前端螺旋键槽部分插入 4-环座并通过钢球与环座键槽相啮合，当扭力杆受转矩作用而产生扭转变形时，3-滑套受螺旋槽的作用在 8-输入轴毂上作轴向运动；滑动电位器式 9-转矩传感器(实为一分压器)固定在转向器外壳上，其 10-摇臂外端的滑块插入 3-滑套的圆周环槽内。

传感电位器从控制电脑接入 5V 的标准参考电压。当转向盘上无转向力矩时传感器滑套处于中间位置，电位器信号端子上输出 2.5V 信号电压；当右转向时，扭力杆受到转向力矩作用产生弹性扭转变形，带动滑套在输入轴毂上向后(上)作轴向移动，并经环槽带动电位器摇臂轴转动而改变分压比，使电位器的输出端子上输出大于 2.5V 的电压信号。

同理在左转向时，电位器将输出小于 2.5V 的信号。

电位器的输出电压信号与扭力杆的变形量(转向力矩)成正比，电脑将电位器的输出电压信号与 2.5V 的标准中性值相比较，即可判断出转向力矩的大小和方向。

该转矩传感器的输出特性如图 5-3-5 所示。

(4)光电式转向传感器。光电转向传感器的作用是把转向盘的转动方向、转动角度和转动速度转变为电信号，送给 ECU 用于控制转向。

光电式传感器的安装位置与构造情况如图5-3-6所示。在转向轴上装有带等距窄缝的遮光圆盘 4，两组光电元件装在遮光圆盘的两侧，两组元件间的距离与遮光盘窄缝的节距相差 1/4节距(90°电角度)。其工作原理如图5-3-7所示。

当转向轴带动遮光盘转动时，遮光器使照射在光电管上的光束不断地断续变化，从而使与两个光电管相连的信号输出端输出两组相位角相差 90°的电压脉冲信号。电脑在接收到信号后，可从比较两组信号脉冲前沿的先后顺序判断出转向盘转动的方向，通过计数脉冲信号的个数可以判断出转向角度的大小，再通过检测脉冲信号的频率可判断出转向盘的转动速度。

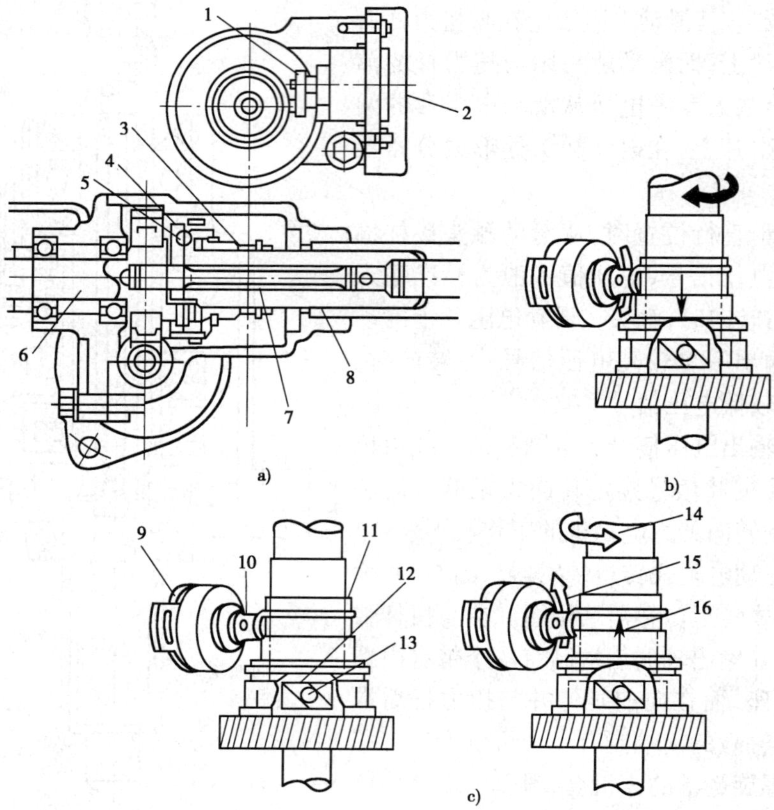

图 5-3-4 Alto 车用无刷滑动电阻式转矩传感器结构

a)传感器结构；b)右转向时；c)左转向时

1-、10-转矩传感器摇臂；2-电位器；3-、11-滑套；4-环座；5-、13-钢球；6-输出轴；7-扭力杆；8-输入轴毂；9-转矩传感器；12-钢球槽；14-转向轴转动方向；15-摇臂转动方向；16-滑套移动方向

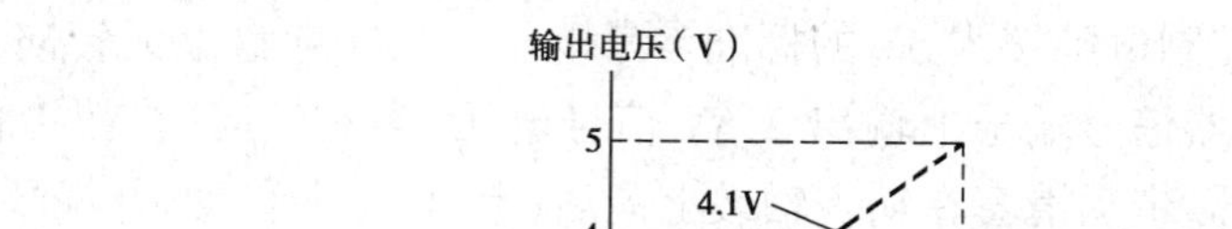

图 5-3-5 无刷滑动电阻式转矩传感器输出特性

2．电动机

电动式 EPS 常采用永磁式直流电动机，最大工作电流为 30A 左右，额定电压为 12V，额定转矩为 10N·m 左右。

较简单的电动机正反向和转矩控制电路如图5-3-8所示。

图中 a_1、a_2为触发信号输入端，触发信号由电脑根据转向信号提供。当 a_1 端得到高电位触发信号时，晶体管 T_3 导通，同时 T_2 得到基极电流导通，电流经 T_2、电动机 M 和 T_3 形成回路，使电动机正转；同理当 a_2 端得到触发信号时，将使电动机反转。电脑控制触发信号电流的大小即可控制通过电动机的电流大小，即助力力矩的大小。在需要最大转向助力时，晶体管将工作在饱合导通状态；当需要较小转向助力时，晶体管将处于非饱合导通状态。

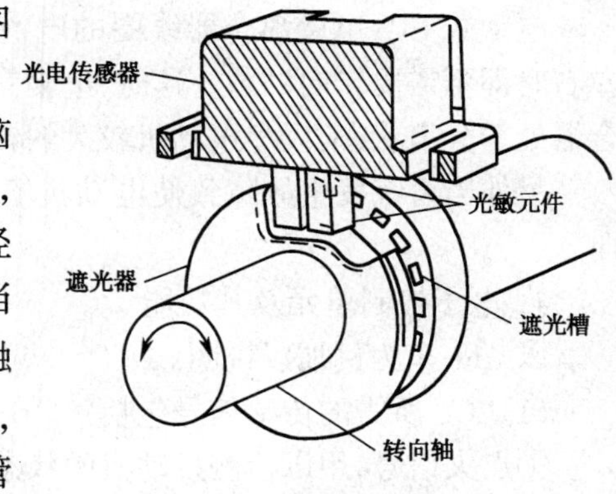

图 5-3-6 光电式转向传感器的构造

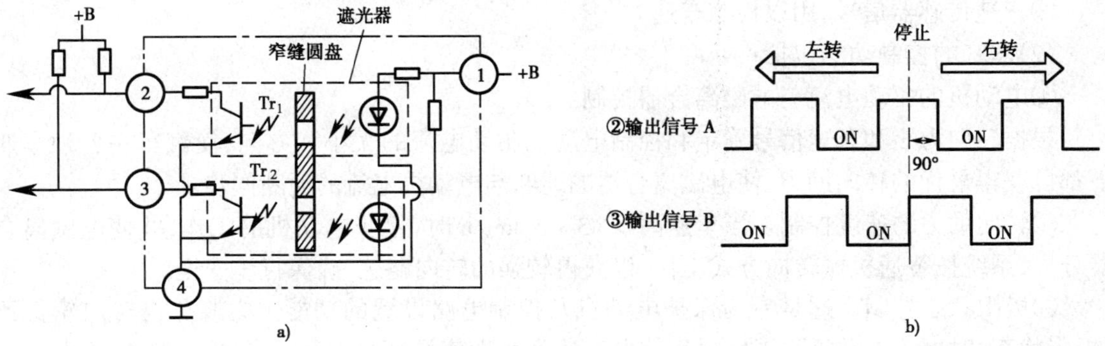

图 5-3-7 光电式转向传感器的工作原理

3．电磁离合器

电动 EPS 多采用单片干式电磁离合器，其结构与工作原理与空调电磁离合器相似，如图5-3-9所示。

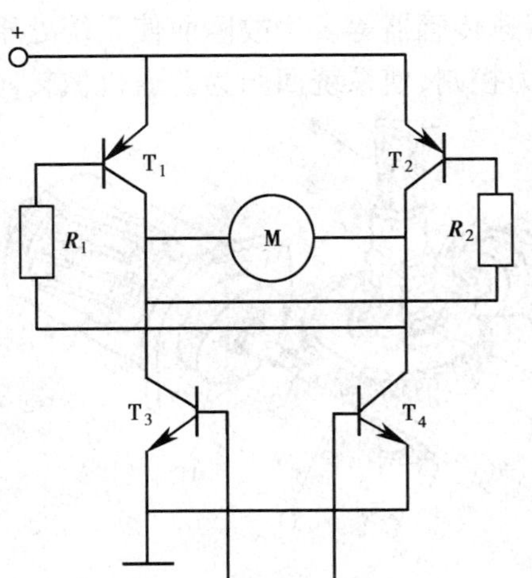

图 5-3-8 电动机控制电路

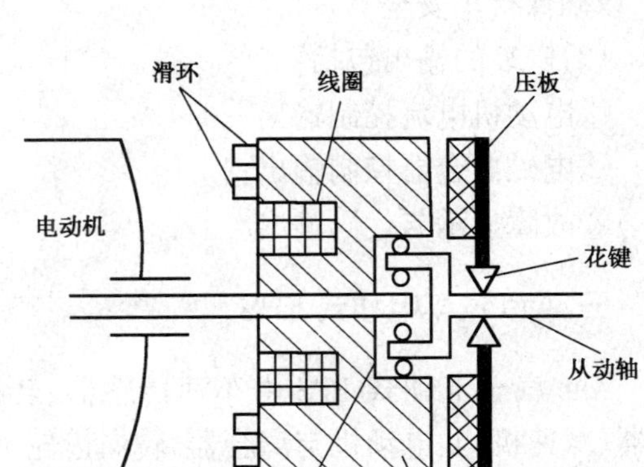

图 5-3-9 电磁离合器工作原理

当电流经滑环进入主动轮电磁线圈时，产生电磁力吸动从动轴上的压板压紧在主动轮上，靠摩擦力传递转矩。

电动式 EPS 电磁离合器线圈的电流和电动机电流同时受电脑控制，当车速达到 45km/h 左右时即不需要转向助力。这时，电脑就停止电动机工作，并断开电磁离合器线圈电流，使离合器处于分离状态，以免电动机较大的转动惯性影响系统工作。

另外当系统发生故障致使电动机不能工作时，离合器也将自动分离，以利于进行人力转向。

4. 电子控制单元及其功能

以 Alto 车为例加以说明。

(1)ECU 所需的传感信号包括：

①点火信号，用以检测发动机的状态；

②转向力矩传感器信号，用以检测转向盘上转向力矩的大小和方向；

③车速传感器信号，用以检测车速。

(2)ECU 的控制功能包括：

①电动机的驱动电流与电磁离合器控制。

根据转向力矩和车速信号确定和控制电动机驱动电流的大小和方向，使汽车在各种车速下都可获得最优的转向助力；使电磁离合器的通断与电动机电流的通断同步。

②转向助力的速度控制。当车速高于 43 ~ 52km/h 时，停止电动机的工作，并使电磁离合器分离，系统按普通机械转向方式工作，以获得较强的转向路感，确保行车安全。

③极限状态控制。这是专为保护电动机及控制电路设置的功能。为避免当转向轮打死(极限状态)时由于电动机不能转动而使电流达到最大值烧坏电动机和控制电路，每当电动机电流超过设定值 30s 以上时，电脑即会控制电流使其逐渐减小；当极限状态消除时，电脑又会逐渐增加电流直到达到正常值。采用渐变方式控制最大电流的目的是防止因转向助力的突然变化而引起安全事故。

④自诊断与安全控制。电子控制单元具有自诊断功能，当系统存在故障时可显示出故障代码，以便采取正确的检修措施。

当检测出系统重要部件，如转矩传感器、电动机、车速传感器等发生故障而使系统处于严重故障状态时，系统会使电磁离合分离，并停止转向助力控制，使系统回归为普通机械转向系统，以确保行车安全。

(3)ECU 的输出包括：

①电动机电流控制输出；

②电磁离合器控制输出；

③故障显示与代码输出。

三、Alto 汽车电动式 EPS

Alto 汽车电动式 EPS 由车速传感器、转矩传感器、减速机构、电动机与离合器、转向齿轮、发动机转速传感器、蓄电池和电子控制单元等组成。

图 5-3-10 为 Alto 车电动 EPS 的主要内部结构。从图中可以看出，其主要构成元件包括无刷滑动电阻式转矩传感器、单片干式电磁离合器、减速装置和电子控制单元(图中未画出)等。

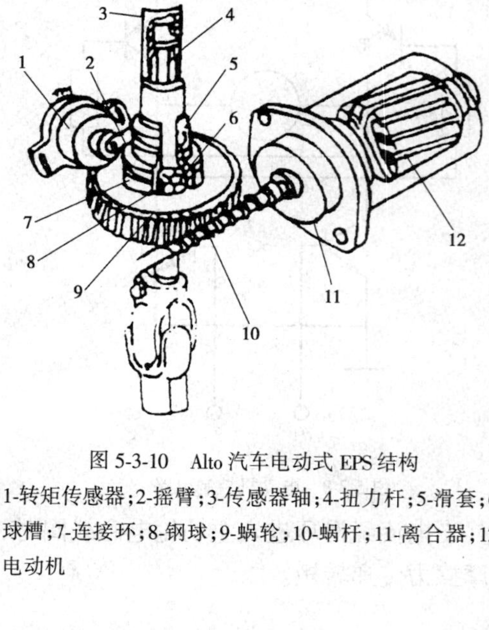

图 5-3-10　Alto 汽车电动式 EPS 结构

1-转矩传感器；2-摇臂；3-传感器轴；4-扭力杆；5-滑套；6-球槽；7-连接环；8-钢球；9-蜗轮；10-蜗杆；11-离合器；12-电动机

四、三菱微型汽车电子控制电动动力转向系统

三菱微型汽车电子控制电动动力转向系统简称 ECPS,其组成如图 5-3-11 所示。它主要由 ECPS 控制装置(ECU)、直流电动机及离合器、车速传感器、转向转矩传感器和转向机总成等组成。

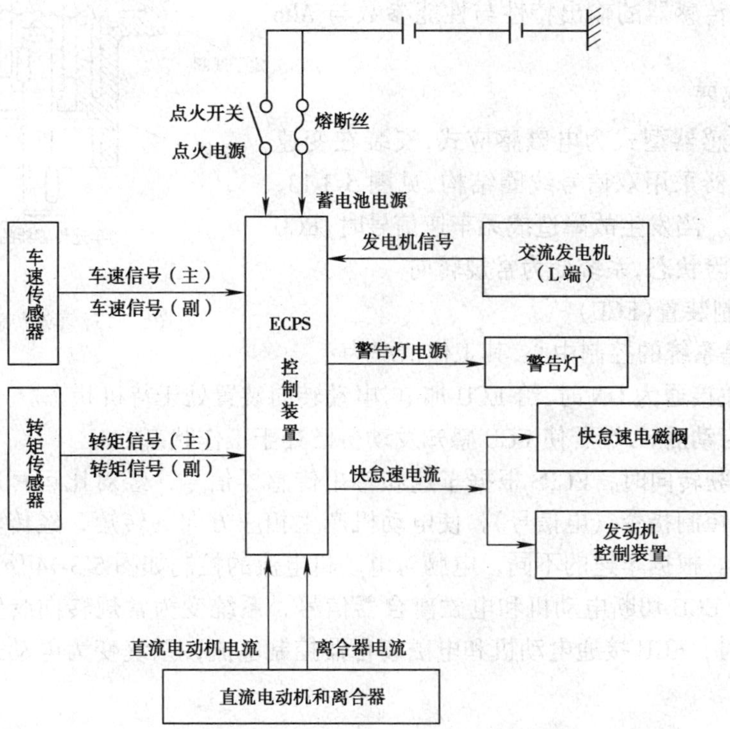

图 5-3-11　三菱微型汽车电子控制动力转向系统的组成

系统工作时,ECU 根据车速变化控制电动机的工作电流,使其随车速的升高而减小,从而达到控制助力强度,改善转向"路感"的目的。当车速达到设定车速以上时,系统自动切断转向助力变为常规转向系统;当系统发生故障时,保险功能将自动切断电动机及电磁离合器电流,使系统变为常规转向系统,同时点亮位于速度表内的 ECPS 警告灯。

1. 直流电动机和电磁离合器

如图 5-3-12 所示,该系统的直流电动机和离合器为一体式结构,其工作电流由电脑根据车速的高低控制。电动机的最大工作电流为 30A,在发动机不工作时由蓄电池供电,发动机怠速时由发电机供电;交流发电机 L 端子信号的作用是向 ECU 提供判断发动机是否起动的信号。当 ECPS 工作时,发动机处于高怠速状态。

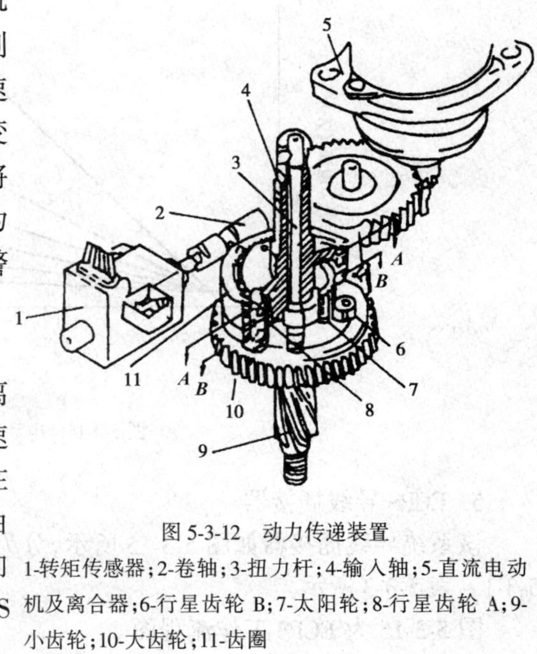

图 5-3-12　动力传递装置

1-转矩传感器;2-卷轴;3-扭力杆;4-输入轴;5-直流电动机及离合器;6-行星齿轮 B;7-太阳轮;8-行星齿轮 A;9-小齿轮;10-大齿轮;11-齿圈

系统的动力传递为行星齿轮式减速机构，用小齿轮驱动齿条式转向器。

2. 转矩传感器

系统转矩传感器为无刷滑动电阻式，作用是把驾驶员施加在转向盘的转向力矩转变为线性变化的电压信号，电脑依此作为控制电动机和电磁离合器工作电流的依据之一。传感器的输出特性与性能参数与 Alto 车相同。

3. 车速传感器

系统车速传感器型式为电磁感应式，安装在变速器上。车速传感器采用双信号线圈结构，见图 5-3-13，工作可靠性较高。当发生故障造成无车速信号时，ECU 会使系统处于保险状态，系统变为常规转向。

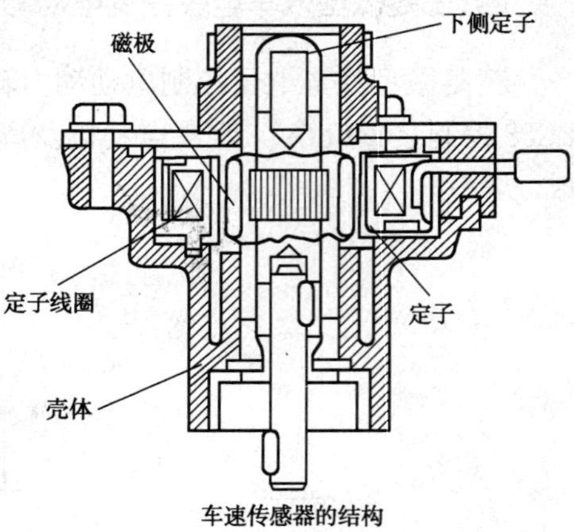

图 5-3-13　车速传感器的结构

4. ECPS 控制装置（ECU）

ECPS 电脑是系统的控制中心，其工作情况为：

(1)点火开关接通为 ON 时，给 ECU 加电，电动转向装置处于待机状态。

(2)发动机启动后，L 端子使 ECU 感知发动机已处于工作状态。

(3) 汽车行驶转向时，ECPS 根据车速和转矩传感器信号，经对比运算后，向电动机和电磁离合器发出控制指令（电信号），使电动机产生相应方向的转矩，经传动机构减速增扭后用于转向助力。根据车速的不同，电脑对电动机电流的控制如图 5-3-14 所示。当车速达到 30km/h 以上时，ECU 切断电动机和电磁离合器信号，系统变为常规转向装置；当车速下降到 27km/h 以下时，ECU 接通电动机和电磁离合器控制电流，系统变为电动式转向助力状态工作。

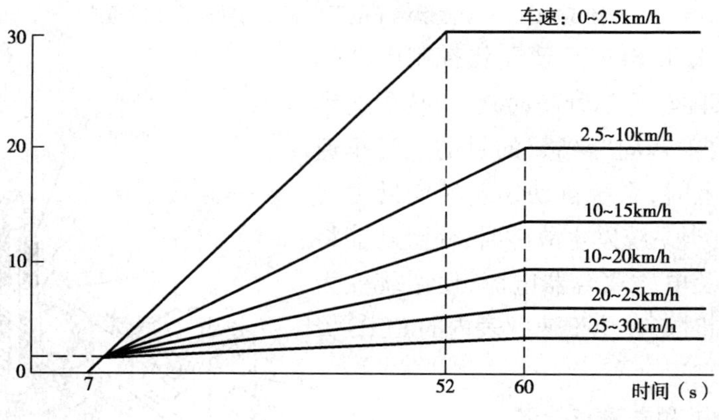

图 5-3-14　电动机电流与车速的关系

5. ECPS 导线插接器

该系统导线插接器如图 5-3-15 所示，分为 3 针、11 针和 13 针 3 组，插针号和用途分别如表 5-3-1 ~ 表 5-3-3 所示。

图 5-3-16 为 ECPS 工作流程图。

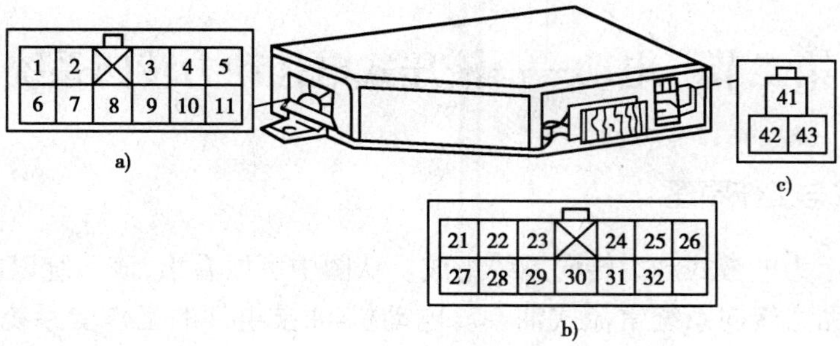

图 5-3-15　ECPS 导线插接器

a)11 插针(孔)导线插接器;b)13 插针(孔)导线插接器;c)3 插针(孔)导线插接器

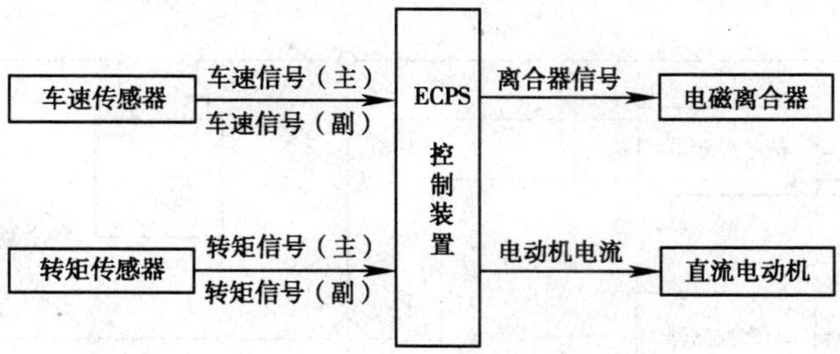

图 5-3-16　ECPS 工作流程

3 针导线插接器　　表 5-3-1

插针号	用途	插针号	用途	插针号	用途
41	蓄电池	42	直流电机“+”	43	直流电机“-”

11 针导线插接器　　表 5-3-2

插针号	用　　途	插针号	用　　途
1	诊断检查用端子	7	快怠速电磁阀、发动机控制
2	诊断检查用端子	8	点火开关
6	警告灯	9	交流发电机 L 端子

13 针导线插接器　　表 5-3-3

插针号	用　　途	插针号	用　　途
21	电磁离合器电源	28	转矩传感器接地(副)
22	转矩传感器接地(主)	29	转矩传感器(主)
23	转矩传感器(副)	30	传感器屏蔽接地
24	转矩传感器电源(主)	31	转矩传感器电源(副)
25	车速传感器(副)	32	车速传感器(副)
26	车速传感器(主)	33	车速传感器(主)
27	电磁离合器		

第二节　电动——液压式电控动力转向系统

一、系统组成与工作原理

图 5-3-17 所示为电液式动力转向系统组成。从图中可以看出,该系统以电动机-油泵组件取代了普通液压助力转向系统常流式油泵。电动机-油泵组件的工作受系统电脑控制。汽车直行时,电动机-油泵组件不工作,以节省能源;转向时,电脑根据转向信号和车速信号控制组件电动机的工作电流,向液压助力装置提供最佳油压和流量。

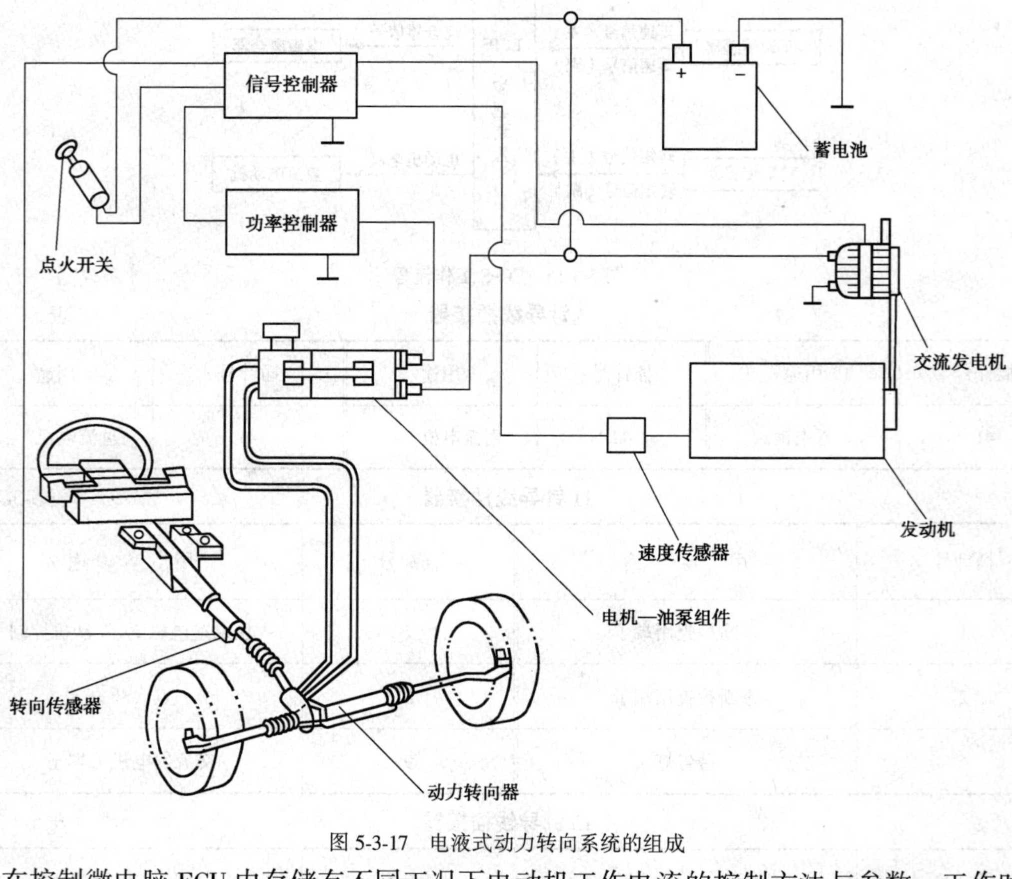

图 5-3-17　电液式动力转向系统的组成

在控制微电脑 ECU 内存储有不同工况下电动机工作电流的控制方法与参数。工作时,电脑根据转向传感器和车速传感器的输入信号判定转向工况,并选定控制方法和参数后,向功率控制器输出电动机驱动电流控制信号,电机-油泵组件即可通过转向控制阀向动力油缸供应最佳动力转向油流量和压力,实现转向助力,并使驾驶员获得最佳的转向操纵"路感";当控制系统出现异常时,发出警告信号,并启动安全保护功能,在保证汽车仍具有基本转向操纵性能的前提下保护主要机件,防止进一步损坏。

二、主要元件构造与工作原理

图 5-3-18 所示为系统构造。

1. 电机-油泵组件

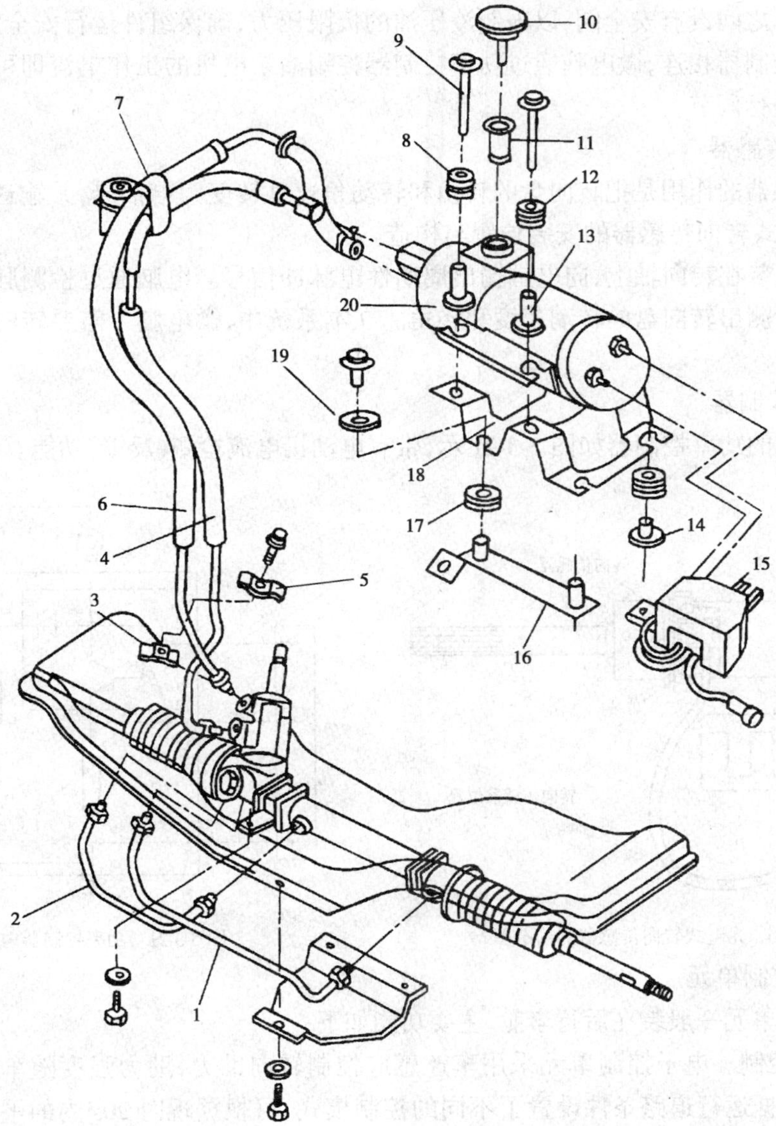

图 5-3-18　电液式动力转向系统的构造

1-油管 A;2-油管 B;3-夹板;4-软管 A;5-夹板;6-软管 B;7-夹板;8-垫圈;9-螺栓;10-盖;11-滤孔;12-垫圈;13-套管;14-垫圈;15-功率控制器;16-支架;17-垫圈;18-支架;19-垫圈;20-电机油泵组件

电机-油泵组件集成了直流电动机、转向油泵、油箱等元件,如图 5-3-19 所示。在油泵的出

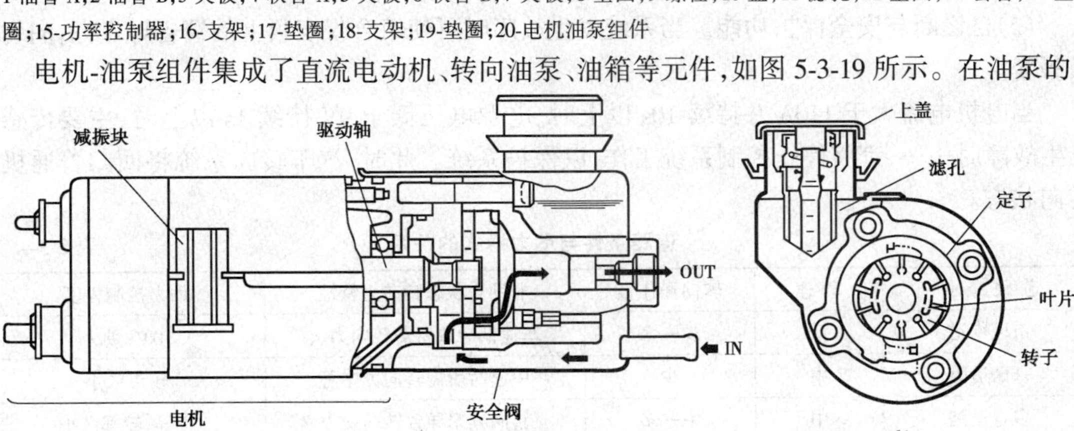

图 5-3-19　电机-油泵组件构造

a)主视图;b)剖面图

油口和进油口之间设有安全阀,以限制液压油的极限压力,确保组件运行安全;油泵电机电源接柱与功率控制器相连,微电脑通过功率控制器控制油泵电机的工作电流即可对油泵的输出流量和压力进行调节。

2. 转向传感器

转向传感器的作用是把转向盘的转角和转动角速度转变为电信号,并输送到微电脑。图5-3-20为光电式转向传感器的安装位置与构造。

传感器安装在转向轴上,向电脑输出周期性电脉冲信号。电脑通过检测脉冲信号的频率和个数即可检测出转向盘的转动速度和转角。在本系统中,微电脑不需要转向盘转动方向信号。

3. 功率控制器

系统采用的功率控制器如图5-3-21示,带有电动机电流检测(反馈)功能。

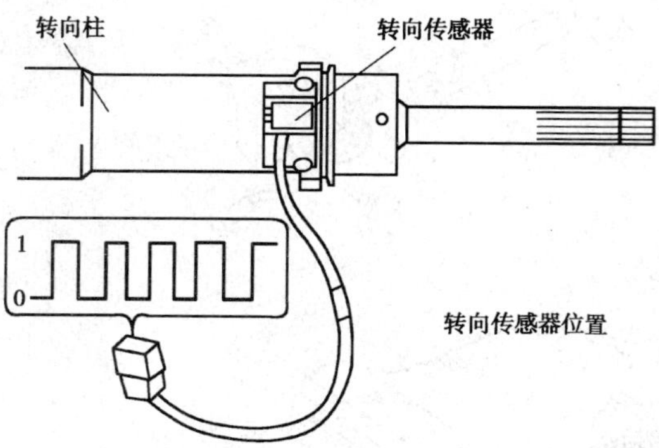

图5-3-20 光电式转向传感器的构造图

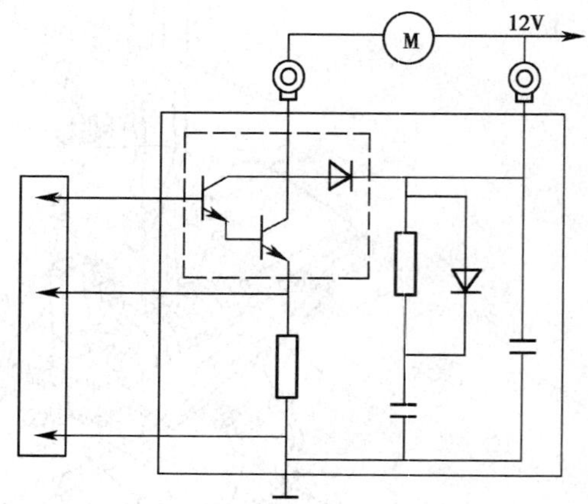

图5-3-21 功率控制器内部电路

4. 电子控制单元

电子控制单元一般装在后行李舱,主要功能如下:

(1)助力控制。电子控制单元采用车速感应控制转向助力,助力强度随车速的提高而减小。同时还根据运行道路条件设置了不同的控制模式,可根据现时20s内的平均车速和平均转向操作量判定汽车当前行驶的道路条件。控制模式的变换一般约需时1.1s,以避免助力的急剧变化。见表5-3-4。

(2)自诊断与安全保护功能。当系统发生故障时可使组合仪表板上的警告灯点亮,向驾驶员报警。

当电机电流大于110A并持续10s以上时、电源电压低于9V持续1s以上时、主要传感器发生故障时……,都将停止控制系统工作,以保护系统。此时,汽车转向系统将回归普通机械转向状态。

道路条件与助力模式的关系　　表5-3-4

道路条件	车速	转向操作量	非助力状态转向力特性	助力控制程度
市区街道	低	少—多	车速低导致所需转向力大	100%助力
郊区道路	中	少	中速时所需转向力中等	较市区小
多弯道路	中	中—多	转向频繁导致转向费力	中等,较郊区小
高速公路	高	少	轻	最小

第三节　电子控制 4 轮转向系统(4WS)

一、转向角比例控制式 4 轮转向系统

所谓转向角比例控制,是指使后轮的偏转方向在低速区与前轮的偏转方向相反,在高速区与前轮的偏转方向相同,并同时根据转向盘转向角度和车速情况控制后轮与前轮偏转角度比例。

转向角比例控制 4 轮转向系统的构成如图 5-3-22 示。

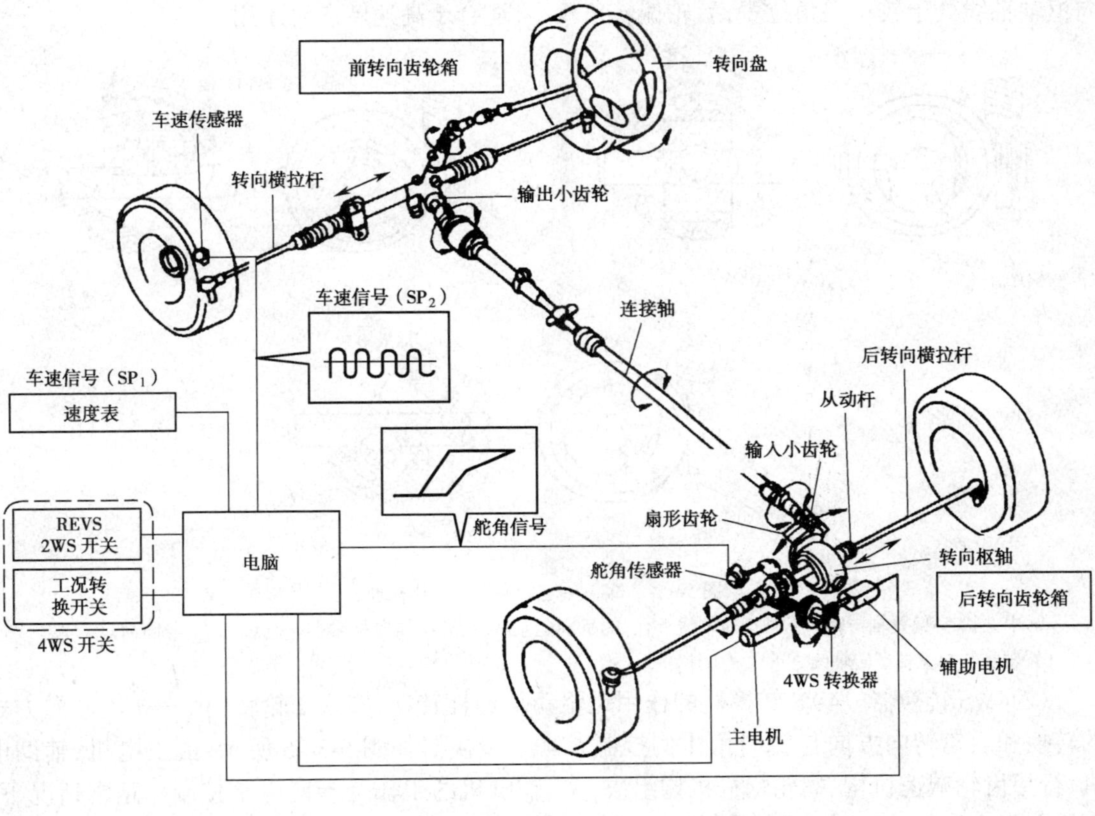

图 5-3-22　转向角比例控制 4 轮转向系统构成

前、后转向机构通过连接轴相连。转动转向盘转向时,齿条式转向器齿条在推动前转向横拉杆左右移动使前轮偏转转向的同时,还带动输出小齿轮转动,通过连接轴把这一运动传递到后转向控制机构(齿轮箱)带动后轮偏转。

1. 主要元件的构造与工作原理

(1)转向枢轴。图 5-3-22 中的后轮转向枢轴,其构造如图 5-3-23 所示。转向枢轴的主要结构是一个大轴承,其外套与齿扇固定为一体,并用一纵向轴支承在壳体上,可以左右摆转;其内套带有圆周沟槽,与横向从动轴上突出的偏置轴外端相啮合。当转向枢轴在连接轴的带动下左右摆转时,即可利用偏置

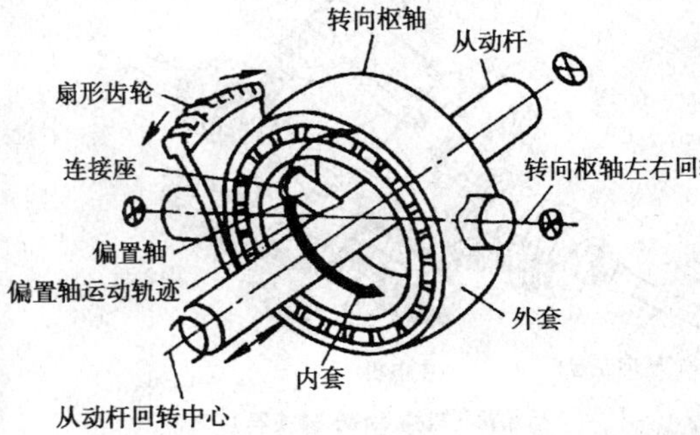

图 5-3-23　偏置轴与转向枢轴的构造

轴带动从动杆左右移动；从动杆是后转向横拉杆的一部分，左右移动时即带动后轮转向。转向枢轴的左右摆转量最大可达 55°左右。

从动杆可在电动机及传动装置的操纵下自转，使从动杆上的偏置轴相对于转向枢轴摆转轴线的角度发生变化，后轮的转向角比例和转向方向也随即发生相应变化。如图 5-3-24 所示，当偏置轴轴线随从动杆转到与转向枢轴摆转轴线重合位置时，从动杆将不随转向枢轴的摆转而移动，后轮不转向；当偏置轴轴线转到转向枢轴摆转轴线的上方时，从动杆带动后轮反向偏转，偏置轴与转向枢轴轴线接近于垂直位置时，后轮偏转角达到最大值，适合于低速转向时采用；当偏置轴轴线转到转向枢轴摆转轴线的下方时，从动杆带动后轮同向偏转，且偏置轴与转向枢轴轴线处于较小夹角位置，后轮偏转角较小，适合于高速转向时采用。

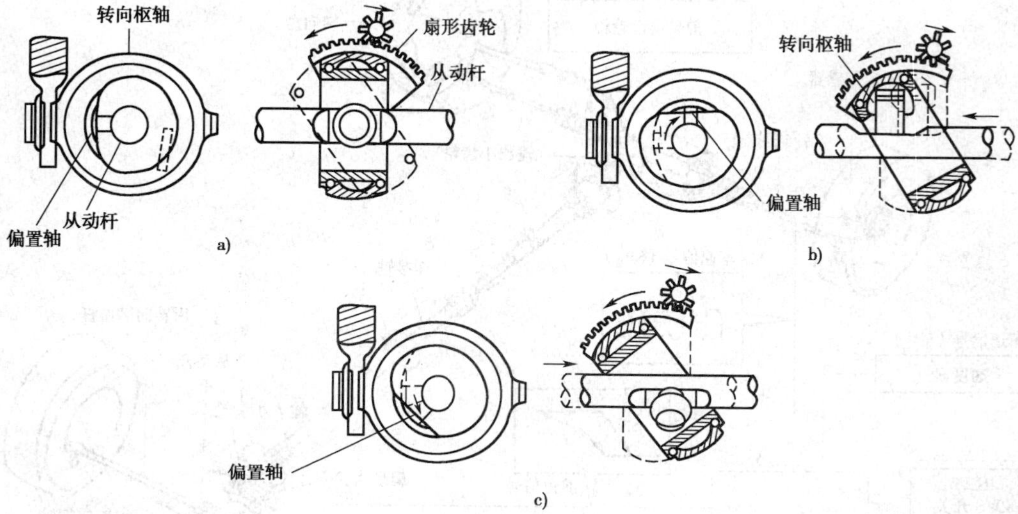

图 5-3-24　偏置轴与转向枢轴工作原理

a)中立状态-偏置轴与转向枢轴摆转轴线重合；b)反向运动-偏置轴在转向枢轴摆转轴线之上；c)同向运动-偏置轴在转向枢轴摆转轴线之下

(2)4WS 转换器。4WS 转换器的作用是驱动从动杆转动，实现 2 轮转向——4 轮转向方式的转换和后轮转向方向与转向角比例控制。4WS 转换器如图 5-3-25 所示，由主电机、辅助电机、行星齿轮减速机构、蜗轮蜗杆机构组成，主、辅电机的工作受转向电脑控制。正常情况下，作为备用的辅助电机不工作，由主电机带动转换器输出轴转动；当主电动机不能工作时，由辅助电动机带动转换器输出轴转动。

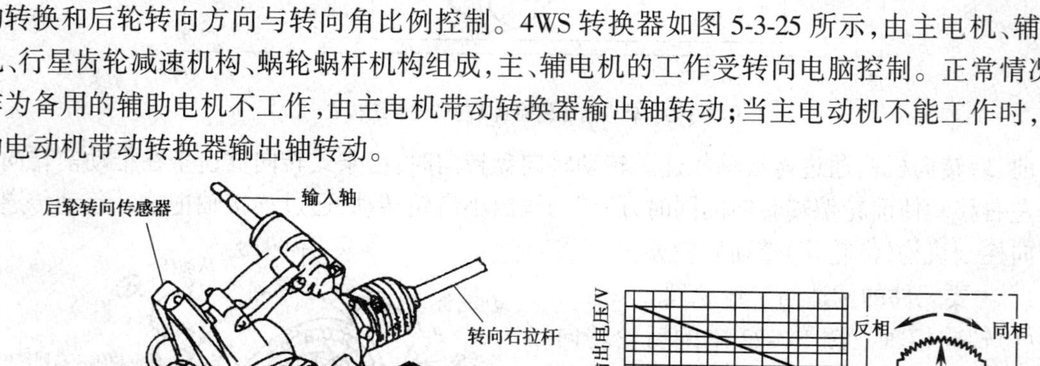

图 5-3-25　4WS 转换器与后轮转向传感器

为检测转换器的工作状态,在从动杆蜗轮的侧面设置了滑动电阻式转向角比例检测传感器,随时向电脑反馈转向角比例控制状态,以便电脑随时进行控制和修正。

(3)转向角比例控制系统。转向比例控制系统主要由转向电脑、车速传感器、4WS 转换开关、转向角比例传感器和 4WS 转换器等组成,转向电脑是控制中心。图 5-3-26 是转向角比例控制系统工作原理图。

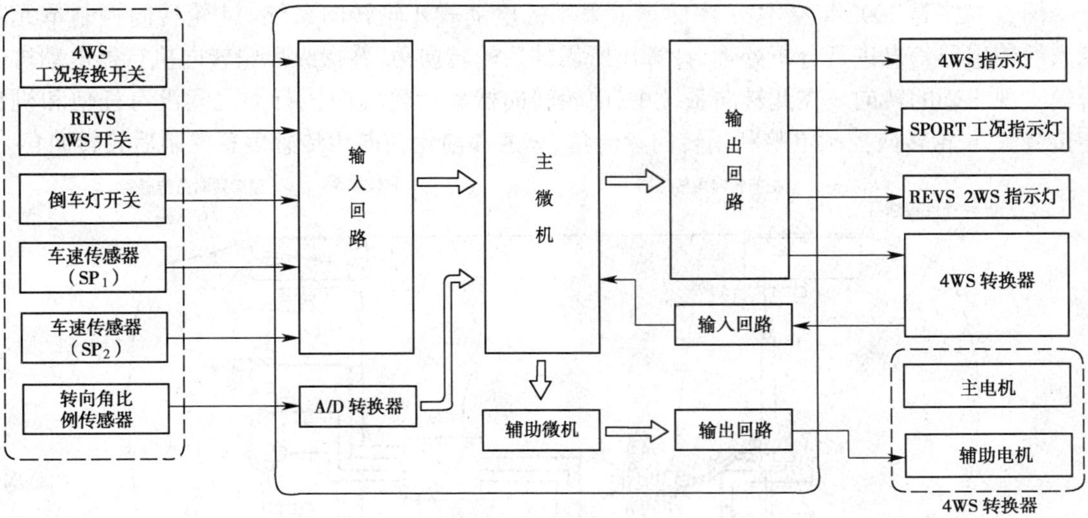

图 5-3-26 转向角比例控制四轮转向系统工作原理

2. 系统的主要控制功能

(1)转向控制方式的选择。当通过 2WS 选择开关选择 2WS 方式时,电脑控制 4WS 转换器使后轮在任何车速下的转向角为零,这是为习惯于前轮转向驾驶的人设置的;在 4WS 方式下,驾驶员还可根据驾驶习惯和行驶情况通过 4WS 转换开关进行 NORMAL 工况与 SPORT 工况的变换,对后轮转向角比例控制特性进行选择。

(2)转向角比例控制。当选定 4WS 方式时,电脑根据车速信号和转向角比例传感器信号判定工况和后轮转向角比例控制状态后,向 4WS 转换器电机发出控制信号,调节后轮转向角控制比例,转向角比例传感器随时将后转向齿轮箱内从动杆的转动角度、位置情况转变为模拟电压信号反馈给电脑,以便电脑及时对后轮转向角控制比例进行修正。

(3)安全保障功能。当转向控制系统发生故障时,4WS 故障报警灯将点亮,并在电脑中记忆故障部位。同时,后备系统实施以下控制:

①当 4WS 转换器主电机故障时,电脑驱动辅助电机工作,使后轮以 NORMAL 模式与前轮作同向转向运动,并根据车速进行转向角比例控制。

②当某车速传感器故障时,电脑取 SP1 和 SP2 两车速传感器中输出车速信号高的作为控制依据,并驱动 4WS 转换器主电机使后轮处于与前轮同向转向状态,进行转向角比例控制。

③当转向角比例传感器故障时,电脑驱动 4WS 转换器辅助电机使后轮处于与前轮同向转向最大值,并终止转向角比例控制。如果辅助电机发生故障时,则通过驱动主电机完成这一控制。

④当电脑出现异常时,将以 4WS 辅助电机驱动后轮至与前轮同向转向最大值位置,以避免后轮处于反向运动状态,并终止转向角比例控制。

应当说明的是,当后轮处于与前轮同向转向状态时,后轮的最大转向角很小,且有利于确保高速转向时的方向稳定性。因此,当系统出现影响到后轮转向角比例控制的故障时,后备系统常使后轮处于与前轮同向偏转最大值状态,以确保安全。

二、电动式电控 4 轮转向系统

1. 系统构造与组成

图 5-3-27 是 1992 年在本田-序曲车上采用的电动式 4 轮转向系统。4 轮转向控制单元对输入的传感器信息进行分析处理,计算出所需的后轮转向角,并操纵后轮转向执行器电动机使后轮实现正确的转向。在此转向系统中,前轮转向器和后轮转向执行器之间没有任何和机械连接装置,4 轮转向控制电脑利用转向盘转角、车速和前轮转向角传感信息控制后轮转向角。

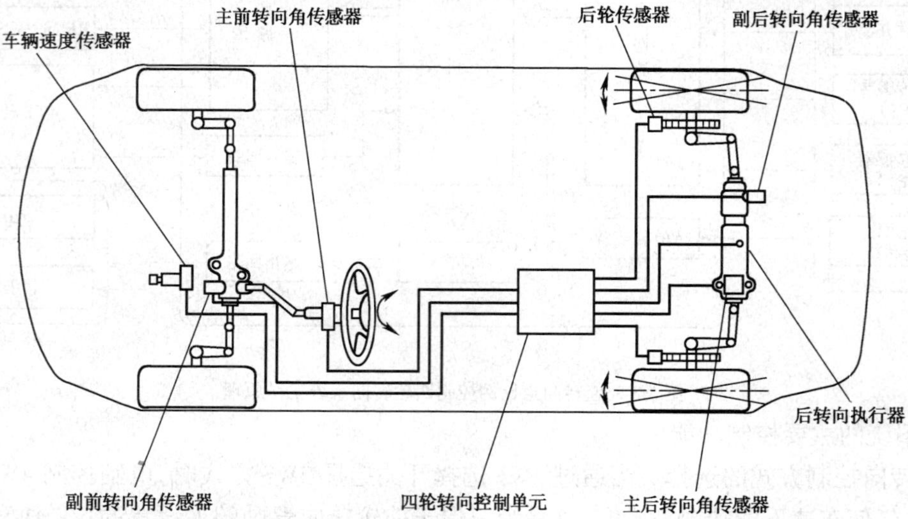

图 5-3-27 本田-序曲电动式电控四轮转向系统

当车速低于 29km/h 转向时,后轮向相反方向偏转,在车速为零时的最大转角为 6°,在 29kn/h 时后轮转角接近为零;当车速大于 29km/h 时,在转向盘 200°转角以内后轮的转向角与前轮一致,转向盘转角大于 200°时后轮开始向相反方向偏转。当车速提高到 96km/h,并转动转向盘 100°角度时,后轮将向相同方向偏转大约 1°,转向盘转动 500°角度时,后轮将向相反方向偏转大约 1°。

(1)后轮转向执行器。后轮转向执行器的组成包括一个通过循环球螺杆机构工作的电动机、后轮转向角传感器、回位弹簧等。执行器在结构上作为后轮转向横拉杆的一部分,两端的拉杆与后轮转向节臂相连。电动机受电脑控制转动时,即可通过循环球螺杆产生轴向推力,克服回位弹簧的弹力带动后轮转向。执行器内的回位弹簧在关闭点火开关或 4 轮转向系统失效时,将后轮推回到直线行驶位置。一个主后轮转向角传感器和一个副后轮偏转向角传感器安装在执行器的上部。图 5-3-28 为后轮转向执行器构造。

(2)后轮转向角度传感器。后轮转向角主传感器为霍尔式,通过检测循环球螺母上的电磁转子转动情况感知后轮偏转角度;后轮偏转角度副传感器的伸缩杆顶在与后转向横拉杆的锥形轴表面,通过感知锥形轴的移动即可测得后轮偏转角度。

(3)前轮转向角传感器。转向盘转角传感器又称为前轮主转向角传感器,为霍尔式,装在组合开关下方的转向柱上;副前轮转向角传感器安装在齿条式转向器上,结构与工作原理和后轮副转向角传感器相同。

(4)车速传感器。与 ABS 系统共用的两只电磁式后轮速传感器向电脑提供交变电压信号,供电脑判定车速。注意,为了防止来自其他电线的干扰,有的传感器带有附加的外屏蔽,如果屏蔽损坏将严重影响电脑的工作。同时,严禁将电子传感器的导线位置移动到靠近其他电源线路附近。

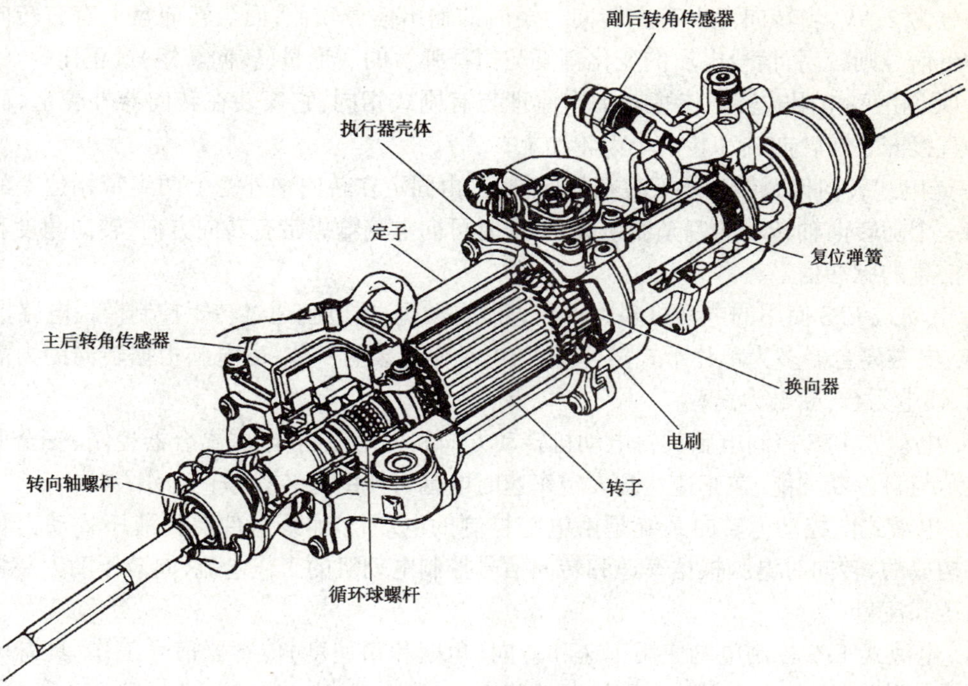

图 5-3-28 本田-序曲汽车后轮转向执行器的构造

2. 系统的失效保护功能。

如果 4 轮转向系统电脑检测到系统出现故障,将使系统转换到失效保护状态。在这种状态下,电脑存入故障码,并接通四轮转向指示灯发出警告。同时,控制电脑切断后轮转向执行器电源,使后轮保持在直行位置,系统回归为 2 轮转向特性。为防止后轮转向执行器断电时回正过快而造成方向不稳,电脑在使系统进入保护状态的同时,给阻尼继电器通电,使电动机的转子电路短接,电动机作为发电机转动而产生阻尼力矩,使回正弹簧缓慢地将后转向拉杆推动到中央位置。

小　结

1. 电动式 EPS 是在机械式转向系统的基础上加装直流助力电动机和电控装置构成的;

2. 电动式 EPS 电控加力装置主要由直流电动机、电磁离合器、蜗轮蜗杆传动装置、车速传感器、转矩传感器和电子控制单元等组成;

3. 电动式 EPS 在工作时,电子控制单元根据车速信号和转矩传感器信号,通过联合控制电动机的通电电流方向和电流大小及电磁离合器的离、合,实现对加力方向和大小的控制,以获得合适的转向路感;

4. 电动式 EPS 转矩传感器主要由扭杆弹簧和电测元件组成,其作用是把驾驶员作用在转向盘上的转向力矩及方向参数转变为电信号,并传送给电脑作为控制转向助力的主要依据;

5. 电磁感应式转矩传感器利用电磁感应原理把扭杆弹簧的扭转变形量和变形方向转变为电压信号，其输出信号电压与扭杆弹簧的变形量（即转向力矩）成正比；

6. 有刷滑动电阻式转矩传感器利用滑动电位器将扭杆弹簧变形量转变为电压信号，滑动电位器实际上是一个分压器，其标准输入电压一般为 5V，当转向盘上转向力矩为 0 时的输出电压信号为 2.5V，当转向盘上有左转向力矩时的输出信号较低，而当转向盘上有右转向力矩时的输出信号则较高，信号电压的变化幅度与扭杆弹簧的变形量（转向转矩）成正比；

7. 无刷滑动电阻式转矩传感器工作原理与有刷式相同，它安装在转向器外壳上，而有刷式则是直接安装在转向轴和转向小齿轮轴上；

8. 光电式转向传感器一般安装在转向轴上，由固定在转向轴外壳上两组带相位差的光电元件和一个随转向轴转动的遮光器组成，工作时可向电脑输出带有转向方向、转向角度和转向角速度信息的脉冲信号；

9. 电动式 EPS 使用的电动机多为永磁直流电动机，由电脑通过转矩控制模块电路操纵；

10. 电磁离合器多为单片干式离合器，与电动机组装为一体，由电脑根据转向助力需要进行控制，通电为合，断电为离；

11. 电动式 EPS 控制电脑具备电动机转动方向和力矩控制、电磁离合器控制、安全保护和故障显示与自诊断功能，在车速达到设定车速时电脑将使助力装置停止工作；

12. 电液式电控动力转向系统是由电脑控制的电动机-油泵组件取代液压式动力转向系统油泵构成的，转向时电脑根据车速和转向信号控制电动机的工作电流，向液压助力装置提供最佳油压和流量；

13. 电液式 EPS 控制电脑使用车速和转向（角度和角速度）传感器信号工作，具有可自动转换模式的助力控制、安全保护和自诊断功能；

14. 油泵电动机电路带有功率控制器；

15. 转向角比例控制式 4 轮转向系统使用机械连接轴将前轮转向运动传递给后轴的转向枢轴，电脑通过 4WS 转换器控制转向枢轴的转向角响应方向和响应比例，实现后轮与前轮按比例进行同向或反向偏转；

16. 在转向角比例控制式 4 轮转向系统中，电脑控制后轮在低速时与前轮反向偏转，在高速时与前轮同向偏转，偏转角度比例随车速而变化；4 轮转向模式可通过选择开关进行选择；发生故障时电脑将系统置于安全状态；

17. 电动式电控 4 轮转向系统电脑根据车速和转向信号操纵后轮转向执行器，使后轮适当偏转实现 4 轮转向；

18. 电动式电控 4 轮转向系统主要由控制电脑、后轮速（车速）传感器、前轮转向角传感器、后轮转向执行器和后轮转向角传感器构成；

19. 后轮转向执行器主要由电动机、循环球螺杆机构和回位弹簧等部件组成，断电后可自动使后轮处于直行位置。

实训要求

一、实训内容

1. 电动式 EPS 结构布置、电路与元件构造、原理认识；

2. 电液式 EPS 结构布置、电路与元件构造、原理认识；

3. 转向角比例控制式 4 轮转向系统结构布置、电路与元件构造、原理认识；

4. 电动式电控 4 轮转向系统结构布置、电路与元件构造、原理认识；

二、实训目的与要求

1. 掌握电动式 EPS 的组成与结构布置，认识并掌握直流电动机、电磁离合器、蜗轮蜗杆传动装置、车速传感器、转矩传感器的构造与工作原理；

2. 掌握电液式 EPS 的组成与结构布置，认识并掌握电动机-油泵组件等部件的构造与工作原理；

3. 认识了解转向角比例控制式 4 轮转向系统结构布置与电路，认识了解后轮执行机构的构造与工作原理；

4. 认识了解电动式电控 4 轮转向系统结构布置与电路，认识了解后轮转向执行器的构造与工作原理。

复习思考题

一、判断题

1. 电动式 EPS 电脑通过改变助力电动机工作电流的方式控制助力强度，以获得适当路感。 (　　)

2. 电液式 EPS 电脑控制电动机工作电流强度就可以控制液压助力系统油压，从而控制转向助力的强度。 (　　)

3. 电液式 EPS 电脑工作时必须有转向力矩和方向信号。 (　　)

4. 电动式 EPS 电脑工作时必须有转向力矩和转向方向信号。 (　　)

5. 电磁感应式转矩传感器安装时必须使两组极靴对正。 (　　)

6. 滑动电阻式转矩传感器实际上就是一个分压器。 (　　)

7. 在电动式 EPS 中，当电动机断电时电磁离合器也必须断电。 (　　)

8. 4WS 在高速转向时后轮的偏转角度很小，而在低速大角度转向时后轮的偏转角较大。 (　　)

二、选择题

1. 在各种电控动力转向系统中，需要设置转向转矩传感器的是： (　　)

A. 液压式 EPS；　B. 电动式 EPS；　C. 电液式电控动力转向系统；　D. 4WS

2. 在各种转矩传感器中，输出直流电压信号的变化量与转向转矩成正比的是： (　　)

A. 有刷滑动电阻式；　B. 电磁感应式；　C. 光电式；　D. 无刷滑动电阻式

3. 当电动式 EPS 的转矩传感器、电动机或车速传感器出现严重故障时，电脑会使： (　　)

A. 电磁离合器断电分离；　B. 电动机通电助力；

C. 电动机断电中断助力；　D. 电磁离合器通电接合

4. 在电动式 EPS 正常工作时，决定助力电动机是否通电工作的传感信号是： (　　)

A. 转向角速度信号；　B. 转向转矩信号；　C. 车速信号；　D. 发电机信号

5. 在下列传感器中,被电液式电控动力转向系统采用的是: ( )
A.转向角速度传感器; B.转向转矩传感器; C.车速传感器; D.油压传感器

6. 在汽车作低速大角度转向时,4WS 使后轮作: ( )
A.较小角度同向偏转; B.较大角度反向偏转;
C.较小角度反向偏转; D.较大角度同向偏转

7. 汽车在作高速小角度转向时,4WS 使后轮作: ( )
A.较小角度同向偏转; B.较大角度反向偏转;
C.较小角度反向偏转; D.较大角度同向偏转

8. 在 4WS 中,决定后轮偏转状态和偏转量的传感信号是: ( )
A.车速信号; B.转向角度信号; C.转向转矩信号; D.转向方向信号

9. 在电动式 EPS 中,转向转矩传感器向电脑提供的传感信号应是: ( )
A.转向力矩; B.转向方向; C.转向力矩和方向; D.转向力矩和转向角速度

10. 在电液式 EPS 中,转向转矩传感器向电脑提供的传感信号应是: ( )
A.转向角速度; B.转向方向; C.转向角度和转向角速度; D.转向力矩和方向

三、简答题

1. 电动式 EPS 由哪几部分构成的?

2. 电动式 EPS 转矩传感器的作用是什么?

3. 电动式 EPS 是如何控制转向助力,改善转向路感的?

4. 电液式 EPS 工作时为什么不需要转向转矩和转向方向信号?

5. 什么是电控式动力转向系统的安全保护状态?比较各种电控动力转向系统安全保护状态的异同点。

6. 转向角比例控制式 4 轮转向系统是如何操控后轮偏转方向和偏转角度比例的?

7. 在转向角比例控制式 4 轮转向系统电控装置出现严重故障时,后备系统使后轮处于什么状态?为什么要使后轮处于这种状态?

8. 在电动式电控 4 轮转向系统中,后轮转向执行器的作用是什么?是如何工作的?

第四章　电子控制动力转向系统的故障诊断与检修

学习目标

1. 掌握 2 ~ 3 种常见车型电控动力转向系统故障码的读取与清除方法；

2. 掌握电控动力转向系统电磁阀、转矩传感器、转向传感器、直流电动机及电磁离合器和车速传感器等主要元件的检测方法；

3. 掌握电控动力转向系统常见故障及诊断方法；

4. 建立有关传感器电子中性的概念；

5. 掌握电控动力转向系统传感器电子中性检查与调整的一般方法。

第一节　故障码的读取与清除方法

一、三菱微型车电子控制动力转向系统故障码的读取与清除

1. 警告灯的检查

当点火开关处于 ON 位时，警告灯应点亮，发动机启动后警告灯熄灭为正常。当打开点火开关警告灯不亮时，应检查灯泡是否损坏，保险丝和导线是否断路。如发动机起动后警告灯仍亮时，首先考虑系统是否处于保险状态，并应通过自诊断系统进行必要的检查。

2. 自诊断检查方法

将万用表直流电压档的正测试棒接在图 5-4-1 所示诊断连接器的 2 号接柱上，负测试棒接铁，接通点火开关的 ON 档，故障代码即按由小到大的顺序显示出来，其含义如表 5-4-1 所示。

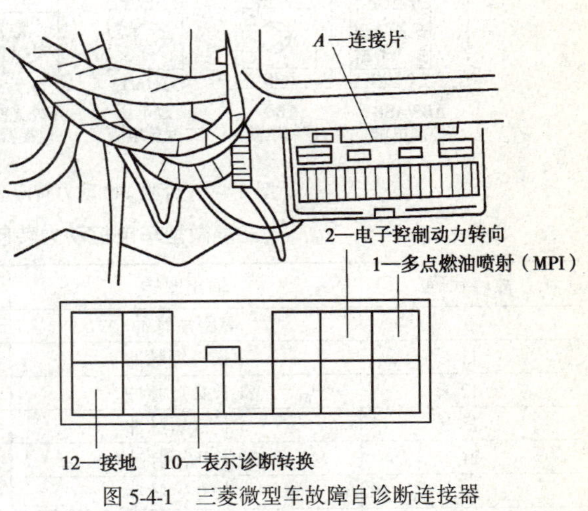

图 5-4-1　三菱微型车故障自诊断连接器

二、奔驰 140 电控动力转向系统故障码的读取与清除

奔驰车系电控动力转向系统也叫动力转向车速感应稳定系统，简称 PML 系统。其电脑电路图如图 5-4-2 所示。

奔驰 140 车速感应动力转向系统的故障代码读取和清除方法如下：

①将点火开关置于 ON 档；

②在图 5-4-3 所示 38 孔故障检测插座的 2 和 12 端子之间跨接上带 330Ω 电阻的 LED 灯；

③将“C”端跨接搭铁 4s 后断开，读取 LED 灯闪烁的故障代码；

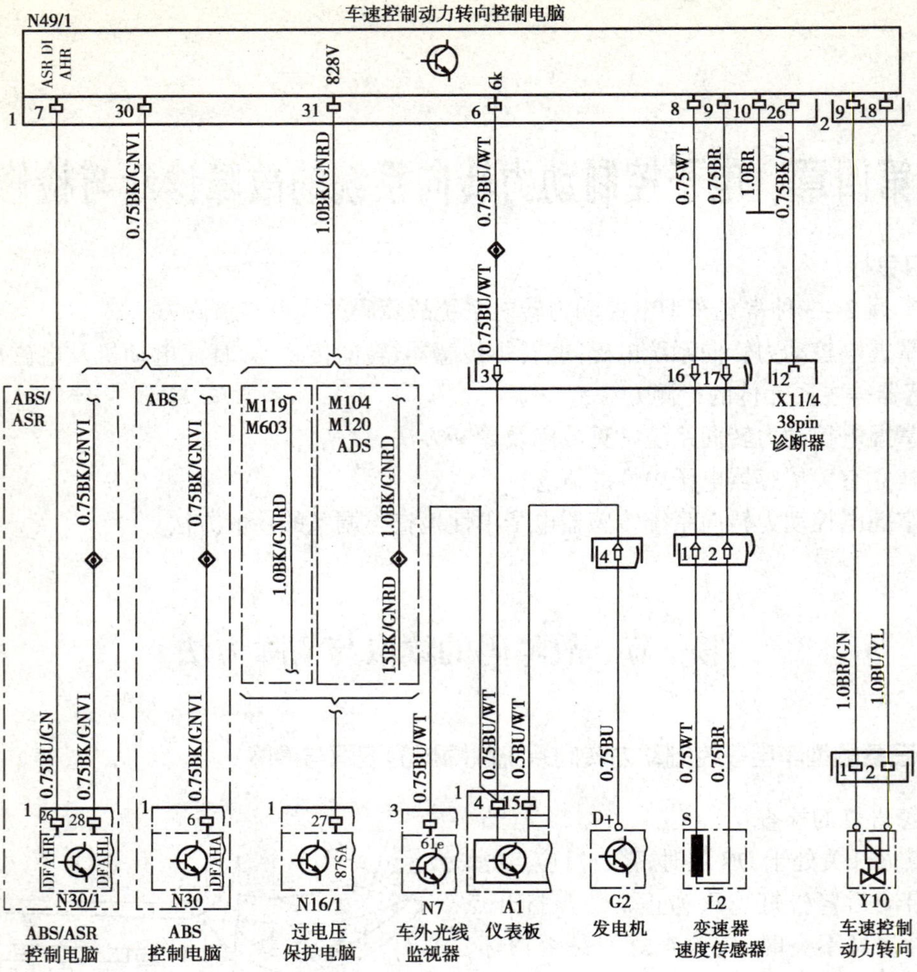

图 5-4-2　奔驰 140 动力转向车速感应稳定系统电脑电路图

三菱微型车电控动力转向系统故障代码及其含义　　表 5-4-1

故障代码	输出图样	故　障　项　目
0	等距短脉冲	正常
11	1 长 1 短脉冲	主转矩传感器
12	1 长 2 短脉冲	副转矩传感器
13	1 长 3 短脉冲	转矩传感器主、副侧电压差过大
21	2 长 1 短脉冲	主车速传感器
22	2 长 2 短脉冲	车速传感器主、副侧电压差过大
23	2 长 3 短脉冲	主车速传感器电压急减
31	3 长 1 短脉冲	交流发电机 L 端子
41	4 长 1 短脉冲	直流电动机
42	4 长 2 短脉冲	直流电动机电流
42	4 长 2 短脉冲	直流电动机过电流
44	4 长 4 短脉冲	直流电动机锁止
51	5 长 1 短脉冲	电磁离合器
54	5 长 4 短脉冲	ECPS 控制装置
55	5 长 5 短脉冲	转矩传感器 E/F 回路不良
——	常指示高电位	ECPS 控制装置(ECU)不良

④等待 4s 以后，再将“C”端搭铁 8s 以上，读取新的故障代码，直到代码重复出现时即完成

代码读取；

⑤将点火开关转到 OFF 位置 30s 以上，即可清除故障代码。

故障代码的含义如表 5-4-2 所示。

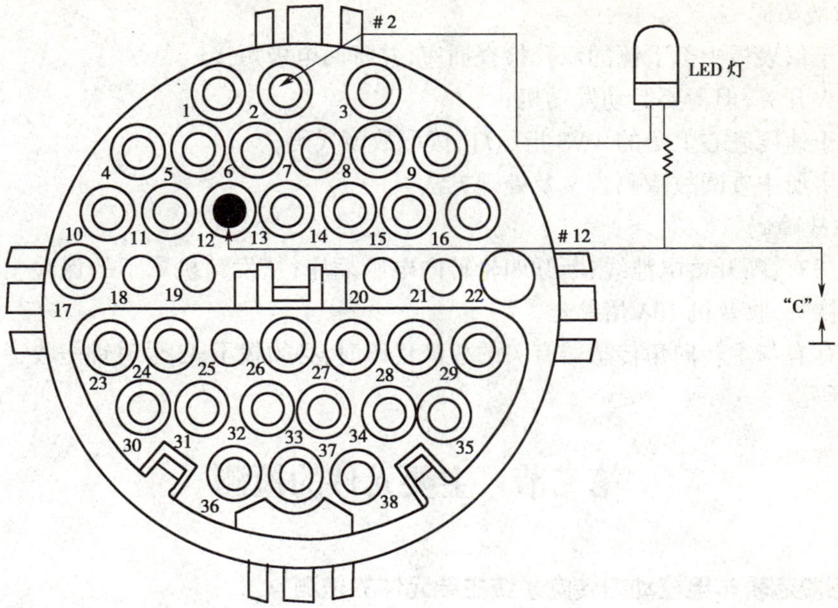

图 5-4-3　38 孔故障检测插座与 LED 灯的跨接方法

奔驰 140 电控动力转向系统故障代码及其含义　　表 5-4-2

故障代码	含　　义
1	系统正常
2	PML 控制电脑（N49/1）
3	左后车速信号（由 ABS 电脑 1/6 脚来或由 ASR 电脑 1/28 脚，来到 PML1/30 脚）
4	右后车速信号（由 ABS/ASR 电脑 1/26 脚来，到 MPL1/7 脚）
5	差速器车速信号到 PML1/30 脚（N30/1）
6	无法取得所有车速信号，参考 CODE3、4、5
7	变速箱车速信号回路（L2）
8	车速控制动力转向阀线路到电源（Y10）短路
9	车速控制动力转向阀短路
10	车速控制动力转向阀线路搭铁
11	PML 电源中来至 BASE 电脑（系统控制电脑）或主继电器 87 号电源线有一条断路

三、本田-序曲汽车 4 轮转向系统故障码的读取与清除

1．路试

系统出现故障，即使是暂时性故障，电脑也会存储故障码，并点亮 4 轮转向指示灯报警。进行故障诊断前应向用户了解故障情况，并进行路试。如果路试中 4 轮转向指示灯没有亮，说明电子系统是完好的，不需进一步诊断。如仍有问题，应参考维修手册进行人工检查，以发现和排除故障。

2. 一般检查

举升汽车,检查4WS系统所有电气线路、接头和元件有无断路、松动和损坏。如有损坏,进行必要修理。

3. 读取故障码

取下位于仪表板中部下侧的双孔检查插座,并将两电极短接;

打开点火开关,但不要起动发动机;

观察位于速度表右上角的4WS指示灯,读取故障代码;

从维修手册中查阅故障码含义及处理方法。

4. 消除故障码。

可用方法有:断开蓄电池线;断开四轮转向电脑插座;从发动机罩下的保险—继电器盒中拨下43号时钟—收音机10A熔断丝。

当系统存有与主转向角传感器有关的故障代码时,必须拨下43号时钟—收音机熔断丝方可消除故障码。

第二节　主要元件的检测

一、丰田凌志轿车电控动力转向系统主要元件的检测

1. 电磁阀的检测

(1)断开电磁阀的接线插座,用万用表检测接脚SOL+和SOL-间的电阻值应为6~11Ω;

(2)从转向机上拆下电磁阀,将SOL+和SOL-分别接触蓄电池的正、负极,电磁阀应有动作响声;

(3)检查针阀间隙应为2mm。以上检查不符合要求时应更换电磁阀。

2. 系统ECU的检测

(1)顶起汽车,并可靠支承;

(2)打开ECU盖,但不要断开连接器;

(3)起动发动机并挂档加速,使车速表示数达到60km/h,检测SOL+与GND间的电压应为0.07~0.22V,否则应更换ECU。

二、三菱微型汽车电控动力转向系统主要元件的检查与测试

1. 转矩传感器的检测

系统导线插接器如图5-4-4所示。当转向盘处于中间位置时,用万用表检测b插接器上转矩传感器主侧端子3和5与副侧端子8和10之间的电压,均为2.5V时良好,达到4.7V以上为断路,达到0.3V以下时为短路。

从转向机上拨下导线插接器用万用表测量b插接器上转矩传感器主侧端子3和5与副侧端子8和10之间的电阻,其标准值应为2.18kΩ±0.66kΩ。

当转矩传感器异常时,应更换传感器总成。

2. 电磁离合器的检测

从转向机上断开电磁离合器插接器,将蓄电池的正极接到电磁离合器1端子上,负极与6端子相接,在接通与断开的瞬间,离合器应有吸动声。如果没有吸动声,表明离合器故障,应更换。

3. 直流电动机的检测

从转向机上断开电动机导线插接器,在两端子间加上蓄电池电压时,电动机应有均匀转动声。否则,应更换。

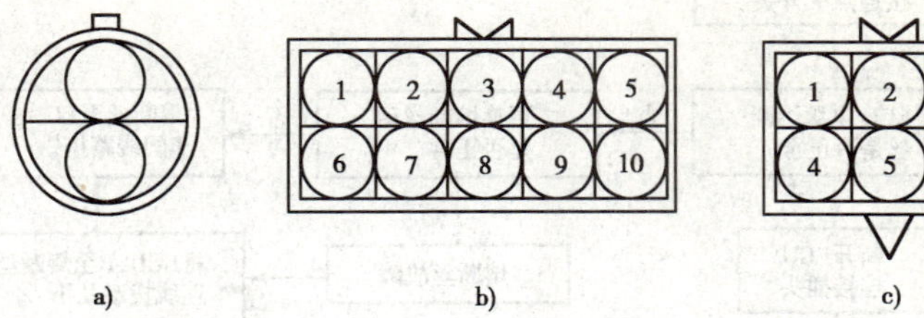

图 5-4-4　三菱微型汽车电控动力转向器导线插接器

a)直流电动机导线插接器;b)转矩传感器和电磁离合器导线插接器;c)车速传感器导线插接器

4. 车速传感器的检测

从变速器上拆下车速传感器,转动传感器转子,应能滑顺转动。若有卡滞,应更换。

用万用表测量传感器主侧端子 1 和 2 与副侧端子 4 和 5 之间的电阻值,应为 165 ± 20Ω。如不符时,应更换。

第三节　电控动力转向系统常见故障的诊断、检查与调整

一、丰田凌志轿车电控动力转向系统常见故障的诊断

该系统的常见故障有怠速或低速转向沉重和高速行驶时转向太灵敏等。转向沉重多为液压系统或机械传动装置故障造成,其检查诊断请参照本篇第一章有关内容;高速时转向太灵敏造成“发飘”则多为电控系统故障所致。进行故障诊断时,应先进行机构和液压系统基本检查,然后再进行电气检查,检查诊断方法步骤如下:

1. 基本检查

①检查轮胎气压是否符合规定;

②检查转向节的润滑是否良好,有无过紧或松动;

③检查前轮前束是否符合规定;

④检查各转向拉杆及臂的球头是否润滑良好,有无过紧或松动;

⑤检查转向柱是否弯曲,有无碰擦;

⑥检查所有电气连接处是否连接可靠;

⑦检查油泵压力是否符合规定。

2. 电气检查

必要时进行电气检查,以发现和排除故障。系统插接器如图5-4-5所示。电气检查流程图如图5-4-6所示。

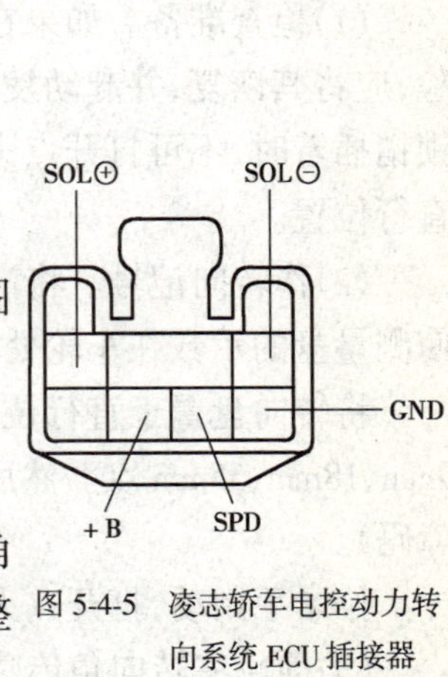

图 5-4-5　凌志轿车电控动力转向系统 ECU 插接器

二、本田-序曲轿车 4 轮转向系统的检查与调整

前后轮主、副转向角传感器的电子中性检查和前轮主、副转向角传感器调整、后轮副转向角传感器的调整是系统的基本检查和调整项目。后轮主转向角传感器是不可调整的。

1. 传感器的电子中性检查

传感器的电子中性是指传感器输出的中性信号(如:零转矩、零位移等)与被传感零件(装置)实际中性状态的相符性。

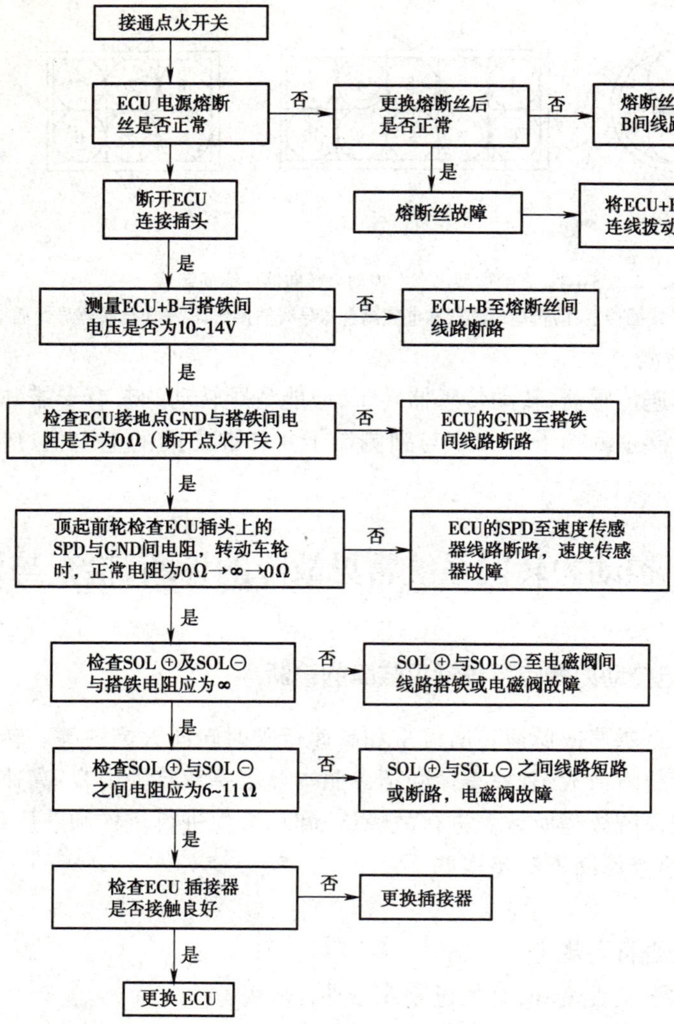

图 5-4-6 凌志电控动力转向系统电气检查流程图

(1)检查准备。如果在检查前曾断开过蓄电池、4WS 电脑插接器或 43 号时钟—收音机保险,应将其恢复,并起动发动机,向左、右打满转向盘至少各一次。注意,如果后轮转向执行器锁销插着时,不可打开点火开关和起动发动机,以防损坏执行器和锁销,除非已确认前轮处于直行位置。

(2)作转向记号。将汽车停在车轮转向角检查台上,使 4 轮处于转向角测量盘的中央,并使测量盘的示数在车轮处于直行状态时为零。

将转向盘置于直行位置,在转向盘上方贴上 500mm 长的胶带,并标出中心点和左、右各 9mm、18mm、55mm 点。然后短接 4WS 检查插座电极(插座位于仪表板中部的下方,应先读取故障码)。

拉紧手制动,打开点火开关确认手制动灯点亮,使前轮转向角传感器处于检测状态。

(3)前轮主转向角传感器的电子中性检查。打开点火开关,慢慢左、右转动转向盘,直到找出使 4WS 指示灯亮 2s 以上的位置，应在左、右各 9mm 处。

否则，应调整前主转向角传感器。

(4)前轮副转向角传感器的电子中性检查。打开点开关(可接 3)步直接进行)，慢慢左、右转动转向盘，直到找出使 4WS 转向灯以 0.2s 间隔闪烁的位置，应在左、右各 55mm 处。

否则，应调整前副转向角传感器。

(5)后轮副转向角传感器的电子中性检查。松开手制动，打开点火开关确认手制动灯熄灭，使后轮转向传感器处于检测状态；关闭点火开关；从后轮转向执行器上拆下锁销孔螺盖及密封环，然后装好中心锁销；将前轮置于直行状态，以防接通点火开关时后轮转向，损坏执行器；打开点火开关，用手扳动左后轮，使其转向右侧极限位置，再缓慢推向左转方向，当左后轮刚刚开始左转向时，4WS 指示灯应开始闪烁。

否则，应调整后轮副转向角传感器。

(6)后轮主转向角传感器的电子中性检查。(接第(5)步进行)在点火开关打开时，将左后轮转向最左方极限位置，然后慢慢向右转，在左后轮刚刚开始右转向时，4WS 指示灯应点亮 2s 以上。

否则，应检查后主转向角传感器是否损坏。

最后，关断点火开关，拆下后转向执行器锁销，并装好螺盖。拆下检查插座短接线，装好 4WS 执行器罩。

2. 转向角传感器的调整

(1)前轮主转向角传感器的调整：

①将汽车置于转向角检查台上，4 轮处于转向角检查盘的中央，并左、右打满方向数次；

②将转向盘置于总转动圈数一半的中间位置时，转向盘轮辐应处于水平位置。否则，应检查、调整转向盘和前轮主转向角传感器。

③拆下转向盘，查看位于转向柱上的主转向角传感器的黄色标记是否处于正下方位置。如果是，说明主转向角传感器处于电子中性位置；如果不是，应暂时装上转向盘，将黄色标记转到正下方位置，并将转向盘拆下，重新按轮辐水平位置装好。注意，安装转向盘时转向盘上的小孔应与安全气囊电缆卷销钉配合好。

(2)前轮副转向角传感器的调整：

①举升汽车，使四轮离地，将转向盘置于直行位置，短接好 4WS 检查座，打开点火开关，完全拉紧手制动，并确认手制动灯亮起，使前转向角传感器处于检测状态，再关断点火开关；

②松开前轮副转向角传感器线束，并拆下罩盖，断开线束插接器；

③松开前副转角传感器锁紧螺母，接上线束插接器，并打开点火开关；

④保持前轮处于直行位置状态情况下，略转动转向盘使 4WS 指示灯亮起，并保持方盘这一位置不变；

⑤沿顺时针方向慢慢转动前轮副转向角传感器至 4WS 指示灯熄灭，记下此时传感器相对于转向器壳体的位置；慢慢沿逆时针方向转动传感器，直到 4WS 指示灯开始闪烁，记下传感器相对于壳体的位置；

⑥将前轮副转向角传感器调转到 4WS 指示灯熄灭和开始闪烁的中间位置，并锁紧；

⑦关断点火开关，并插接插座，固定好线束。

⑧进行一次电子中性检查。

(3)后轮副转向角传感器的调整(注：后轮主转向角传感器不可调整)：

①举升汽车使 4 轮离地，并短接好 4WS 检查座；

②松开手制动，并打开点火开关，确认手制动灯熄灭后关闭点火开关；

③拆下后轮转向执行器锁销孔螺盖，并装好锁销；松开后轮副转向角传感器导线束，并断开插接器；

④松开后轮副转向角传感器锁紧螺母；

⑤接上线束插接器，并将前轮置于直行位置，打开点火开关；

⑥用手将左后轮向左转到极限位置，然后再将其向右转，直到 4WS 指示灯变亮——这使后轮主转向角传感器处于电子中性位置；

⑦逆时针方向慢慢转动后轮副转向角传感器，直到 4WS 指示灯熄灭时，记下传感器相对于壳体的位置；然后将后轮副转向角传感器顺时针转动到 4WS 指示灯开始闪烁的位置，并作好记号；

⑧将后轮副转向角传感器转动到 4WS 指示灯熄灭和闪烁的中间位置，并锁紧；

⑨断开点火开关；

⑩接好传感器线束插接器，并固定好线束；

⑪拆下锁销，装好锁销孔螺盖和执行器罩。

⑫进行一次电子中性检查。

小　结

1. 电控动力转向系统 ECU 具有自动检测、报警、存储和显示故障信息的功能，电控系统故障信息可通过读取故障码获得；

2. 电控动力转向系统电控元件均可根据其构造、工作原理和结构参数采取不同的检测方法，以确定其技术状况；

3. 电控动力转向系统故障按发生部位和性质不同可分为机械故障、液压系统故障和电控系统故障三类；

4. 电控动力转向系统机械故障和液压系统故障的检查诊断可参照液压动力转向系统的有关检修方法进行；

5. 电控系统故障可通过提取故障码和按流程进行电气系统检查诊断；

6. 用于位移和力矩等参数检测的传感器常需进行电子中性检查与调整，以保证传感信号与系统实际状态相一致，确保系统的正常工作。

实训要求

一、实训内容

1. 故障码的提取、解读与清除；

2. 主要元件的检测；

3. EPS 电气故障的诊断与排除；

4. 转向角传感器电子中性的检查与调整。

二、实训目的与要求

1. 掌握2~3种常见车型电控动力转向系统故障码的调取、解读与清除方法，形成借助维修手册进行一般车型故障解码操作的能力；

2. 掌握电控动力转向系统电磁阀、车速传感器、转向转矩传感器、转向角速度传感器和助力电动机及功率控制器、电磁离合器的检测方法；能根据维修手册进行ECU的检测或正确使用“比较法”检测ECU；

3. 掌握按电气检查流程图进行电动系统故障检查与诊断的方法；

4. 在正确认识传感器电子中性意义的基础上，掌握转向角传感器或转矩传感器电子中性检查与调整的方法。

复习思考题

一、判断题

1. 液压动力转向系统的所有故障都有可能在液压电控动力转向系统中出现。 (　　)

2. 机械式转向系统的所有故障都有可能在电动式电控动力转向系统中出现。 (　　)

3. 电控动力转向系统故障检查诊断的一般程序应是先进行机械和液压系统的基本检查，然后再进行电控系统的电气检查。 (　　)

4. 当转向角传感器或转矩传感器的电子中性调整不正确时，会造成电控系统工作不正常。 (　　)

5. 电动EPS所使用的电磁离合器在正常通断电时应无机械噪声出现，如果在通、断电时出现咔哒声说明离合器已损坏。 (　　)

6. 用测量线圈阻值法检测电磁阀好坏时，只要线圈电阻不是无穷大或零就是好的。 (　　)

二、选择题

1. 某液压式电控动力转向汽车在转向后不能完全回正，则可能发生故障的部位是： (　　)

A. 电控系统；　B. 机械传动装置；　C. 动力转向器及控制阀；　D. 电脑

2. 某电动式动力转向汽车在转向后回正不良且总向一侧偏驶，造成故障的可能部位是： (　　)

A. 车速传感器；　B. 转向转矩传感器；　C. 电磁离合器；　D. 电脑

3. 某汽车行驶转向时正常，但在原地打转向盘时出现发动机抖动甚至熄火现象，则可能的故障原因是： (　　)

A. EPS电控系统故障；　B. 发动机电控系统故障；

C. 转向液压系统故障；　D. 电源系统故障

4. 如果电动4WS汽车转向系统在装配后未进行传感器电子中性检查与调整，则可能行驶时出现： (　　)

A. 直行时4WS指示灯亮起；　B. 行驶跑偏；

C.转向特性出现异常；　　D.4WS 系统停止工作

5. 某液压式 EPS 汽车出现高速转向时方向“发飘”且 EPS 警告灯亮起现象，则可能的故障部位是：　　(　　)

A.前轮定位失准；　　B.电磁阀损坏；　　C.油压过高；　　D.车速传感器失效

6. 下列故障中，有可能由电脑检测并在故障代码中显示的是：　　(　　)

A.液压系统油压过高；　　B.转矩传感器损坏；　　C.车速传感器损坏；　　D.车轮定位失准

三、简答题

1. 为什么当电控动力转向系统出现故障码不能明示的故障时应先进行基本检查，然后再进行电气检查以诊断故障所在部位？

2. 液压式电控动力转向系统出现低速转向沉重故障时，应首先检查液压系统还是电控系统？

3. 电控动力转向系统电控装置出现严重故障时，其安全保护系统是如何起作用以保证行车安全的？

4. 什么是传感器的“电子中性”？哪些传感器有电子中性要求？

5. 当电控系统无故障码出现时，是否说明电控系统及元件肯定不存在故障？

6. 电控动力转向系统故障诊断的一般检查流程是什么？

参考文献

1 王遂双.汽车电子控制系统的原理与检修.北京:北京理工大学出版社,1998

2 李东江.现代汽车电子控制系统结构与维修.南京:江苏科学技术出版社,2001

3 魏朗、王囤.现代汽车制动防抱死系统实用技术.北京:人民交通出版社,2001

4 汪立亮、徐寅生、杨生超.现代汽车电子巡航控制系统(CCS)原理与检修.北京:电子工业出版社,2000

5 汪立亮.现代汽车安全气囊系统(SRS)原理与检修.北京:电子工业出版社,2000

6 邵慧.丰田佳美2.2/3.0轿车维修手册.沈阳:辽宁科学技术出版社,1999

7 于振洲.77种汽车最新电器构造、原理与维修.北京:电子工业出版社,2000

8 张新智.北京切诺基的构造、使用与维修.北京:宇航出版社,1994

9 李仁光、吴际章.汽车构造(下册).北京:人民交通出版社,1993